Prática Tributária

Método de estudo OAB

Eduardo **Sabbag**

Prática Tributária

✓ Doutrina
✓ Modelos de peças
✓ Questões discursivas

De acordo com o último Edital da OAB

11ª edição | revista, atualizada e ampliada

gen | EDITORA MÉTODO

Impresso no Brasil – *Printed in Brazil*

EDITORA FORENSE LTDA.
Uma editora integrante do GEN | Grupo Editorial Nacional
Rua Conselheiro Nébias, 1384 – Campos Elíseos – 01203-904 – São Paulo – SP
Tel.: (11) 5080-0770 / (21) 3543-0770
faleconosco@grupogen.com.br / www.grupogen.com.br

■ A obra *Manual de Prática Tributária* passou a integrar a **Série Método de Estudo OAB** a partir da 9.ª edição, com título *Prática Tributária.*

■ Capa: Danilo Oliveira

■ Fechamento desta edição: 19.07.2018

■ **CIP – BRASIL. CATALOGAÇÃO NA FONTE.**
SINDICATO NACIONAL DOS EDITORES DE LIVROS, RJ.

S118p
Sabbag, Eduardo

Prática Tributária / Eduardo Sabbag. – 11. ed. – Rio de Janeiro: Forense; São Paulo: MÉTODO, 2018.
(Método de estudo OAB)

Inclui bibliografia
ISBN 978-85-309-8160-0

1. Direito tributário – Brasil. I. Título. II. Série.

18-50294 CDU: 34:351.713(81)

Meri Gleice Rodrigues de Souza – Bibliotecária CRB-7/6439

Pela lição de vida, aos meus pais, Nicolino (*in memoriam*)
e Stella, e aos meus irmãos.

Apresentação da Série

O Grupo Editorial Nacional – Editora Método tem o prazer de apresentar a Série ***Método de Estudo OAB***, dando continuidade à sua tradição na preparação de candidatos ao Exame de Ordem.

Utilizando os mais modernos recursos didáticos, os livros de Prática da Série fornecem ao leitor as ferramentas necessárias para a identificação e elaboração das peças práticas exigidas na prova prático-profissional da OAB.

Todo o conteúdo foi elaborado por autores com ampla experiência no ensino para provas da OAB e está atualizado com as mais recentes tendências do Exame de Ordem.

O livro de *Prática Tributária* da Série Método de Estudo OAB oferece:

Doutrina

De forma didática e objetiva, a **doutrina** relativa ao tema estudado proporciona o embasamento necessário para a resolução das questões do Exame da OAB.

ATENÇÃO

Destaques para informações importantes que apontam as tendências e particularidades da matéria na prova da OAB.

Modelos

Modelos de peças práticas que auxiliam na elaboração e fundamentação das peças exigidas no Exame e comentários às peças de exames anteriores.

Questões discursivas

Questões discursivas já cobradas na 2ª fase da OAB sobre os temas estudados são acompanhadas das respostas e dos critérios de avaliação.

O Grupo Editorial Nacional | Editora Método oferece ao público mais uma série inovadora, projetada e desenvolvida para tornar a preparação para a OAB ainda mais efetiva.

Nota do Autor

O livro traz todos os pontos cobrados pelos editais do Exame de Ordem para a 2.ª fase da prova prático-profissional em Direito Tributário. É um guia prático de estudo, em que se utiliza linguagem objetiva e didática praticada em sala de aula.

Todas as peculiaridades cobradas pelas bancas de concurso que já realizaram este tipo de prova, e, sobretudo, pela Fundação Getulio Vargas (FGV), que ora a aplica, são comentadas pelo Autor, que traz definições objetivas sobre as principais peças processuais, além de modelos das peças mais solicitadas, com um desenvolvimento "passo a passo". O candidato também terá à sua disposição uma coletânea de exercícios com gabarito comentado, podendo, assim, treinar o conteúdo apreendido. Trata-se de uma obra de referência na área, proporcionando ao candidato, ao mesmo tempo, estudar e praticar.

Prática Tributária é indispensável para os candidatos que buscam de forma descomplicada e objetiva conquistar a tão sonhada aprovação no Exame da OAB.

Sumário

Parte I
Doutrina

Tempo médio de estudo: **2h05 min.**

1 Direito Tributário

1.1 INTRODUÇÃO

O Direito Tributário é parte do Direito Público e, tendo natureza obrigacional, refere-se à relação de crédito e débito entre os sujeitos da relação jurídica. Estão no polo ativo (credor) dessa relação os entes tributantes: pessoas jurídicas de direito público interno (Fiscos: União, Estados, municípios e o Distrito Federal). No polo passivo, por sua vez, estão os contribuintes (pessoas físicas ou jurídicas).

1.2 LIMITAÇÕES CONSTITUCIONAIS AO PODER DE TRIBUTAR

As limitações ao poder de tributar são, em última análise, quaisquer restrições impostas pela CF às entidades dotadas de tal poder, no interesse da comunidade, do cidadão ou, até mesmo, no interesse do relacionamento entre as próprias entidades impositoras. Nos arts. 150, 151 e 152 da CF, encontram-se as limitações ao poder de tributar, as quais se revelam por meio dos seguintes postulados: legalidade, isonomia, irretroatividade, anterioridade, proibição do confisco, liberdade de tráfego, imunidades, além de outras limitações.

1.3 PRINCÍPIOS CONSTITUCIONAIS TRIBUTÁRIOS

1.3.1 Princípio da legalidade tributária

O estudo do princípio da legalidade tributária pode ser feito no art. 150, I, da CF, c/c o art. 97 do CTN. A premissa desse princípio é que os entes tributantes (União, Estados, Municípios e Distrito Federal) só poderão criar ou aumentar tributo por meio de lei. Tal princípio deve ser assimilado com o princípio da legalidade genérica, previsto no art. 5.º, II, da CF.

1.3.1.1 Mitigação ao princípio da legalidade tributária

Conforme preceitua o art. 153, § 1.º, CF, existem quatro impostos federais que poderão ter suas alíquotas majoradas ou reduzidas por ato do Poder Executivo, o que se dá por decreto presidencial ou portaria do Ministro da Fazenda: **II, IE, IPI e IOF**. São eles considerados "exceções" ao princípio da legalidade tributária. Tais impostos têm caráter extrafiscal, possuindo função regulatória, o que justifica a flexibilidade de alíquotas. Ademais, a EC 33/2001 trouxe mais dois exemplos de mitigação ao princípio da legalidade: **Cide-Combustível e ICMS-Combustível.**

1.3.2 Princípio da anterioridade tributária

O princípio da anterioridade tributária – ou princípio da eficácia diferida – está previsto nas alíneas *b* e *c* do inciso III do art. 150 da CF. Tal postulado tem como finalidade assegurar que o contribuinte não seja pego de surpresa pelo Fisco, podendo se preparar para o evento compulsório da tributação, seja disponibilizando recursos, seja consultando um advogado especializado, que poderá orientá-lo devidamente.

A alínea *b*, designativa da *anterioridade anual*, determina que os entes tributantes não podem cobrar tributos no mesmo exercício financeiro em que tenha sido publicada a lei majoradora ou instituidora do tributo. A expressão "exercício financeiro" deve ser entendida como "ano fiscal", que, no Brasil, representa o próprio "ano civil" (período de 1.º de janeiro a 31 de dezembro). A alínea *c*, referente à *anterioridade nonagesimal*, impõe que o tributo, majorado ou instituído, seja exigido depois de decorridos 90 dias da publicação da lei que tenha perpetrado sua majoração ou instituição.

Uma diferenciada atenção deve ser dada ao princípio da anterioridade em relação à instituição ou majoração de impostos por meio de medida provisória em matéria tributária, conforme dispõe o art. 62, § 2.º, CF, alterado pela EC 32/2001.

1.3.2.1 Exceções ao princípio da anterioridade anual e ao princípio da anterioridade nonagesimal

São *exceções à anterioridade anual*, contidas no art. 150, § 1.º, parte inicial, CF: **II, IE, IPI, IOF, IEG, EC-Cala/Gue, Cide-Combustível e ICMS-Combustível.**

São *exceções à anterioridade nonagesimal*, conforme se depreende do comando inserto no art. 150, § 1.º, *in fine*, da CF, modificado pela EC 42/2003: **II, IE, IR, IOF, IEG, EC-Cala/Gue, e alterações na base de cálculo do IPTU e do IPVA.**

1.3.3 Princípio da irretroatividade tributária

O princípio da irretroatividade tributária impõe que a lei deve abranger fatos geradores posteriores à sua edição. Assim, deverá ser aplicada ao caso concreto, como regra, a lei vigente no momento do fato gerador.

O art. 144, *caput*, do CTN dá amparo à premissa da irretroatividade tributária, também com respaldo constitucional (art. 150, III, *a*, CF).

Ademais, consoante o disposto no art. 144, § 1.º, CTN, os aspectos formais ou procedimentais que cercam o lançamento não influem decisivamente a ponto de afastar a lei vigente na época do lançamento.

Por fim, convém ressaltar que constituem hipóteses de permissão à retroatividade os casos de leis produtoras de efeitos jurídicos pretéritos, à luz dos incisos I e II do art. 106 do CTN: *lei interpretativa* e *lei mais benéfica quanto às infrações*.

1.3.4 Princípio da isonomia tributária

O princípio da isonomia tributária, constante do inciso II do art. 150 da CF, veda o tratamento desigual entre contribuintes que se encontrem em situação de equivalência. Decorrem da isonomia tributária dois *subprincípios*: o *princípio da interpretação objetiva do fato gerador* (art. 118, CTN) e o *princípio da capacidade contributiva* (art. 145, § 1.º, CF).

1.3.5 Princípio da vedação ao confisco

O tributo com efeito de confisco pressupõe a tributação em excesso, exacerbada ou escorchante. Por outro lado, a exação que se fia nos limites da capacidade contributiva do cidadão mantém-se na ideal zona intermediária entre o confisco e o mínimo razoável na tributação.

A vedação à confiscabilidade proíbe a instituição de quaisquer tributos com caráter de absorção substancial da propriedade privada, sem a correspondente indenização. Entretanto, vale destacar que o texto constitucional permite que se dê tal apropriação sem indenização em duas situações: pena de perdimento de bens (art. 5.º, XLVI, *b*, CF) e expropriação de glebas destinadas a culturas de plantas psicotrópicas ou exploração de trabalho escravo na forma da lei (art. 243 da CF).

1.3.6 Princípio da não limitação ao tráfego de pessoas e bens

O princípio da não limitação ao tráfego de pessoas e bens, previsto no inciso V do art. 150 da CF, determina que a intermunicipalidade e a interestadualidade não poderão ser fatos geradores de quaisquer tributos, sejam eles federais, estaduais ou municipais. No entanto, cabem aqui duas atenuações, sendo uma de ordem constitucional (art. 150, V, parte final, CF), referente aos *pedágios*, e outra de ordem doutrinária, referente ao ICMS, exigido pelas autoridades fiscais nos Postos de Fiscalização das rodovias.

1.3.7 Princípio da uniformidade geográfica

O princípio da uniformidade geográfica (ou tributária), previsto no inciso I do art. 151, a par do art. 19, III, *in fine*, ambos da CF, prevê a instituição de tributos federais de modo uniforme em todo o território. Trata-se, assim, de postulado endereçado tão somente à União, versando sobre os tributos federais, e não apenas sobre "impostos". Nessa esteira, o tributo federal deverá conter a *mesma alíquota* em toda a extensão territorial do País, indicando que o postulado em estudo visa à defesa da identidade de alíquotas no território nacional.

1.3.8 Princípio da não cumulatividade

O texto constitucional dispõe que tal princípio se refere a três impostos: ICMS, IPI e Impostos Residuais (*vide*, na CF, respectivamente: art. 155, § 2.º, I; art. 153, § 3.º, II; art. 154, I).

1.4 IMUNIDADES TRIBUTÁRIAS

As imunidades tributárias apresentam-se como normas constitucionais de desoneração tributária. Diga-se, aliás, que as imunidades e os princípios tributários são *limitações constitucionais ao poder de tributar*, ganhando a estatura, para o STF, de *cláusulas pétreas.*

1.5 ESPÉCIES DE IMUNIDADES

1.5.1 Imunidade recíproca

O art. 150, VI, *a*, da CF dispõe que é vedado à União, aos Estados, ao Distrito Federal e aos Municípios a instituição de impostos sobre patrimônio, renda ou serviços uns dos outros.

Tal norma visa assegurar e confirmar o princípio da isonomia e o equilíbrio federativo entre as pessoas políticas (ou *federalismo de equilíbrio*). Por conta disso, tem-se que as entidades impositoras apresentam-se parificadas, e não hierarquizadas. Além disso, a regra se estende às autarquias *e* fundações públicas, em razão da personalidade jurídica de direito público de que são possuidoras (art. 150, § 2.º, da CF).

1.5.2 Imunidade para templos de qualquer culto

O art. 150, VI, *b*, da CF, ao hospedar a chamada "imunidade religiosa", visa preservar a liberdade de culto e a postura de não identificação do Estado (neutralidade estatal) com qualquer religião, conforme se depreende do art. 19, I, da CF.

Como sinônimo de "entidade", o templo não estará impedido de desempenhar atividades conexas, que tenham correspondência fática com o propósito eclesiástico. Aliás, o art. 150, § 4.º, *in fine*, da CF indica textualmente a expressão "(...) o patrimônio, a renda e os serviços, **relacionados** com as finalidades essenciais das entidades (...)", demonstrando que o legislador constituinte não vê óbices no exercício de atividades conexas pelo templo. Nesse caso, o templo desfrutará da imunidade, desde que cumpra determinadas condições:

a) a prova do reinvestimento integral do montante pecuniário oriundo das atividades conexas na consecução dos objetivos institucionais da Igreja;
b) a prova da inexistência de prejuízo à livre concorrência, vedando-se o cunho empresarial na atividade econômica desempenhada (STF, RE 87.890).

1.5.3 Imunidades para partidos políticos, entidades sindicais de trabalhadores, instituições de educação e entidades de assistência social

As referidas imunidades estão dispostas no art. 150, VI, *c*, da CF, dando guarida a várias pessoas jurídicas.

O art. 150, § 4.º, *in fine*, da CF, anteriormente exposto no âmbito das instituições religiosas, aplica-se igualmente às entidades aqui estudadas.

Frise-se que, em 18 de junho de **2015**, o Plenário do STF, por maioria, acolheu proposta de edição de enunciado de súmula vinculante com o seguinte teor: "Ainda quando alugado a terceiros, permanece imune ao IPTU o imóvel pertencente a qualquer das entidades referidas pelo art. 150, VI, c, da CF, desde que o valor dos aluguéis seja aplicado nas atividades para as quais tais entidades foram constituídas". Assim, tornou vinculante o conteúdo do Verbete 724 da Súmula do STF. Trata-se da Súmula Vinculante n.º 52 do STF.

1.5.4 Imunidades para livros, jornais, periódicos e o papel destinado à sua impressão

O art. 150, VI, *d*, da CF dá lugar à chamada "imunidade de imprensa". O dispositivo vem, axiologicamente, prestigiar a liberdade de expressão, a difusão de cultura e a utilidade social do bem (art. 5.º, IV, IX, XIV, XXVII; arts. 205, 215 e 220, § 6.º, todos da CF).

Não são abarcados pela imunidade os livros que não veiculam ideias nem pensamentos formalmente considerados, tais como livro de ponto, livro de bordo, livros fiscais, livro de atas. Por sua vez, incluem-se no conceito de *livros*, na visão do STF, os manuais técnicos e apostilas (RE 183.403/SP-2000).

Em 8 de março de 2017, o STF chancelou a imunidade tributária para o livro eletrônico (*e-book*) e para os aparelhos leitores de livros eletrônicos (*e-readers*) confeccionados exclusivamente para fixá-lo, ainda que equipados com outras funcionalidades.

Nessa linha intelectiva, serão considerados imunes, indiferentemente, um livro veiculado por CD-ROM ou o próprio audiolivro ou audiobook (estando em formato de CD-ROM ou não).

No mesmo dia, o Plenário do STF finalizou o julgamento do RE 595.676/RJ, em que se discutia o alcance da imunidade de imprensa, de modo a abarcar componentes eletrônicos que acompanhavam e complementavam material didático impresso, utilizados em curso prático de montagem de computadores. Tratava-se de um conjunto integrado, de cunho educativo, em que os fascículos impressos ensinam como montar um sistema de testes, enquanto os elementos eletrônicos permitem o demonstrativo prático da montagem pretendida.

Com repercussão geral reconhecida para a matéria suscitada desde 2010, houve o julgamento do mérito, fixando-se a seguinte tese: "A imunidade da alínea 'd' do inciso VI do artigo 150 da Constituição Federal alcança componentes eletrônicos destinados, exclusivamente, a integrar unidade didática com fascículos".

Quanto aos jornais, a imunidade é plena, incluindo até as propagandas, desde que venham impressas no corpo do jornal ou periódico.

No âmbito dos periódicos, o legislador não distingue os tipos de revistas, considerando legítimas destinatárias de imunidade as revistas de pouco conteúdo intelectual, as que contêm material pornográfico, o álbum de figurinhas e os fascículos semanais e sequencialmente formadores do livro. Ademais, para o STF, as listas telefônicas, a par dos catálogos e guias, são imunes, na condição de "periódicos".

No que tange ao papel, que é o único insumo previsto na alínea *d*, ao lado dos três veículos de pensamento (livros, jornais e periódicos), o legislador somente menciona esse insumo, e não outros. Todavia, não há dúvida de que o alcance da norma poderia ter sido mais abrangente, incluindo máquinas, tinta e outros materiais utilizados na fabricação de tais bens. Não obstante, à luz da Súmula 657 do STF, depreende-se que a jurisprudência se manteve fiel à literalidade do texto constitucional, ou seja, interpretando restritivamente a alínea e não a fazendo alcançar outros insumos.

Em tempo, frise-se que a análise de recursos no Agravo de Instrumento (AI) 713014, e no Recurso Extraordinário (RE) 739085, ficou reafirmado o entendimento da Corte de que a imunidade tributária de livros, jornais e periódicos não atinge maquinários, nem insumos.

1.5.5 Imunidades para fonogramas e videofonogramas musicais produzidos no Brasil e para seus suportes materiais ou arquivos digitais

A **Emenda Constitucional 75** – originária da intitulada "PEC da Música" e publicada em 15 de outubro de 2013 – acrescentou a alínea *e* ao inciso VI do art. 150 da Carta Magna, prevendo, assim, a *imunidade musical.* Observe o teor da nova alínea:

> **Art. 150, VI, *e*, CF:**
>
> (...) fonogramas e videofonogramas musicais produzidos no Brasil contendo obras musicais ou literomusicais de autores brasileiros e/ou obras em geral interpretadas por artistas brasileiros bem como os suportes materiais ou arquivos digitais que os contenham, salvo na etapa de replicação industrial de mídias ópticas de leitura a laser.

Seu propósito é desonerar de impostos os fonogramas e videofonogramas musicais produzidos no Brasil, bem como os suportes materiais ou arquivos digitais que os contenham, com a ressalva da incidência na etapa de replicação industrial de mídias ópticas de leitura a *laser*. Nesse passo, a venda de CDs e DVDs será protegida da cobrança do ICMS, do ISS e até mesmo do IOF (nas aquisições virtuais). A benesse constitucional, todavia, não alcança o processo de replicação industrial, que permanece com a tributação.

2 Sistema Tributário Nacional

2.1 COMPETÊNCIA TRIBUTÁRIA

O princípio do federalismo (art. 60, § 4º, I, CF) delimitou entre as pessoas políticas o poder de tributar. A atribuição da competência tributária às pessoas jurídicas de direito público está prevista nos arts. 153 a 156 da CF, dividindo-se, entre elas, o poder de instituir e cobrar tributos.

2.1.1 Competência tributária e capacidade tributária ativa

A *competência tributária* é intransferível, irrenunciável e indelegável (art. 7º, *caput*, CTN), não se confundindo com a *capacidade tributária ativa*, que é administrativa e delegável. No entanto, apesar de irrenunciável e intransferível, o exercício da competência tributária pode ser considerado facultativo, cabendo a cada ente tributante decidir sobre o seu exercício (art. 8º, CTN).

Por outro lado, admite-se a delegação de atribuições administrativas, por exemplo, a transferência das funções de arrecadar ou fiscalizar tributos a outra pessoa jurídica de Direito Público. Tal transferência tem sido chamada na doutrina de "atribuição de capacidade tributária ativa".

Ressalte-se que a atribuição das funções administrativas, no que se refere à delegação de capacidade tributária ativa, pode indicar, por determinação legal, que os recursos arrecadados serão de livre disponibilidade da entidade delegatária, para fins de sustentação das finalidades precipuamente institucionais. Ocorre, nesse caso, o fenômeno conhecido por *parafiscalidade*, bastante comum em certas contribuições especiais, previstas no art. 149, *caput*, da CF, atribuindo-se-lhes, *ipso facto*, o rótulo de "contribuições parafiscais".

A *competência tributária* pode ser classificada em: *privativa, comum, cumulativa, especial, residual* e *extraordinária*. Vamos estudá-las separadamente:

2.1.2 Competência privativa

É o poder conferido aos entes federativos para instituir os *impostos* enumerados na Constituição Federal. É competência *privativa*, na medida em que a própria Constituição já determina o rol dos impostos relativos a cada ente tributante. Ademais, está incluído na competência privativa o poder para a criação de outros tributos, diversos dos impostos, como o *empréstimo compulsório* (art. 148, CF), de competência da União, e a *Contribuição para o custeio do serviço de iluminação pública* (CIP ou Cosip – *vide* art. 149-A, CF), de competência privativa dos municípios e Distrito Federal.

2.1.3 Competência comum

A competência tributária *comum* refere-se aos tributos chamados *vinculados*, ou seja, às *taxas* e às *contribuições de melhoria*. Sendo assim, a *competência comum* indica que União, estados, municípios ou Distrito Federal poderão ser os sujeitos ativos das *taxas* ou *contribuições de melhoria*, desde que realizem os fatos geradores de tais gravames contraprestacionais.

2.1.4 Competência cumulativa

A competência *cumulativa* ou *múltipla* (art. 147, CF) diz respeito ao poder legiferante de instituição de impostos pela União, nos Territórios Federais, e pelo Distrito Federal, em sua base territorial. O dispositivo faz menção tão somente a impostos, porém, é comando plenamente aplicável às demais espécies tributárias.

2.1.5 Competência especial

A competência *especial* é o poder de instituir os empréstimos compulsórios (art. 148, CF) e as contribuições especiais (art. 149, CF).

2.1.6 Competência residual

A competência *residual* ou *remanescente* está disposta em dois dispositivos do texto constitucional: o art. 154, I, e o art. 195, § 4º. Diz respeito ao poder de instituir o tributo extra, com relação àqueles já existentes. Por conta disso, diz-se competência *residual*. O art. 154, I, da CF trata da competência residual para os *impostos*; por sua vez, o art. 195, § 4º, da CF dispõe acerca dessa competência, no âmbito das *contribuições para a seguridade social*.

2.1.7 Competência extraordinária

A competência *extraordinária* é o poder de instituição, pela União, por meio de lei ordinária federal, do imposto extraordinário, previsto no art. 154, II, da CF, c/c o art. 76 do CTN. Tal imposto poderá ser criado em situação de guerra ou sua iminência, objetivando gerar receitas extras para a manutenção das forças armadas em combate. Destaque-se que a situação de guerra pode dar ensejo à instituição de tal gravame ou do Empréstimo Compulsório (art. 148, I, CF) ou, ainda, de ambos.

3 Espécies de Tributos

Conforme dispõe o art. 3º do CTN, "tributo é toda prestação pecuniária compulsória, em moeda ou cujo valor nela se possa exprimir, que não constitua sanção de ato ilícito, instituída em lei e cobrada mediante atividade administrativa plenamente vinculada".

São espécies tributárias os impostos, as taxas, as contribuições de melhoria, os empréstimos compulsórios e as contribuições especiais.

3.1 IMPOSTO

Imposto é tributo cuja obrigação tem por fato gerador uma situação independente de qualquer atividade estatal específica, relativa à vida do contribuinte, à sua atividade ou a seu patrimônio (art. 16, CTN). Essa figura tributária também é prevista no art. 145, I, CF.

A Constituição Federal prevê, de modo taxativo, as listas de impostos federais, estaduais e municipais. Note-as:

a) **Impostos federais (art. 153, CF):** Imposto de Importação (inc. I), Imposto de Exportação (inc. II), Imposto de Renda (inc. III), IPI (inc. IV), IOF (inc. V), ITR (inc. VI), Imposto sobre Grandes Fortunas (inc. VII), Impostos residuais (art. 154, I), Imposto Extraordinário (de Guerra) (art. 154, II);

b) **Impostos estaduais (art. 155, CF):** ITCMD (inc. I), ICMS (inc. II), IPVA (inc. III);

c) **Impostos municipais (art. 156, CF):** IPTU (inc. I), ITBI (inc. II), ISS (inc. III).

3.2 TAXA

A taxa é tributo vinculado à ação estatal, atrelando-se à atividade pública, e não à ação do particular. Deverá ser exigida pelas entidades impositoras (União, estados, municípios e Distrito Federal), não se admitindo a exigência perante atuação de empresa privada. De modo diverso do imposto, é exação bilateral, contraprestacional e sinalagmática. Seu disciplinamento vem do art. 145, II, da CF, c/c os arts. 77 a 79 do CTN. A taxa tem como fato gerador o exercício regular do poder de polícia ou a utilização, efetiva ou potencial, de serviço público específico e divisível prestado ao contribuinte ou posto à sua disposição (art. 79, I, II e III, CTN). Há dois tipos de taxa: a *taxa de polícia* e a *taxa de serviço*.

A base de cálculo ou base imponível é uma grandeza do fato gerador, uma perspectiva que o dimensiona, com o objetivo de permitir, aritmeticamente, no confronto com a alíquota, a indicação do quanto se deve. Portanto, a base de cálculo é ordem de medida dimensional do fato imponível, ofertando-lhe a exata expressão econômica.

Não pode existir imposto com base de cálculo de taxa, ou taxa com base de cálculo de imposto, sob pena de constituirmos um tributo pelo outro (STJ, REsp 2.220/SP-1990). Tal proibição está disciplinada no art. 145, § 2.º, da CF e no art. 77, parágrafo único, do CTN.

3.3 CONTRIBUIÇÃO DE MELHORIA

3.3.1 Conceito e aspectos gerais

O tributo *contribuição de melhoria* exterioriza-se de maneira totalmente autônoma em relação aos demais gravames e tem como bússola para sua cobrança a proporção do benefício efetivamente experimentado pelo contribuinte, decorrente de obra pública realizada pelo Poder Público.

O sujeito passivo da exação em estudo vem a ser o proprietário do imóvel que circunvizinha a obra pública geradora de sua valorização imobiliária, tal como previsto no art. 3º, § 3º, e art. 8º, *caput*, parte inicial, ambos do Decreto-lei 195/1967.

Por óbvio, é imperativo que a cobrança do tributo cinja-se à *área de influência* ou *zona de beneficiamento*, o que restringe a sua exigência apenas aos proprietários dos imóveis adjacentes à obra que os valoriza (art. 82, § 1º, *in fine*, do CTN, c/c o art. 3º, parte final, do Decreto-lei 195/1967).

3.3.2 Os requisitos mínimos para a cobrança

Ao analisarmos em conjunto as disposições previstas no art. 82 do CTN e no art. 5º do Decreto-lei 195/1967, vislumbramos inúmeros requisitos essenciais à criação da contribuição de melhoria. A cobrança da exação deve ser inaugurada com a publicação prévia dos seguintes elementos: memorial descritivo do projeto, orçamento do custo da obra, determinação da parcela do custo da obra a ser financiada pela contribuição, delimitação da zona beneficiada e determinação do fator de absorção do benefício da valorização para toda a zona ou para cada uma das áreas diferenciadas nela contidas.

Assim, o processo que permeia a exigência da contribuição de melhoria se revela como *ato jurídico complexo*, integrado por uma série de atos preparatórios e declaratórios, legalmente previstos, cuja inobservância pode provocar a anulação do lançamento.

3.4 EMPRÉSTIMO COMPULSÓRIO

3.4.1 Conceito e aspectos gerais

Hodiernamente, os empréstimos compulsórios estão disciplinados no art. 148 da Constituição Federal.

O empréstimo compulsório também é denominado "empréstimo forçado", seja porque há perfeito encaixe no conceito de tributo delineado no art. 3º do CTN, seja na sua localização topológica na Carta Magna, dentro dos princípios norteadores do Ordenamento Jurídico Tributário. Além disso, não se deve perder de vista que o gravame está disciplinado no próprio CTN, o que só vem reafirmar sua natureza tributária.

Imperioso é ressaltar a natureza de restituição que permeia o empréstimo compulsório, um "tributo com cláusula de restituição", nas magistrais palavras de Pontes de Miranda.

No que tange à competência tributária, o empréstimo compulsório mostra-se como exação federal, de exclusiva competência da União. Sua instituição depende necessariamente de lei complementar, o que afasta desde logo a utilização da medida provisória (art. 62, § 1º, III, CF).

O inc. I do art. 148 da CF prevê as exceções ao princípio da anterioridade tributária, ao passo que o inc. II estipula uma hipótese de regra ao postulado. Sendo assim, forçoso é concluir que o empréstimo compulsório calcado em situações de calamidade pública e guerra externa (art. 148, I, CF), vigerá *incontinenti*, tendo em vista seu caráter de exceção às anterioridades anual e nonagesimal (art. 150, § 1º, CF). Diversamente, o empréstimo forçado, instituído em razão de investimento público de caráter urgente e relevante interesse nacional, deverá observar a anterioridade anual e a anterioridade nonagesimal (art. 148, II, CF, c/c o art. 150, § 1º, CF).

3.5 CONTRIBUIÇÕES

3.5.1 A natureza tributária

Para estudarmos as contribuições, há que se analisar o art. 149 da CF. Nesse preceptivo, destacam-se, no âmbito competencial: (a) contribuições federais, de competência exclusiva da União (art. 149, *caput*, CF); (b) contribuições estaduais, distritais e municipais, de competência dos estados, Distrito Federal e municípios (art. 149, § 1º, CF); (c) contribuições municipais, de competência dos municípios e Distrito Federal (art. 149-A da CF).

3.5.2 O conceito de contribuições parafiscais ou especiais

As contribuições são gravames cuja destinação se revela no financiamento de gastos específicos, no contexto de intervenção do Estado nos campos social e econômico, no cumprimento de ditames da política de governo.

As contribuições, dependendo de suas particularidades, podem estar inseridas no âmbito da *parafiscalidade*. A contribuição será parafiscal se for devida a entidades paraestatais, em função de atividades especiais por elas desempenhadas. Nota-se, todavia, que as contribuições, hodiernamente, revestem-se de características peculiares, o que torna difícil o enquadramento preciso na rubrica "parafiscais". Daí se utilizar, em alguns casos, o vocábulo "especiais", que determina abrangência mais expressiva.

ATENÇÃO!

O art. 149, *caput*, da CF designa as seguintes contribuições: (a) *contribuições sociais*; (b) *contribuições de intervenção no domínio econômico*; e (c) *contribuições de interesse das categorias profissionais ou econômicas.*

3.5.3 Estudo das contribuições de interesse das categorias profissionais ou econômicas

As contribuições de interesse das categorias ou econômicas, também denominadas *contribuições profissionais ou corporativas*, de competência exclusiva da União, mostram-se como tributos federais e observam os princípios constitucionais tributários, sem reservas. Há dois bons exemplos desse tributo: *a contribuição-anuidade* e a *contribuição sindical.*

3.5.4 Estudo das contribuições de intervenção no domínio econômico

As *contribuições de intervenção no domínio econômico*, também chamadas de *contribuições interventivas* ou *Cides*, de competência exclusiva da União, apresentam-se como tributos federais e têm seu regramento disposto no art. 149, § 2º, I, II e III, da CF. Há dois bons exemplos desse tributo, entre vários: (a) a Cide-Combustíveis e (b) a Cide-Remessas.

3.5.5 Cide-Combustíveis

Criada pela Lei 10.336/2001, a Cide-Combustíveis recai sobre a importação e a comercialização de petróleo e gás natural (e derivados) e sobre o álcool etílico combustível.

São contribuintes da Cide-Combustíveis: o produtor, o formulador e o importador, pessoa física ou jurídica, que realizarem operações de importação e de comercialização, no mercado interno, de diversos combustíveis, como gasolinas e suas correntes; *diesel* e suas correntes; querosene de aviação e outros querosenes; óleos combustíveis (*fuel-oil*); gás liquefeito de petróleo, incluindo o derivado de gás natural e de nafta e o álcool etílico combustível.

ATENÇÃO!

A base de cálculo da Cide-Combustíveis é a unidade de medida estipulada na lei para os produtos importados e comercializados no mercado interno, enquanto as alíquotas do tributo são específicas (art. 5º, Lei 10.336/2001).

O contribuinte pode deduzir o valor da Cide dos valores de PIS e Cofins devidos na comercialização no mercado interno (art. 8º, Lei 10.336/2001).

A Cide-Combustível é arrecadada pela Secretaria da Receita Federal do Brasil (SRFB).

A repartição de suas receitas é feita pela União com estados e Distrito Federal, no percentual de 29% (vinte e nove por cento), conforme o art. 159, III, da CF. Estes últimos devem repassar 25% (vinte e cinco por cento) do que receberem da União aos municípios (art. 159, § 4º, CF).

3.5.6 Cide-Remessas

A Cide-Remessas atende ao *Programa de Estímulo à Interação Universidade-Empresa para o Apoio à Inovação*, buscando estimular o desenvolvimento tecnológico brasileiro, mediante o fomento da pesquisa (art. 1º, Lei 10.168/2000), em total ratificação do disposto no art. 214, IV, da CF.

A alíquota da contribuição é de 10%, e os sujeitos passivos estão dispostos no art. 2º da Lei 10.168/2000.

3.5.7 Estudo das contribuições sociais

As *contribuições sociais*, previstas no *caput* do art. 149 da CF, são as mais importantes, tanto no que tange ao volume de arrecadação quanto no que concerne à importância acadêmica.

ATENÇÃO!

De acordo com o STF, são "contribuições sociais":

1. Contribuições Sociais Gerais (Exemplos: salário-educação e sistema "S");

2. Contribuições de Seguridade Social (as "Contribuições Nominadas", à luz do art. 195, I a IV, CF);

3. Outras Contribuições Sociais (as "Contribuições Residuais", à luz do art. 195, § 4º, CF).

3.5.8 As "contribuições sociais gerais" (terminologia adotada pelo STF)

As *contribuições sociais gerais* são de competência da União e estão regradas pelo mesmo regime jurídico das demais contribuições previstas no art. 149 da CF. Sujeitam-se integralmente ao regime constitucional tributário, sem comportar nenhuma exceção. Além disso, são instituídas por lei ordinária e observam o princípio da anterioridade comum.

Nessa medida, custeiam a atuação do Estado em outros campos sociais, diversos daqueles previstos no art. 195 da CF, quais sejam, saúde, previdência e assistência social, pertencentes à Seguridade Social e financiados pelas correspondentes contribuições para a seguridade social.

Ressalte-se, por fim, que só podem incidir sobre uma única base econômica, por contribuinte, para cada objetivo determinado.

As *contribuições sociais gerais*, cuja terminologia é endossada na doutrina e na jurisprudência, são a *contribuição ao salário-educação* (art. 212, § 5º, CF) e as *contribuições ao Sistema "S"* (art. 240 da CF).

As contribuições destinadas aos Serviços Sociais Autônomos (Sistema "S"), também denominadas "contribuições de terceiros", são destinadas às entidades privadas de serviços sociais autônomos e de formação profissional, vinculadas ao sistema sindical. Tais organismos – Senai, Sesi, Sesc, Sest, Senat, Sebrae, Senac etc. –, pertencentes ao chamado Sistema "S", dedicam-se ao ensino fundamental profissionalizante e à prestação de serviços no âmbito social e econômico.

Exigem-se as Contribuições de Terceiros (Sistema "S") dos empregadores, destinando-se o recurso às entidades privadas mencionadas, uma vez que o importe arrecadado não é hábil a financiar a seguridade social, conforme exclusão prevista no art. 240 da CF.

A base de cálculo atrela-se às remunerações pagas, devidas ou creditadas aos empregados e avulsos, ou seja, à folha de pagamento desses segurados.

Por sua vez, a alíquota, de modo geral, pode chegar a 5,8%, dependendo do ramo de atuação da empresa.

Quanto à sujeição ativa, frise-se que as Contribuições do Sistema "S" passaram a ser recolhidas pela Receita Federal do Brasil (SRFB).

3.5.9 As "contribuições de seguridade social" (terminologia adotada pelo STF)

O orçamento da seguridade social é composto de receitas advindas de recursos dos entes públicos, por meio dos impostos, e de receitas oriundas das contribuições específicas. Estas últimas são criadas por meio de lei, com autorização constitucional, para o custeio da seguridade social (art. 195 da CF, c/c o art. 11 da Lei 8.212/1991).

À guisa de memorização, ao se estudar o princípio da anterioridade tributária, viu-se que a contribuição para a seguridade social será cobrada 90 dias após a publicação da lei que a criou ou modificou, conforme previsão do art. 195, § 6º, da CF. Para o STF, a mera alteração em data de pagamento (antecipação) de contribuição previdenciária não é caso de aplicação da noventena (*vide* Súmula Vinculante n.º 50 do STF e, nessa esteira, os julgados RE 182.971-SP, RE 274.949 e RE 245.124-0/PR).

O art. 149, § 1º, da CF destaca as contribuições previdenciárias estaduais, distritais e municipais, de competência dos estados, Distrito Federal e dos municípios, as quais podem ser cobradas dos servidores públicos estatutários, para custear o regime próprio de previdência social (RPPS). Ressalte-se que a alíquota não será inferior à cobrada pela União de seus servidores públicos federais – hoje, no percentual de 11%.

No âmbito das imunidades tributárias, vale repisar duas importantes normas de não incidência para as contribuições para a seguridade social: (a) imunidade de contribuição da seguridade social para as entidades beneficentes de assistência social (art. 195, § 7º, CF); e (b) imunidade de todas as contribuições sociais para as receitas decorrentes de exportação (art. 149, § 2º, I, CF – EC 33/2001). Importante destacar, ainda, a seguinte decisão do STF nas ADIs 2028, 2036, 2228, 2621: "Os requisitos para o gozo de imunidade hão de estar previstos em lei complementar".

Por fim, com a EC 42/2003, passamos a ter quatro fontes de custeio da seguridade social, previstas no art. 195, I a IV, da CF, e todas podem ser criadas por meio de lei ordinária ou até mesmo por medida provisória.

3.5.10 As "outras contribuições sociais" (terminologia adotada pelo STF)

O STF associa as "outras contribuições" às que podem ser criadas no plano da competência residual da União, conforme se prevê no art. 195, § 4º, da CF. Tal preceptivo, como é sabido, liga a presente exegese à análise do art. 154, I, da CF. Procedendo-se ao confronto dos dispositivos, temos que as contribuições residuais para a seguridade social devem observar os seguintes requisitos:

a) criação por lei complementar, sendo defesa a utilização de medida provisória (art. 62, § 1º, III, CF);
b) instituição pela União;
c) atendimento ao princípio da não cumulatividade;
d) vedação de coincidência entre seu fato gerador ou sua base de cálculo com o fato gerador ou a base de cálculo *de outras contribuições* (e não de impostos!).

3.5.11 O Simples federal e o Simples nacional

Os arts. 170, IX, e 179, ambos da CF, dispõem acerca do tratamento diferenciado, simplificado e favorecido para as microempresas (ME) e empresas de pequeno porte (EPP).

Nesse cenário, criou-se o Sistema Integrado de Impostos e Contribuições das Microempresas e Empresas de Pequeno Porte (Simples), permitindo-se que as pessoas jurídicas optantes do regime recolham mensalmente, em uma forma simplificada, por meio de um único documento de arrecadação (Darf), os seguintes impostos e contribuições, todos federais: IRPJ, IPI, PIS/Pasep, Cofins, CSLL e Contribuições Patronais (folha de pagamentos).

ATENÇÃO!

A empresa inscrita no Simples federal está dispensada do recolhimento das Contribuições a Terceiros (Sistema "S") e da Contribuição Sindical.

Com o advento da EC 42/2003, que acrescentou a alínea *d* ao inc. III do art. 146 da CF, ficou definido que à lei complementar caberia a definição de um sistema simplificado que atingisse mais tributos, *v.g.*, o ICMS (art. 155, II, da CF) e outros. Nesse contexto, publicou-se a **LC n. 123/2006** (atualizada pela LC n.º 128/2008, alterada pela LC n.º 147/2014 e pela **LC n.º 155**, esta última de 27-10-2016), instituindo, em seu art. 12, o Regime Especial Unificado de Arrecadação de Tributos e Contribuições devidos pelas Microempresas e Empresas de Pequeno Porte, também conhecido por **Simples Nacional** (ou, coloquialmente, "Supersimples"), em substituição ao anterior regime, vindo abarcar tributos federais, estaduais e municipais, com destaque para o ICMS e o ISS.

Em termos cronológicos, é possível afirmar que o SIMPLES Nacional, previsto originalmente na Lei Geral das Microempresas (de 2006), somente veio a entrar em vigor em 1º de julho de 2007, ocasião em que, substituindo o SIMPLES Federal (de 1996), consolidou um tratamento tributário favorecido e diferenciado, aplicável às micro e pequenas empresas.

Tal sistema de pagamento unificado é defeso a determinadas empresas que realizam certos serviços discriminados na legislação.

O novo rol de tributos unificados veio incluir o ICMS e o ISS, ficando mantidos os tributos relacionados no regime anterior (art. 13, LC 123/2006).

ATENÇÃO!

Vários tributos não foram alcançados pela sistemática unificadora, devendo ser pagos separadamente, por força do art. 3º, § 2º, da Lei n.º 9.317/96: IOF, II, IE, IR, ITR, FGTS, CPMF e as Contribuições a cargo do Trabalhador.

Repise-se que o sistema utiliza uma única base de cálculo – a receita bruta mensal da pessoa jurídica –, sobre a qual incidirá um percentual de alíquota, dependendo do enquadramento da ME ou da EPP. O recolhimento é também mensal, utilizando-se o documento único de arrecadação (Darf).

As ME e EPP que estejam no Supersimples deverão apresentar à Secretaria da Receita Federal do Brasil, anualmente, uma *Declaração única e simplificada de informações socioeconômicas e fiscais* (art. 25, Lei 123/2006).

As empresas enquadradas no Sistema poderão ser excluídas (art. 28): (a) de ofício, por iniciativa da Administração Pública (art. 29, I a XII); ou (b) mediante comunicação prévia (art. 30, I a III).

Por fim, frise-se que, em 09 de abril de 2018, foi publicada a LC 162/2018, que institui o Programa Especial de Regularização Tributária das Microempresas e Empresas de Pequeno Porte optantes pelo Simples Nacional (Pert-SN). Poderão ser parcelados através do Pert-SN os débitos vencidos até a competência do mês de novembro de 2017 e apurados na forma do Regime Especial Unificado de Arrecadação de Tributos e Contribuições devidos pelas Microempresas e Empresas de Pequeno Porte (Simples Nacional).

A referida lei complementar ainda destaca a forma de liquidação e os prazos para adesão, entre outras especificacões do parcelamento.

Poderão ainda ser parcelados, na forma e nas condições previstas nessa Lei Complementar, os débitos parcelados de acordo com os §§ 15 a 24 do art. 21 da Lei Complementar n.° 123, de 14 de dezembro de 2006, e o art. 9° da Lei Complementar n.° 155, de 27 de outubro de 2016.

3.6 REPARTIÇÃO TRIBUTÁRIA DAS RECEITAS

A repartição de receitas tributárias é tema dos arts. 157 a 162 da CF.

Como é sabido, à União competem mais impostos do que aos municípios, Distrito Federal e estados-membros da Federação. A soma algébrica dos impostos municipais (três) e estaduais (três) não excede o número de impostos federais (nove, ao todo). Saliente-se que competem ao DF os três impostos municipais e os três impostos estaduais.

As transferências tributárias constitucionais entre União, estados, Distrito Federal e municípios podem ser classificadas em *transferências diretas* (repasse de parte da arrecadação para determinado governo), enquanto a formação de Fundos Especiais diz respeito às *transferências indiretas*.

Memorize as transferências diretas feitas da União:

a) para os estados e Distrito Federal:

- 100% do produto da arrecadação do IR-Fonte (IRRF), incidente na fonte pagadora, sobre rendimentos pagos a qualquer título, por eles (estados e Distrito Federal), suas autarquias e fundações que instituírem e mantiverem;
- 30% do produto da arrecadação do IOF-Ouro, quando definido em lei como ativo financeiro ou instrumento cambial (art. 153, § 5º, I, CF), para o estado de origem, no qual houver extração do ouro. Memorize que não se mencionou o "IOF" em si, mas o IOF-Ouro, isto é, aquele incidente na operação que envolva o referido ativo financeiro. Frise-se ainda que, no caso do Distrito Federal, a repartição com este será integral (100%), pois nele não existem municípios;
- 10% do produto da arrecadação do IPI, proporcionalmente ao valor das respectivas exportações de produtos industrializados (art. 159, II, da CF);

- 20% do produto de arrecadação do intitulado Imposto Residual (art. 154, I, da CF);
- 29% do produto de arrecadação da Cide-Combustíveis (art. 159, III, da CF – EC 44/2004).

b) para os municípios:

- 100% do produto da arrecadação do IR-Fonte (IRRF), incidente na fonte pagadora, sobre rendimentos pagos a qualquer título, por eles (municípios), suas autarquias e fundações que instituírem e mantiverem;
- 50% do produto da arrecadação do ITR – Imposto sobre a Propriedade Territorial Rural –, relativamente aos imóveis nesta situados. Entretanto, o limite pode atingir o patamar de 100% para os municípios, caso estes se dediquem às atividades de fiscalização e cobrança do tributo (delegação de capacidade tributária ativa), sem que dessa atividade possa resultar redução de imposto ou qualquer forma de renúncia fiscal (EC 42/2003 – art. 153, § 3º, III, c/c o art. 158, II, parte final, ambos da CF);
- 50% do produto da arrecadação do IPVA, relativo aos veículos automotores licenciados em seus territórios;
- 25% do montante entregue pela União (10%) aos estados e Distrito Federal (proporcionalmente ao valor das exportações de produtos industrializados), a título de IPI (art. 159, § 3º, CF);
- 25% do produto da arrecadação do ICMS – 3/4, no mínimo, na proporção do valor adicionado nas operações realizadas em seus territórios e até 1/4 de acordo com a lei estadual, desde que não exclua totalmente a participação do município (RE 401.953/RJ-2007; *vide* art. 158, parágrafo único, I e II, da CF). Acerca disso, saliente-se que o valor adicionado corresponderá, para cada município, ao valor das mercadorias saídas, acrescido do valor das prestações de serviços, no seu território, deduzido o valor das mercadorias entradas, em cada ano civil (art. 3º, § 1º, LC 63/1990);
- 70% do produto de arrecadação do IOF-Ouro, quando definido em lei como ativo financeiro ou instrumento cambial (art. 153, § 5º, II, CF), para o município de origem, no qual houver extração do ouro. Como foi dito, no caso do Distrito Federal, a repartição com este será total (100%), pois nele não há municípios;
- 25% do montante entregue pela União (29%) ao estado (em que se situe o referido município), a título de Cide-Combustíveis (art. 159, III, da CF – EC 44/2004).

Por fim, note as transferências diretas feitas dos Estados para os municípios:

- 50% do produto da arrecadação do *IPVA*, relativo aos veículos automotores licenciados em seus territórios;
- 25% do montante entregue pela União, a título de **IPI REPARTIDO** (10%), aos estados e Distrito Federal (art. 159, § 3º, CF), proporcionalmente ao valor das exportações de produtos industrializados;
- 25% do produto da arrecadação do **ICMS** (**3/4**, *no mínimo*, na proporção do valor adicionado nas operações realizadas em seus territórios, e até **1/4** de acordo com a lei estadual, desde que não exclua, por completo, a participação do município).
- 25% do produto da arrecadação da **Cide-Combustíveis REPARTIDA** (29%), entregue pela União ao estado (em que se situe o referido município), com base no art. 159, III, CF – EC 44/2004.

Como se viu, a repartição de tributos não atinge todas as espécies tributárias, mas somente duas: os impostos e uma exclusiva contribuição – a Cide-Combustíveis. Quanto aos empréstimos compulsórios, devem estar ligados à despesa que os fundamentou, afastando a repartição de receitas (ver art. 148, parágrafo único, da CF). Da mesma maneira, é proibida a extensão de tal sistemática às contribuições, por serem exações finalísticas, exceto no caso da Cide-Combustíveis, como já se disse, apesar da intrínseca vinculação que lhe caracteriza.

Entre os impostos, destacam-se aqueles que não sofrem repartição do produto arrecadado, a saber:

a) IPTU, ITBI e ISS

b) ITCMD

c) II, IE, Imposto sobre Grandes Fortunas e Imposto Extraordinário (de guerra)

Passemos à análise das *transferências indiretas*, ou seja, ao estudo dos *Fundos Especiais*.

Os Fundos Especiais são quatro, ao todo, e a eles se endereçam as transferências indiretas, tendo como base a arrecadação do Imposto sobre Produtos Industrializados (IPI) e/ou do Imposto sobre a Renda (IR), excluídas, com relação a essa exação, as transferências do IRRF, supramencionadas e previstas nos art. 157, I, e 158, I, ambos da CF.

Há três Fundos que, da arrecadação do IR e do IPI (art. 159, I, "a" a "d", CF), apropriam 49% [21,5% + 24,5% (22,5% + 1% + 1%) + 3%]. Por sua vez, há um Fundo de Compensação de Exportações, que apropria 10% da arrecadação total do IPI (art. 159, II, CF). Aliás, o Tribunal de Contas da União efetuará o cálculo das quotas referentes aos fundos de participação a que alude esse inciso II, no âmbito do IPI repartido (art. 161, parágrafo único, CF).

Observe os fundos:

a) *Fundo de Compensação de Exportações* **(FPEx)**;

b) *Fundo de Participação dos Estados e do Distrito Federal* **(FPE)**;

c) *Fundo de Participação dos Municípios* **(FPM)**;

d) *Fundos Regionais.*

3.7 A EMENDA CONSTITUCIONAL N.º 93/2016 E AS DESVINCULAÇÕES DE RECEITA TRIBUTÁRIA

Em 8 de setembro de 2016, foi publicada a Emenda Constitucional n.º 93, a qual modificou o Ato das Disposições Constitucionais Transitórias (ADCT), alterando o art. 76 e incluindo os artigos 76-A e 76-B. O constituinte reformador prorrogou, até 2023, a chamada Desvinculação de Receitas da União (DRU) e, ainda, estabeleceu a possibilidade de desvinculação de receitas dos Estados, Distrito Federal e Municípios (DRE e DRM). Trata-se de uma permissão constitucional, franqueada à entidade tributante, para a livre utilização de um montante de arrecadação tributária (30%).

Frise-se, ainda, que a EC n.º 93/2016 deve produzir efeitos retroativamente a 1º de janeiro deste ano, possibilitando que a entidade impositora promova a realocação de recursos oriundos da desvinculação agora permitida.

As desvinculações de órgão, fundo ou despesa, até 31 de dezembro de 2023, são as seguintes:

1. Para a União (tributos federais já criados ou que vierem a ser criados): 30% (trinta por cento) da arrecadação relativa às contribuições sociais, às CIDEs e às taxas;
2. Para os Estados e Distrito Federal (tributos estaduais já criados ou que vierem a ser criados): 30% (trinta por cento) da arrecadação relativa a impostos, taxas e multas, além de seus adicionais e acréscimos legais respectivos, e outras receitas correntes. Há aqui algumas receitas/recursos/fundos que devem ser excepcionados dessa desvinculação;
3. Para os Municípios (tributos municipais já criados ou que vierem a ser criados): 30% (trinta por cento) da arrecadação relativa a impostos, taxas e multas, além de seus adicionais e acréscimos legais respectivos, e outras receitas correntes. Há aqui algumas receitas/recursos/fundos que devem ser excepcionados dessa desvinculação.

4 Vigência, Interpretação e Integração da Legislação Tributária

4.1 VIGÊNCIA DA LEGISLAÇÃO TRIBUTÁRIA

4.1.1 Vigência da legislação tributária no tempo

No que diz respeito à vigência no tempo, ficam mantidas as disposições legais que delineiam a vigência das normas jurídicas em geral. Significa que se aplica à legislação tributária a *Lei de Introdução às Normas de Direito Brasileiro* (LINDB), ou seja, o instrumento normativo que estabelece as regras de vigência das leis em geral. E sua regra informa que, "salvo disposição em contrário, a lei começa a vigorar em todo o país quarenta e cinco dias depois de oficialmente publicada" (art. 1º, *caput*, da LINDB).

Do artigo em epígrafe infere-se que a própria lei pode trazer em seu bojo a data de início de sua vigência. Assim, a lei entra em vigor 45 dias depois de publicada, quando não trouxer a data de vigência de forma expressa em seu texto. Daí falar que, no espaço de tempo decorrente entre a publicação da lei e sua vigência, há um período em que a lei existe, tem validade, mas não está ainda dotada de eficácia: trata-se da *vacatio legis*.

4.1.2 A vigência e o princípio da anterioridade tributária

Sabe-se que toda lei que criar ou majorar tributos terá sua eficácia submetida ao princípio da anterioridade, salvo as exceções constitucionalmente previstas (art. 150, § 1º, da CF). Isso significa dizer que os gravames somente poderão ser cobrados a partir do primeiro dia do ano seguinte ao da publicação da lei (art. 150, III, *b*, da CF), além de respeitar o princípio da anterioridade nonagesimal (art. 150, III, *c*, da CF), o que representa um cristalino diferimento ou adiamento (isto é, postergação) da eficácia do tributo. Repise-se que grande parte das leis tributárias entra em vigor na data da própria publicação. Daí concluir que a anterioridade tributária não está intimamente ligada à vigência, mas à eficácia da lei tributária.

4.1.3 Vigência da legislação tributária no espaço

Espacialmente, a legislação tributária está submetida ao *princípio da territorialidade*. Logo, a legislação tributária vale, em princípio, nos limites do território da pessoa jurídica que edita a norma. Entretanto, a norma pode, excepcionalmente, atingir contribuintes para além do campo territorial adstrito à União, ao município, ao Distrito Federal ou ao estado, como previsto no art. 102 do CTN.

4.2 INTERPRETAÇÃO DA LEGISLAÇÃO TRIBUTÁRIA

A interpretação da legislação tributária vem expressa no art. 107 do CTN: "A legislação tributária será interpretada conforme o disposto neste capítulo".

A interpretação de uma lei pode ser obtida de várias maneiras, conforme se dê preferência a um aspecto em detrimento de outro, a saber: a) a fonte; b) os meios adequados para sua exegese; c) os resultados da exegese.

4.2.1 Interpretação literal

O art. 111 do CTN versa sobre as hipóteses de interpretação literal. Note-o: "Interpreta-se literalmente a legislação tributária que disponha sobre: I - suspensão ou exclusão do crédito tributário; II - outorga de isenção; III - dispensa do cumprimento de obrigações tributárias acessórias".

4.2.2 Interpretação benigna

O art. 112 do CTN versa sobre as hipóteses de interpretação benigna. Note-o: "A lei tributária que define infrações, ou lhe comina penalidades, interpreta-se da maneira mais favorável ao acusado, em caso de dúvida quanto: I - à capitulação legal do fato; II - à natureza ou às circunstâncias materiais do fato, ou à natureza ou extensão dos seus efeitos; III - à autoria, imputabilidade, ou punibilidade; IV - à natureza da penalidade aplicável ou à sua graduação".

Tal preceptivo designa a aplicação de um preceito de natureza penal - *in dubio pro reo* - na seara do Direito Tributário. É a chamada *retroatividade benigna*, que faz menção à *dúvida*, jamais à "ignorância ou desconhecimento" da lei, fato ou autor.

4.3 INTEGRAÇÃO DA LEGISLAÇÃO TRIBUTÁRIA

O art. 108 do CTN versa, na ordem de preferência, sobre as hipóteses de integração da legislação tributária. Note-o: "Na ausência de disposição expressa, a autoridade competente para aplicar a legislação tributária utilizará sucessivamente, na ordem indicada: I – a analogia; II – os princípios gerais do direito tributário; III – os princípios gerais de direito público; IV – a equidade".

Por fim, frise-se que o emprego da analogia não poderá resultar na exigência de tributo não previsto em lei (art. 108, § 1º, CTN), enquanto o emprego da equidade não poderá resultar na dispensa do pagamento de tributo devido (art. 108, § 2º, CTN).

4.3.1 Analogia

Analogia, prevista no inc. I do art. 108 do CTN, é forma de integração legal por comparação entre casos similares ou análogos. Em Direito Tributário, só se admite a possibilidade da analogia *in favorem* ou "analogia no campo do direito tributário formal ou procedimental", ou seja, não se aplica em relação aos elementos constitutivos da obrigação tributária, componentes taxativos da lei, sob pena de ferir o princípio da legalidade tributária.

4.3.2 Princípios gerais de direito tributário

Caso seja infrutífera a utilização do recurso analógico, o intérprete deve utilizar, de maneira imediata e sucessiva, conforme o inc. II do art. 108 do CTN, os *princípios gerais de Direito Tributário*. No que tange à matéria, a Constituição prevê expressamente diversos princípios (arts. 150 a 152 da CF).

4.3.3 Princípios gerais de direito público

Na seara hermenêutica, não sendo encontrada a resolução para o caso, após as tentativas iniciais, o intérprete deve se socorrer dos *princípios gerais do Direito Público*, por meio dos balizamentos principiológicos do direito constitucional, do direito administrativo, do direito penal e outros.

4.3.4 Equidade

A *equidade*, prevista no inciso IV do art. 108 do CTN, é a mitigação do rigor da lei. Sendo a lei omissa e não tendo sido encontrado nenhum modo de solução segundo a ordem de preferência do art. 108 do CTN, a resolução passará pelo caminho mais benevolente. A solução há de ser ditada pela equidade, buscando-se retificar as distorções decorrentes da generalidade e da abstração das leis. Como é cediço, o emprego da equidade não pode, de forma nenhuma, implicar dispensa do tributo (art. 108, § 2º, CTN).

5 Relação Jurídico-Tributária: A "Linha do Tempo"

5.1 A HIPÓTESE DE INCIDÊNCIA

Denomina-se *hipótese de incidência* o momento abstrato escolhido pelo legislador, a partir do qual um fato da vida real virá a dar ensejo ao fenômeno jurídico-tributário.

5.2 O FATO GERADOR

O *fato gerador* é a materialização da hipótese de incidência. São aspectos estruturantes do fato gerador: *pessoal, temporal, espacial, material* e *quantitativo*.

Não importa, para a ocorrência de um fator gerador, a natureza dos atos praticados nem de seus efeitos, de forma que atos nulos ou ilícitos podem ser tributados, conforme o art. 118 do CTN. É a chamada *interpretação objetiva do fato gerador*, calcada na máxima latina *pecunia non olet*.

Em relação ao aspecto temporal, consoante o disposto no art. 116 do CTN, o fator gerador é considerado ocorrido quando:

a) em *situações de fato*, no momento em que se verifica a materialidade necessária para que se produzam os efeitos dela decorrentes;
b) em *situações jurídicas*, no momento em que tal situação esteja constituída definitivamente, conforme o direito aplicável. A partir dessas situações, no caso de negócios jurídicos condicionais, conforme dispõe o art. 117 do CTN, considera-se ocorrido o fator gerador quando:

b.1) havendo uma *condição suspensiva*, ocorrer a concretização da referida condição;

b.2) havendo uma *condição resolutória*, desde o momento da prática do ato ou da celebração do negócio jurídico.

5.3 OBRIGAÇÃO TRIBUTÁRIA

A obrigação tributária é resultante da concretização, no plano fático, do paradigma legal previsto abstratamente na hipótese de incidência tributária. Pode ser analisada a partir de quatro elementos formadores: *sujeito ativo* (arts. 119 e 120 do CTN), *sujeito passivo* (arts. 121 a 123 do CTN), *objeto* (art. 113, §§ 1º e 2º, do CTN), e *causa* (arts. 114 e 115 do CTN).

5.3.1 Sujeito ativo

Em consonância com o art. 119 do CTN, há dois tipos de sujeitos ativos:

a) *Sujeito ativo direto*: entidades tributantes que detêm o poder de legislar em matéria tributária (União, estados, municípios e DF);

b) *Sujeito ativo indireto*: entidades parafiscais (CRM, CRC, CRO etc.), que detêm o poder arrecadatório e fiscalizatório.

5.3.2 Sujeito passivo

O sujeito passivo ocupa o polo devedor da relação intersubjetiva tributária. Existem dois tipos de sujeitos passivos:

a) *Sujeito passivo direto*: é o contribuinte, que possui relação pessoal e direta com o fator gerador (art. 121, parágrafo único, I, do CTN);

b) *Sujeito passivo indireto*: é o responsável, na condição de terceiro, escolhido por lei para o pagamento do tributo, sem que tenha relação com o fator gerador (art. 121, parágrafo único, II, do CTN).

5.3.3 Objeto

O objeto da obrigação tributária é a prestação, de cunho pecuniário ou não, a que se submete o sujeito passivo diante da realização do fato gerador. O objeto poderá materializar-se na chamada *obrigação principal*, se for pecuniária, indicadora de uma "obrigação de dar". Ela está prevista no § 1º do art. 113 do

CTN. Por outro lado, o objeto poderá se atrelar à intitulada *obrigação acessória*, se for instrumental (não pecuniária), indicadora de "obrigação de fazer ou de não fazer". Ela está prevista no § 2º do art. 113 do CTN.

5.3.4 Causa

A causa é o vínculo jurídico que motiva o elo jurídico-obrigacional entre os sujeitos ativo e passivo. A causa pode residir na *lei tributária* (art. 114 do CTN) ou na *legislação tributária* (art. 115 do CTN).

5.4 DOMICÍLIO TRIBUTÁRIO

Segundo o art. 127 do CTN, a regra geral do domicílio tributário é a utilização do *domicílio de eleição*, ou seja, o contribuinte elege o local de sua preferência. Não o elegendo, os incisos I, II e III do referido artigo deverão ser aplicados. Em caso de impossibilidade de aplicação dos incisos citados, ou na hipótese de a Administração recusar, fundamentadamente, o domicílio de eleição, o § 1º do art. 127 deverá ser aplicado.

6 Responsabilidade Tributária

Em um primeiro momento, a cobrança do tributo deve ser realizada em face do indivíduo praticante do fato gerador, situação que faz surgir o *sujeito passivo direto*, isto é, o *contribuinte*. Em determinados cenários, poderá, ainda, haver a presença de um terceiro, que será destinatário da cobrança do Estado. Aqui teremos a caracterização da responsabilidade tributária referente ao *sujeito passivo indireto* (art. 128, CTN). Essa poderá ser:

a) *Responsabilidade por substituição:* o responsável por substituição ou substituto (legal) tributário ocupa o lugar do contribuinte desde a ocorrência do *fato gerador*, despontando como sujeito passivo desde o implemento da obrigação tributária.
b) *Responsabilidade por transferência*: o responsável por transferência ocupa o lugar do contribuinte após a ocorrência do fato gerador.

6.1 TIPOS DE RESPONSABILIDADE TRIBUTÁRIA

6.1.1 Responsabilidade por substituição

A lei determina que terceiro substitua o contribuinte desde a ocorrência do fato gerador. Pode-se verificar tal situação mais frequentemente quanto ao ICMS e ao IR. A propósito do ICMS, no contexto da substituição tributária, insta mencionar uma subdivisão presente na doutrina: a substituição tributária "para trás" e a substituição tributária "para frente".

6.1.2 Substituição para trás ou regressiva

O fato gerador ocorre "lá atrás", enquanto o pagamento é adiado. Em termos mais técnicos, configura-se pelo adiamento do recolhimento do tributo para um momento posterior à ocorrência do fato gerador. Por conveniência, a Administração adia o pagamento do ICMS, recaindo o ônus tributário sobre o substituto legal tributário. Aqui identificamos a figura do *diferimento*, uma vez que não há contemporaneidade entre o fato imponível e o pagamento da exação.

6.1.3 Substituição para frente ou progressiva

O fato gerador ocorre "lá na frente", enquanto o pagamento é antecipado. Com maior rigor, diz-se que o recolhimento do tributo é antecipado, sem que haja a definição do fato gerador. Tal mecanismo encontra contestações na doutrina, na medida em que dá ensejo a um fato imponível fictício (ou presumido, como preferem alguns). No entanto, a Constituição Federal dá respaldo à sistemática em seu art. 150, § 7º.

6.1.4 Responsabilidade por transferência

Na responsabilidade por transferência, a escolha do responsável ocorre após a ocorrência do fato gerador, "transferindo-se" o ônus tributário para um terceiro determinado em lei.

6.1.5 Solidariedade tributária passiva

Na solidariedade tributária, os devedores solidários respondem pelo todo. Ela pode ser *natural* ou *legal*.

Na *solidariedade natural*, há indivíduos que têm interesse comum no fato que desencadeia a constituição do fato gerador da obrigação tributária principal.

Na *solidariedade legal*, há expressa determinação legal para sua ocorrência.

Importante é mencionar que a solidariedade tributária passiva não comporta benefício de ordem, ou seja, o Estado pode escolher qualquer um dos codevedores para assumir totalmente o cumprimento da obrigação tributária (art. 124, parágrafo único, CTN).

O art. 125 do CTN, por sua vez, dispõe sobre os efeitos da solidariedade tributária.

6.1.6 Responsabilidade dos sucessores

O desaparecimento do devedor original acarreta a transferência da obrigação tributária para outro indivíduo:

a) Transferência *causa mortis*: transmissão para herdeiros, havendo, no caso, uma responsabilidade pessoal (art. 131, II e III, CTN);

b) Transferência *inter vivos*: obrigação transferida para o comprador, nas seguintes hipóteses, previstas no CTN:

1ª Hipótese - art. 130: transmissão de imóveis (sucessão imobiliária);

2ª Hipótese - art. 131, I: transmissão de bens móveis (sucessão mobiliária);

3ª Hipótese - art. 133: transmissão de estabelecimento comercial, industrial ou profissional (sucessão comercial);

4ª Hipótese - art. 132: transmissão decorrente de fusão, incorporação, transformação ou cisão (sucessão empresarial).

Faz-se indispensável que apreciemos o teor do **art. 129 do CTN**, à guisa de preâmbulo do tema ora proposto: "O disposto nesta Seção aplica-se por igual aos créditos tributários definitivamente constituídos ou em curso de constituição à data dos atos nela referidos, e aos constituídos posteriormente aos mesmos atos, desde que relativos a obrigações tributárias surgidas até a referida data". Nesse passo, diz-se que a responsabilidade dos sucessores, tratada nos arts. 129 a 133 do CTN, atingirá:

a) os *créditos definitivamente constituídos* (o lançamento já se realizou);

b) os *créditos em procedimento de constituição*, na data da ocorrência dos atos ou fatos determinantes da sucessão (o lançamento está em fase de realização);

c) os *créditos ainda não constituídos*, porém correspondentes a fatos geradores ocorridos antes da realização dos atos ou fatos determinantes da sucessão.

6.1.7 Responsabilidade de terceiros

Tal responsabilidade se prende ao dever legal ou contratual que indivíduos (terceiros) devem observar em relação ao patrimônio alheio, normalmente pessoas naturais incapazes (menor, tutelado, curatelado) ou entes despidos de personalidade jurídica (espólio e massa falida).

O art. 134 trata da chamada *responsabilidade por transferência*. O art. 135, por sua vez, traz à baila a *responsabilidade por substituição*. Em suma, o CTN classificou os dois dispositivos como indicadores de "responsabilidade por transferência", embora o tema comporte controvérsias. Vamos analisá-los:

6.1.8 A responsabilidade "solidária" do art. 134 do CTN

A responsabilidade definida como "solidária" nesse artigo não é "solidária plena", mas sim *subsidiária*, pelo fato de não haver a discricionariedade para definir de quem cobrar o débito. É que o dispositivo impõe que se exija o valor, primeiramente, do contribuinte; verificada a impossibilidade de receber deste, exigir-se-á o gravame do responsável.

Importante frisar que os contribuintes enumerados no dispositivo em estudo, embora sejam ora incapazes, ora despidos de personalidade jurídica, possuem capacidade tributária passiva, conforme o art. 126, *caput*, do CTN, c/c o art. 118 do CTN.

Em tempo, sabe-se que, para se verificar a obrigação disposta no comando, dita "solidária", será necessária a ocorrência simultânea de duas condições, conforme se prevê no *caput* do dispositivo:

a) que seja impossível exigir o cumprimento da obrigação tributária principal do contribuinte;
b) que o responsável indicado tenha colaborado para o não pagamento do tributo, mediante ato ou omissão a ele atribuíveis, devendo a atuação do terceiro na administração do patrimônio do representado ter relação direta com o nascimento da obrigação tributária não cumprida.

Assim, trata-se de nítida *responsabilidade subsidiária*, estando a Fazenda autorizada a acionar o terceiro se comprovar, no contribuinte, a ausência ou insuficiência de bens. Frise-se que, se houver a execução direta dos bens dos terceiros, estes poderão invocar o benefício de ordem para a satisfação da dívida.

O parágrafo único, por sua vez, trata explicitamente da aplicação de *multas*. Somente a obrigação principal poderá ser exigida dos terceiros, excluindo-se o cumprimento dos deveres acessórios e a aplicação das penalidades, com exceção daquelas de *caráter moratório*.

6.1.9 A responsabilidade pessoal do art. 135 do CTN

Esse dispositivo se refere à responsabilidade pessoal e exclusiva das pessoas discriminadas nos seus incisos I, II e III.

É que, geralmente, os representantes dos contribuintes extrapolam os limites legais e da boa-fé, motivo pelo qual se costuma responsabilizar pessoalmente tal indivíduo, não se atingindo o contribuinte, quando houver (a) *excesso de poderes* ou (b) *infração da lei, contrato social ou estatutos* – condições à aplicação do preceptivo.

Segundo o art. 135, podem ser pessoalmente responsáveis: *as pessoas referidas no artigo anterior; os mandatários, prepostos e empregados; os diretores, gerentes ou representantes de pessoas jurídicas de direito privado.*

No tocante às *multas*, nesse artigo, temos uma responsabilidade maior que a prevista nos artigos anteriores (arts. 130 a 134), uma vez que ele abrange, além dos tributos, todas as multas devidas pelo passivo original.

Importante ressaltar, quanto ao inciso III, que a melhor jurisprudência vai no sentido de que os sócios responsáveis são apenas os detentores de poderes de administração quando da ocorrência do fato imponível. Se os gravames devidos se referirem a período diferente deste, não gerarão sua responsabilidade pessoal. Ao mesmo tempo, a doutrina considera esse comando determinante de *responsabilidade por substituição*, tendo em vista que o dever recai sobre o responsável desde o momento do fato gerador. Essa seria, salvo melhor juízo, a única hipótese de *substituição* regulada pelo Código Tributário Nacional.

6.1.10 Responsabilidade por infrações – análise dos arts. 136 e 137 do CTN

Para apuração da responsabilidade por infrações no direito tributário, adota-se, em princípio, a *teoria da responsabilidade objetiva*. Aquele que pratica o ato ilícito será responsabilizado, independentemente de culpa, desconsiderando-se também as circunstâncias que excluam ou atenuem a punibilidade. A aplicação de penalidades prescinde de provas da intenção do infrator, sendo irrelevante o nexo psicológico entre o agente e o resultado. No entanto, há uma ressalva legal, relacionada à edição de lei ordinária ("salvo disposição de lei em contrário..."), que permitirá aplicação e interpretação conflituosas ao tema em análise.

Importante trazer à baila a discussão relacionada às multas. É notório que a multa fiscal tem caráter penal. Entretanto, por ocasião da infração tributária, há de se presumir que houve culpa do agente. Portanto, o contribuinte não deve ser punido quando agiu com *boa-fé*, sem intenção de lesionar o Estado. Nesse caso, seria oportuna a aplicação do *princípio da boa-fé*, visando excluir a imposição de multa.

O STJ, em 31 de março de 2014, publicou a Súmula n.º 509: "É lícito ao comerciante de boa-fé aproveitar os créditos de ICMS decorrentes de nota fiscal posteriormente declarada inidônea, quando demonstrada a veracidade da compra e venda".

Passemos agora à análise do art. 137 do CTN.

O inciso I do art. 137 dispõe que, se a infração é tão grave a ponto de ser tipificada como crime ou contravenção, a responsabilização da pessoa jurídica será afastada, atingindo-se os dirigentes, até mesmo com a pena privativa de liberdade (Lei 8.137/1990).

O inciso II dispõe que a lei poderá utilizar-se do elemento subjetivo para caracterizar a infração – dolo, culpa ou até mesmo *dolo específico*. Portanto, se houver um objetivo especial do agente na prática do ilícito, o dolo específico será elementar e a punição será *pessoal.*

Por fim, o inciso III prevê a possibilidade de infração cometida pelos gestores de interesses dos representados, com intenção de prejudicá-los, para obterem vantagem indevida. Nessa situação, haverá a responsabilização pessoal do agente, e não do sujeito passivo.

6.2 DENÚNCIA ESPONTÂNEA

A *denúncia espontânea* permite que o contribuinte compareça à repartição fiscal, *opportuno tempore*, a fim de declarar a ocorrência da infração e efetuar o pagamento de tributos em atraso, se houver. Tal instituto tem o fito de afastar a aplicação de multa ao contribuinte. Sabe-se, ainda, que os "juros" e a "correção monetária" não são excluídos, já que esta integra o valor do tributo, enquanto aqueles compõem o traço remuneratório do capital. Vale salientar que o êxito da denúncia espontânea dar-se-á quando o Fisco for comunicado da infração ou receber o pagamento do gravame devido antes de qualquer procedimento fiscal iniciado. A formalização do início do procedimento é verificada pelo *Termo de Início de Fiscalização*, mencionado no art. 196 do CTN. Todavia, a espontaneidade ficará prejudicada apenas no tocante ao tributo objeto da fiscalização, podendo ser considerada válida em relação a dívidas tributárias diversas.

O art. 138 do CTN comporta similitude com o instituto da *consulta fiscal* que, enquanto pendente, mantém o contribuinte-consulente a salvo de penalidades pecuniárias.

7

Crédito Tributário

7.1 EXIGÊNCIA

O crédito tributário (art. 139 do CTN) torna-se exigível a partir do *lançamento tributário*, que é o ato administrativo pelo qual se confere exigibilidade à obrigação tributária, quantificando-a (*quantum debeatur*) e qualificando-a (*an debeatur*). Nesse momento, a relação jurídico-tributária passa a ser vista pelo contribuinte como obrigação tributária, e pelo Fisco como crédito tributário.

7.2 O LANÇAMENTO

O *lançamento*, que está conceituado no art. 142 do CTN, é o ato por meio do qual se declara a obrigação tributária proveniente do fato gerador, operando-se efeitos *ex tunc*, em total consonância com o princípio da irretroatividade tributária. Daí se falar na *feição declaratória* do lançamento. A bem da verdade, é o fato gerador que opera efeitos *ex nunc*, por se tratar de ato criador de direitos e deveres, configurando-se como um *ato constitutivo*. Todavia, diz-se que o lançamento "constitui o crédito tributário", o que o revestiria da feição constitutiva do crédito. Portanto, podemos considerar lançamento como um instrumento de natureza jurídica mista – constitutivo (do lançamento) e declaratória (da obrigação tributária).

Insta mencionar que o *lançamento* é ato administrativo vinculado, não autoexecutório e privativo do Fisco, podendo haver em seu processamento uma participação maior ou menor do contribuinte no ato de lançar. A propósito, de acordo com o CTN, são previstas as seguintes espécies de lançamento, em virtude da intensidade dessa participação do contribuinte: a) lançamento direto, de ofício ou *ex officio* (art. 149, I); b) lançamento misto ou por declaração (art. 147); e c) lançamento por homologação ou autolançamento (art. 150).

7.2.1 Lançamento direto ou de ofício

O Fisco realiza o lançamento sem o auxílio do contribuinte, uma vez que dispõe de todos os elementos para realizá-lo. Exemplos: IPTU, taxas, contribuição de melhoria.

7.2.2 Lançamento misto ou "por declaração"

Nessa espécie, o Fisco constitui o crédito tributário a partir de informações fornecidas pelo contribuinte por meio de uma *declaração*, sem as quais o lançamento ficaria prejudicado. Exemplos: II, IE, ITBI.

7.2.3 Lançamento por homologação ou "autolançamento"

No *lançamento por homologação*, o contribuinte participa direta e ativamente de sua formatação (cálculo e pagamento do tributo), cabendo ao Fisco tão somente o procedimento homologatório. Exemplos: ICMS, IPI, ISS, IR, PIS, Cofins etc.

7.3 DECADÊNCIA

A decadência, no Direito Tributário, refere-se ao decaimento (ou perecimento) do estatal direito de constituição do crédito tributário pelo lançamento. Sua ocorrência prevê a extinção do crédito tributário (art. 156, V, do CTN).

Importante é mencionar algumas características da decadência: (a) atinge o direito subjetivo do sujeito ativo; (b) sempre decorre de lei; (c) aplicam-se, à decadência, os princípios da legalidade e da segurança jurídica; (d) só podemos falar em decadência antes do lançamento; (e) em tese, se houver decadência, não haverá prescrição; (f) o tributo atingido pela decadência poderá ser restituído.

7.3.1 Decadência no CTN

O CTN apresenta dois dispositivos que devem ser analisados quando do estudo da decadência: art. 173, I, e art. 150, § 4º.

No art. 173, I, encontramos a previsão do *dies a quo* como o primeiro dia do exercício seguinte àquele em que o lançamento poderia ter sido efetuado. Nesse caso, o lançamento poderá ser efetuado no próprio exercício em que ocorrer o fato gerador, garantindo prazo um pouco maior que aquele previsto no art. 150, § 4º, do CTN, o que representa, para a Fazenda Pública, uma possibilidade maior para lançar.

Já o art. 150, § 4º, do CTN prevê o marco inicial como a data do fato gerador. Importante é frisar que o transcurso *in albis* do quinquênio decadencial, sem que haja conferência expressa, provocará a homologação tácita do lançamento, perdendo o Fisco o direito de lançar, de modo suplementar, uma eventual diferença. A aplicação do art. 150, § 4º, do CTN deverá ser ressalvada nas seguintes situações:

a) se a lei não fixar outro prazo para a homologação, o que só poderá fazer para menos, conforme posição unânime da doutrina;
b) se houver prova da ocorrência de dolo, fraude ou simulação (*vide* art. 150, § 4º, parte final, do CTN), caso em que será aplicado o art. 173, I, do CTN.

Importante é mencionar que o cálculo do art. 150, § 4º, pode gerar dúvidas nas situações em que inexistir o pagamento antecipado. Posto isso, consoante o entendimento do STJ, para os lançamentos por homologação, será utilizado o art. 150, § 4º, do CTN, nos casos típicos de antecipação de pagamento, e o art. 173, I, do CTN, nos casos de ausência de antecipação.

7.3.2 A decadência e a anulação do lançamento anterior

Após o trânsito em julgado da *decisão* que anular o lançamento originário, o prazo de decadência de cinco anos será reaberto para que se faça novo lançamento. É o que se depreende do inc. II do art. 173 do CTN.

7.3.3 A decadência e a medida preparatória de lançamento

O parágrafo único do art. 173 do CTN prevê uma antecipação do termo inicial do prazo decadencial, ou seja, o *dies a quo* é deslocado, antecipadamente, do primeiro dia do exercício seguinte àquele em que o lançamento poderia ter sido efetuado para a *data da medida preparatória do lançamento*. Caso o prazo decadencial já tenha sido iniciado por força do inc. I do art. 173, não será possível aplicar o dispositivo, provocando alteração no prazo decadencial já iniciado.

7.3.4 A decadência e o prazo decenal das contribuições sociais previdenciárias

O art. 45 da Lei 8.212/1991 foi contestado severamente pela doutrina, que defendia ser o dispositivo inconstitucional, considerando prevalecente o prazo quinquenal contido no CTN, sobretudo em virtude da vetusta Súmula 108 do extinto TFR: "A Constituição do crédito previdenciário está sujeita ao prazo de decadência de cinco anos". Sempre se argumentou que, embora a decadência fosse proveniente do direito privado, o CTN disciplinara a matéria à luz do princípio da segurança jurídica.

ATENÇÃO!

1) Em 2008, o STF, seguindo o entendimento do STJ, sacramentou a posição majoritária da doutrina, editando a Súmula Vinculante 8, com o seguinte teor: "São inconstitucionais o parágrafo único do art. 5º do Decreto-lei 1.569/1977 e os arts. 45 e 46 da Lei 8.212/1991, que tratam de prescrição e decadência de crédito tributário".

2) Com o advento da Lei Complementar 128/2008, o art. 145-A foi inserido no texto da Lei 8.212/1991. A partir de então, diferentemente da antiga redação do art. 45, a lei não mais faz referência a qualquer prazo para prescrição ou decadência dos créditos tributários.

7.4 PRESCRIÇÃO

A prescrição tributária é o fato jurídico que implica a perda do direito de ajuizamento da ação de execução fiscal. Verificada a sua ocorrência, nula será a ação executiva (art. 803, I, do CPC) e extinto estará o crédito tributário (art. 156, V, do CTN).

O prazo para a contagem do quinquênio prescricional tem início no momento da *constituição definitiva do crédito tributário*, conforme reza o art. 174 do CTN.

7.4.1 Prescrição e a dívida ativa

A não satisfação do débito perante a Fazenda Nacional ocasionará a inscrição do crédito tributário em dívida ativa. Com isso, tem-se a habilitação para proposição da ação de execução fiscal, com fulcro nas disposições da Lei 6.830/1980.

Com o intuito de extinguir a execução fiscal preexistente, o sujeito passivo poderá opor embargos à execução após a garantia do juízo (no prazo de cinco dias), no prazo de 30 dias, a contar da: (I) data do depósito; (II) juntada da prova da fiança bancária; ou (III) intimação da penhora (art. 16, I, II e III, da LEF). Vale mencionar a possibilidade excepcional de o executado valer-se da *exceção de pré-executividade*.

7.4.2 Prescrição e os lançamentos por homologação

Nos lançamentos por homologação, é comum o contribuinte, antecipadamente ao fato gerador, entregar ao Fisco a declaração pertinente, contendo o valor do gravame a ser satisfeito. Tal declaração representa a constituição do débito por iniciativa do contribuinte.

Nos casos em que o pagamento for suficiente e correto, ocorrerá a homologação tácita ou expressa, extinguindo definitivamente o crédito tributário, não se falando em prescrição, tampouco em decadência. Por outro lado, se o contribuinte não declara e, evidentemente, nada recolhe, não há constituição do crédito tributário, portanto, não se cogitará da prescrição, sendo possível arguir a decadência. Por fim, a dificuldade na interpretação do tema aparece na situação em que o pagamento efetuado não equivale ao valor declarado corretamente. O STF e o STJ, sob críticas da doutrina, têm se posicionado no sentido de que a constituição do crédito tributário, para fins de prescrição, ocorrerá quando houver a entrega da declaração. O marco inicial da prescrição para cobrança do tributo corretamente declarado e não pago (ou seja, a constituição definitiva) será a data de vencimento para o pagamento constante da declaração (STJ, REsp 389.089/RS-2002; REsp 71.959/SP-1998; REsp 436.747/SC-2002; REsp 850.423/SP-2007). Importante salientar que não haverá contagem de prescrição no período entre a entrega da declaração e o vencimento (STJ, REsp 658.138/PR-2005).

Podemos afirmar, portanto, que o não pagamento do débito no prazo estabelecido provocará consequências significativas, conforme entendimento do STJ: (I) autorização para inscrição em dívida ativa; (II) fixação do termo *a quo* do prazo de prescrição (Súmula 436, STJ); (III) inibição de certidão negativa de débito (Súmula 446, STJ); e (IV) afastamento da possibilidade de denúncia espontânea (Súmula 360, STJ).

7.4.3 Interrupção da prescrição

O art. 174, parágrafo único, I a IV, do CTN trata das causas de interrupção de prescrição.

O inc. I do dispositivo em comento prevê que a prescrição será interrompida "pelo despacho do juiz que ordenar a citação em execução fiscal".

O *protesto judicial* é tratado no inc. II.

O inc. III deixa transparecer uma menção aos atos que se traduziriam na intenção de receber o pagamento do tributo.

Finalmente, o inc. IV traz a única hipótese de interrupção da prescrição decorrente de ação do próprio devedor, bem como de interrupção extrajudicial.

Ad argumentandum, são possíveis causas de suspensão da prescrição, embora tal associação não desfrute de endosso generalizado:

a) as causas de suspensão do crédito tributário (art. 151, I a VI, do CTN). Para muitos, todavia, tais causas não seriam bem consideradas como tais;
b) as causas de anulação de moratória (art. 155, parágrafo único, do CTN);

c) o período de 180 dias entre a inscrição do crédito em dívida ativa e a distribuição da execução fiscal (art. 2º, § 3º, da LEF);

d) o período máximo de um ano, previsto no § 2º do art. 40 da Lei 6.830/1980, caso não seja localizado o devedor ou não sejam encontrados bens suficientes para garantir o juízo (âmbito da prescrição intercorrente).

8 Suspensão do Crédito Tributário

O CTN, em seu art. 151, enumera os casos de suspensão da exigibilidade do crédito tributário.

> **DICA!**
>
> Como recurso de memorização, sugerimos a palavra **MO-DE-RE-CO-PA**, indicadora das sílabas iniciais das causas suspensivas previstas no dispositivo mencionado. Observe a legenda:
>
> MO = MOratória; DE = DEpósito do montante integral; RE = REclamações e REcursos administrativos; CO = COncessão de liminar em mandado de segurança e COncessão de tutela antecipada em outras ações; e PA = PArcelamento.

8.1 MORATÓRIA

A moratória é a dilatação legal do prazo de pagamento e é regulada pelo CTN em seus arts. 152 a 155. O art. 152 do CTN confere à moratória duas formas de concessão: a *moratória geral* e a *moratória individual*.

O art. 153 do CTN, nos seus incisos I, II e III, trata dos requisitos obrigatórios e facultativos a serem cumpridos pelo beneficiário da moratória. Por requisitos *obrigatórios* entendem-se o prazo e as condições em que se dará a concessão do favor. Já por *facultativos*, entendem-se os tributos a que se aplica, o número de prestações e os vencimentos e as garantias a serem fornecidas pelo beneficiário.

Por sua vez, o art. 154 trata dos créditos a que a moratória se aplica.

Por fim, a anulação da moratória individual é tratada no art. 155 do CTN.

8.2 DEPÓSITO DO MONTANTE INTEGRAL

O instituto do depósito é mais comumente utilizado na via judicial, não sendo recorrente na via administrativa. Na relação tributária, o depósito é um ato voluntário do sujeito passivo que pretenda suspender a exigibilidade do crédito tributário. Segundo a **Súmula Vinculante 28 do STF**, "é inconstitucional a exigência do depósito prévio como requisito de admissibilidade de ação judicial na qual se pretenda discutir a exigibilidade de crédito tributário".

8.3 RECLAMAÇÕES E RECURSOS ADMINISTRATIVOS

As reclamações e os recursos administrativos representam, em geral, o primeiro passo antes da via judicial, e o contribuinte, estando nesse quadro, poderá obter uma certidão positiva com efeito de certidão negativa, conforme o art. 206 do CTN.

8.4 CONCESSÃO DE LIMINAR EM MANDADO DE SEGURANÇA

A previsão básica do mandado de segurança encontra-se no art. 5º, LXIX, da CF, c/c o art. 1º da Lei 12.016/2009. O provimento liminar em mandado de segurança não é apenas uma decisão interlocutória. É, antes de tudo, uma medida que permite suspender provisória e imediatamente o ato impugnado, além de provocar a decorrencial suspensão da exigibilidade do crédito tributário (art. 151, IV, do CTN). São requisitos desse emergencial provimento suspensivo do crédito tributário (art. 151, IV, do CTN): a) *o relevante fundamento do pedido*; e b) *a ineficácia da medida, caso não seja deferido o pedido de imediato.*

8.5 CONCESSÃO DE TUTELA EM OUTRAS AÇÕES JUDICIAIS

A tutela antecipada será cabível nas ações ordinárias (anulatória e declaratória), se estiverem presentes os pressupostos que constam do art. 300 do CPC. Nesse passo, presentes (1) a probabilidade do direito, e (2) o fundado receio de dano irreparável, será possível a obtenção da tutela antecipatória, visando à suspensão do crédito tributário (art. 151, V, do CTN). A propósito, a *verossimilhança da alegação* traduz-se na incontestabilidade do direito arguido, ensejadora da real necessidade dos efeitos antecipatórios da sentença. O *fundado receio de dano irreparável* representa a vulnerabilidade da situação, à qual se dirigirá o demandante, no ato processual de convencimento do juiz, na tentativa de comovê-lo a deferir o pleito antecipatório.

8.6 PARCELAMENTO

O parcelamento se caracteriza pelo ato do contribuinte, após requerimento à autoridade administrativa, de conduzir recursos de forma não integral ao Fisco. A providência gera a suspensão da exigibilidade do crédito tributário. O parcelamento reveste-se da natureza de uma "moratória", pois os pagamentos se dão após o vencimento dos créditos tributários, em geral de forma mensal e durante longo período de tempo. A princípio, o parcelamento constitui-se em ato discricionário da esfera administrativa, e, após sua concessão, passa a se revestir de direito líquido e certo para o contribuinte, conforme entendimento do STF. O instituto do parcelamento é regulado pelo art. 155-A do CTN, com sua redação dada pela Lei Complementar 104/2001.

9

Causas de Exclusão do Crédito Tributário

9.1 ISENÇÃO

A *isenção* é uma causa de exclusão do crédito tributário, consoante o inciso I do art. 175 do CTN. Seus efeitos desonerativos atingem a obrigação tributária principal, mantendo-se incólumes as obrigações tributárias acessórias (art. 175, parágrafo único, CTN). Assim, o contribuinte isento continuará obrigado às prestações positivas ou negativas que não correspondam ao pagamento de tributo (art. 113, § 2º, CTN).

Quanto à questão da *revogabilidade*, as isenções poderão ser revogadas a qualquer tempo, com exceção das isenções onerosas, uma vez que estas proporcionam direito adquirido (art. 178 do CTN, c/c a Súmula 544, STF).

Em regra, a isenção se relaciona apenas a impostos, excluindo-se taxas e contribuições de melhoria do benefício isencional (art. 177, I, CTN). Por sua vez, o art. 177, II, do CTN prevê a impossibilidade de concessão da isenção aos tributos cuja competência tributária não tenha sido exercida.

ATENÇÃO!

Como é sabido, a isenção depende de lei (art. 178, *caput*, CTN). A lei concessiva da isenção deverá ser a lei ordinária, no formato de "lei específica", conforme o art. 150, § 6º, da CF. Para o caso de tributos criados por lei complementar, sua eventual dispensa, por meio de uma lei isentiva, deverá ser feita por dispositivo de mesma hierarquia.

Por fim, conforme o art. 179, § 2º, c/c o art. 155 do CTN, a isenção em caráter individual não gera direito adquirido. Poderá, assim, ser anulada se não houver a satisfação das condições. Será, também, aplicada multa se o benefício tiver sido obtido com dolo ou simulação, não se computando, para efeitos de prescrição, o tempo decorrido entre a concessão da isenção e a sua revogação.

9.2 ANISTIA

Conceitua-se a *anistia* como o perdão das penalidades pecuniárias, concedido por lei, antes da constituição do crédito tributário. Somente pode ser aplicada a infrações cometidas antes da vigência da lei que a tiver concedido, operando efeito retrospectivo. É o que se depreende do *caput* do art. 180 do CTN.

A anistia é uma causa de exclusão do crédito tributário, consoante o inc. II do art. 175 do CTN. Seus efeitos desonerativos atingem a obrigação tributária principal, mantendo-se incólumes as obrigações tributárias acessórias (art. 175, parágrafo único, CTN). Importante é frisar que não se dispensa o cumprimento das obrigações acessórias relativas ao crédito excluído, no caso da anistia. O contribuinte anistiado continuará obrigado às prestações positivas ou negativas que não correspondam ao pagamento de tributo (art. 113, § 2º, CTN), além de satisfazer o valor *principal* do crédito exigido, uma vez que o benefício é somente para multas (art. 175, parágrafo único, CTN).

A anistia poderá ser *geral* ou *limitada.*

Por fim, conforme o art. 182, parágrafo único, c/c o art. 155, ambos do CTN, a anistia não gera direito adquirido. Poderá ser anulada se não houver a satisfação das condições, não se computando, para efeitos de prescrição, o tempo decorrido entre a concessão da anistia e a sua revogação, caso tenha havido dolo, fraude ou simulação.

10 Causas de Extinção do Crédito Tributário

Conforme preceitua o art. 156 do CTN, são formas de extinção do crédito tributário:

10.1 PAGAMENTO

O *pagamento*, como fator extintivo do crédito tributário, está regulamentado nos arts. 157 a 169 do CTN, tratando-se de modalidade direta de extinção do crédito tributário, em função da desnecessidade de autorização legal para a sua efetivação.

Por via de regra, o pagamento deve ser realizado em pecúnia (cheque, dinheiro ou equivalente). Nesse sentido, vale ressaltar que, com a edição da Lei Complementar 104/2001, veio à baila uma nova possibilidade de extinção indireta do crédito tributário – porque dependente de lei –, pela *dação em pagamento*, consoante o inc. XI do art. 156 do CTN. Imperioso é recordar que essa modalidade de extinção indireta do crédito tributário refere-se apenas a *bens imóveis*.

Quanto à restituição de pagamento, se o tributo for pago a maior, o contribuinte verá nascer o direito à restituição, sem qualquer óbice a ser criado pelo Fisco (art. 165, *caput*, CTN). O pagamento indevido ou a maior será restituído independentemente de provas sobejas, bastando a apresentação da guia de recolhimento (autenticada, conforme o entendimento do STJ, no REsp 267.007/SP-2005) para que se formalize o pedido do valor. No entendimento do STJ, aliás, o prazo prescricional para a repetição de indébito não se interrompe e/ou suspende, diante de pedido formulado na esfera administrativa (AgRgAg

629.184/MG-2005). O CTN dispõe que é de cinco anos o prazo para a repetição (devolução) do valor pago indevidamente, contados da data de extinção do crédito tributário pelo pagamento, incluindo os casos de tributos lançados por homologação (ver art. 168, I, CTN, c/c o art. 3º da Lei Complementar 118/2005).

10.2 COMPENSAÇÃO

A *compensação tributária*, delineada nos arts. 170 e 170-A do CTN, representa uma forma indireta (por via de lei) de extinção do crédito tributário, realizada pelo encontro de contas de créditos e débitos. O contribuinte não pode verificar a *certeza* e *liquidez* de seu crédito sem a homologação do Poder Executivo ou do Poder Judiciário. Com o advento da Lei Complementar 104/2001, que trouxe o art. 170-A, a compensação exige trânsito em julgado da sentença autorizadora, ficando afastada a realização de compensação por liminar em mandado de segurança ou por meio de tutela antecipada, consoante a dicção das *Súmulas 212* e *213 do STJ*.

10.3 TRANSAÇÃO

A *transação tributária*, prevista no art. 171 do CTN, representa o acordo ou as concessões recíprocas que encerram um litígio instalado (arts. 840 a 850, Lei 10.406/2002), com reciprocidade de ônus e vantagens. Depende de lei que a conceda, sendo, portanto, uma forma indireta de extinção do crédito tributário.

10.4 REMISSÃO

A *remissão tributária*, delineada no art. 172 do CTN, é o perdão da dívida pelo credor. Traduz-se na liberação graciosa (unilateral) da dívida pelo Fisco, atingindo o tributo e/ou a multa, já objetos de um lançamento.

10.5 DECADÊNCIA E PRESCRIÇÃO

A *prescrição* e a *decadência* (arts. 173 e 174, CTN) são causas de extinção do crédito tributário. Vale dizer que estará extinto o crédito tributário caso o Fisco deixe de realizar o lançamento dentro do prazo previsto na lei (decadência), ou deixe de propor a execução fiscal em prazo legal (prescrição).

10.6 CONVERSÃO DO DEPÓSITO EM RENDA

Após decisão definitiva em sede administrativa ou judicial, favorável ao sujeito ativo, o depósito integral efetuado nos autos será convertido em renda em seu favor, provocando a extinção do crédito tributário.

10.7 PAGAMENTO ANTECIPADO E A HOMOLOGAÇÃO DO LANÇAMENTO

Nos gravames cujos lançamentos se dão por homologação, o contribuinte paga o tributo com fundamento em apuração por ele mesmo realizada. Daí falar em *pagamento antecipado*. Como é sabido, a extinção do crédito tributário não se dá com o pagamento, mas com sua contextual adição à homologação do lançamento (art. 150, §§ 1º e 4º, CTN). O transcurso *in albis* do quinquênio decadencial sem manifestação do Fisco denotará uma homologação tácita, e o sujeito ativo perderá o direito de cobrar uma possível diferença.

10.8 CONSIGNAÇÃO EM PAGAMENTO

A *consignação em pagamento* é o instrumento processual hábil a garantir ao sujeito passivo o exercício de seu direito de recolher o tributo, nos termos do art. 164 do CTN, diante de determinadas circunstâncias, a saber:

a) recusa de recebimento, ou subordinação deste ao pagamento de outro tributo ou penalidade, ou cumprimento de obrigação acessória;
b) subordinação do recebimento ao cumprimento de exigências administrativas sem fundamento legal;
c) exigência, por mais de uma pessoa jurídica de direito público, de tributo idêntico sobre um mesmo fato gerador. Aqui, desponta o vício de *bitributação*, cujos efeitos a consignatória visa coibir.

Encerrada a demanda, julgada *procedente* a consignação, o pagamento se reputa efetuado, tornando extinto o crédito tributário, e a importância consignada será convertida em renda. Essa conversão ocorrerá em favor do sujeito ativo credor. Se julgada *improcedente* a consignação, no todo ou em parte, será cobrado o crédito, acrescido de juros de mora, sem prejuízo das penalidades cabíveis (art. 164, § 2º, CTN).

10.9 DECISÃO ADMINISTRATIVA IRREFORMÁVEL

Essa causa extintiva diz respeito às decisões administrativas favoráveis ao contribuinte, uma vez que, se contrárias, não terão o condão de extinguir o crédito tributário, restando ao contribuinte a possibilidade de sua reforma na via judicial.

10.10 DECISÃO JUDICIAL PASSADA EM JULGADO

A decisão judicial passada em julgado extingue o crédito tributário. A coisa julgada detém efeito absoluto, como regra, e nem mesmo a lei poderá prejudicá-la, conforme a previsão elencada no art. 5º, XXXVI, *in fine*, da CF.

10.11 DAÇÃO EM PAGAMENTO PARA BENS IMÓVEIS

O CTN prevê a dação em pagamento como uma das formas de extinção do crédito tributário, apenas para o caso de *bens imóveis*.

11 Garantias e Privilégios do Crédito Tributário

11.1 GARANTIAS DO CRÉDITO TRIBUTÁRIO

As garantias do crédito tributário, detalhadas nos arts. 183 a 193 do CTN, sem prejuízo de outras garantias não previstas no CTN, são as prerrogativas do Poder Público, por este utilizadas para conduzir o contribuinte ao pagamento do tributo. Sua existência decorre do princípio da supremacia do interesse público.

Ressalvados os bens e as rendas declarados pela lei como Impenhoráveis (art. 833 do CPC/2015), todos os outros respondem pelo crédito tributário do sujeito passivo (art. 184 do CTN). Importante é frisar que até mesmo os bens gravados por ônus real ou aqueles que contêm cláusulas de inalienabilidade ou impenhorabilidade podem ser executados pelos entes tributantes.

Caso o devedor se valha de esquemas ardilosos, com o intuito de burlar o Fisco, após sua inscrição em dívida ativa, restará caracterizada a fraude à execução. Tais métodos ilegais são considerados fraudulentos em sua essência, não se admitindo prova em contrário.

Uma particularidade da fraude contra credores do direito tributário está no deslocamento do ônus probante para o polo do devedor, diferentemente do direito privado, ressalvado o devedor que reserva outros bens ou rendas suficientes para o pagamento total da dívida fiscal em fase de execução (art. 185, parágrafo único, do CTN).

Anteriormente, a redação do artigo em apreço deixava dúvidas quanto ao instante a ser considerado como caracterização da fraude. Tais questionamentos foram sanados com a nova redação dada pela LC n.º 118/2005, que definiu a simples inscrição em dívida ativa como suficiente para configurar a fraude na alienação ou oneração de bens.

A citada lei complementar adicionou, também, o art. 185-A, que reforçou as garantias do crédito tributário. Observe-o:

> "Art. 185-A. Na hipótese do devedor tributário, devidamente citado, não pagar nem apresentar bens à penhora no prazo legal e não forem encontrados bens penhoráveis, o juiz determinará a indisponibilidade de seus bens e direitos, comunicando a decisão, preferencialmente por meio eletrônico, aos órgãos e entidades que promovam registros de transferência de bens, especialmente ao registro público de imóveis, e às autoridades supervisoras do mercado bancário e do mercado de capitais, a fim de que, no âmbito de suas atribuições, façam cumprir a ordem judicial.
>
> § 1.º A indisponibilidade de que trata o *caput* deste artigo limitar-se-á ao valor total exigível, devendo o juiz determinar o imediato levantamento da indisponibilidade dos bens ou valores que excederem esse limite.
>
> § 2.º Os órgãos e entidades aos quais se fizer a comunicação de que trata o caput deste artigo enviarão imediatamente ao juízo a relação discriminada dos bens e direitos cuja indisponibilidade houverem promovido".

Há de se confrontar o art. 185-A com o art. 854 do CPC/2015 (que alterou o art. 655-A do CPC): "Para possibilitar a penhora de dinheiro em depósito ou em aplicação financeira, o juiz, a requerimento do exequente, sem dar ciência prévia do ato ao executado, determinará às instituições financeiras, por meio de sistema eletrônico gerido pela autoridade supervisora do sistema financeiro nacional, que torne indisponíveis ativos financeiros existentes em nome do executado, limitando-se a indisponibilidade ao valor indicado na execução".

Em 9 de dezembro de 2015, o STJ lapidou a Súmula n.º 560: "A decretação da indisponibilidade de bens e direitos, na forma do art. 185-A do CTN, pressupõe o exaurimento das diligências na busca por bens penhoráveis, o qual fica caracterizado quando infrutíferos o pedido de constrição sobre ativos financeiros e a expedição de ofícios aos registros públicos do domicílio do executado, ao Denatran ou Detran".

11.2 PREFERÊNCIAS DO CRÉDITO TRIBUTÁRIO

Pode-se afirmar que o privilégio do crédito tributário é significativo, porém não é absoluto. Em detrimento do crédito tributário, serão satisfeitos os créditos trabalhistas e aqueles decorrentes de acidente de trabalho, com a respectiva reserva para eventual pagamento de férias, décimo terceiro salário, aviso prévio etc.

Em fevereiro de 2005, foi aprovada a "Lei de Falências", com consequentes alterações no CTN. Ao mesmo tempo, foi publicada a LC n.º 118/2005, modificando o *caput* e incs. do parágrafo único do art. 186 do CTN.

Com a nova redação do art. 186, o crédito tributário "perdeu uma posição" na ordem de preferência. Caso haja falência, fica definida a seguinte ordem:

1.º) créditos extraconcursais;

2.º) importâncias passíveis de restituição, nos termos da lei falimentar (aquelas relativas a bens e direitos de terceiros e que se encontravam em poder do devedor na data da decretação de falência);

3.º) créditos trabalhistas e acidentários (art. 83, I, da Lei n.º 11.101/2005);

4.º) créditos com garantia real, no limite do valor do bem gravado (art. 83, II, da Lei n.º 11.101/2005 c/c art. 186, parágrafo único, I, do CTN).

5.º) crédito tributário.

Insta mencionar que, conforme a Súmula 44 do extinto TFR, se a penhora em execução fiscal se realiza antes da falência, os bens penhorados não se sujeitam "*à arrecadação no juízo falimentar; proposta a execução fiscal após a falência, a penhora far-se-á no rosto dos autos do processo de quebra, citando-se o síndico*".

O art. 187 do CTN também sofreu modificações advindas da edição da LC n.º 118/2005. Tem-se a previsão de apenas um tipo de concurso de credores, quando se tratar do crédito tributário. Nesse passo, "o concurso de preferência somente se verifica entre pessoas jurídicas de direito público, na seguinte ordem:

I – União;

II – Estados, Distrito Federal e Territórios, conjuntamente e *pro rata*;

III – Municípios, conjuntamente e *pro rata*".

Pode-se afirmar que o credor civil fica impedido de prosseguir na execução do devedor insolvente com a Fazenda Pública. Assim, não haverá necessidade de habilitação dos créditos da Fazenda Pública nos casos de "*concurso de credores ou habilitação em falência, recuperação judicial, inventário ou arrolamento*".

A nova Lei de Falências instituiu a *recuperação extrajudicial* – o período em que o devedor tentaria liquidar suas obrigações sem interferência do Poder Judiciário.

Não logrando êxito nessa empreitada, partiria então para a recuperação judicial.

O STF já foi provocado a se pronunciar sobre a constitucionalidade do art. 187, parágrafo único, do CTN, uma vez que, a nosso ver, o federalismo de equilíbrio e a isonomia são desrespeitados pelo dispositivo, o que culminou na edição da Súmula n.º 563, *ad litteram*: "O concurso de preferência a que se refere o parágrafo único do art. 187 do CTN é compatível com o disposto no art. 9.º, I, da Constituição Federal" (tal artigo se referia, no regime constitucional anterior, à regra similar ao comando previsto, atualmente, no art. 19, III, *in fine*, da CF, que proíbe diferenças entre as pessoas políticas).

Por fim, registramos que, da conjugação do art. 29 da Lei n.º 6.830/1980, do art. 51 da Lei n.º 8.212/1991 e do art. 187, parágrafo único, do CTN, temos que a ordem de concurso de preferência é a seguinte:

1.º) *União, INSS e autarquias federais;*

2.º) *Estados, Distrito Federal e autarquias estaduais;*

3.º) *Municípios e autarquias municipais.*

11.3 PREFERÊNCIA NA FALÊNCIA, NO INVENTÁRIO E NA LIQUIDAÇÃO

As alterações no CTN, realizadas pela LC n.º 118, estenderam-se para o *caput* do art. 188. Nesse dispositivo, temos a previsão de que créditos *extraconcursais* são os créditos tributários criados após a abertura do processo de falência e terão preferência para recebimento.

O art. 84 da Lei n.º 11.101/2005 indica a prevalência absoluta dos créditos extraconcursais – despesas e obrigações contraídas durante a falência, até mesmo à frente dos créditos trabalhistas. Importante a leitura dos arts. 189 e 190, os quais transcrevemos:

> "Art. 189. São pagos preferencialmente a quaisquer créditos habilitados em inventário ou arrolamento, ou a outros encargos do monte, os créditos tributários vencidos ou vincendos, a cargo do *de cujus* ou de seu espólio, exigíveis no decurso do processo de inventário ou arrolamento. Parágrafo único. Contestado o crédito tributário, proceder-se-á na forma do disposto no § 1.º do artigo anterior".

> "Art. 190. São pagos preferencialmente a quaisquer outros os créditos tributários vencidos ou vincendos, a cargo de pessoas jurídicas de direito privado em liquidação judicial ou voluntária, exigíveis no decurso da liquidação."

Assim, os créditos tributários poderão ser interpretados como *extraconcursais* se o fato gerador ocorrer durante o *processo de falência*.

Finalmente, conforme a Lei de Falências, no curso do processo falimentar, o crédito tributário tem preferência sobre os créditos com privilégio especial, privilégio geral, quirografários e os subordinados.

11.4 QUITAÇÃO DE TRIBUTOS

Segundo o art. 191 do CTN (alterado pela LC n.º 118), "a extinção das obrigações do falido requer prova de quitação de todos os tributos".

Antes da indigitada alteração no dispositivo, a apresentação da certidão negativa dos tributos relativos à sua atividade mercantil era suficiente para que o falido obtivesse a declaração de extinção de suas obrigações.

Observe, ainda, o art. 191-A do CTN:

Art. 191-A do CTN: "A concessão de recuperação judicial depende da apresentação da prova de quitação de todos os tributos, observado o disposto nos arts. 151, 205 e 206 desta Lei".

A inteligência desse comando se faz conjuntamente com o art. 187 do CTN, que reza que a cobrança judicial do crédito tributário não é sujeita à recuperação judicial. Dessa forma, deverá o falido apresentar a prova de quitação como condição essencial à extinção das obrigações.

Vale ressaltar, conforme o art. 193 do CTN, que contratos administrativos e propostas de concorrência envolvendo Poder Público e particular serão eficazes mediante prova da quitação de todos os tributos devidos à Fazenda Pública interessada.

Frise-se que é permitida a liberação de todas essas exigências por lei.

Enquanto o processo administrativo fiscal não se encontrar definitivamente encerrado, o contribuinte não pode ser considerado devedor, tampouco podem ser negadas as certidões negativas de débito, a serem expedidas pelas Fazendas Públicas. O STJ já se posicionou acerca desse tema, decidindo que, inscrito o débito em dívida ativa, o contribuinte poderá, através de ação cautelar, antecipar a garantia do juízo e ter expedida certidão positiva de débito com efeitos de negativa, ou seja, a chamada certidão de regularidade fiscal.

12 Administração Tributária e Disposições Finais do CTN

12.1 FISCALIZAÇÃO

Consiste em atos verificatórios do cumprimento das obrigações tributárias, sejam elas *principais* ou *acessórias*. Tais atos são parte da faculdade outorgada pela Constituinte às pessoas políticas, com relação à instituição de tributos, entendendo-se que o poder fiscalizatório se traduz em um poder-dever dos entes impositores.

A fiscalização, na administração tributária, está explicitada nos arts. 194 a 200 do CTN.

As ações fiscalizatórias constituem-se em ato público da Administração, portanto, devem estar revestidas dos princípios da legalidade, impessoalidade, moralidade e publicidade (art. 37 da CF).

12.2 DÍVIDA ATIVA

A inscrição do crédito tributário em dívida ativa ocorre quando o crédito tributário não é suspenso, extinto ou excluído, de forma que a obrigação tributária, nascida com a ocorrência do fato gerador e não sendo satisfeita, gera a necessidade de cobrança administrativa contra o sujeito passivo, por meio do lançamento. Caso não se logre êxito na exigibilidade do tributo ora lançado, despontará a necessidade de inaugurar a cobrança judicial do tributo, por meio da inscrição em dívida ativa.

Os arts. 201 a 204 do CTN discorrem sobre o tema.

12.3 CERTIDÃO NEGATIVA

A obtenção de certidões em repartições públicas, independentemente do pagamento de taxas, para defesa de direitos e esclarecimentos de situações de interesse pessoal, está prevista na alínea *b* do inc. XXXIV do art. 5º da CF.

No CTN, a certidão negativa é tratada nos arts. 205 a 208.

13 Impostos Municipais em Espécie

13.1 IPTU – IMPOSTO SOBRE A PROPRIEDADE PREDIAL E TERRITORIAL URBANA

13.1.1 Competência, sujeito ativo e sujeito passivo

O IPTU está previsto nos arts. 32 e seguintes do CTN e no art. 156, I, da CF, dispondo ser o município o sujeito ativo competente para instituição do imposto.

Os sujeitos passivos do IPTU são os titulares de qualquer direito inerente à propriedade. Pode-se destacar, a título exemplificativo, o proprietário, o titular de domínio útil e o possuidor com *animus domini*, isto é, aquele que exerce a posse com a manifesta intenção de ser dono.

13.1.2 Fato gerador

O imposto de competência dos municípios tem como fato gerador a *propriedade*, o *domínio útil* ou a *posse* de bem *imóvel*, que esteja localizado em *zona urbana* do município. Resumidamente, o fato gerador do IPTU é norteado por dois elementos: *espacial* e *temporal*. O primeiro é o território urbano do município, e o segundo, a cobrança anual (1º de janeiro de cada ano, mediante ficção jurídica).

13.1.3 Base de cálculo e alíquotas

A base de cálculo do IPTU será o valor venal do imóvel, desconsiderando os valores advindos de bens móveis mantidos em caráter permanente ou temporário no imóvel.

O IPTU é imposto norteado pela técnica de incidência de *alíquotas* progressivas, uma vez que a Constituição Federal as admite, explicitamente, no art. 156, § 1º, I e II, e art. 182, § 4º, II.

A *progressividade* no IPTU pode ser (i) *fiscal* ou (ii) *extrafiscal*. A primeira tem por objetivo promover o aumento da arrecadação, levando em conta a capacidade contributiva, com fundamento no § 1º, art. 145, da CF. Já a segunda liga-se à necessidade de desestimular os contribuintes a realizar determinadas ações, por considerá-las inconvenientes ou nocivas ao interesse público. Importante mencionar que, até o advento da Emenda Constitucional 29/2000, à luz dos arts. 156, § 1º, e 182, § 4º, da CF, o IPTU era um imposto norteado apenas pela *progressividade extrafiscal no tempo*, objetivando dar à propriedade o seu adequado aproveitamento, com o reflexo cumprimento de sua função social. Com o advento da Emenda Constitucional 29/2000, acrescentaram-se ao § 1º do art. 156 os incisos I e II, prevendo-se a *progressividade fiscal*, em razão do *valor, localização e uso do imóvel.*

13.1.4 Notas gerais

a) *Sítios de recreio*

A propriedade de sítios de recreio pode ser considerada fato gerador do IPTU, se estiverem situadas em zona urbana ou em área de expansão urbana, em atendimento aos requisitos elencados no art. 32 do CTN. Entretanto, hodiernamente, a localização do imóvel não é mais critério a ser levado, isoladamente, em consideração para se definir o tributo incidente sobre o indigitado bem. Dessa forma, tendo em vista a insuficiência ínsita ao critério de localização, deve ser prestigiada a tributação dos imóveis localizados em zona urbana segundo o critério de sua destinação econômica.

b) *Locatário e IPTU*

O locatário e o comodatário jamais poderão representar-se como contribuintes do IPTU, por não praticarem o *animus domini* e possuírem o imóvel como simples detentores de coisa alheia. Podem, entretanto, figurar como responsáveis tributários.

c) *Incidência de IPTU*

"Incide o IPTU, considerado imóvel de pessoa jurídica de direito público cedido a pessoa jurídica de direito privado, devedora do tributo".

13.2 ISS – IMPOSTO SOBRE SERVIÇOS DE QUALQUER NATUREZA

13.2.1 Competência, sujeito ativo e sujeito passivo

O ISS (ou ISSQN) está previsto no art. 156, III, da CF e na Lei Complementar 116/2003, que dispõem ser o município o sujeito ativo competente para a instituição do imposto.

Os sujeitos passivos do ISS serão os prestadores de serviço, empresa ou profissional autônomo, com ou sem estabelecimento fixo (art. 5º, Lei Complementar 116/2003). Como exemplos, podemos citar os médicos, advogados, contadores etc. De acordo com o art. 2º, II, da Lei Complementar 116/2003, não serão considerados contribuintes os que prestem serviços em relação de emprego, os trabalhadores avulsos e os diretores e membros de Conselhos Consultivo ou Fiscal de Sociedades.

13.2.2 Fato gerador

O fato gerador do ISS é a efetiva prestação remunerada dos serviços discriminados na lista anexa à LC n.º 116/2003 (alterada pela LC n.º 157/2016), composta de, aproximadamente, 230 serviços, distribuídos em 40 itens. Aliás, se o serviço for gratuito, não ocorrerá o fato gerador do ISS (STF, RE 112.923-9/SP-1987).

13.2.3 Base de cálculo e alíquotas

O art. 7º da Lei Complementar 116/2003 determina que a base de cálculo será o valor bruto do *preço do serviço*. Há hipóteses em que se aplica o chamado "ISS fixo", uma vez que não se pode aferir o valor exato do serviço prestado. Nessa situação, o tributo é calculado com base em valor único, pago periodicamente.

Os municípios podem, por meio de leis ordinárias municipais, fixar suas próprias alíquotas, devendo, no entanto, respeitar as alíquotas máximas e mínimas do ISS, estabelecidas por intermédio da edição de lei complementar, conforme o art. 156, § 3º, I, da, CF. Todavia, enquanto não editada a lei complementar ventilada, valerá a regra de alíquota mínima de 2% (art. 88 dos ADCT e art. 8º-A da Lei Complementar 116/2003, incluído pela Lei Complementar 157, de 29.12.2016, que entrará em vigor após um ano de sua publicação) e de alíquota máxima de 5% (art. 8º, Lei Complementar 116/2003).

ATENÇÃO!

Insta destacar que há duas maneiras de cobrar o ISS: (i) *fixa*: que consiste no valor pago periodicamente pelos profissionais liberais; (ii) *proporcional*: que incide sobre o movimento econômico das empresas que prestam serviços.

13.2.4 Notas gerais

a) O ISS e o IPI: o IPI (Imposto sobre Produtos Industrializados) não incide sobre a Lista de Serviços, constante da Lei Complementar 116/2003. Assim, quando a Constituição quer a tributação pelo IPI, determina a incidência sobre produtos industrializados, e quando a quer pelo ISS, determina o serviço como hipótese de tributação;

b) Os serviços puros ou mistos: os serviços podem ser *puros* (sem aplicação de mercadoria) ou *mistos* (com mercadorias). Nos casos que envolvem o fornecimento de mercadorias, o legislador optou pela teoria da preponderância do serviço em relação à mercadoria. Por outro lado, o fornecimento de mercadorias com a prestação de serviços não especificados na lista fica sujeito ao ICMS, conforme *Súmula 163 do STJ* (art. 155, X, *b*, da CF; art. 2º, Lei Complementar 87/1996). Há, ainda, na Lista anexa à Lei Complementar 116/2003, a denominada atividade mista, isto é, sobre os serviços puros haverá a incidência do ISS, e sobre o fornecimento de mercadorias, a incidência do ICMS (subitens 7.02; 7.05; 14.01; 14.03; 17.11);

c) O lançamento do ISS é por homologação (art. 150, CTN), podendo ser "de ofício", obviamente, como acontece com qualquer tributo, se não for pago;

d) Quanto ao **local da prestação do serviço**, considera-se devido no local do estabelecimento-prestador ou, na falta, no local do domicílio do prestador (art. 3º, *caput*, da Lei Complementar 116/2003). A lei traz algumas exceções estabelecidas nos incs. I a XXV do artigo mencionado, quando o imposto será devido no local da prestação.

13.3 ITBI – IMPOSTO SOBRE A TRANSMISSÃO *INTER VIVOS*, A QUALQUER TÍTULO, POR ATO ONEROSO, DE BENS IMÓVEIS, POR NATUREZA OU ACESSÃO FÍSICA, E DE DIREITOS REAIS SOBRE IMÓVEIS, EXCETO OS DE GARANTIA, BEM COMO CESSÃO DE DIREITOS À SUA AQUISIÇÃO (ARTS. 35 A 42 DO CTN; ART. 156, II, CF)

13.3.1 Competência, sujeito ativo e sujeito passivo

O ITBI (ou ITIV), um imposto de competência dos municípios, está definido no art. 156, II, da CF. O sujeito passivo do ITBI pode ser o adquirente ou o transmitente do bem imóvel. O art. 42 do CTN dispõe que qualquer das partes pode ser sujeito passivo do imposto.

13.3.2 Fato gerador

O fato gerador ocorre com a transmissão *inter vivos*, a qualquer título, por ato oneroso, de bens imóveis, por natureza ou acessão física, e de direitos reais sobre imóveis, exceto os de garantia, bem como cessão de direitos à sua aquisição (art. 156, II, CF e art. 35, CTN). Devemos analisar, em tempo, os elementos espacial e temporal do fato gerador. Quanto ao elemento espacial, será o território do município da situação do bem (art. 156, II, e § 2º, II, da CF); no tocante ao elemento temporal, será o momento da transmissão ou da cessão (art. 156, II, da CF; art. 35 do CTN). É relevante mencionar que o fato gerador ocorrerá no momento do registro imobiliário, à luz do art. 530 do Código Civil.

13.3.3 Base de cálculo e alíquotas

A base de cálculo do ITBI é o valor venal dos bens imóveis transmitidos ou direitos reais cedidos. Por ser imposto de natureza real, as alíquotas do ITBI são *proporcionais*, ou seja, incidem em percentagem única sobre as diversas bases de cálculo. Isso quer dizer que o ITBI não admite alíquotas *progressivas*. A propósito, o STF, com a edição da *Súmula 656*, corroborou a tese de que a progressividade no ITBI é inconstitucional.

13.3.4 Notas gerais

a) *O ITBI e o momento do fato gerador*

Em que pese as divergências doutrinárias, é certo afirmar que o fato gerador do ITBI dar-se-á com o Registro Imobiliário do imóvel. Esse é o entendimento ratificado no STJ.

b) *O ITBI e o usucapião*

A hipótese de usucapião não é passível de incidência de ITBI, haja vista tratar-se de modo originário de aquisição da propriedade, ou seja, o sujeito usucapiente será considerado o primeiro titular, não havendo transmissão por ausência de um alienante voluntário.

c) *O ITBI e a partilha de bens*

Quanto à partilha de bens, deve-se considerar que somente incidirá o ITBI nas hipóteses em que ficar caracterizada a transmissão acima da meação ou quinhão. O excesso é que gera a tributação. Se oneroso, incidirá o ITBI; se gratuito, incidirá o ITCMD.

d) *O ITBI e a imunidade específica*

A Constituição Federal estabelece imunidades específicas ao ITBI. Note-as: não incidirá o imposto nos casos de transmissão de bens ou direitos incorporados ao patrimônio de pessoa jurídica em realização de capital, nem sobre a transmissão de bens ou direitos decorrentes de fusão, incorporação, cisão ou extinção de pessoa jurídica, salvo se, nesses casos, a atividade preponderante do adquirente for a compra e venda desses bens ou direitos, locação de bens imóveis ou arrendamento mercantil (art. 156, § 2.º, II, da CF). A preponderância existe se a atividade representar mais de 50% da receita operacional, nos dois anos anteriores e nos dois anos subsequentes (art. 37, § 1.º, do CTN);

e) *O ITBI e a promessa de venda*

A promessa particular de venda como um contrato preliminar à escritura pública (não assinada) de compra e alienação (contrato principal) não é objeto de incidência do ITBI, visto que é negócio não encerrado; portanto, simulado.

f) *Súmula n. 329 do STF*

"O imposto de transmissão 'inter vivos' não incide sobre a transferência de ações de sociedade imobiliária."

14 Impostos Estaduais em Espécie

14.1 ICMS – IMPOSTO SOBRE OPERAÇÕES RELATIVAS À CIRCULAÇÃO DE MERCADORIAS E SOBRE PRESTAÇÃO DE SERVIÇOS DE TRANSPORTE INTERESTADUAL E INTERMUNICIPAL E DE COMUNICAÇÃO (ART. 155, II, CF; LEI COMPLEMENTAR 87/1996)

14.1.1 Competência, sujeito ativo e sujeito passivo

Conforme o art. 155 da CF, a instituição do ICMS é de competência dos Estados e do Distrito Federal. Conforme a Lei Complementar 87/1996, os sujeitos passivos do ICMS serão:

a) as pessoas que pratiquem operações relativas à circulação de mercadorias;
b) os prestadores de serviços de transporte interestadual e intermunicipal;
c) os importadores de bens de qualquer natureza;
d) os prestadores de serviços de comunicação.

14.1.2 Fato gerador

A base nuclear do fato gerador é a circulação de mercadorias ou prestação de serviços interestadual ou intermunicipal de transporte e de comunicação.

14.1.3 Base de cálculo e alíquotas

A base de cálculo do ICMS será:

a) No caso de *operação de circulação de mercadoria*: o **valor da operação**;

b) No caso de *serviço de transporte ou comunicação*: o **preço do serviço**;

c) No caso de *importação de bens*: o **valor da mercadoria ou bem importado**, acrescido do IPI, IOF, II e das despesas aduaneiras.

As alíquotas do ICMS são distintas para diferentes produtos, admitindo-se a *seletividade* do imposto em função da essencialidade das mercadorias e dos serviços, consoante o art. 155, § 2º, III, da CF.

ATENÇÃO!

Segundo a Resolução 22/1989 do Senado Federal, temos dois tipos de alíquotas para o ICMS: as *internas* – fixadas livremente pelos Estados e com valor normalmente entre 17% ou 18% – e as *interestaduais*. Cabe ao Senado Federal fixar alíquotas mínimas ou máximas por meio de *Resolução*. Na ausência de tal resolução, cada Estado poderá estabelecê-las dentro de sua respectiva competência.

Relativamente às operações e às prestações interestaduais, salienta-se que, em 17 de abril de 2015, foi publicada a Emenda Constitucional n.º 87 (cognominada de Emenda do Comércio Eletrônico), a qual trouxe relevantes alterações na cobrança do ICMS nas operações interestaduais (vendas de mercadorias e prestações de serviços) destinadas a consumidores finais não contribuintes do imposto. Sua aplicabilidade ocorreu a partir de 1.º de janeiro de 2016, em função do princípio da anterioridade tributária.

Após a EC n.º 87/2015, o texto constitucional preceituou:

"Art. 155. (...) § 2.º O imposto previsto no inciso II atenderá ao seguinte: (...) VII – nas operações e prestações que destinem bens e serviços a consumidor final, contribuinte ou não do imposto, localizado em outro Estado, adotar-se-á a alíquota interestadual e caberá ao Estado de localização do destinatário o imposto correspondente à diferença entre a alíquota interna do Estado destinatário e a alíquota interestadual;

a) (revogada);

b) (revogada);

VIII – a responsabilidade pelo recolhimento do imposto correspondente à diferença entre a alíquota interna e a interestadual de que trata o inciso VII será atribuída:

a) ao destinatário, quando este for contribuinte do imposto;

b) ao remetente, quando o destinatário não for contribuinte do imposto."

14.1.4 Notas gerais

a) *Princípio constitucional impositivo (não cumulatividade)*

Regulado pelo art. 19 da LC n.º 87/1996, este princípio estabelece que a cobrança de ICMS não será cumulativa, ou seja, o imposto somente recairá sobre o valor agregado em cada fase da circulação ou prestação, estando assim impedido o efeito cascata, ocasionado pela cobrança de imposto sobre imposto.

Juridicamente, o ICMS atua por compensação financeira, em que apenas descritivamente se compensam créditos e débitos. Esse mecanismo é conhecido como *tax on tax*, porquanto, do débito gerado na saída, se abate o crédito cobrado na entrada, diferentemente do sistema *tax on base*, em que se compensam as incidências anteriores, comparando-se as bases de cálculo.

b) *A não cumulatividade em isenções e não incidências*

O art. 155, § 2.º, II, da CF dispõe que a isenção ou a não incidência não implicará crédito para compensação com o montante devido nas operações seguintes e acarretará a anulação do crédito relativo às operações anteriores, salvo determinação em contrário da legislação.

c) *Princípio constitucional orientador da seletividade*

Por este princípio, estipulam-se alíquotas diferenciadas para determinados produtos ou serviços em virtude de sua essencialidade. Este princípio não tem caráter impositivo, mas somente orientador.

O texto constitucional prevê que o ICMS será seletivo, conforme a dicção do inc. III do § 2.º do art. 155 da CF.

d) *Não incidência – ICMS*

O art. 155 da CF, em § 2.º, inc. X, alíneas a, b, c e d, contém as hipóteses de não incidência do ICMS, podendo ser bem rotuladas de "imunidades específicas" para o ICMS."

14.2 IPVA – IMPOSTO SOBRE A PROPRIEDADE DE VEÍCULOS AUTOMOTORES (ART. 155, III, DA CF)

14.2.1 Competência, sujeito ativo e sujeito passivo

O art. 155 da CF, em seu inc. III, estabelece a competência para instituir o Imposto sobre a Propriedade de Veículos Automotores (IPVA) aos estados e ao Distrito Federal. O sujeito passivo é o proprietário do veículo, tanto pessoa jurídica quanto física, em nome do qual o veículo está licenciado.

14.2.2 Fato gerador

O fato gerador do IPVA é a propriedade de veículo automotor de qualquer tipo (automóvel, motocicleta, caminhão, avião, barco etc.). O CRV – Certificado de Registro de Veículo – ou o documento de licenciamento do ano anterior provam a propriedade do veículo.

14.2.3 Base de cálculo e alíquotas

É o valor venal ou comercial com base em tabela predeterminada, na qual se observa o chamado "valor de mercado".

A Emenda Constitucional 43/2003, ao alterar a parte final do art. 150, § 1º, da CF, estipulou exceção à regra da anterioridade nonagesimal quanto à alteração na base de cálculo do IPVA, tornando possível à lei fixar novo valor venal para veículos automotores ao fim de um ano e conseguir aplicá-los no primeiro dia do exercício financeiro seguinte.

O art. 155 da CF, em seu § 6º, prevê que o Senado Federal fixará *alíquotas mínimas* do IPVA, e que tais alíquotas poderão ser diferenciadas em função do *tipo* e *utilização.*

14.2.4 Notas gerais

a) *Inexistência de Lei Complementar*

O IPVA é gravame constitucional, por ter sido recepcionado pela CF (art. 34, § 3.º, do ADCT/CF). Sem a existência da norma federal, as unidades federadas exercem competência legislativa plena.

b) *Lançamento*

O lançamento do IPVA é direto ou ex officio, conquanto existam dispositivos legais que associam o gravame à modalidade lançamento por homologação, *v.g.*, no Estado de São Paulo.

c) *Repartição de receitas tributárias*

As receitas geradas pelo IPVA serão rateadas em 50% para o Estado e 50% para o Município onde for feito o licenciamento do veículo.

d) *Isenção*

A isenção será concedida a isenção de IPVA para veículos em atividade de interesse socioeconômico (transporte público de passageiros, terraplenagem, etc.). De outra banda, os veículos de pessoas jurídicas de direito público, de templos e de instituições de educação e assistência social são imunes, e não isentos, por haver não incidência qualificada constitucionalmente (art. 150, VI, *a*, *b* e *c*, da CF).

e) *Taxa de licenciamento de veículos*

É vedada a cobrança de impostos ou taxas incidentes sobre a utilização de veículos. A referida taxa é inconstitucional e, ainda assim, em alguns casos, continua a ser praticada. Não há oposição, em razão do ínfimo valor cobrado de cada particular.

14.3 ITCMD – IMPOSTO SOBRE TRANSMISSÃO *CAUSA MORTIS* E DOAÇÃO DE QUAISQUER BENS OU DIREITOS (ARTS. 35 A 42 DO CTN; ART. 155, I, DA CF)

14.3.1 Competência tributária, sujeito ativo e sujeito passivo

A competência para a instituição do ITCMD (Imposto sobre Transmissão *Causa Mortis* e Doação de Quaisquer Bens ou Direitos) é dos estados e do Distrito Federal, conforme o art. 155, I, c/c o art. 147, *in fine*, ambos da CF.

Os sujeitos passivos do ITCMD são:

a) Os herdeiros ou legatários;

b) Quaisquer das partes ligadas à doação (doador ou donatário), conforme estabelecido em lei.

14.3.2 Fato gerador

O fato gerador do ITCMD verifica-se com a transmissão de propriedade de quaisquer bens móveis ou imóveis e com a transmissão de direitos em decorrência de falecimento de seu titular ou transmissão e cessão gratuitas.

14.3.3 Elemento espacial do fato gerador

No caso de *bens imóveis* e respectivos direitos, o imposto compete ao **Estado da situação do bem ou ao DF**, conforme o art. 155, § 1º, I, da CF. No caso dos *bens móveis*, títulos e créditos, o imposto caberá ao **estado (ou ao DF) onde se processar o inventário ou arrolamento, ou onde tiver domicílio o doador** (art. 155, § 1º, II, da CF).

14.3.4 Base de cálculo e alíquotas

A base de cálculo do ITCMD será o valor venal dos bens ou direitos transmitidos e da doação, conforme o art. 35 do CTN.

Os estados e o Distrito Federal fixam livremente as alíquotas, respeitando-se o máximo de 8%, definido pelo Senado, na Resolução 9/1992.

ATENÇÃO!

Em fevereiro de 2013, o STF declarou constitucional a progressividade para o Imposto sobre Transmissão *Causa Mortis* e Doação (ITCMD). Dessa forma, com esse emblemático julgado, a Corte Suprema modifica sua tradicional jurisprudência. A propósito, a conclusão do feito, com repercussão geral reconhecida, deu-se em 6 de fevereiro de 2013, quando o Plenário, por maioria, deu provimento ao recurso extraordinário, considerando constitucional a progressividade para o ITCMD, à semelhança do que já se adota em legislação alienígena (Espanha, Itália, Alemanha etc.). Observe a ementa:

Extraordinário – ITCMD – Progressividade – Constitucional. No entendimento majoritário do Supremo, surge compatível com a Carta da República a progressividade das alíquotas do Imposto sobre Transmissão *Causa Mortis* e Doação. Precedente: Recurso Extraordinário 562.045/RS, mérito julgado com repercussão geral admitida. (AgR-RE 542.485, rel. Min. Marco Aurélio, 1ª T., j. em 19.02.2013).

Embora o STF tenha consolidado entendimento pela constitucionalidade da técnica da progressividade para cálculo do ITCMD, afastou a possibilidade de se utilizar o grau de parentesco como parâmetro para gradação pela técnica da progressividade, conforme AgR-RE 854.869, rel. Min. Cármen Lúcia, 1ª T., j. em 25.08.2015.

14.3.5 Notas gerais

a) *O ITCMD e a morte presumida*

Com o instituto da "morte presumida", torna-se legítima a exigência do ITCMD (Súmula n.º 331 do STF).

b) *O ITCMD e a transferência de ações*

Compete ao Estado sede da Companhia o ITCMD relativo à transferência de ações (Súmula n.º 435 do STF).

15

Impostos Federais em Espécie

15.1 ITR – IMPOSTO SOBRE PROPRIEDADE TERRITORIAL RURAL (ARTS. 29 A 31 DO CTN; ART. 153, VI, DA CF; LEI 9.393/1996 E DEC. 4.382/2002)

15.1.1 Competência, sujeito ativo e sujeito passivo

O Imposto Territorial Rural (ITR), um gravame de competência da União, conforme o art. 153, VI, da CF, está disciplinado pela Lei 9.393/1996, sendo regulado pelo Decreto 4.382/2002.

O sujeito passivo do ITR é qualquer pessoa que detenha direito de gozo em relação ao imóvel rural. Conforme o art. 5º do Decreto 4.382/2002, os detentores de tal direito são:

a) o Proprietário;

b) o Titular do domínio útil;

c) o Possuidor.

O ITR não incide sobre pequenas glebas rurais quando as explore o proprietário que não possua outro imóvel.

15.1.2 Fato gerador

É a propriedade, o domínio útil ou a posse de imóvel por natureza, localizado fora da zona urbana do município, em 1º de janeiro de cada ano, conforme a redação do art. 2º do Decreto 4.382/2002.

15.1.3 Base de cálculo e alíquotas

Utiliza-se o valor fundiário do imóvel (art. 30 do CTN, c/c o art. 8º da Lei 9.393/1996 e o art. 32 do Decreto 4.382/2002). Tal valor corresponde ao Valor da Terra Nua (VTN), que reflete o preço de mercado de terras, apurado em 1º de janeiro do ano.

As alíquotas serão proporcionais e progressivas, conforme o grau de utilização da área rural, e estabelecidas consoante a tabela do art. 34 do Dec. 4.382/2002.

15.1.4 Notas gerais

a) *O ITR e a reforma agrária*

O ITR incide sobre imóveis declarados de interesse social para fins de reforma agrária, enquanto não ocorrer a transferência da propriedade, exceto se houver imissão prévia na posse. Observe que o art. 184, § 5.º, da CF prevê um caso de imunidade para as operações de transferência de bem imóvel em caso de reforma agrária.

b) *Imóvel pertencente a mais de um Município*

Deverá ser enquadrado no município onde está a sede do imóvel; se esta não existir, o enquadramento se dará no município onde se situa a maior parte da área do imóvel.

c) *Imunidade específica*

É concedida a imunidade para pequenas glebas rurais, cuja definição se fará em lei, quando o proprietário explorá-las só ou com sua família e não possuir outro imóvel. É a chamada "imunidade do mínimo existencial", constante do art. 153, § 4.º, II, da CF. A regra independe, em relação ao conceito de família, da existência de casamento ou de prole legítima.

A nosso ver, fazendo-se uma analogia com o art. 191 da CF, enquanto não houver lei complementar disciplinando a questão, "pequena gleba rural" será aquela que possuir no máximo *50 ha*. Note o dispositivo:

> "Art. 191. Aquele que, não sendo proprietário de imóvel rural ou urbano, possua como seu, por cinco anos ininterruptos, sem oposição, área de terra, em zona rural, não superior a cinquenta hectares, tornando-a produtiva por seu trabalho ou de sua família, tendo nela sua moradia, adquirir-lhe-á a propriedade."

d) *Súmula n.º 595 do STF*

"*É inconstitucional a Taxa Municipal de Conservação de Estradas de Rodagem, cuja base de cálculo seja idêntica à do ITR*" (art. 145, § 2.º, da CF c/c o art. 77, parágrafo único, do CTN).

15.2 IOF – IMPOSTO SOBRE OPERAÇÕES DE CRÉDITO, CÂMBIO E SEGURO OU SOBRE OPERAÇÕES RELATIVAS A TÍTULOS OU VALORES MOBILIÁRIOS (ART. 153, V, DA CF; ARTS. 63 A 67 DO CTN; E DECRETOS 6.306/2007 E 6.339/2008)

15.2.1 Competência, sujeito ativo e sujeito passivo

É de competência da União, conforme redação do art. 153, V, da CF. Possui caráter predominantemente *extrafiscal*, embora também possua uma significante função fiscal. É arrecadado por instituições financeiras tais como: bancos, corretoras, lojas de câmbio.

O sujeito passivo no IOF pode ser qualquer uma das partes envolvidas na operação tributada, conforme o art. 66 do CTN, ficando o critério a cargo de lei ordinária. Segundo o Decreto 6.306/2007, os contribuintes são:

a) As pessoas físicas ou jurídicas tomadoras de crédito (art. 4º);
b) As compradoras ou vendedoras de moeda estrangeira em operações referentes à transferência financeira para o exterior (art. 12);
c) As pessoas físicas ou jurídicas seguradas (art. 19);
d) Adquirentes de títulos ou valores mobiliários e instituições financeiras (art. 26, I e II);
e) As instituições autorizadas pelo Banco Central do Brasil a efetuar a primeira aquisição de ouro, ativo financeiro, ou instrumento cambial (art. 37).

15.2.2 Fato gerador

Segundo o art. 63 do CTN, a par do Decreto 6.306/2007, o fato gerador será:

a) *Nas operações de crédito*: a efetivação pela entrega total ou parcial do montante que constitua o objeto da obrigação, ou a sua colocação à disposição do interessado (art. 3º);
b) *Nas operações de câmbio*: a efetivação, pela entrega de moeda nacional ou estrangeira, ou de documento que a represente, ou sua colocação à disposição do interessado, em montante equivalente à moeda estrangeira ou nacional, entregue ou posta à disposição por este (art. 11);
c) *Nas operações de seguro*: a efetivação, pela emissão da apólice ou documento equivalente, ou recebimento do prêmio, na forma da lei (art. 18);
d) *Nas operações relativas a títulos e valores mobiliários*: a emissão, transmissão, pagamento ou resgate, na forma da lei (art. 25). Nos casos em que as três situações mencionadas ocorrerem na operação, o IOF incidirá somente uma vez.

15.2.3 Base de cálculo e alíquotas

Segundo o art. 64 do CTN, a par do Decreto 6.306/2007 (arts. 7º, 14, 21 e 28), a base de cálculo será:

a) Nas operações de crédito: o montante (principal mais juros);

b) Nas operações de câmbio: o montante em moeda nacional, recebido, entregue ou posto à disposição;

c) Nas operações de seguro: o valor do prêmio;

d) Nas operações relativas a títulos e valores mobiliários:

- Valor nominal mais ágio, se houver;
- O preço, o valor nominal ou valor da cotação em bolsa, conforme a lei (na transmissão);
- O preço no pagamento ou no resgate.

ATENÇÃO!

O IOF poderá ter suas alíquotas alteradas por ato do Poder Executivo, uma vez que se mostra como ressalva ao princípio da legalidade tributária (art. 153, § 1º, da CF). Ademais, havendo majoração desse imposto, nos termos do art. 150, § 1º, da CF, não será necessária a observância do princípio da anterioridade (anual e nonagesimal).

15.2.4 Notas gerais

a) *Imunidade Recíproca*

"Os Municípios são imunes ao pagamento do IOF sobre suas aplicações financeiras", no bojo do art. 150, VI, *a*, da CF, afeto à imunidade intergovernamental recíproca.

b) *Súmula n.º 185 do STJ*

"Nos depósitos judiciais, não incide o IOF".

15.3 IMPOSTO SOBRE A IMPORTAÇÃO DE PRODUTOS ESTRANGEIROS (ARTS. 19 A 22 DO CTN; ART. 153, I, DA CF)

15.3.1 Competência, sujeito ativo e sujeito passivo

O Imposto sobre a Importação (II) é de competência da União, conforme o art. 153 da CF, visando gravar a entrada no território nacional de bens procedentes do exterior (art. 19 do CTN). Possui forte função extrafiscal por ter como objetivo proteger a indústria nacional.

Os sujeitos passivos, à luz do art. 22 do CTN e do art. 31 do Decreto-lei 37/1966 (com redação do Decreto-lei 2.472/1988), serão:

a) o importador;

b) o arrematante de produtos apreendidos ou abandonados;

c) o destinatário de remessa postal internacional indicado pelo remetente;

d) o adquirente de mercadoria em entreposto aduaneiro.

15.3.2 Fato gerador

É a entrada real ou ficta de produto estrangeiro no país (RE 90.114/SP), segundo o entendimento do Superior Tribunal de Justiça.

15.3.3 Base de cálculo e alíquotas

A base de cálculo do Imposto sobre a Importação será:

a) A quantidade de mercadoria, expressa na unidade de medida constante na Tarifa Aduaneira do Brasil (TAB), nos casos em que a alíquota for específica.

b) A expressão monetária do produto importado (valor previsto no inc. VII, 2, do Gatt – Acordo Geral sobre Tarifas Aduaneiras), no caso de alíquota *ad valorem*.

c) O preço de arrematação do bem, quando adquirido em licitação.

15.3.4 Notas gerais

a) *O II e os tributários princípios da legalidade e anterioridade*

O II poderá ter suas alíquotas alteradas por ato do Poder Executivo, uma vez que se mostra como ressalva ao princípio da legalidade tributária (art. 153, § 1º, da CF). Ademais, havendo majoração na alíquota desse imposto, nos termos do art. 150, § 1º, da CF, não será necessária a observância do princípio da anterioridade (atual e nonagesimal).

b) *Zona Franca de Manaus*

A área intitulada "zona franca" representa um local de livre-comércio de importação e exportação, além de ser destinatário de incentivos fiscais especiais. A Zona Franca de Manaus foi criada pelo Dec.-Lei n.º 288/1967, e, em 2014, teve seu benefício prorrogado para 2073 pela EC n.º 83/2014.

c) *Súmula 569 do STJ*

"Na importação, é indevida a exigência de nova certidão negativa de débito no desembaraço aduaneiro, se já apresentada a comprovação da quitação de tributos federais quando da concessão do benefício relativo ao regime de *drawback*".

d) *Lei 13.451/2017*

Referida lei dispõe sobre a competência da Superintendência da Zona Franca de Manaus (Suframa) para regular e controlar a importação e o ingresso de mercadorias, com incentivos fiscais, entre outras disposições.

15.4 IE – IMPOSTO SOBRE A EXPORTAÇÃO, PARA O EXTERIOR, DE PRODUTOS NACIONAIS OU NACIONALIZADOS (ARTS. 23 A 28 DO CTN, C/C O ART. 153, II, DA CF)

15.4.1 Competência, sujeito ativo e sujeito passivo

Conforme redação do art. 153, II, da CF, compete à União instituir Imposto sobre Exportação, para o exterior, de produtos nacionais ou nacionalizados. O IE possui caráter eminentemente extrafiscal.

O sujeito passivo do IE é o exportador, ou seja, qualquer pessoa que promova a saída de mercadoria nacional ou nacionalizada do país (art. 27, CTN, e art. 5º, Decreto-lei 1.578/1977).

15.4.2 Fato gerador

O fato gerador do IE é a saída do território nacional, para o exterior, de produtos nacionais ou nacionalizados.

15.4.3 Base de cálculo e alíquotas

A base de cálculo do IE será o preço normal que o produto alcançaria em uma venda em condições de livre concorrência no mercado internacional.

A TAB (Tarifa Aduaneira Brasileira) prevê dois tipos de alíquotas para o IE:

a) *Específicas:* alíquota incidente sobre unidade de medida prevista em lei.

b) *Ad valorem*: aplicação de percentual sobre o valor da operação.

O IE poderá ter suas alíquotas alteradas por ato do Poder Executivo, uma vez que se mostra como ressalva ao princípio da legalidade tributária (art. 153, § 1º, da CF). Ademais, havendo majoração na alíquota desse imposto, nos termos do art. 150, § 1º, da CF, não será necessária a observância do princípio da anterioridade (atual e nonagesimal).

15.4.4 Notas gerais

a) *O IE e os tributários princípios da legalidade e anterioridade*: a exemplo do que ocorre com outros impostos federais já estudados, os arts. 153, § 1.º, e

150, § 1.º, ambos da CF, afastam o IE dos tributários princípios da legalidade e anterioridade (anual e nonagesimal).

b) *O IE e a prática jurídica alienígena*: este tipo de imposto é pouco exigido nos países em geral, por retirar a competitividade dos produtos no comércio internacional.

15.5 IPI – IMPOSTO SOBRE PRODUTOS INDUSTRIALIZADOS (ARTS. 46 A 51 DO CTN; ART. 153, IV, DA CF)

15.5.1 Competência, sujeito ativo e sujeito passivo

O IPI é de competência da União (art. 153, IV, da CF) e tem como características principais mostrar-se como um imposto real (incidir sobre determinada categoria de bens) e possuir caráter fiscal.

O sujeito passivo do IPI será:

a) O importador ou equivalente por lei;

b) O industrial ou equivalente por lei;

c) O comerciante dos produtos sujeitos ao IPI, que os forneça a industriais ou a estes equiparáveis;

d) O arrematante de produtos apreendidos ou abandonados, levados a leilão.

15.5.2 Fato gerador

O fato gerador, conforme art. 46 do CTN, poderá ser:

a) A importação (início do desembaraço aduaneiro);

b) A saída do estabelecimento industrial (ou equiparável) de produto industrializado;

c) Aquisição em leilão de produto industrializado abandonado ou apreendido;

d) Outras hipóteses previstas em lei.

15.5.3 Base de cálculo e alíquotas

1. Fato gerador: o desembaraço aduaneiro de produto industrializado, quando de procedência estrangeira (art. 46, I, CTN).

Base de cálculo: o preço normal (art. 47, I, CTN), vale dizer, aquele preço "que o produto, ou seu similar, alcançaria, ao tempo da importação, em uma venda em condições de livre concorrência, para entrega no porto ou lugar de entrada do produto no País" (art. 20, II, CTN). Em termos simples, preço "normal" é o preço de venda à vista.

A essa base de cálculo, ao momento do despacho aduaneiro, devem ser acrescidos os valores correspondentes ao próprio imposto de importação, às taxas aduaneiras de entrada no país e aos encargos cambiais (alíneas "a", "b" e "c" do inciso I do art. 47 do CTN). A propósito, a inclusão do imposto de importação na base de cálculo do IPI, embora represente a tributação de imposto sobre imposto, pode justificar-se, nesse caso, como meio de proteção à indústria nacional.

2. Fato gerador: a saída do produto industrializado do estabelecimento de qualquer natureza, ou seja, de importador, industrial, comerciante ou arrematante (art. 46, II, CTN).

Base de cáculo: o valor da operação de que decorrer a saída da mercadoria (art. 47, II, "a", CTN). Esse valor da operação é representado pelo preço do produto, acrescido do valor do frete e das demais despesas acessórias cobradas ou debitadas pelo contribuinte ao comprador ou destinatário. *Ad argumentandum*, na falta desse valor da operação, teremos uma nova base de cálculo: o preço corrente da mercadoria, ou sua similar, no mercado atacadista da praça do remetente (art. 47, II, "B", CTN).

3. Fato gerador: a arrematação do produto industrializado, quando apreendido ou abandonado e levado a leilão (art. 46, III, CTN).

Base de cálculo: o próprio preço da arrematação (art. 47, III, CTN).

As alíquotas do IPI são proporcionais, já que, em princípio, haverá variação de forma constante em função da grandeza econômica tributada. Podem variar de 0% a 365,63% (no caso do cigarro, por exemplo). O imposto será calculado pela alíquota de cada produto, conforme a Tipi (baseada na Nomenclatura Comum do Mercosul - NMC, parte do Decreto 2.376/1997).

ATENÇÃO!

O IPI poderá ter suas alíquotas alteradas por ato do Poder Executivo, uma vez que se mostra como ressalva ao princípio da legalidade tributária (art. 153, § 1º, da CF). Ademais, havendo majoração na alíquota desse imposto, nos termos do art. 150, § 1º, da CF, não será necessária a observância do princípio da anterioridade anual. Porém, deverá ser respeitada a anterioridade nonagesimal.

15.5.4 Notas gerais

a) *Alíquota zero*

Opção adotada pelo legislador para não utilizar a isenção, sendo permitida somente com a edição de lei. Está inserida na característica extrafiscal do imposto. Reiterando, não se pode confundir *alíquota zero* com *isenção* ou *imunidade*; ver STF: PSV 26/DF.

b) *Seletividade do IPI*

Técnica baseada na variação das alíquotas em virtude da essencialidade do produto. Quanto mais essencial, menor a alíquota e, por lógica, quanto mais supérfluo, maior a alíquota.

c) *Não cumulatividade (value added)*

O princípio da não cumulatividade, aplicável ao IPI, indica que, em cada operação tributada, o valor do imposto pago deverá ser abatido da operação imediatamente anterior. Procede-se ao registro contábil como crédito do IPI na entrada de uma mercadoria. Na saída, registra-se o valor do IPI como débito. Ao fim do período, realizam-se os cálculos contábeis e, caso o débito supere os créditos, recolher-se-á o tributo; se os créditos suplantarem os débitos, o saldo credor será transferido para uso nos períodos seguintes. O cálculo dos impostos não cumulativos pode se dar por *adição* ou *subtração*. Nas compensações das incidências anteriores e atuais, usa-se a subtração, que pode se dar pelo método de base sobre base (*Tax on base*), no qual se comparam as bases de cálculo, ou pelo sistema imposto sobre imposto (*Tax on tax*), em que se abate do tributo devido na saída o importe da operação antecedente. O sistema de imposto sobre imposto é o adotado pela legislação brasileira.

d) *O IPI e as exportações*

Os produtos destinados à exportação estão dispensados de IPI (art. 153, § 3.º, III, da CF c/c a Súmula 536 do STF).

e) *Isenção*

"A isenção de IPI para aquisição de automóvel por pessoa com necessidades especiais (art. 1.º, IV, da Lei 8.989/1995) poderá ser novamente concedida antes do término do prazo de 2 anos contado da aquisição (art. 2.º), se o veículo vier a ser roubado durante esse período".

15.6 IR – IMPOSTO SOBRE A RENDA E PROVENTOS DE QUALQUER NATUREZA (ART. 153, III, DA CF; ARTS. 43 A 45 DO CTN)

15.6.1 Competência, sujeito ativo e sujeito passivo

O Imposto sobre a Renda é da competência da União, conforme se dispõe no art. 153, III, da CF. O sujeito passivo é a pessoa física ou jurídica titular de renda ou provento de qualquer natureza. A fonte pagadora pode ser a responsável pela retenção e recolhimento do IR, quando a lei assim o determinar. Nesse caso, a fonte pagadora (empresa) figura como *responsável* (substituição tributária) e o empregado, como contribuinte.

15.6.2 Fato gerador

É a aquisição de disponibilidade econômica ou jurídica de renda e de proventos de qualquer natureza. A aquisição de renda pode ser proveniente do capital, do trabalho ou de ambos. A expressão "proventos de qualquer natureza" indica aqueles não abarcados no conceito de renda.

15.6.3 Base de cálculo e alíquotas

A base de cálculo do IR, consoante o art. 44 do CTN, é a soma dos fatores algébricos positivos e negativos agregados ao patrimônio.

A tabela do IRPF apresenta quatro alíquotas, 7,5%, 15%, 22,5% e 27,5%, havendo o campo da isenção para rendimentos até R$ 1.903,98 mensais. Em tempo, frise-se que não houve alteração para os valores correspondentes ao exercício de 2018 (ano-calendário 2017).

Tabela Progressiva Mensal

Base de cálculo (R$)	Alíquota (%)	Parcela a deduzir do IR (R$)
Até 1.903,98	-	-
De 1.903,99 até 2.826,65	7,5	142,80
De 2.826,66 até 3.751,05	15	354,80
De 3.751,06 até 4.664,68	22,5	636,13
Acima de 4.664,68	27,5	869,36

O art. 153, § 2º, I, da CF prevê que as alíquotas do IR sejam fixadas sob os seguintes princípios: *generalidade, universalidade* e *progressividade*. Apreciemos a análise dos critérios informadores específicos do IR:

a) *Generalidade*: abarca todos os contribuintes que obtêm acréscimos patrimoniais, sem distinções entre pessoas ou profissões (art. 126, I e II, do CTN);

b) *Universalidade*: abarca todos os fatos que possam estar na hipótese de incidência (art. 43, § 1º, do CTN);

c) *Progressividade*: conforme o aumento patrimonial, aumentar-se-á a tributação (art. 153, § 2º, I, da CF).

ATENÇÃO!

A majoração do IR, com a Emenda Constitucional 42/2003, não observa o princípio da anterioridade nonagesimal, mas apenas a anterioridade anual, nos termos do art. 150, § 1º, da CF.

15.6.4 Notas gerais

a) *O Imposto de Renda de Pessoa Jurídica (IRPJ)*

Além das hipóteses tributadas exclusivamente na fonte, o fato gerador engloba o lucro (apuração trimestral). O lucro de pessoa jurídica ou equiparada pode ser auferido pelos seguintes critérios: lucro real, lucro presumido e lucro arbitrado.

b) *O IR e a tributação internacional*

É praxe internacional tributar a renda no país de quem a aufere, ou seja, a renda será tributada no país onde reside o contribuinte, exceto no caso de possuir residência ou comércio em outro país. O Brasil é signatário de tratados com diversos países para evitar dupla tributação.

c) *O IR e as verbas indenizatórias*

As verbas indenizatórias não estão sujeitas ao IR, pois não têm caráter de salário.

Parte II

Peças Práticas

1 Ação Declaratória de Inexistência de Relação Jurídico-tributária

1.1 EMBASAMENTO

A previsão básica da *ação declaratória*, como comumente é chamada, encontra-se no art. 19, I, do CPC.

Na hipótese de ajuizamento da ação declaratória pelo procedimento ordinário, deverá o autor atentar para os compulsórios requisitos da petição inicial, que lhe darão logicidade (PIMENTEL, Wellington Moreira. *Comentários ao Código de Processo Civil*. São Paulo: Ed. RT, p. 150-151, v. 8), constantes no art. 319 do CPC/2015, como aptos a bem instruí-la, no intuito de propiciar ao juiz o impulso oficial do processo. Os requisitos possuem importância inafastável: o *inciso I*, ao versar sobre o *juízo* a que se dirige o petitório, delimita o campo da competência do juízo; *o inciso II*, ao prever a necessidade de *identificação das partes*, serve para identificar a legitimação processual ativa e passiva; o *inciso III*, ao determinar a importância da *demarcação do fato e dos fundamentos do pedido*, evidencia a inafastabilidade do encadeamento lógico entre fato e pedido; o *inciso IV*, ao mencionar *o pedido*, permite que o juiz decida a lide nos termos em que foi proposta (art. 141, CPC); o *inciso V*, ao se referir ao *valor da causa*, mostra-se de extrema relevância, pois, conforme acentua Theotonio Negrão, "o valor da causa, na ação declaratória, será, em regra, o do negócio a que corresponde a relação jurídica cuja existência se quer afirmar ou negar" (STF, RE 91.447/RJ-1979, 2ª T., *DJU* 09.11.1979, p. 8402 – NEGRÃO, Theotonio. *Código de Processo Civil e legislação processual em vigor*. 9. ed. São Paulo: Revista dos Tribunais, p. 90); o *inciso VI*, permitindo-se a *produção de provas*, lastreará o juízo de convencimento do magistrado, "com os documentos destinados a provar-lhe as alegações" (arts. 320 e 434, CPC); o *inciso VII*, ao prever a opção do autor pela realização ou não de audiência de conciliação ou de mediação, ratifica uma novidade em relação ao Código anterior, conferindo maior importância aos denominados meios alternativos de solução de controvérsias.

1.2 FINALIDADE

A ação declaratória objetiva a obtenção de "certeza jurídica" da existência ou inexistência do fato e das consequências jurídicas a este relacionadas. Assim, mostra-se adequada nos casos em que há "divergência de interpretação que produza a incerteza objetiva quanto à vontade concreta da lei" (RE 90.875-7/SP-1979).

Em outras palavras, sem um episódio concreto sobre o qual surja a incerteza de ser a relação jurídica que dele se irradia uma relação hábil a conferir ao Fisco o poder de constituir em crédito em desfavor do sujeito passivo da mencionada relação não é possível se falar em direito público subjetivo de propor ação declaratória.

Recordemo-nos que a ação declaratória não veicula pretensão relativa à nulidade de débito fiscal, plasmado em lançamento tributário, pois tal temática se adstringe à ação diversa, ou seja, a uma ação desconstitutiva ou constitutiva negativa, na qual está sempre implícita a postulação de anulação ou desconstituição de débito fiscal constituído - a intitulada "ação anulatória de débito fiscal" (ou ação de lançamento tributário).

Com efeito, é entendimento corrente que o pressuposto da ação declaratória é a inexistência de um lançamento (BOTTALO, Eduardo Domingos. *Dívidas fiscais; processo judicial.* São Paulo: Saraiva, 1978, p. 25), devendo ser proposta antes deste. **Atenção:** Se o objetivo é afastar exigência futura e na mesma ação obter restituição de valores já pagos, é cabível a Ação Declaratória de Inexistência de Relação Jurídico-Tributária cumulada com Repetição de Indébito.

No fundamento da Ação Declaratória de Inexistência de Relação Jurídico-Tributária cumulada com Repetição de Indébito deverá ser acrescido o art. 165 do CTN, além do pedido autônomo de condenação do Réu a restituir os valores pagos a maior com juros e correção monetária (vide Súmula 523 do STJ - A taxa de juros de mora incidente na repetição de indébito de tributos estaduais deve corresponder à utilizada para cobrança do tributo pago em atraso, sendo legítima a incidência da taxa Selic, em ambas as hipóteses, quando prevista na legislação local, vedada sua cumulação com quaisquer outros índices).

1.3 PARTICULARIDADES

a) *A ação declaratória e os tributos*: em matéria fiscal, a ação declaratória poderá ser utilizada no âmbito de quaisquer espécies tributárias, à luz da pentapartição do sistema tributário atual, na visão do STF, aplicando-se, assim, aos impostos, taxas, contribuições de melhoria, empréstimos compulsórios e contribuições. Vale dizer que, na seara dos tributos (art. 3º, CTN), o sujeito passivo na relação jurídico-tributária (art. 121, parágrafo único, I e II, CTN) poderá buscar o provimento declaratório, afeto às obrigações principal e acessória (art. 113, §§ 1º e 2º, CTN), por meio da indigitada ação.

b) A ação declaratória e o procedimento: o procedimento da ação declaratória, como regra, é o *procedimento comum ordinário*, pelo qual basicamente é regida. A ação será proposta no domicílio do contribuinte.

c) *Polo passivo*: nas ações ordinárias, o polo passivo será identificado a partir do tributo que for objeto da lide. Note o esquema:

Tributo federal: no polo passivo, constará *União*;

Tributo estadual: no polo passivo, constará *Estado de*____;

Tributo municipal: no polo passivo, constará *Município de*____.

DICA!

Recomendamos que se evite no polo passivo a expressão "Fazenda Pública", uma vez que este deve ser ocupado pela entidade detentora de competência tributária, segundo o disciplinamento constitucional, quais sejam a União, os Estados, os Municípios e o Distrito Federal. Ademais, deve-se preferir "União" a "União Federal", sob pena de incorrer, a nosso ver, em linguagem pleonástica.

1.4 UMA APRESENTAÇÃO SIMPLIFICADA DA PETIÇÃO INICIAL

Excelentíssimo Senhor Doutor Juiz Federal da ... Vara ... da Seção Judiciária de ...; [de onde?]

(espaço de cinco linhas)

NOME DA EMPRESA, pessoa jurídica de direito privado, inscrita no Cadastro Nacional de Pessoas Jurídicas sob o nº..., inscrição estadual nº ..., sediada no endereço ..., por meio de seu advogado e bastante procurador, que esta subscreve, com escritório no endereço..., onde deverá receber as futuras intimações, vem, respeitosamente, à presença de Vossa Excelência, com fulcro no art.

19, I, combinado com os arts. 300 e 319, todos do Código de Processo Civil, propor AÇÃO DECLARATÓRIA DE INEXISTÊNCIA DE RELAÇÃO JURÍDICO-TRIBUTÁRIA com pedido de TUTELA DE URGÊNCIA em face da UNIÃO, pessoa jurídica de direito público, regularmente inscrita no Cadastro Nacional de Pessoas Jurídicas sob nº ..., sediada no endereço ..., devidamente representada por seu procurador, de acordo com as razões de fato e de Direito a seguir expostas.

DOS FATOS

(...)

DO DIREITO

(...)

DA TUTELA DE URGÊNCIA

(...)

DO PEDIDO

Pelo exposto, a Autora requer a Vossa Excelência:

a) a concessão da tutela jurisdicional antecipada de urgência, de acordo com o art. 300 do CPC, a fim de que ...;

b) o julgamento de procedência do pedido, declarando-se a inexistência de relação jurídico-tributária e confirmando-se a tutela anteriormente concedida;

c) a citação da União, na pessoa de seu representante judicial, para, nos termos do art. 335 do CPC, apresentar contestação;

d) a condenação da Ré ao pagamento das custas processuais e dos honorários advocatícios, nos termos do art. 85, § 3º, do CPC;

e) deferimento da juntada de documentos;

f) a produção de todos os meios de prova em Direito admitidos, nos termos do art. 319, VI, do CPC;

Protesta pela não realização de audiência de conciliação ou mediação, nos termos do art. 319, VII, do CPC.

Dá-se à causa o valor de ...

Nesses termos,

pede deferimento.

Local ... e data ....

____

ADVOGADO ...

OAB nº....

Endereço do escritório dos advogados para intimações: ...

1.5 UM MODELO, PASSO A PASSO

"Excelentíssimo Senhor Doutor Juiz Federal da ... Vara ... da Seção Judiciária de ...;" [de onde?]

1º Passo: Excelentíssimo Senhor Doutor (...)

Esta é a forma solene que deverá constar do endereçamento da petição inicial. Recomenda-se evitar as abreviações dos pronomes, prejudicando a estética do petitório. Assim, não utilize "Exmo. Sr. Dr. (...)", preferindo a forma indicada.

2º Passo: (...) Juiz Federal da (...)

Nos casos de tributos federais, a competência será do Juiz Federal. Tratando-se de tributos municipais e estaduais, a competência será do Juiz de Direito.

3º Passo: (...) da ... Vara (...)

Este é o padrão recomendado, uma vez que não se conhece o ofício para o qual será distribuída a ação.

4º Passo: (...) da Seção Judiciária de (...)

A área de jurisdição afeta à competência dos juízes federais denomina-se "seção judiciária". Para os juízes de Direito, utiliza-se "Comarca". Assim, teremos, nos dois casos:

a) "Excelentíssimo Senhor Doutor Juiz Federal da ... Vara ... da Seção Judiciária de ...";
b) "Excelentíssimo Senhor Doutor Juiz de Direito da ... Vara da ... da Comarca de ...";

5º Passo: (...) (de onde?)

Nas ações ordinárias, a competência será do juiz federal da sede da empresa ou do domicílio do autor.

6º Passo: O parágrafo introdutório

NOME DA EMPRESA, inscrita no Cadastro Nacional de Pessoas Jurídicas sob o nº ..., inscrição estadual nº ..., sediada no endereço ..., por meio de seu advogado e bastante procurador, que esta subscreve, com escritório no endereço ..., onde deverá receber as futuras intimações, vem, respeitosamente, à presença de Vossa Excelência, com fulcro no art. 19, I, combinado com os arts. 300 e 319, **todos do Código de Processo Civil, propor (...).**

Neste articulado introdutório, deve-se prestar atenção a algumas observações gramaticais, que contribuirão para a perfeita estruturação do período:

a) (...) *sediada no*: a regência nominal impõe que o termo "sediada" seja acompanhado da preposição "em". Dessa forma, evite "sediada A", ou, ainda, "sediada À" (com acento grave) – o que é erro manifesto. Utilize a forma adequada "sediada no" (no = em + o);

b) (...) *por meio de seu advogado e bastante procurador*: em concursos públicos, deve-se priorizar a impessoalidade, preferindo-se as formas no masculino – advogado e procurador –, mesmo que se trate de candidatas, que, na prática, subscreveriam a petição procedendo à concordância nominal correspondente.

c) (...) *vem, respeitosamente, à presença de Vossa Excelência* (...): neste período, deve-se observar o uso adequado das vírgulas, separando o adjunto adverbial de modo "respeitosamente". Ademais, a crase é fundamental, antes do substantivo feminino "presença", uma vez que o verbo "vir" é transitivo indireto, requerendo a preposição "a". Tal preposição, fundindo-se com o artigo definido "a", que antecede o mencionado substantivo feminino, deflagrará a fusão intitulada "crase".

7º Passo: o nome da ação

AÇÃO DECLARATÓRIA DE INEXISTÊNCIA DE RELAÇÃO JURÍDICO-TRIBUTÁRIA com pedido de TUTELA DE URGÊNCIA

ATENÇÃO!

O nome da ação deve estar bem visível no caderno de prova, a fim de facilitar a identificação da peça pelo corretor da Banca examinadora.

8º Passo: (...) em face da União (...)

Como se viu, o polo passivo será ocupado pela entidade detentora de competência tributária. Tratando-se de tributo federal, o legitimado passivo será a União.

9º Passo: o tópico "Dos Fatos"

DOS FATOS

Neste tópico, deve-se fazer a narrativa, ou seja, a descrição sucinta do fato, atendo-se aos elementos concretos extraídos do problema, sem proceder à criação de dados ou informações.

10º Passo: o tópico "Do Direito"

DO DIREITO

Neste tópico, o candidato deverá expor a argumentação jurídica, seguindo-se um raciocínio silogístico, a partir do esquema de paragrafação abaixo reproduzido:

Introdução ao dispositivo legal (da tese)

Dispositivo legal (da tese)

Fato

Doutrina

Jurisprudência

Conclusão

Note a sugestão de paragrafação neste tópico:

Introdução ao dispositivo legal (da tese) – Parágrafo 1

Dispositivo legal (da tese) – citação – Parágrafo 2

Explicação da tese – Parágrafo 3

Explicação da tese – Parágrafo 4

Explicação da tese – Parágrafo 5

Fato – Parágrafo 6

Doutrina – Parágrafo 7

Jurisprudência – Parágrafo 8

Conclusão – Parágrafo 9

11º Passo: o tópico "Da Tutela de urgência"

DA TUTELA DE URGÊNCIA

No tópico da tutela de urgência, deverá o concursando elaborar o raciocínio jurídico que permitirá convencer o magistrado da presença dos pressupostos autorizadores desse provimento.

A tutela de urgência será cabível nas ações ordinárias, se estiverem presentes os pressupostos que constam do art. 300 do CPC. Note-os: "A tutela de urgência será concedida quando houver elementos que evidenciem a probabilidade do direito e o perigo de dano ou o risco ao resultado útil do processo (...)".

Nesse passo, presentes (a) a probabilidade do direito, e (b) o perigo de dano ou o risco ao resultado útil do processo, será possível a obtenção da tutela antecipatória, visando à suspensão do crédito tributário (art. 151, V, CTN).

A propósito, a probabilidade do direito traduz-se na incontestabilidade do direito arguido, ensejadora da real necessidade dos efeitos antecipatórios da sentença. Em palavras simples, é o "próprio direito ou lesão", indicado no caso proposto.

O perigo de dano ou o risco ao resultado útil do processo representa a vulnerabilidade da situação, à qual se dirigirá o demandante, no ato de convencimento do juiz, na tentativa de comovê-lo a deferir o pleito antecipatório. Quase sempre, tal receio liga-se à iminência do pagamento do tributo.

Portanto, provando-se os dois requisitos mencionados, o Autor da demanda fará jus à obtenção do provimento *initio litis* a que visa, no intuito de suspender o crédito tributário.

Neste tópico, o candidato deverá expor o raciocínio jurídico, voltado ao convencimento do magistrado, quanto à presença dos pressupostos da tutela de urgência, a partir do esquema de paragrafação abaixo reproduzido:

Artigo (300, CPC): Pressupostos (a e b)

Pressuposto (a)

Pressuposto (b)

Conclusão

Note a sugestão de paragrafação neste tópico:

Artigo (300, CPC) – Citação – Parágrafo 1

Explicação – Pressuposto 1 – Parágrafo 2

Explicação – Pressuposto 2 – Parágrafo 3

Conclusão – Parágrafo 4

12º Passo: o tópico "Do Pedido"

DO PEDIDO

Pelo exposto, a Autora requer a Vossa Excelência: (...)

DICA!

Recomenda-se introduzir o pedido com uma frase preambular, como esta acima grafada. É imperioso notar, à luz das regras gramaticais, que não se insere o acento grave, formador da crase, antes do pronome de tratamento (Vossa Excelência). Aliás, em prol da melhor estética, e como já se explicou, preferimos a forma, por extenso, "Vossa Excelência" à outra, abreviada, "V. Exa.".

Vamos analisar, neste momento, as frases que compõem o pedido a ser feito em uma ação declaratória:

a) a concessão da tutela jurisdicional de urgência, de acordo com o art. 300 do CPC, a fim de que (...);

A tutela de urgência a que faz jus o demandante, deverá constar do pedido, preferencialmente, na letra "a".

A finalidade do provimento emergencial há de estar bem clara ao destinatário do petitório – o juiz –, devendo-se justificar o objetivo da medida. Na dúvida, utilize um recomendável recurso mnemônico, respondendo a certas perguntas fictícias, tais como: quer-se a tutela para quê? Para se evitar o pagamento da exação ora guerreada? Ou para se assegurar um certo direito?

As respostas às indagações permitirão a confecção de um pedido mais preciso.

b) o julgamento de procedência do pedido, declarando-se a inexistência de relação jurídico-tributária e confirmando-se a tutela anteriormente concedida;

Ao término da lide, quando se põe fim ao processo, em sentença, o juiz deverá julgar procedente o pedido do autor, se assim for convencido.

A ação em análise, como é cediço, visa obter um provimento declaratório da inexistência da relação jurídico-tributária.

Em sentença, quer-se a confirmação da tutela anteriormente concedida – o que se imagina, em tese, ter sido alcançado naquele momento pretérito.

c) a citação da União, na pessoa de seu representante judicial, para, nos termos do art. 335 do CPC, apresentar contestação;

No pedido, deverá ser pleiteada a citação do ocupante do polo passivo da demanda – a pessoa política correspondente à competência tributária da exação discutida.

d) a condenação da Ré ao pagamento das custas processuais e dos honorários advocatícios, nos termos do art. 85, § 3º, do CPC;

No pedido, deverá ser pleiteada a condenação do ocupante do polo passivo da demanda. Tal condenação alcançará as custas processuais e os honorários advocatícios.

e) deferimento da juntada de documentos;

Deve-se pleitear a juntada de documentos na ação.

f) a produção de todos os meios de prova em Direito admitidos, nos termos do art. 319, VII, do CPC.

No rito ordinário, permite-se a produção de provas, devendo o demandante pleiteá-la no pedido da ação.

Protesta pela não realização de audiência de conciliação ou de mediação, nos termos do art. 319, VII, do CPC.

Como o Direito Tributário comporta direitos indisponíveis, em sua natureza, não há possibilidade de realização de audiência.

Encerrados os pedidos, que, preferencialmente, devem ser separados por "itens", em prol da melhor estética, o examinando deverá prestar atenção a algumas frases de finalização do petitório. São elas, nos passos seguintes:

13º Passo: a frase de finalização que faz menção ao valor da causa

Dá-se à causa o valor de ....

Após a feitura dos pedidos, deverá o Autor evidenciar o valor que se dá à causa. Na frase estereotipada "*Dá*-se *à* causa o valor de ...", há relevante dica gramatical: não se pode esquecer do acento agudo na forma verbal "dá", nem mesmo o acento grave, formador da crase em "à causa", após o verbo transitivo indireto mencionado.

Curiosamente, não tem havido, em provas práticas de Direito Tributário, nas quais se requer a elaboração de petição inicial, um extremo rigor na exigência da indicação do valor (em si) da causa – tantos Reais, por exemplo –, mas apenas a cobrança da frase que o menciona.

14º Passo: a frase de finalização que faz menção à frase "Nesses termos, pede deferimento"

Nesses termos,

pede deferimento.

Após a indicação da frase em epígrafe, afeta ao valor da causa, encerra-se o petitório. Esta conhecida finalização, que existe ao lado de outras possíveis – *v.g.*, "termos em que, pede deferimento" –, avoca dados gramaticais bem interessantes:

a) prefira a expressão "nesses termos" à forma "nestes termos". Recomenda-se, no uso dos pronomes demonstrativos, que se use o pronome "nesse" no lugar de "neste", quando se quer fazer menção àquilo que já foi dito, a argumentos já exteriorizados, o que de fato acontece na petição, quando se está na iminência do término. O pronome "este" servirá para afirmar aquilo que se quer dizer (*Este é o argumento: minha ideia é...*);

b) a vírgula é obrigatória após o adjunto adverbial antecipado "nesses termos". Portanto, memorize: "nesses termos (,)...";

c) tenho insistido bastante em sala de aula, a meus alunos de OAB, que a oração "pede deferimento" deve ser grafada por extenso, evitando-se, assim, a forma abreviada "p. deferimento". A abreviação usada é imprópria e produto de praxe condenável.

15º Passo: a frase de finalização que faz menção ao local, data

Local ... e data ....

Pode-se discriminar a forma genérica "Local... e data..." ou, se preferir, escrever o local e a data respectiva, por exemplo, "São Paulo, 23 de fevereiro de 2010".

Todavia, em homenagem à cautela, não se recomenda qualquer espécie de identificação na prova, e a indicação de cidade *alfa* ou *beta*, por exemplo, pode servir como pretexto à Banca para uma possível configuração de "identificação de prova", podendo ser conferida ao trabalho nota zero. Assim, a forma genérica é mais indicada.

16º Passo: a frase de finalização que faz menção ao "risco da assinatura"

____

ADVOGADO ...

OAB nº ....

ATENÇÃO!

Finaliza-se o trabalho apenas com o tal "risco da assinatura", devendo-se acompanhá-lo da expressão "ADVOGADO ...". Não se pode identificar a prova com o nome do candidato. É motivo mais do que suficiente para "zerar" o trabalho. Assim, termine da forma recomendada, com total impessoalidade. Certamente, os responsáveis, na sala de prova, haverão de proceder à devida identificação do candidato, nos documentos oficiais pertinentes.

17º Passo: Endereço para notificações

Endereço do escritório dos advogados para intimações: ...

DICA!

Esse requisito pode, opcionalmente, ser informado no preâmbulo da peça, mas é importante deixar em destaque.

1.6 QUADRO SINÓTICO

1. Ação declaratória com pedido de tutela de urgência	
Cabimento	Antes do lançamento.
Embasamento	Art. 19, I, do CPC + art. 300 do CPC + art. 319 do CPC.
Partes	Autor/réu.
Competência	Sede da empresa ou domicílio do autor.
Juiz	a) Tributos estaduais e municipais: Excelentíssimo Senhor Doutor Juiz de Direito da ... Vara da Comarca de ... b) Tributos estaduais e municipais, na cidade de São Paulo: Excelentíssimo Senhor Doutor Juiz de Direito da ... Vara da Fazenda Pública da Comarca de ... c) Tributos federais: Excelentíssimo Senhor Doutor Juiz Federal da ... Vara da Seção Judiciária de ...

<table>
<tr><th colspan="2">1. Ação declaratória com pedido de tutela de urgência</th></tr>
<tr><td>Polo passivo</td><td>União/Estado de/Distrito Federal/Município de.</td></tr>
<tr><td>Petição</td><td>Dos Fatos
Do Direito (artigo + fato + doutrina + jurisprudência + conclusão)
Da Antecipação da Tutela
Do Pedido</td></tr>
<tr><td>Da tutela de urgência</td><td>a) De acordo com o art. 300 do CPC, são requisitos que autorizam a concessão da tutela de urgência: a verossimilhança da alegação e o fundado receio de dano irreparável.
"A probabilidade do direito mostra-se evidente, na medida em que... [colocar a lesão ao direito]."
"O perigo de dano ou o risco ao resultado útil do processo é patente, uma vez que... [falar da iminência do pagamento]."
"Assim, a concessão da tutela faz-se necessária, uma vez que os pressupostos legais apresentam-se cristalinos, em face da prova inequívoca da alegação."

b) Outra forma:
"Assim, estando presentes os pressupostos autorizadores do provimento emergencial que se pleiteia, a Autora merece a concessão da tutela requerida, plenamente justificada."</td></tr>
<tr><td>Do pedido</td><td>"Ex positis, requer a Autora:

• a concessão do pedido de tutela de urgência, a fim de suspender o crédito tributário, nos termos do art. 151, V, do CTN;
• a procedência do pedido, declarando-se a inexistência da relação jurídico-tributária e confirmando-se a tutela anteriormente concedida;
• a citação da Ré, na pessoa de seu representante legal, para, nos termos do art. 335 do CPC, apresentar contestação;
• a condenação da Ré nas custas processuais e honorários advocatícios, nos termos do art. 85, § 3º, do CPC;
• a produção de provas por todos os meios em Direito admitidos, nos termos do art. 319, VI, do CPC;
• a não realização de audiência de conciliação ou mediação, nos termos do art. 319, VII, do CPC.</td></tr>
</table>

2 Ação Anulatória de Débito Fiscal

2.1 EMBASAMENTO

A previsão básica da *ação anulatória*, como costumeiramente é chamada, encontra-se no art. 38 da Lei nº 6.830/1980: "A discussão judicial da Dívida Ativa da Fazenda Pública só é admissível em execução, na forma desta Lei, salvo as hipóteses de mandado de segurança, ação de repetição do indébito ou ação anulatória do ato declarativo da dívida, esta precedida do depósito preparatório do valor do débito, monetariamente corrigido e acrescido dos juros e multa de mora e demais encargos. Parágrafo único. A propositura, pelo contribuinte, da ação prevista neste artigo importa em renúncia ao poder de recorrer na esfera administrativa e desistência do recurso acaso interposto".

Sobre os requisitos da petição inicial, ver capítulo anterior.

2.2 FINALIDADE

A "ação anulatória de débito fiscal", também conhecida por "ação de lançamento tributário" (ou, ainda, da forma como é intitulada na Lei nº 6.830/1980, por "ação anulatória do ato declarativo da dívida"), objetiva a anulação do lançamento tributário. Em outras palavras, o pressuposto dessa ação é que exista um precedente crédito tributário constituído pelo lançamento e passível de anulação.

Nesse passo, a ação anulatória não se confunde com a ação declaratória, já estudada, uma vez que veicula pretensão relativa à nulidade de débito fiscal, plasmado em lançamento tributário. Mostra-se, assim, como uma ação desconstitutiva ou constitutiva negativa, na qual está sempre implícita a postulação de anulação ou desconstituição de débito fiscal constituído. Por outro lado, é entendimento corrente que o pressuposto da ação declaratória é a inexistência de um lançamento (BOTTALO, Eduardo Domingos. *Dívidas fiscais; processo judicial.* São Paulo: Saraiva, 1978, p. 25), devendo ser proposta antes deste e pressupondo "a inexistência de um lançamento fiscal ou que este ainda não esteja dotado de eficácia preclusiva" (FLAKS, Milton. *Comentários à Lei de Execução Fiscal.* Rio de Janeiro: Forense, 1981, § 127, n. 349, p. 335).

2.3 PARTICULARIDADES

a) *A ação anulatória e o depósito*: segundo a Súmula nº 247, do antigo Tribunal Federal de Recursos, "não constitui pressuposto da ação anulatória de débito fiscal o depósito de que cuida o art. 38 da Lei nº 6.830/80". Desse modo, a ausência do depósito não inibirá o normal processamento da ação, permitindo, naturalmente, que se promova, em via paralela, a cobrança judicial do tributo por meio da execução fiscal, em face da não suspensão do crédito tributário (art. 151, V, CTN). Segundo o STF (RE 103.400/1984-SP), a ação anulatória "não é impeditiva da execução fiscal, que com aquela não produz litispendência, embora haja conexidade".

b) *A ação anulatória e os tributos*: em matéria fiscal, a ação anulatória poderá ser utilizada no âmbito de quaisquer espécies tributárias, à luz da pentapartição do sistema tributário atual, na visão do STF, aplicando-se, assim, aos impostos, taxas, contribuições de melhoria, empréstimos compulsórios e contribuições. Vale dizer que, na seara dos tributos (art. 3º, CTN), o sujeito passivo na relação jurídico-tributária (art. 121, parágrafo único, I e II, CTN) poderá buscar o provimento declaratório, afeto às obrigações principal e acessória (art. 113, §§ 1º e 2º, CTN), por meio da indigitada ação.

c) *A ação declaratória e o procedimento:* o procedimento da ação anulatória, como regra, é o *procedimento comum ordinário*, pelo qual basicamente é regida.

d) *Polo passivo*: vide observações expendidas no capítulo anterior.

2.4 UMA APRESENTAÇÃO SIMPLIFICADA DA PETIÇÃO INICIAL

Excelentíssimo Senhor Doutor Juiz de Direito da ... Vara da Fazenda Pública da Comarca de ...;

(*espaço de cinco linhas*)

NOME DA EMPRESA, pessoa jurídica de direito privado, inscrita no Cadastro Nacional de Pessoas Jurídicas sob o nº ..., inscrição estadual nº ..., sediada no endereço ..., endereço eletrônico ..., por meio de seu advogado e bastante procurador, que esta subscreve, com escritório no endereço ..., onde deverá receber as futuras intimações, vem, respeitosamente, à presença de Vossa Excelência, com fulcro nos artigos 300 e 319 do Código de Processo Civil, bem assim com suporte no art. 38 da Lei nº 6.830/1980, propor AÇÃO ANULATÓRIA DE DÉBITO FISCAL com Pedido de TUTELA DE URGÊNCIA em face do MUNICÍPIO DE SÃO PAULO, pessoa jurídica de direito público, regularmente inscrita no Cadastro Nacional de Pessoas Jurídicas sob nº ..., sediada no endereço ..., devidamente representada por seu procurador, de acordo com as razões de fato e de Direito a seguir expostas.

DOS FATOS

(...)

DO DIREITO

(...)

DA TUTELA DE URGÊNCIA

(...)

DOS PEDIDOS

Em face do exposto, o Autor requer a Vossa Excelência:

a) a concessão da tutela jurisdicional antecipada de urgência, de acordo com o art. 300 do CPC, ou, subsidiariamente, caso Vossa Excelência não entenda cabível, seja autorizada a realização de depósito, consoante o disposto no § 1º do mesmo dispositivo, para fins de suspender a exigibilidade do crédito tributário em questão;

b) julgamento de procedência do pedido, anulando-se o débito fiscal atinente ao IPTU, formalizado por intermédio do lançamento de ofício, referente ao exercício de ..., em razão da violação do princípio da legalidade, e confirmando-se a tutela anteriormente concedida;

c) a citação da Ré, na pessoa de seu representante judicial, para, nos termos do art. 335 do CPC, apresentar contestação;

d) a condenação da Ré nas custas processuais e nos honorários advocatícios, nos termos do art. 85, § 3º, do CPC;

e) deferimento da juntada de documentos;

f) a produção de todos os meios de prova em Direito admitidos, nos termos do art. 319, VI, do CPC.

Protesta pela não realização de audiência de conciliação ou de mediação, nos termos do art. 319, VII, do CPC.

Dá-se à causa o valor de R$ ....

Nesses termos,
pede deferimento.

```
Local ... e data ...

_______________

ADVOGADO ...
OAB nº ...

Endereço do escritório dos advogados para intimações: ...
```

2.5 UM MODELO, PASSO A PASSO

"Excelentíssimo Senhor Doutor Juiz de Direito da ... Vara da Fazenda Pública da Comarca de ...;" [de onde?].

1º Passo: Excelentíssimo Senhor Doutor (...)

DICA!

Esta é a forma solene que deverá constar do endereçamento da petição inicial. Recomenda-se evitar as abreviações dos pronomes, prejudicando a estética do petitório. Assim, não utilize "Exmo. Sr. Dr. (...)", preferindo a forma indicada.

2º Passo: (...) Juiz de Direito da (...)

Nos casos de tributos federais, a competência será do Juiz Federal. Tratando-se de tributos municipais e estaduais, a competência será do Juiz de Direito.

3º Passo: (...) da ... Vara da Fazenda Pública (...)

Este é o padrão recomendado, uma vez que não se conhece o ofício para o qual será distribuída a ação. Com relação à expressão "Fazenda Pública", recomendamos que se utilize no caso de sua existência em certas varas, nas quais correm os feitos adstritos aos tributos estaduais e municipais, de competência do juiz de direito. No Estado de São Paulo, destacam-se as Varas da Fazenda Pública de São Paulo (Capital), de Santos, de Campinas, de Ribeirão Preto, entre outras. Para todos os efeitos, deve o leitor procurar se inteirar das comarcas, em seu Estado, nas quais há varas de Fazenda Pública.

4º Passo: (...) da Comarca de (...)

A área de jurisdição afeta à competência dos juízes federais denomina-se "seção judiciária". Para os juízes de direito, utiliza-se a expressão "comarca". Assim, teremos, nos dois casos:

a) "Excelentíssimo Senhor Doutor Juiz Federal da ... Vara ... da Seção Judiciária de ...";
b) "Excelentíssimo Senhor Doutor Juiz de Direito da ... Vara da ... da Comarca de ...";

5º Passo: (...) [de onde?]

Nas ações ordinárias, a competência será do juiz de direito da sede da empresa ou do domicílio do autor.

6º Passo: O parágrafo introdutório

NOME DA EMPRESA, pessoa jurídica de direito privado, inscrita no Cadastro Nacional de Pessoas Jurídicas sob o nº ..., inscrição estadual nº ..., sediada no endereço ..., endereço eletrônico ..., por meio de seu advogado e bastante procurador, que esta subscreve, com escritório no endereço ..., onde deverá receber as futuras intimações, vem, respeitosamente, à presença de Vossa Excelência, com fulcro nos arts. 300 e 319 do Código de Processo Civil, bem assim com suporte no art. 38 da Lei nº 6.830/1980, propor (...).

Pedimos atenção às regras de gramática que normalmente são desobedecidas na confecção desse parágrafo, das quais se falou no capítulo anterior.

7º Passo: o nome da ação

AÇÃO ANULATÓRIA DE DÉBITO FISCAL com pedido de TUTELA DE URGÊNCIA

ATENÇÃO!

O nome da ação deve estar bem visível no caderno de prova, a fim de facilitar a identificação da peça pelo corretor da Banca examinadora.

8º Passo: (...) em face do Município de São Paulo (...)

Como se viu, o polo passivo será ocupado pela entidade detentora de competência tributária. Tratando-se de tributo municipal, o legitimado passivo será o Município de ....

9º Passo: o tópico "Dos Fatos"

DOS FATOS

Neste tópico, deve-se fazer a narrativa, ou seja, a descrição sucinta do fato, atendo-se aos elementos concretos extraídos do problema, sem proceder à criação de dados ou informações.

10º Passo: o tópico "Do Direito"

DO DIREITO

Neste tópico, o candidato deverá expor a argumentação jurídica, seguindo-se um raciocínio silogístico, a partir do esquema de paragrafação abaixo reproduzido:

Introdução ao dispositivo legal (da tese)

Dispositivo legal (da tese)

Fato

Doutrina

Jurisprudência

Conclusão

Note a sugestão de paragrafação neste tópico:

Introdução ao dispositivo legal (da tese) – Parágrafo 1

Dispositivo legal (da tese) – citação – Parágrafo 2

Explicação da tese – Parágrafo 3

Explicação da tese – Parágrafo 4

Explicação da tese – Parágrafo 5

Fato (adequação ao problema) – Parágrafo 6

Doutrina – Parágrafo 7

Jurisprudência – Parágrafo 8

Conclusão – Parágrafo 9

11º Passo: o tópico "Da Tutela de urgência"

DA TUTELA DE URGÊNCIA

No tópico da tutela de urgência, deverá o concursando elaborar o raciocínio jurídico que permitirá convencer o magistrado da presença dos pressupostos autorizadores desse provimento.

A tutela de urgência será cabível nas ações ordinárias, se estiverem presentes os pressupostos que constam do art. 300 do CPC. Note-os: "A tutela de urgência será concedida quando houver elementos que evidenciem a probabilidade do direito e o perigo de dano ou o risco ao resultado útil do processo (...)".

Nesse passo, presentes (a) a probabilidade do direito e (b) o perigo de dano ou o risco ao resultado útil do processo, será possível a obtenção da tutela de urgência, visando à suspensão do crédito tributário (art. 151, V, CTN).

A propósito, a probabilidade do direito traduz-se na incontestabilidade do direito arguido, ensejadora da real necessidade dos efeitos antecipatórios da sentença. Em palavras simples, é o "próprio direito ou lesão", indicado no caso proposto.

O perigo de dano ou o risco ao resultado útil do processo representa a vulnerabilidade da situação, à qual se dirigirá o demandante, no ato de convencimento do juiz, na tentativa de comovê-lo a deferir o pleito antecipatório de urgência. Quase sempre tal receio liga-se à iminência do pagamento do tributo.

Portanto, provando-se os dois requisitos mencionados, o Autor da demanda fará jus à obtenção do provimento *initio litis* a que visa, no intuito de suspender o crédito tributário.

Neste tópico, o candidato deverá expor o raciocínio jurídico, voltado ao convencimento do magistrado, quanto à presença dos pressupostos da tutela de urgência, a partir do esquema de paragrafação abaixo reproduzido:

Artigo (300, CPC): Pressupostos (1 e 2)

Pressuposto (1)

Pressuposto (2)

Conclusão

Note a sugestão de paragrafação neste tópico:

Artigo (300, CPC) – Citação – Parágrafo 1

Explicação – Pressuposto 1 – Parágrafo 2

Explicação – Pressuposto 2 – Parágrafo 3

Conclusão – Parágrafo 4

12º Passo: o tópico "Dos Pedidos"

DOS PEDIDOS

Pelo exposto, a Autora requer a Vossa Excelência: (...)

DICA!

Recomenda-se introduzir o pedido com uma frase preambular, como esta acima grafada. É imperioso notar, à luz das regras gramaticais, que não se insere o acento grave, formador da crase, antes do pronome de tratamento (Vossa Excelência). Aliás, em prol da melhor estética, como se explicou no primeiro capítulo desta obra, preferimos a forma, por extenso, "Vossa Excelência" à outra, abreviada, "V. Exa.".

Vamos analisar, neste momento, as frases que compõem o pedido a ser feito em uma ação anulatória:

a) a concessão da tutela jurisdicional de urgência, de acordo com o art. 300 do CPC, para fins de que a exigibilidade do crédito seja suspensa nos termos do art. 151, V, do CTN, ou, subsidiariamente, caso Vossa Excelência não entenda cabível, seja autorizada a realização de depósito do montante integral para o mesmo fim, nos termos do art. 151, II, do CTN;

A tutela de urgência, a que faz jus o demandante, deverá constar do pedido, preferencialmente, na letra "a".

A finalidade do provimento emergencial há de estar bem clara ao destinatário do petitório – o juiz –, devendo-se justificar o objetivo da medida. Na dúvida, utilize um recomendável recurso mnemônico, respondendo a certas perguntas fictícias, tais como: quer-se a tutela para quê? Para se evitar o pagamento da exação ora guerreada? Ou para se assegurar um certo direito?

As respostas às indagações permitirão a confecção de um pedido mais preciso.

Ademais, é possível que se faça um pedido alternativo de realização do depósito suspensivo do crédito tributário (art. 151, II, CTN).

b) julgamento de procedência do pedido, anulando-se o débito fiscal atinente ao IPTU, formalizado por intermédio do lançamento de ofício, referente ao exercício de ..., em razão da violação do princípio da legalidade, e confirmando-se a tutela anteriormente concedida;

Ao término da lide, quando se põe fim ao processo, em sentença, o juiz deverá julgar procedente o pedido do autor, se assim for convencido.

A ação em análise visa obter um provimento anulatório do lançamento tributário.

Outrossim, em sentença, quer-se a confirmação da tutela anteriormente concedida – o que se imagina, em tese, ter alcançado naquele momento pretérito.

c) a citação do Município de ..., na pessoa de seu representante judicial, para, nos termos do art. 335 do CPC, apresentar contestação;

No pedido, deverá ser pleiteada a citação do ocupante do polo passivo da demanda – a pessoa política correspondente à competência tributária da exação discutida.

d) a condenação da Ré ao pagamento das custas processuais e dos honorários advocatícios, nos termos do art. 85, § 3º, do CPC;

No pedido, deverá ser pleiteada a condenação do ocupante do polo passivo da demanda. Tal condenação alcançará as custas judiciais e os honorários advocatícios.

e) deferimento da juntada de documentos;

Deve-se pleitear a juntada de documentos na ação.

f) a produção de todos os meios de prova em Direito admitidos, nos termos do art. 319, VI, do CPC.

No rito ordinário, permite-se a produção de provas, devendo o demandante pleiteá-la no pedido da ação.

Protesta pela não realização de audiência de conciliação ou de mediação, nos termos do art. 319, VII, do CPC.

Como o Direito Tributário comporta direitos indisponíveis, em sua natureza, não há possibilidade de realização de audiência.

Encerrados os pedidos, que, preferencialmente, devem ser separados por "itens", em prol da melhor estética, o examinando deverá prestar atenção a algumas frases de finalização do petitório. São elas, nos passos seguintes:

13º Passo: a frase de finalização que faz menção ao valor da causa

Dá-se à causa o valor de R$ ....

DICA!

Após a feitura dos pedidos, deverá o Autor evidenciar o valor que se dá à causa. Na frase estereotipada "Dá-se à causa o valor de (...)", há relevante dica gramatical: não se pode esquecer do acento agudo na forma verbal "dá", nem mesmo o acento grave, formador da crase em "à causa", após o verbo transitivo indireto mencionado.

Curiosamente, não tem havido, em provas práticas de Direito Tributário, nas quais se requer a elaboração de petição inicial, um extremo rigor na exigência da indicação do valor (em si) da causa - tantos Reais, por exemplo –, mas apenas a cobrança da frase que o menciona.

14º Passo: a frase de finalização que faz menção à frase "Nesses termos, pede deferimento"

Nesses termos,

pede deferimento.

Após a indicação da frase em epígrafe, afeta ao valor da causa, encerra-se o petitório. Esta conhecida finalização, que existe ao lado de outras possíveis – *v.g.*, "termos em que, pede deferimento" –, avoca dados gramaticais bem interessantes:

DICA!

(a) prefira a expressão "nesses termos" à forma "nestes termos". Recomenda-se, no uso dos pronomes demonstrativos, que se use o pronome "nesse" no lugar de "neste", quando se quer fazer menção àquilo que já foi dito, a argumentos já exteriorizados, o que de fato acontece na petição, quando se está na iminência do término. O pronome "este" servirá para afirmar aquilo que se quer dizer (Este é o argumento: minha ideia é...);

(b) a vírgula é obrigatória após o adjunto adverbial antecipado "nesses termos". Portanto, memorize: "nesses termos (,)...";

(c) tenho insistido bastante em sala de aula, a meus alunos de OAB, que a oração "pede deferimento" deve ser grafada por extenso, evitando-se, assim, a forma abreviada "p. deferimento". A abreviação usada é imprópria e produto de praxe condenável.

15º Passo: a frase de finalização que faz menção ao local e data

Local, data.

Pode-se discriminar a forma genérica "Local ... e data ..." ou, se preferir, escrever o local e a data respectiva, por exemplo, "São Paulo, 23 de fevereiro de 2010".

ATENÇÃO!

Todavia, em homenagem à cautela, não se recomenda qualquer espécie de identificação na prova, e a indicação de cidade alfa ou beta, por exemplo, pode servir como pretexto à Banca para uma possível configuração de "identificação de prova", podendo ser conferida nota zero ao trabalho. Assim, a forma genérica é mais indicada.

16º Passo: a frase de finalização que faz menção ao "risco da assinatura"

____

ADVOGADO ...

OAB nº ...

ATENÇÃO!

Finaliza-se o trabalho apenas com o tal "risco da assinatura", devendo-se acompanhá-lo da expressão "ADVOGADO...". Não se pode identificar a prova com o nome do candidato. É motivo mais do que suficiente para "zerar" o trabalho. Assim, termine da forma recomendada, com total impessoalidade. Certamente, os responsáveis, na sala de prova, haverão de proceder à devida identificação do candidato, nos documentos oficiais pertinentes.

17º Passo: Endereço para notificações

Endereço do escritório dos advogados para intimações: ...

ATENÇÃO!

Tal requisito pode opcionalmente ser informado no preâmbulo da peça ou ao final, mas é importante deixar claro que o mesmo foi atendido.

2.6 QUADRO SINÓTICO

2. Ação anulatória de débito fiscal com pedido de tutela de urgência	
Cabimento	Após o lançamento.
Embasamento	Art. 38 da Lei nº 6.830/1980 + art. 300 do CPC + art. 319 do CPC.
Partes	Autor/réu.
Competência	Domicílio do autor.
Juiz	a) Tributos estaduais e municipais: Excelentíssimo Senhor Doutor Juiz de Direito da ... Vara da Comarca de ... b) Tributos estaduais e municipais, na cidade de São Paulo: Excelentíssimo Senhor Doutor Juiz de Direito da ... Vara da Fazenda Pública da Comarca de ... c) Tributos federais: Excelentíssimo Senhor Doutor Juiz Federal da ... Vara da Seção Judiciária de ...
Polo passivo	União/Estado de/Distrito Federal/Município de.
Petição	Dos Fatos Do Direito (artigo + fato + doutrina + jurisprudência + conclusão) Da Tutela de Urgência Do Pedido
Da tutela de urgência	a) De acordo com o art. 300 do CPC, são requisitos que autorizam a concessão da tutela de urgência: a probabilidade do direito e o fundado receio de dano irreparável. "A probabilidade do direito mostra-se evidente, na medida em que... [colocar a lesão ao direito]." "O perigo de dano ou o risco ao resultado útil do processo é patente, uma vez que... [falar da iminência do pagamento]." "Assim, a concessão da tutela faz-se necessária, uma vez que os pressupostos legais apresentam-se cristalinos, em face da prova inequívoca da alegação." b) Outra forma: "Assim, estando presentes os pressupostos autorizadores do provimento emergencial que se pleiteia, a Autora merece a concessão da tutela requerida, plenamente justificada."
Do pedido	"*Ex Positis*, requer a Autora: • a concessão do pedido de tutela antecipada, a fim de suspender o crédito tributário, nos termos do art. 151, V, do CTN; • a procedência do pedido, anulando-se o crédito tributário, formalizado por intermédio do lançamento, e confirmando-se a tutela anteriormente concedida; • a citação da Ré, na pessoa de seu representante legal, para apresentar contestação, nos termos do art. 335 do CPC; • a condenação da Ré nas custas processuais e honorários advocatícios; • a produção de provas por todos os meios em Direito admitidos, nos termos do art. 319, VI, do CPC; • o protesto pela não realização de audiência de conciliação ou de mediação, nos termos do art. 319, VII, do CPC.

3 Mandado de Segurança

Longe de pretender esgotar, em obra prática e sucinta, toda a matéria adstrita ao mandado de segurança, propomos adiante as linhas mestras deste importante instrumento processual.

3.1 EMBASAMENTO

A previsão básica do mandado de segurança encontra-se no art. 5º, LXIX, CF c/c o art. 1º da Lei nº 12.016/2009:

> "Art. 5º Todos são iguais perante a lei, sem distinção de qualquer natureza, garantindo-se aos brasileiros e aos estrangeiros residentes no País a inviolabilidade do direito à vida, à liberdade, à igualdade, à segurança e à propriedade, nos termos seguintes: (...) LXIX – conceder-se-á mandado de segurança para proteger direito líquido e certo, não amparado por *habeas corpus* ou *habeas data*, quando o responsável pela ilegalidade ou abuso de poder for autoridade pública ou agente de pessoa jurídica no exercício de atribuições do Poder Público; (...)".
>
> "Art. 1º [Lei nº 12.016/2009] Conceder-se-á mandado de segurança para proteger direito líquido e certo, não amparado por *habeas corpus* ou *habeas data*, sempre que, ilegalmente ou com abuso de poder, qualquer pessoa física ou jurídica sofrer violação ou houver justo receio de sofrê-la por parte de autoridade, seja de que categoria for e sejam quais forem as funções que exerça (...)".

Sobre os requisitos da petição inicial, ver capítulo 2, item 1.

3.2 FINALIDADE

Trata-se de ação de natureza civil, de rito próprio, que desfruta de *status* de remédio constitucional, dedicada a proteger o direito líquido e certo daquele que sofrer ilegalidade ou abuso de poder – ou tiver o receio de sofrê-la –, como atos perpetrados por autoridade pública ou agente de pessoa jurídica, no exercício de atribuições do poder público.

O mandado de segurança (*mandamus* ou *writ*) é de enorme valia na seara fiscal, principalmente em razão do fato de que a relação jurídico-tributária sujeita-se em sua inteireza à legalidade. Com efeito, se o tributo apresenta-se em desconformidade com a lei, inequívoca será a lesão a direito líquido e certo do contribuinte, chancelando a sua acertada opção pelo mandado de segurança.

3.3 PARTICULARIDADES

a) Tipos de mandados de segurança: o mandado de segurança pode ser preventivo ou repressivo.

O *mandado de segurança preventivo* será utilizado sempre que houver uma exigência tributária descabida, veiculada na lei que deflagra a relação jurídico-tributária. Frise-se que a lei tributária possui efeitos concretos ante a inexorabilidade do tributo. Aliás, como é cediço, não se admite o mandado de segurança contra lei em tese (Súmula nº 266 do STF), e, não fosse assim, a autoridade coatora – cujo detalhamento será adiante explicitado – nunca seria o agente administrativo, mas sempre o autor da lei contra a qual se insurge.

O *mandado de segurança repressivo*, por sua vez, será utilizado nas situações que sucedem ao lançamento.

b) *A liquidez e a certeza do direito*: o "direito líquido e certo" traduz-se no direito induvidoso que pode ser comprovado pelo julgador, tão logo ocorra a impetração da ação mandamental, independentemente de provas sobejas. Sendo assim, descabe a sua comprovação posterior, uma vez cabal o elemento probatório, sobre o qual não pairam quaisquer dúvidas. Nesse passo, diz-se que a prova nesta ação é pré-constituída e segura, e o fato alegado deve ser provado de plano, por meio de documentação inequívoca, no momento do seu ajuizamento (art. 6º, *caput*, da Lei nº 12.016/2009). Lembre-se de que deverá constar um tópico da concessão da medida liminar, o qual abordará os requisitos *fumus boni iuris* – pedido imediato, e *periculum in mora* – pedido mediato.

c) *As partes no mandado de segurança*: nesta ação, o demandante, comumente chamado de "Impetrante", é sempre pessoa física ou jurídica, pública ou privada, possuidora do direito líquido e certo. Por sua vez, o demandado, conhecido como "Impetrado" ou "autoridade coatora", deverá ser o representante de pessoa jurídica de direito público ou privado que esteja no exercício de atribuições do Poder Público. Tais pessoas deverão ter praticado o ato impugnado ou determinado a sua prática. Equiparam-se às autoridades os representantes ou órgãos de partidos políticos e os administradores de entidades autárquicas, bem como os dirigentes de pessoas jurídicas ou as pessoas naturais no exercício de atribuições do poder público, somente no que disser respeito a essas atribuições.

A propósito, a escolha da autoridade coatora é um dos detalhes mais importantes na impetração do mandado de segurança. A indicação incorreta da autoridade coatora, por evidenciar uma postulação contra pessoa que não é parte legítima, pode provocar a carência da ação, extinguindo-se o feito, em face da ilegitimidade passiva *ad causam*. Para o Exame de Ordem, a FGV solicita a qualificação completa da Entidade Tributante (entidade competente para criar o tributo).

Frise-se, a propósito, que a autoridade coatora não é o elaborador da lei, integrante do Poder Legislativo, nem o Ministro ou Secretário de Fazenda, nem mesmo a autoridade lançadora do tributo, que lavra o auto de infração, cientificando o contribuinte da exigência fiscal. Segundo Hely Lopes Meirelles (*Mandado de segurança e ação popular*. 10. ed., Ed. RT, p. 29-30), "o coator é o chefe do serviço que arrecada o tributo e impõe as sanções fiscais respectivas, usando do seu poder de decisão."

Note um quadro mnemônico das principais autoridades coatoras na seara tributária:

Tributo Municipal	Tributo Estadual	Tributo Federal
ISS: Diretor do Departamento de Rendas Mobiliárias	Diretor da Secretaria de Arrecadação do Estado	*Não Aduaneiro:* Delegado da Receita Federal do Brasil
ITBI/IPTU: Diretor do Departamento de Rendas Imobiliárias		*Aduaneiro* (portos e aeroportos): Inspetor da Receita Federal do Brasil

d) *O prazo decadencial*: o direito de requerer mandado de segurança extinguir-se-á decorridos 120 dias, contados da ciência oficial pelo interessado do ato a ser impugnado (art. 23 da Lei nº 12.016/2009). Vale salientar que o prazo é decadencial, não admitindo interrupção nem suspensão.

Por derradeiro, frise-se que, quando o *mandamus* for preventivo, a ameaça ao direito líquido e certo do impetrante renovar-se-á continuamente no tempo, sendo incabível, dessarte, decretar-se a decadência.

3.4 UMA APRESENTAÇÃO SIMPLIFICADA DA PETIÇÃO INICIAL

Excelentíssimo Senhor Doutor Juiz Federal da ... Vara da Seção Judiciária de Santos; (*espaço de cinco linhas*)

EMPRESA DO SEGMENTO JORNALÍSTICO, inscrita no Cadastro Nacional de Pessoas Jurídicas sob o n° ..., inscrição estadual n° ..., sediada no endereço ..., endereço eletrônico ..., por meio de seu advogado e bastante procurador, que esta subscreve, com escritório no endereço ..., onde deverá receber as futuras intimações, vem, respeitosamente, à presença de Vossa Excelência, com fundamento no inc. LXIX do art. 5° da Constituição Federal do Brasil de 1988, no art. 319 do Código de Processo Civil, e em conformidade com o art. 1° e seguintes da Lei n° 12.016/2009, impetrar MANDADO DE SEGURANÇA com pedido de LIMINAR em face do ato do ILUSTRÍSSIMO SENHOR INSPETOR DA RECEITA FEDERAL DO BRASIL EM SANTOS, portador da cédula de identidade Registro Geral n° ..., inscrito no Cadastro de Pessoas Físicas sob o n° ..., domiciliado no endereço ..., dando ciência ao órgão de representação judicial da UNIÃO ..., pessoa jurídica de direito público, regularmente inscrita no Cadastro Nacional de Pessoas Jurídicas sob n° ..., sediada na ..., devidamente representada por seu procurador, pelas razões de fato e de Direito a seguir aduzidas:

DOS FATOS

(...)

DO DIREITO

(...)

DA LIMINAR

(...)

DOS PEDIDOS

Em face do exposto, a Impetrante requer a Vossa Excelência:

a) a concessão da medida liminar, nos termos do art. 7°, III, da Lei n° 12.016/2009, ordenando à autoridade coatora a liberação imediata da mercadoria importada, sem a exigência do recolhimento do Imposto de Importação (II) e do Imposto sobre Produtos Industrializados (IPI);

b) seja julgado procedente o pedido, confirmando-se a medida liminar anteriormente concedida e concedendo-se a segurança em definitivo;

c) a notificação da autoridade coatora para prestar informações no prazo legal de 10 (dez) dias, nos termos do art. 7°, I, da Lei n° 12.016/2009, bem como a oitiva do Ministério Público, nos termos do art. 12 da Lei n° 12.016/2009;

d) a cientificação da pessoa jurídica de direito público interno ... para que querendo ingresse no feito, nos moldes do art. 7°, inciso II da Lei no 12.016 de 2009;

e) a condenação ao pagamento das custas judiciais.

```
f) deferimento da juntada de documentos;
Dá-se à causa o valor de R$ ....

Nesses termos,
pede deferimento.
Local ... e data ...

_______________
ADVOGADO ...
OAB nº ...

Endereço do escritório dos advogados para intimações: ...
```

3.5 UM MODELO, PASSO A PASSO

1º Passo: Excelentíssimo Senhor Doutor (...)

"Excelentíssimo Senhor Doutor Juiz Federal da... Vara da Seção Judiciária de Santos".

> **ATENÇÃO!**
>
> Esta é a forma solene que deverá constar do endereçamento da petição inicial. Recomenda-se evitar as abreviações dos pronomes, prejudicando a estética do petitório. Assim, não utilize "Exmo. Sr. Dr. (...)", preferindo a forma indicada.

2º Passo: (...) Juiz Federal da (...)

Nos casos de tributos federais, a competência será do Juiz Federal. Tratando-se de tributos municipais e estaduais, a competência será do Juiz de Direito.

3º Passo: (...) da ... Vara (...)

Este é o padrão recomendado, uma vez que não se conhece o ofício para o qual será distribuída a ação.

4º Passo: (...) da Seção Judiciária de (...)

A área de jurisdição afeta à competência dos juízes federais denomina-se "seção judiciária". Para os juízes de direito, utiliza-se a expressão "comarca". Assim, teremos, nos dois casos:

a) "Excelentíssimo Senhor Doutor Juiz Federal da ... Vara da Seção Judiciária de ...".
b) "Excelentíssimo Senhor Doutor Juiz de Direito da ... Vara da Fazenda Pública da Comarca de ...".

5º Passo: (...) [de onde?]

No mandado de segurança, a competência é do foro em que se encontra situado o órgão ao qual pertence a autoridade coatora. Em se tratando de órgão federal, deverá ser observada a regra do art. 109, I, da CF.

6º Passo: O parágrafo introdutório

EMPRESA DO SEGMENTO JORNALÍSTICO, inscrita no Cadastro Nacional de Pessoas Jurídicas sob o nº ..., inscrição estadual nº ..., sediada no endereço ..., endereço eletrônico ..., por meio de seu advogado e bastante procurador, que esta subscreve, com escritório no endereço ..., onde deverá receber as futuras intimações, vem, respeitosamente, à presença de Vossa Excelência, com fundamento no inc. LXIX do art. 5º da Constituição Federal do Brasil de 1988, no art. 319 do Código de Processo Civil, e em conformidade com o art. 1º e seguintes da Lei nº 12.016/2009, impetrar

ATENÇÃO!

Pedimos atenção às regras de gramática que normalmente são desobedecidas na confecção desse parágrafo, das quais se falou no capítulo 2.

7º Passo: o nome da ação

MANDADO DE SEGURANÇA com pedido de LIMINAR

ATENÇÃO!

O nome da ação deve estar bem visível no caderno de prova, a fim de facilitar a identificação da peça pelo corretor da Banca examinadora.

8º Passo: em face do ato do Ilustríssimo Senhor Inspetor da Receita Federal do Brasil em Santos, (...)

Como se viu, o polo passivo será ocupado pela autoridade coatora que perpetrou o ato abusivo do direito líquido e certo.

Deve haver bastante cuidado com a utilização dos termos apropriados para o caso. É que a "terminologia", acima demonstrada, tem sido cobrada nas provas de concursos, devendo o candidato adotar a forma estereotipada "... em face do ato do Ilustríssimo Senhor (discriminar a autoridade coatora), (...)".

Note Bem

ATENÇÃO!

Após a Lei nº 11.457/2007 art. 1º, a Receita Federal passou a se chamar "Receita Federal do Brasil". Desta forma, o endereçamento da petição inicial, no caso de tributos federais e contribuições previdenciárias, ao Delegado da Secretaria da Receita Federal do Brasil atuante no domicílio do impetrante.

9º Passo: o tópico "Dos Fatos"

DOS FATOS

Neste tópico, deve-se fazer a narrativa, ou seja, a descrição sucinta do fato, atendo-se aos elementos concretos extraídos do problema, sem proceder à criação de dados ou informações.

10º Passo: o tópico "Do Direito"

DO DIREITO

Neste tópico, o candidato deverá expor a argumentação jurídica, seguindo-se um raciocínio silogístico, a partir do esquema de paragrafação abaixo reproduzido:

Introdução ao dispositivo legal (da tese)

Dispositivo legal (da tese)

Fato

Doutrina

Jurisprudência

Conclusão

Note a sugestão de paragrafação neste tópico:

Introdução ao dispositivo legal (da tese) – Parágrafo 1

Dispositivo legal (da tese) – citação – Parágrafo 2

Explicação da tese – Parágrafo 3

Explicação da tese – Parágrafo 4

Explicação da tese – Parágrafo 5

Fato (adequação ao problema) – Parágrafo 6

Doutrina – Parágrafo 7

Jurisprudência – Parágrafo 8

Conclusão – Parágrafo 9

11º Passo: o tópico "Da Liminar"

DA LIMINAR

O provimento liminar em mandado de segurança não é apenas uma decisão interlocutória. É, antes de tudo, uma medida que permite suspender provisória e imediatamente o ato impugnado, além de provocar a decorrencial suspensão da exigibilidade do crédito tributário (art. 151, IV, CTN).

Segundo o art. 7º, III, da Lei nº 12.016/2009, são pressupostos autorizadores da medida liminar em mandado de segurança: "Ao despachar a inicial, o juiz ordenará: (...) III – que se suspenda o ato que deu motivo ao pedido, quando houver fundamento relevante e do ato impugnado puder resultar a ineficácia da medida, caso seja finalmente deferida, sendo facultado exigir do impetrante caução, fiança ou depósito, com o objetivo de assegurar o ressarcimento à pessoa jurídica".

É sabido que o texto constitucional não faz menção ao pedido liminar, referindo-se tão somente ao "mandado de segurança"; porém, "em quase cem por cento dos casos, quem impetra uma segurança quer uma medida liminar" (cf. ARRUDA ALVIM NETTO, José Manoel de. Anotações sobre medida liminar em mandado de segurança. *RP* 39/16-26).

São requisitos desse emergencial provimento suspensivo do crédito tributário (art. 151, IV, CTN):

a) *relevante fundamento do pedido*: tal pressuposto indica a probabilidade ou plausibilidade do direito invocado, o que, em latim, tem sido comumente chamado de *fumus boni juris*;
b) *ineficácia da medida, caso não seja deferido o pedido de imediato*: o não deferimento imediato da medida liminar gerará a sua ineficácia. Tal contexto tem sido expresso por meio da expressão latina *periculum in mora*.

Note a representação gráfica:

Artigo (7º, III, Lei nº 12.016/2009): Pressupostos 1 e 2

Pressuposto 1

Pressuposto 2

Conclusão

Observe, agora, a representação gráfica da paragrafação recomendada:

Artigo (7º, III, Lei nº 12.016/2009) - Citação - Parágrafo 1

Explicação - Pressuposto 1 - Parágrafo 2

Explicação - Pressuposto 2 - Parágrafo 3

Conclusão - Parágrafo 4

12º Passo: o tópico "Do Pedido"

DO PEDIDO

Em face do exposto, a Impetrante requer a Vossa Excelência: (...)

DICA!

Recomenda-se introduzir o pedido com uma frase preambular, como esta acima grafada. É imperioso notar, à luz das regras gramaticais, que não se insere o acento grave, formador da crase, antes do pronome de tratamento (Vossa Excelência). Aliás, em prol da melhor estética, como se explicou no primeiro capítulo desta obra, preferimos a forma, por extenso, "Vossa Excelência" à outra, abreviada, "V. Exa.".

Vamos analisar, neste momento, as frases que compõem o pedido a ser feito no mandado de segurança:

a) a concessão da medida liminar, nos termos do art. 7º, III, da Lei nº 12.016/2009, ordenando à autoridade coatora a liberação imediata da mercadoria importada, sem a exigência do recolhimento do Imposto de Importação (II) e do Imposto sobre Produtos Industrializados (IPI);

A medida liminar, a que faz jus o impetrante, deverá constar do pedido.

A finalidade do provimento emergencial há de estar bem clara ao destinatário do petitório – o juiz –, devendo-se justificar o objetivo da medida. Na dúvida, utilize um recomendável recurso mnemônico, respondendo a certas perguntas fictícias, tais como: quer-se a liminar para quê? Para se evitar o pagamento da exação ora guerreada? Ou para se assegurar um certo direito? No mais das vezes, em matéria tributária, a liminar se presta à suspensão do crédito tributário.

As respostas às indagações permitirão a confecção de um pedido mais preciso.

b) seja julgado procedente o pedido, confirmando-se a medida liminar anteriormente concedida e concedendo-se a segurança em definitivo;

Ao término da lide, quando se põe fim ao processo, em sentença, o juiz deverá julgar procedente o pedido do autor, se nesse sentido for convencido.

O mandado de segurança visa assegurar, em definitivo, o direito da impetrante. Ademais, em sentença, quer-se a confirmação da medida liminar anteriormente concedida – o que se imagina, em tese, ter sido alcançado naquele momento pretérito.

c) a notificação da autoridade coatora para prestar informações no prazo legal de 10 (dez) dias, nos termos do art. 7º, I, da Lei nº 12.016/2009, bem como a oitiva do Ministério Público, nos termos do art. 12 da Lei nº 12.016/2009;

No pedido, deverá ser pleiteada a notificação da autoridade coatora para prestar informações no prazo legal de 10 (dez) dias, bem como a oitiva do Ministério Público.

d) a cientificação da pessoa jurídica de direito público interno... para que, havendo interesse, ingresse no feito, nos moldes do art. 7º, inc. II, da Lei nº 12.016, de 2009;

A comumente denominada nova Lei do Mandado de Segurança, inovou ao trazer em seu art. 7º, inciso II a necessidade de cientificar a pessoa jurídica de direito público interno a qual está vinculada a autoridade coatora, para que esta querendo ingresse na ação.

e) a condenação ao pagamento das custas judiciais;

No pedido, deverá ser pleiteada a condenação nas custas judiciais. Como é cediço, no mandado de segurança não há a condenação nos ônus sucumbenciais (art. 25 da Lei nº 12.016/2009).

f) deferimento da juntada de documentos;

Aliás, não é demasiado relembrar que aqui não haverá lugar para o pedido de produção de provas, uma vez que esta é terminantemente vedada no mandado de segurança. A prova documental será pré-constituída.

Encerrados os pedidos, que, preferencialmente, devem ser separados por "itens", em prol da melhor estética, o examinando deverá prestar atenção a algumas frases de finalização do petitório. São elas, nos passos seguintes:

13º Passo: a frase de finalização que faz menção ao valor da causa:

Dá-se à causa o valor de R$ ....

ATENÇÃO!

Após a feitura dos pedidos, deverá o Autor evidenciar o valor que se dá à causa. Na frase estereotipada "Dá-se à causa o valor de (...)", há relevante dica gramatical: não se pode esquecer do acento agudo na forma verbal "dá", nem mesmo o acento grave, formador da crase em "à causa", após o verbo transitivo indireto mencionado.

Curiosamente, não tem havido, em provas práticas de Direito Tributário, nas quais se requer a elaboração de petição inicial, um extremo rigor na exigência da indicação do valor (em si) da causa – tantos Reais, por exemplo –, mas apenas a cobrança da frase que o menciona.

14º Passo: a frase de finalização que faz menção à frase "Nesses termos, pede deferimento"

Nesses termos,

pede deferimento.

ATENÇÃO!

Após a indicação da frase em epígrafe, afeta ao valor da causa, encerra-se o petitório. Esta conhecida finalização, que existe ao lado de outras possíveis – v.g., "termos em que, pede deferimento" –, avoca dados gramaticais bem interessantes:

a) prefira a expressão "Nesses termos" à forma "Nestes termos". Recomenda-se, no uso dos pronomes demonstrativos, que se use o pronome "nesse" no lugar de "neste", quando se quer fazer menção àquilo que já foi dito, a argumentos já exteriorizados, o que de fato acontece na petição, quando se está na iminência do término. O pronome "este" servirá para afirmar aquilo que se quer dizer (Este é o argumento: minha ideia é...);

b) a vírgula é obrigatória após o adjunto adverbial antecipado "nesses termos". Portanto, memorize: "nesses termos (,) ...";

c) tenho insistido bastante em sala de aula, a meus alunos de OAB, que a oração "pede deferimento" deve ser grafada por extenso, evitando-se, assim, a forma abreviada "p. deferimento". A abreviação usada é imprópria e produto de praxe condenável.

15º Passo: a frase de finalização que faz menção ao local e data

Local e data.

Pode-se discriminar a forma genérica "Local ... e data ..." ou, se preferir, escrever o local e a data respectiva, por exemplo, "São Paulo, 23 de fevereiro de 2010".

DICA!

Todavia, em homenagem à cautela, não se recomenda qualquer espécie de identificação na prova, e a indicação de cidade alfa ou beta, por exemplo, pode servir como pretexto à Banca para uma possível configuração de "identificação de prova", podendo ser conferido ao trabalho nota zero. Assim, a forma genérica é mais indicada.

16º Passo: a frase de finalização que faz menção ao "risco da assinatura"

____

ADVOGADO ...

OAB nº...

DICA!

Finaliza-se o trabalho apenas com o tal "risco da assinatura", devendo-se acompanhá-lo da expressão "ADVOGADO...". Não se pode identificar a prova com o nome do candidato. É motivo mais do que suficiente para "zerar" o trabalho. Assim, termine da forma recomendada, com total impessoalidade. Certamente, os responsáveis, na sala de prova, haverão de proceder à devida identificação do candidato, nos documentos oficiais pertinentes.

17º Passo: Endereço para notificações

Endereço do escritório dos advogados para intimações: ...

Tal requisito pode opcionalmente ser informado no preâmbulo da peça ou ao final, mas é importante deixar claro que o mesmo foi atendido.

3.6 QUADRO SINÓTICO

3. Mandado de segurança	
Cabimento	Antes ou depois de ocorrido o lançamento, para proteção de direito líquido e certo, violado ou ameaçado por ato ilegal ou abusivo praticado por autoridade fiscal.
Embasamento	Art. 5º, LXIX, da CF + art. 319 do CPC + Lei nº 12.016/2009.
Partes	Impetrante/Impetrado (autoridade coatora)/Ente Tributante.
Competência	Local em que está sediado o órgão do qual faz parte a autoridade coatora.
Juiz	a) Tributos estaduais e municipais: Excelentíssimo Senhor Doutor Juiz de Direito da ... Vara da Comarca de ... b) Tributos estaduais e municipais, na cidade de São Paulo: Excelentíssimo Senhor Doutor Juiz de Direito da ... Vara da Fazenda Pública da Comarca de ... c) Tributos federais: Excelentíssimo Senhor Doutor Juiz Federal da ... Vara da Seção Judiciária de ...
Polo passivo	a) Tributos municipais: • Diretor do Departamento de Rendas Imobiliárias (IPTU/ITBI, Contribuição de Melhoria); • Diretor do Departamento de Rendas Mobiliárias (ISS); b) Tributos estaduais: • Diretor da Secretaria de Arrecadação do Estado; c) Tributos federais: • Inspetor da Receita Federal do Brasil (Impostos aduaneiros: II e IE); • Delegado da Receita Federal do Brasil (Impostos não aduaneiros).

3. Mandado de segurança	
Petição	Dos Fatos Do Direito (artigo + fato + doutrina + jurisprudência + conclusão) Da Medida Liminar Do Pedido
Da medida liminar	De acordo com o art. 7º, III, da Lei nº 12.019/2009, são requisitos que autorizam a concessão da liminar: relevante fundamento do pedido (*fumus boni iuris*) e ineficácia da medida, caso não seja deferida de imediato (*periculum in mora*).
Do pedido	"O *fumus boni iuris* (plausibilidade do direito invocado) está presente, na medida em que ... [colocar a lesão ao direito]". "O *periculum in mora*, por sua vez, está caracterizado pois, ... [falar do pagamento ou dano iminente]." "Assim, houve cristalina violação a um direito líquido e certo da Impetrante, uma vez que a autoridade fiscal ... [mencionar o ato coator], (...) consoante se provou nos articulados acima delineados." a) Outra forma: "Assim, estando presentes os requisitos autorizadores do provimento emergencial que se pleiteia, a Impetrante merece a concessão da liminar requerida, a fim de ..." b) Outra forma: "Assim, a concessão da liminar faz-se necessária, uma vez que os pressupostos legais apresentam-se cristalinos, em face do direito líquido e certo violado por abuso de autoridade coatora". "*Ex Positis*, requer a Impetrante: • a concessão do pedido de liminar, nos termos do art. 7º, III, da Lei nº 12.016/2009, a fim de suspender o crédito tributário, nos termos do art. 151, IV, do CTN. • o julgamento de procedência do pedido, confirmando-se a liminar/concedendo a segurança em caráter definitivo. • a notificação da autoridade coatora, para prestar informações no prazo de 10 dias, nos termos do art. 7º, I, da Lei nº 12.016/2009, bem como a oitiva do Ministério Público, nos termos do art. 12 da Lei nº 12.016/2009. • a condenação da Impetrada nas custas processuais". [Somente custas.] Obs.: não há produção de provas em mandado de segurança, nem condenação em honorários advocatícios!

4 Ação de Repetição de Indébito

4.1 EMBASAMENTO

O CTN, além dos prazos tradicionalmente oponíveis à Fazenda (decadência e prescrição, nos arts. 173 e 174), cuida de lapsos temporais voltados para o contribuinte, que deseja pleitear a restituição de quantias pagas indevidamente.

Se for pago o tributo a maior, aquele que o fez terá direito à restituição sem qualquer empecilho a ser imposto pelo Fisco (art. 165, *caput*, CTN). Vê-se, portanto, que é dispensável a prova do erro, bastando ao sujeito passivo que prove que pagou sem causa jurídica, uma vez que o ônus da prova recai sobre quem alega ter indevidamente pago o gravame.

Nesse passo, será suficiente a apresentação da guia de recolhimento (autenticada, conforme o entendimento do STJ, no REsp 267.007/SP-2005) para que se formalize o pedido do valor.

Na órbita judicial – de interesse desta obra –, destaca-se a *ação de restituição de indébito tributário* ou *ação de repetição de indébito*, ou seja, mecanismo processual cabível quando o contribuinte paga indevidamente qualquer tributo, ou o faz a maior, pretendendo judicialmente reavê-lo.

Frise-se que o particular não está obrigado a primeiramente postular na órbita administrativa, para, após, recorrer à via judicial. Aliás, para o STJ, o prazo para a repetição de indébito não se interrompe e/ou suspende, em face de pedido formulado na esfera administrativa (AgRgAg 629.184/MG-2005).

A previsão básica da *ação de repetição de indébito ou ação repetitória*, como comumente é chamada, encontra-se no art. 165 e incisos, do CTN.

De acordo com o art. 165 do CTN, as hipóteses que dão guarida à ação de repetição de indébito são:

a) cobrança ou pagamento espontâneo de tributo indevido ou maior que o devido, em face da legislação tributária aplicável, ou da natureza ou circunstâncias materiais do fato gerador efetivamente ocorridas;
b) erro na identificação do sujeito passivo, na determinação da alíquota aplicável, no cálculo do montante do débito ou na elaboração ou conferência de qualquer documento relativo ao pagamento;
c) reforma, anulação, revogação ou rescisão de decisão condenatória.

O CTN, ao mencionar "sujeito passivo", como titular do direito, abrange as figuras do contribuinte e do responsável (art. 121, parágrafo único, I e II, CTN).

Quanto ao rito, insta mencionar que a ação de repetição de indébito desenrola-se no rito ordinário, podendo-se adotar a forma do procedimento sumário, se o valor da causa for igual ou inferior a 60 vezes o salário-referência maior vigente no País. É classificada como uma ação de conhecimento de natureza condenatória.

Sobre os requisitos da petição inicial, ver capítulo 2.

Destaque-se, por fim, que há importante discussão quanto à possibilidade ou não de antecipação de tutela na repetição de indébito. É comum nos depararmos com o entendimento contrário, cuja justificativa lastreia-se na possível prejudicialidade da ordem de pagamento dos precatórios, nos termos do art. 100, CF. O Exame da Ordem (FGV) não tem aceitado a peça repetitória com o pedido de antecipação de tutela. Por outro lado, tem-se defendido a concessão da tutela, como nítido meio de garantir a efetividade da tutela jurisdicional, contra a Fazenda Pública, sem que houvesse violação os interesses acautelatórios do Fisco.

4.2 PARTICULARIDADES

a) *O art. 166 do CTN*: cabe lembrar que, consoante tal artigo, a restituição de tributos que comportem, por sua natureza, transferência do encargo financeiro somente será feita:
   - a quem provar ter assumido o referido encargo;
   - a quem, no caso de ter transferido o encargo a terceiros, estiver por este expressamente autorizado.

Em tal dispositivo, destacam-se os chamados *tributos indiretos*. É cediço que o CTN não adotou a classificação dos tributos em *diretos* e *indiretos*, ficando tal binômio classificatório adstrito à Ciência das Finanças. Todavia, *ad argumentandum*, o tributo será *direto*, quando o ônus financeiro for suportado pelo próprio contribuinte, e *indireto*, quando tal encargo for transferido para terceiros. Nessa medida, o autor da demanda, quando pretender reaver *tributos indiretos*, deverá provar que assumiu o referido encargo ou, no caso de tê-lo transferido a terceiro, encontrar-se por este expressamente autorizado a recebê-lo.

b) *A ação repetitória e os tributos*: em matéria fiscal, a ação repetitória poderá ser utilizada no âmbito de quaisquer espécies tributárias, à luz da pentapartição do sistema tributário atual, na visão do STF, aplicando-se, assim, aos impostos, taxas, contribuições de melhoria, empréstimos compulsórios e contribuições. Vale dizer que, na seara dos tributos (art. 3º, CTN), o sujeito passivo na relação jurídico-tributária (art. 121, parágrafo único, I e II, CTN) poderá buscar o provimento declaratório, afeto às obrigações principal e acessória (art. 113, §§ 1º e 2º, CTN), por meio da indigitada ação.

c) *Prazo para a restituição:* quanto ao prazo para a efetivação da restituição de indébito, destaca-se o art. 168 do CTN: "O direito de pleitear a restituição extingue-se com o decurso do prazo de 5 (cinco) anos, contados: I – na hipótese dos incisos I e II do art. 165, da data da extinção do crédito tributário; II – na hipótese do inciso III do art. 165, da data em que se tornar definitiva a decisão administrativa ou passar em julgado a decisão judicial que tenha reformado, anulado, revogado ou rescindido a decisão condenatória."

Como se nota, o direito de ajuizar a ação de repetição de indébito extingue-se em *5 anos*, ou seja, em um prazo letal que incide sobre a ação, contado, segundo os incisos I e II do art. 168 do CTN, (I) quer da data da extinção do crédito tributário, (II) quer da data em que se tornar definitiva a decisão administrativa ou judicial que tenha reformado, anulado, revogado ou rescindido a decisão condenatória.

A doutrina e a jurisprudência divergem quanto à natureza jurídica desse prazo: se é ele de *decadência* ou de *prescrição*. Aliomar Baleeiro rotulava-o de decadência; Alberto Xavier e Bernardo Ribeiro de Moraes, por sua vez, consideravam-no prescricional. A divergência não é de hoje.

À luz do inciso I do dispositivo em epígrafe, considerando-se a extinção do crédito tributário, por exemplo, como a *data do pagamento*, a contagem do prazo se mostra bastante singela: pagando-se o tributo a maior em janeiro de 2007, deverá o contribuinte repetir o valor, portanto, até o mês de janeiro de 2012, quando se dará o fim do lustro, i.e., do período de 5 anos ou quinquênio.

É importante frisar, entretanto, que o inciso I do art. 168 do CTN passou a ter nova interpretação à luz do art. 3º da LC nº 118/2005, impondo-se que a extinção do crédito tributário, nos *lançamentos por homologação*, deverá ocorrer num momento anterior à homologação, qual seja, na data do pagamento antecipado. Note: "Art. 3º Para efeito de interpretação do inciso I do art. 168 da Lei nº 5.172, de 25 de outubro de 1966 – Código Tributário Nacional, a extinção do crédito tributário ocorre, no caso de tributo sujeito a lançamento por homologação, no momento do pagamento antecipado de que trata o § 1º do art. 150 da referida Lei".

O referido art. 3º colocou em xeque a intitulada "teoria dos '5 + 5'", largamente consagrada pela jurisprudência do STJ, para a restituição de tributos, constituídos por lançamento por homologação. Passemos a melhor explicar.

Essa teoria impunha que o prazo de cinco anos para se restituir um tributo, lançado por homologação, deveria iniciar a partir da data da homologação (seja expressa ou tácita). Levando-se em conta que, à luz do art. 150, § 4º do CTN, o prazo para a homologação é de cinco anos, a Fazenda Pública teria cinco anos para homologar o lançamento (a contar do fato gerador) e, findo este prazo, o sujeito passivo teria mais cinco anos para pleitear a restituição, ou seja, a consagração da tese dos "cinco mais cinco anos". Tal entendimento, consagrado no STJ, permitiu a chancela dessa tese, por exemplo, nos casos de *retenção indevida de IOF na fonte* (REsp 641.897/PE-2005) e *IRRF* (EDivREsp 289.398/2002), considerando que se devia contar o prazo de 5 anos, a partir da retenção indevida na fonte, acrescidos de mais um quinquênio. Esse modo de ver, dotado de adequado suporte normativo, conquanto não o fosse adotado por todos os Tribunais, consagrou-se na 1ª Seção do STJ, no julgamento do EREsp 435.835/SC-2004 [ver, nesse sentido: REsp 175.306/1998; REsp 170.086/SP-1998; REsp 413.943/PR-2002; REsp 423.994/SC-2003; REsp 449.751/PR-2004; REsp 447.548/SC-2005; REsp 327.043/DF; REsp 814.885/SE (09.05.2006)].

Posto isso, com o mencionado art. 3º da LC nº 118/2005, o cenário mudou para os tributos lançados por homologação, passando a valer o singelo prazo de cinco anos, contado do dia do pagamento indevido, e não mais de sua homologação tácita.

d) *A correção do valor restituível*: quanto à correção monetária do valor a ser ressarcido, não obstante a ausência de disposição legal que regule a matéria, a jurisprudência é tranquila quanto à sua plausibilidade.

O tema, de há muito, foi sumulado no extinto Tribunal Federal de Recursos (TFR, Súmula nº 46): "Nos casos de devolução do depósito efetuado em garantia de instância e de repetição do indébito tributário, a correção monetária é calculada desde a data do depósito ou do pagamento indevido e incide até o efetivo recebimento da importância reclamada".

Acresça-se a isso o entendimento do TRF (4ª Região), na Súmula nº 31: "Na ação de repetição de indébito tributário, os juros de mora incidem a partir do trânsito da sentença em julgado. Os juros de mora são fixados em 1% ao mês, a partir do trânsito em julgado da sentença condenatória, nos termos do art. 167, parágrafo único, do CTN".

Nessa toada, segue o CTN: "Art. 167. A restituição total ou parcial do tributo dá lugar à restituição, na mesma proporção, dos juros de mora e das penalidades pecuniárias, salvo as referentes a infrações de caráter formal não prejudicadas pela causa da restituição. Parágrafo único. A restituição vence juros não capitalizáveis, a partir do trânsito em julgado da decisão definitiva que a determinar".

Posto isso, o sujeito passivo terá direito à restituição das seguintes importâncias:

- o montante do tributo indevidamente pago;
- o montante da multa indevidamente paga, exceto as relativas à infração de caráter formal;
- o montante dos juros de mora, não capitalizáveis, a contar do trânsito em julgado da decisão definitiva que determinar a restituição (vide Súmula 523 do STJ – "A taxa de juros de mora incidente na repetição de indébito de tributos estaduais deve corresponder à utilizada para cobrança do tributo pago em atraso, sendo legítima a incidência da taxa Selic, em ambas as hipóteses, quando prevista na legislação local, vedada sua cumulação com quaisquer outros índices");
- o montante da correção monetária, a contar da data do pagamento indevido.

e) *O art. 169 do CTN*: quanto ao ajuizamento da ação de repetição de indébito, merece ainda ser destacado o art. 169 do CTN: "Prescreve em dois anos a ação anulatória da decisão administrativa que denegar a restituição. Parágrafo único. O prazo de prescrição é interrompido pelo início da ação judicial, recomeçando o seu curso, por metade, a partir da data da intimação validamente feita ao representante judicial da Fazenda Pública interessada".

A ação a que faz menção o indigitado artigo é a *ação de repetição de indébito*, e não a "ação anulatória de débito fiscal", como se faz parecer. Não obstante a atecnia no dispositivo, se houver denegação do pedido na órbita administrativa, poderá o contribuinte se socorrer do Poder Judiciário, provocando-o por meio da ação judicial hábil ao ressarcimento de tributos pagos a maior ou indevidamente – a própria ação de repetição de indébito.

Com efeito, a "função jurisdicional administrativa" é despida de poder de ditar a aplicação da lei, como reservado ao Judiciário. Portanto, a decisão administrativa do órgão julgador, embora definitiva (art. 42, do Decreto nº 70.235/1972), traduz-se em ato administrativo ou, nos dizeres magistrais de Celso Antônio Bandeira de Mello, "podendo ser objeto de reapreciação na via judicial, em razão do ato de administração contenciosa", princípio constitucional do livre e amplo acesso ao Poder Judiciário (art. 5º, XXXV, CF).

O dispositivo em comando trata de prazo prescricional especial (biênio prescricional – uma exceção à regra do lustro ou quinquênio do art. 174 do CTN), podendo estar sujeito a causas de suspensão ou interrupção.

O parágrafo único versa sobre causa interruptiva, com *dies a quo* no "início da ação judicial" – expressão que deve ser compreendida como a data da distribuição da ação.

O detalhe curioso é que, interrompido o prazo, a contagem não se reinicia de imediato, nem por inteiro, como costuma ocorrer. O recomeço se faz pela metade (um ano) e somente a partir da "intimação" (melhor seria citação) válida do representante da Fazenda. Trata-se de prazo afeto à prescrição intercorrente, devendo ser somente reconhecida se o autor for o responsável pela paralisação no processo. Assim, o direito do autor poderá ficar prejudicado se ele der efetiva causa a que o processo fique paralisado, isto é, somente tem curso havendo demora decorrente de fato imputável ao autor da ação.

f) *A via da compensação*: ao término da ação de repetição de indébito, se exitosa, o contribuinte, em vez de executar a Fazenda Pública, submetendo-se à sacrificante "fila" dos precatórios, poderá solicitar a *compensação* do valor que lhe será restituído pela compensação com valores de outros tributos da mesma natureza (arts. 170 e 170-A, CTN). Note a esclarecedora jurisprudência: "*Repetição de Indébito. Distinção. Compensação de tributos. Aplicação. Juros. Selic.* A repetição de indébito é gênero do qual a compensação é espécie. No gênero repetição de indébito, pode-se necessitar de uma sentença condenatória que reconheça e declare o pagamento 'a maior' para que a Fazenda faça a restituição. Nessa sentença condenatória, de efeito *ex nunc*, aplica-se a regra do art. 161, § 1º, do CTN. Entretanto há espécie de repetição quando, por exemplo, um determinado tributo é reconhecido como inconstitucional, não sendo necessária uma condenação, mas mero acerto do quantum devido. Nessa última hipótese, o Fisco determina que se faça a compensação e, por ser uma restituição específica, não incide o rigor formal do art. 167 do CTN. É o que ocorre com a Lei nº 9.250/1995, que não agride o CTN, mas deve prevalecer por ser norma especial. Com esse entendimento, a Seção, por maioria, rejeitou os embargos do INSS contra acórdão que afirmou serem devidos juros Selic, a partir de 1º.01.1996, em compensação de tributos" (STF, EREsp 230.427-PR, rel. Min. Eliana Calmon, j. 22.11.2000).

É evidente que a compensação é bastante vantajosa para todos: de um lado, evitam-se o processamento do feito e sua demora, enquanto, de outro, o Fisco economiza os custos do processo.

g) *Polo passivo*: na ação repetitória, o polo passivo será identificado a partir do tributo que for objeto da lide. Note o esquema:

Tributo federal: no polo passivo, constará União;

Tributo estadual: no polo passivo, constará Estado de...;

Tributo municipal: no polo passivo, constará Município de....

DICA!

Recomendamos que se evite no polo passivo a expressão "Fazenda Pública", uma vez que este deve ser ocupado pela entidade detentora de competência tributária, segundo o disciplinamento constitucional, quais sejam a União, os Estados, os Municípios e o Distrito Federal. Ademais, deve-se preferir "União" a "União Federal", sob pena de incorrer, a nosso ver, em linguagem pleonástica.

4.3 UMA APRESENTAÇÃO SIMPLIFICADA DA PETIÇÃO INICIAL

Excelentíssimo Senhor Doutor Juiz de Direito da ... Vara da Fazenda Pública da Comarca de ...; [de onde?]

(*espaço de cinco linhas*)

NOME DA EMPRESA, pessoa jurídica de direito privado, inscrita no Cadastro Nacional de Pessoas Jurídicas sob o nº ..., inscrição estadual nº ..., sediada no endereço ..., endereço eletrônico ..., por meio de seu advogado e bastante procurador, que esta subscreve, com escritório no endereço ..., onde deverá receber as futuras intimações, vem, tempestivamente de acordo com o art. 168 do Código Tributário Nacional, à presença de Vossa Excelência, com fulcro no inc. I do art. 165 do Código Tributário Nacional, bem assim com suporte no art. 319 do Código de Processo Civil, propor AÇÃO DE REPETIÇÃO DO INDÉBITO em face do ESTADO ..., pessoa jurídica de direito público interno, regularmente inscrita no Cadastro Nacional de Pessoas Jurídicas sob nº ..., sediada no endereço ..., devidamente representado por seu procurador, de acordo com as razões de fato e de direito a seguir expostas.

DO CABIMENTO E DA TEMPESTIVIDADE

(...)

DOS FATOS

(...)

DO DIREITO

(...)

DOS PEDIDOS

Pelo exposto, a Autora requer a Vossa Excelência:

a) que seu pedido seja julgado procedente, com a declaração do pagamento indevido, bem como a condenação da Ré na obrigação de restituir tais valores, com a incidência de juros e correção monetária, de acordo com o art. 167 do CTN e com as Súmulas 162 e 188 do STJ;

b) a citação da Ré, na pessoa do seu representante judicial, para integrar o polo passivo da ação e, em querendo, contestar a ação, nos termos do art. 335 do CPC;

c) a condenação da Ré nas custas processuais e nos honorários advocatícios, nos termos do art. 85, § 3°, do CPC;

d) deferimento da juntada de documentos, especialmente das guias de recolhimento dos tributos pagos indevidamente;

e) a produção de todos os meios de prova em Direito admitidos, nos termos do art. 319, VI, do CPC.

Protesta pela não realização de audiência de conciliação ou mediação, nos termos do art. 319, VII, do CPC.

Dá-se à causa o valor de R$ ...

Nesses termos,

pede deferimento.

Local ... e data ...

____

ADVOGADO ...

OAB n° ...

Endereço do escritório dos advogados para intimações: ...

4.4 UM MODELO, PASSO A PASSO

"Excelentíssimo Senhor Doutor Juiz de Direito da ... Vara da Fazenda Pública da Comarca de ...;" [de onde?].

1º Passo: Excelentíssimo Senhor Doutor (...)

DICA!

Esta é a forma solene que deverá constar do endereçamento da petição inicial. Recomenda-se evitar as abreviações dos pronomes, prejudicando a estética do petitório. Assim, não utilize "Exmo. Sr. Dr. (...)", preferindo a forma indicada.

2º Passo: (...) Juiz de Direito da (...)

Nos casos de tributos federais, a competência será do juiz federal. Tratando-se de tributos municipais e estaduais, a competência será do juiz de direito.

3º Passo: (...) da ... Vara da Fazenda Pública (...)

Este é o padrão recomendado, uma vez que não se conhece o ofício para o qual será distribuída a ação.

DICA!

Com relação à expressão "Fazenda Pública", recomendamos que se utilize no caso de sua existência em certas varas, nas quais correm os feitos adstritos aos tributos estaduais e municipais, de competência do juiz de direito. No Estado de São Paulo, a propósito, destacam-se as Varas da Fazenda Pública de São Paulo (Capital), de Santos, de Campinas, entre outras. Para todos os efeitos, deve o leitor procurar se inteirar das comarcas, em seu Estado, nas quais há varas de Fazenda Pública.

4º Passo: (...) da Comarca de (...)

A área de jurisdição afeta à competência dos juízes federais denomina-se "seção judiciária". Para os juízes de direito, utiliza-se a expressão "comarca". Assim, teremos, nos dois casos:

a) Excelentíssimo Senhor Doutor Juiz Federal da ... Vara da Seção Judiciária de ...

b) Excelentíssimo Senhor Doutor Juiz de Direito da ... Vara da Comarca de ...

5º Passo: (...) [de onde?]

Nas ações ordinárias, a competência será do juiz de direito da sede da empresa ou do domicílio do autor.

6º Passo: O parágrafo introdutório

NOME DA EMPRESA, pessoa jurídica de direito privado, inscrita no Cadastro Nacional de Pessoas Jurídicas sob o nº ..., inscrição estadual nº ..., sediada no endereço ..., por meio de seu advogado e bastante procurador (instrumento de mandato incluso), que esta subscreve, com escritório no endereço ..., onde deverá receber as futuras intimações, vem, tempestivamente de acordo com o art. 168 do Código Tributário Nacional, à presença de Vossa Excelência, com fulcro no inc. I do art. 165 do Código Tributário Nacional, bem assim com suporte no art. 319 do Código de Processo Civil, propor (...)

ATENÇÃO!

Pedimos atenção às regras de gramática que normalmente são desobedecidas na confecção desse parágrafo, das quais se falou no capítulo anterior.

7º Passo: o nome da ação

AÇÃO DE REPETIÇÃO DO INDÉBITO

ATENÇÃO!

O nome da ação deve estar bem visível no caderno de prova, a fim de facilitar a identificação da peça pelo corretor da Banca examinadora.

8º Passo: (...) em face do Estado de (...)

Como se viu, o polo passivo será ocupado pela entidade detentora de competência tributária. Tratando-se de tributo estadual, o legitimado passivo será o Estado de____.

9º Passo: o tópico "Do Cabimento e da Tempestividade"

DO CABIMENTO E DA TEMPESTIVIDADE

Neste tópico, o candidato deve tratar da hipótese de cabimento relacionada ao exercício, amparando-a em algum dos incisos do art. 165 ou mesmo do art. 166 do CTN. Importante ressaltar neste tópico, ainda, a tempestividade da demanda, nos termos do art. 168 do CTN.

10º Passo: o tópico "Dos Fatos"

DOS FATOS

Neste tópico, deve-se fazer a narrativa, ou seja, a descrição sucinta do fato, atendo-se aos elementos concretos extraídos do problema, sem proceder à criação de dados ou informações.

11º Passo: o tópico "Do Direito"

DO DIREITO

Neste tópico, o candidato deverá expor a argumentação jurídica, seguindo-se um raciocínio silogístico, a partir do esquema de paragrafação abaixo reproduzido:

Introdução ao dispositivo legal (da tese)

Dispositivo legal (da tese)

Fato

Doutrina

Jurisprudência

Conclusão

Note a sugestão de paragrafação neste tópico:

Introdução ao dispositivo legal (da tese) - Parágrafo 1

Dispositivo legal (da tese) - citação - Parágrafo 2

Explicação da tese - Parágrafo 3

Explicação da tese - Parágrafo 4

Explicação da tese - Parágrafo 5

Fato (adequação ao problema) - Parágrafo 6

Doutrina - Parágrafo 7

Jurisprudência - Parágrafo 8

Conclusão - Parágrafo 9

12º Passo: o tópico "Dos Pedidos"

DOS PEDIDOS

Pelo exposto, a Autora requer a Vossa Excelência: (...)

DICA!

Recomenda-se introduzir o pedido com uma frase preambular, como esta acima grafada. É imperioso notar, à luz das regras gramaticais, que não se insere o acento grave, formador da crase, antes do pronome de tratamento (Vossa Excelência). Aliás, em prol da melhor estética, como se explicou no primeiro capítulo desta obra, preferimos a forma, por extenso, "Vossa Excelência" à outra, abreviada, "V. Exa.".

Vamos analisar, neste momento, as frases que compõem o pedido a ser feito em uma ação repetitória:

a) que seu pedido seja julgado procedente, com a declaração do pagamento indevido, bem como a condenação da Ré na obrigação de restituir tais valores, com a incidência de juros e correção monetária, de acordo com o art. 167 do CTN e com as Súmulas 162 e 188 do STJ;

Ao término da lide, quando se põe fim ao processo, em sentença, o juiz deverá julgar procedente o pedido do autor, se assim for convencido.

A ação em análise, como é cediço, visa obter um provimento declaratório da inexistência da relação jurídico-tributária.

Em sentença, quer-se a confirmação da tutela anteriormente concedida – o que se imagina, em tese, ter alcançado naquele momento pretérito.

b) a citação da Ré, na pessoa do seu representante judicial, para integrar o polo passivo da ação e, em querendo, contestar a ação, nos termos do art. 335 do CPC;

No pedido, deverá ser pleiteada a citação do ocupante do polo passivo da demanda – a pessoa política correspondente à competência tributária da exação discutida.

c) a condenação da Ré nas custas processuais e nos honorários advocatícios, nos termos do art. 85, § 3º, do CPC;

No pedido, deverá ser pleiteada a condenação do ocupante do polo passivo da demanda. Tal condenação alcançará as custas judiciais e os honorários advocatícios.

d) deferimento da juntada de documentos, especialmente das guias de recolhimento dos tributos pagos indevidamente;

Deve-se pleitear a juntada de documentos na ação.

e) a produção de todos os meios de prova em Direito admitidos, nos termos do art. 319, VI, do CPC;

No rito ordinário, permite-se a produção de provas, devendo o demandante pleiteá-la no pedido da ação.

Importa ressaltar que, caso se trate de hipótese em que a ação deve se processar pelo rito sumário, é preciso indicar também o rol de testemunhas e os quesitos para perícia, se houver interesse na produção de prova testemunhal ou pericial, respectivamente.

Protesta pela não realização de audiência de conciliação ou de mediação, nos termos do art. 319, VI, do CPC.

Como o Direito Tributário comporta direitos indisponíveis, em sua natureza, não há possibilidade de realização de audiência.

Encerrados os pedidos, que, preferencialmente, devem ser separados por "itens", em prol da melhor estética, o examinando deverá prestar atenção a algumas frases de finalização do petitório. São elas, nos passos seguintes:

13º Passo: a frase de finalização que faz menção ao valor da causa

Dá-se à causa o valor de R$ ...

DICA!

Após a feitura dos pedidos, deverá o Autor evidenciar o valor que se dá à causa. Na frase estereotipada "Dá-se à causa o valor de (...)", há relevante dica gramatical: não se pode esquecer-se do acento agudo na forma verbal "dá", nem mesmo o acento grave, formador da crase em "à causa", após o verbo transitivo indireto mencionado.

Curiosamente, não tem havido, em provas práticas de Direito Tributário, nas quais se requer a elaboração de petição inicial, um extremo rigor na exigência da indicação do valor (em si) da causa – tantos Reais, por exemplo –, mas apenas a cobrança da frase que o menciona.

14º Passo: a frase de finalização que faz menção à frase "Nesses termos, pede deferimento"

Nesses termos,
pede deferimento.

DICA!

Após a indicação da frase em epígrafe, afeta ao valor da causa, encerra-se o petitório. Esta conhecida finalização, que existe ao lado de outras possíveis – v.g., "termos em que, pede deferimento" –, avoca dados gramaticais bem interessantes:

a) prefira a expressão "Nesses termos" à forma "Nestes termos". Recomenda-se, no uso dos pronomes demonstrativos, que se use o pronome "nesse" no lugar de "neste", quando se quer fazer menção àquilo que já foi dito, a argumentos já exteriorizados, o que de fato acontece na petição, quando se está na iminência do término. O pronome "este" servirá para afirmar aquilo que se quer dizer (Este é o argumento: minha ideia é...);

b) a vírgula é obrigatória após o adjunto adverbial antecipado "nesses termos". Portanto, memorize: "nesses termos (,)...";

c) tenho insistido bastante em sala de aula, a meus alunos de OAB, que a oração "pede deferimento" deve ser grafada por extenso, evitando-se, assim, a forma abreviada "p. deferimento". A abreviação usada é imprópria e produto de praxe condenável.

15º Passo: a frase de finalização que faz menção ao local e data

Local ... e data ...

Pode-se discriminar a forma genérica "Local, data" ou, se preferir, escrever o local e a data respectiva, por exemplo, "São Paulo, 23 de fevereiro de 2010".

ATENÇÃO!

Todavia, em homenagem à cautela, não se recomenda qualquer espécie de identificação na prova, e a indicação de cidade alfa ou beta, por exemplo, pode servir como pretexto à Banca para uma possível configuração de "identificação de prova", podendo ser conferida ao trabalho nota zero. Assim, a forma genérica é mais indicada.

16º Passo: a frase de finalização que faz menção ao "risco da assinatura"

____

ADVOGADO ...

OAB nº ...

ATENÇÃO!

Finaliza-se o trabalho apenas com o tal "risco da assinatura", devendo-se acompanhá-lo da expressão "ADVOGADO...". Não se pode identificar a prova com o nome do candidato. É motivo mais do que suficiente para "zerar" o trabalho. Assim, termine da forma recomendada, com total impessoalidade. Certamente, os responsáveis, na sala de prova, haverão de proceder à devida identificação do candidato, nos documentos oficiais pertinentes.

17º Passo: Endereço para intimações

Endereço do escritório dos advogados para intimações: ...

DICA!

Tal requisito pode opcionalmente ser informado no preâmbulo da peça, mas é importante deixar claro que o mesmo foi atendido.

4.5 QUADRO SINÓTICO

4. Ação de repetição de indébito	
Cabimento	Quando tiver ocorrido pagamento indevido ou maior que o devido.
Embasamento	Art. 165, I, do CTN + art. 319 do CPC. Obs.: art. 168 do CTN (prazo para restituir).
Partes	Autor/réu.

<table>
<tr><th colspan="2">4. Ação de repetição de indébito</th></tr>
<tr><td>Competência</td><td>Domicílio do autor.</td></tr>
<tr><td>Juiz</td><td>a) Tributos estaduais e municipais:
Excelentíssimo Senhor Doutor Juiz de Direito da ... Vara da Comarca de ...
b) Tributos estaduais e municipais, na cidade de São Paulo:
Excelentíssimo Senhor Doutor Juiz de Direito da ... Vara da Fazenda Pública da Comarca de ...
c) Tributos federais:
Excelentíssimo Senhor Doutor Juiz Federal da ... Vara da Seção Judiciária de ...</td></tr>
<tr><td>Polo passivo</td><td>União/Estado de/Distrito Federal/Município de.</td></tr>
<tr><td>Petição</td><td>Dos Fatos
Do Direito (artigo + fato + doutrina + jurisprudência + conclusão)
Do Pedido</td></tr>
<tr><td>Do pedido</td><td>"Ex Positis, requer a Autora:
• a procedência do pedido, com a declaração do pagamento indevido, bem como a condenação da Ré na obrigação de restituir tais valores, com a incidência de juros e correção monetária, de acordo com o art. 167 do CTN e com as Súmulas 162 e 188 do STJ;
• a citação da Ré, na pessoa de seu representante legal, para apresentar contestação, nos termos do art. 335 do CPC;
• a condenação da Ré nas custas processuais e honorários advocatícios, nos termos do art. 85, § 3º, do CPC;
• o deferimento da juntada de documentos, especialmente das guias de recolhimento dos tributos pagos indevidamente;
• a produção de provas por todos os meios em Direito admitidos, nos termos do art. 319, VI, do CPC;
• a não realização de audiência de conciliação ou de mediação, nos termos do art. 319, VII, do CPC.</td></tr>
</table>

5 Ação de Consignação em Pagamento

5.1 CONCEITO

Pagar um tributo não é apenas um dever, mas também um direito. Essa é a razão pela qual existe *ação própria* para proteger tal direito do sujeito passivo, em certas circunstâncias, dele obstativas, evitando-se que se faça um pagamento inadequado – a *ação de consignação em pagamento*, comumente chamada "consignatória".

A ação é exaustivamente tratada no direito civil, com previsão na legislação pertinente (art. 335 do Código Civil de 2002; arts.539 e ss. do Código de Processo Civil).

Nesse passo, a consignação em pagamento, segundo Pablo Stolze Gagliano, é "o instituto jurídico colocado à disposição do devedor para que, ante o obstáculo ao recebimento criado pelo devedor ou quaisquer outras circunstâncias impeditivas do pagamento, exerça, por depósito da coisa devida, o direito de adimplir a prestação, liberando-se do liame obrigacional" (GAGLIANO, Pablo Stolze. *Novo curso de direito civil: abrangendo o Código de 1916 e o novo Código Civil*. São Paulo: Saraiva, 2002. p. 147).

No âmbito tributário, a consignatória assegura o direito de bem pagar o importe tributário, em decorrência de uma resistência oferecida pelo credor ou em virtude da existência de uma pretensão de mais de um credor em perceber o indigitado tributo a ser quitado.

5.2 HIPÓTESES E FUNDAMENTOS

A consignação judicial da importância tributária pode ser efetuada pelo sujeito passivo, nos casos referidos no art. 164, *caput*, do CTN, que podem ser sintetizados nas seguintes situações:

a) quando houver recusa de recebimento por parte da autoridade administrativa (exemplo: a autoridade alega não ser a competente para tal recebimento);
b) quando a autoridade administrativa subordina o recebimento ao pagamento de outro tributo ou de penalidade, ou ao cumprimento de obrigação acessória, exigências essas consideradas ilegítimas pelo contribuinte;
c) quando a autoridade administrativa subordina o recebimento ao cumprimento de exigência administrativa sem fundamento legal (exemplo: a autoridade exige o obrigatório preenchimento e apresentação de certa guia documental não prevista em lei);
d) quando ocorre exigência, por mais de uma pessoa jurídica de direito público, de tributo idêntico sobre o mesmo fato gerador, o que se tem intitulado "bitributação".

Evidencia-se, assim, que (a) o sujeito passivo tem o direito de pagar um só tributo, mesmo que seja devedor de duas ou mais exações tributárias; (b) o Fisco está obrigado a perceber o tributo, ainda que o sujeito passivo se mantenha disposto a se furtar do pagamento da penalidade; (c) o sujeito passivo tem o direito de pagar o tributo, obtendo a reflexa quitação, mesmo que não tenha adimplido algum dever obrigacional instrumental (obrigação tributária acessória); (d) a recusa lastreada em exigência ilegal (art. 164, II) traduz-se em arbitrariedade passível de correção imediata; e (e) não se pode permitir que o sujeito passivo tenha que optar por quem deve ocupar validamente a sujeição ativa, diante da bitributação, correndo o risco de se submeter ao erro na escolha, o que o levará ao inadimplemento e às suas consequências patrimoniais.

É bem verdade que, no plano da utilização da consignação em pagamento, na seara tributária, sua aplicação tem sido demasiado restrita. Apenas em poucos casos ela tem sido admitida, uma vez que os tributos são pagos em estabelecimentos bancários, o que dificulta o surgimento de uma das hipóteses acima descritas (ÁVILA, Alexandre Rossato da Silva. *Curso de direito tributário*. 3. ed., Porto Alegre: Verbo Jurídico, 2007. p. 372).

5.3 EFEITOS DA AÇÃO

Os *efeitos* da consignação em pagamento, referidos no § 2º do art. 164 do CTN, podem ser assim memorizados:

a) se a consignação for julgada *procedente* por decisão transitada em julgado, o pagamento se considera efetuado, e a importância consignada será convertida em renda, extinguindo-se, em consequência, o crédito tributário (art. 156, VIII, CTN);

b) se a consignação for julgada *improcedente*, no todo ou em parte, poderá o Fisco cobrar o crédito, acrescido de juros de mora, sem prejuízo das penalidades cabíveis.

Note o tema no art. 164, § 2º do CTN: "A importância de crédito tributário pode ser consignada judicialmente pelo sujeito passivo, nos casos: (...) § 2º Julgada procedente a consignação, o pagamento se reputa efetuado e a importância consignada é convertida em renda; julgada improcedente a consignação no todo ou em parte, cobra-se o crédito acrescido de juros de mora, sem prejuízo das penalidades cabíveis".

A sentença proferida nas hipóteses em que o depósito é suficiente para extinguir a obrigação limita-se a declarar a inexistência do crédito por esse fato. Sempre que o depósito da quantia for reconhecido como adequado à prestação devida, terá ele a força de pagamento, libertando o autor da obrigação à qual estava vinculado. Em outras palavras, diz-se que, vitorioso o autor da demanda, a importância depositada será convertida em renda, e o pagamento será considerado efetuado. Por outro lado, havendo insucesso na demanda, o crédito tributário será cobrado, com juros de mora, sem prejuízo das penalidades cabíveis. Assim, a consignação em pagamento, se julgada procedente, importa em pagamento; se improcedente, devolve-se ao Fisco o direito de cobrar o crédito que for devido. Diga-se, em tempo, que as mencionadas *penalidades* não são exigíveis em razão de haver sido o sujeito passivo da obrigação tributária vencido na ação, mas em virtude, naturalmente, do não pagamento da exação.

5.4 CASOS OBSTATIVOS DA AÇÃO

A consignação só pode ser versar sobre o crédito que o consignante se propõe a pagar (art. 164, § 1º, do CTN), não se prestando para disputa de questões outras.

Segundo o STJ, "não há qualquer vedação legal a que o contribuinte lance mão da ação consignatória para ver satisfeito o seu direito de pagar corretamente o tributo quando entende que o fisco está exigindo prestação maior que a devida. É possibilidade prevista no art. 164 do Código Tributário Nacional. Ao mencionar que 'a consignação só pode versar sobre o crédito que o consignante se propõe a pagar', o § 1º daquele artigo deixa evidenciada a possibilidade de ação consignatória nos casos em que o contribuinte se propõe a pagar valor inferior ao exigido pelo fisco. Com efeito, exigir valor maior equivale a recusar o recebimento do tributo por valor menor" (REsp 73.201-1/2004).

Ademais, a ação de consignação em pagamento não é a via adequada em certos casos, já consagrados na retórica jurisprudencial, cuja citação se faz necessária, como se notará nos parágrafos abaixo. Sendo assim, não se deve utilizar a consignatória para:

a) *discutir a possibilidade e legitimidade da exigência tributária*, uma vez que só pode versar a ação sobre o crédito que o consignante se propõe a pagar. Aliás, a ação de consignação em pagamento, prevista no art. 164 do CTN, de índole nitidamente *declaratória*, tem por escopo a extinção da obrigação com o pagamento devido, por meio do depósito *initio litis*, visando a liberação do devedor, quando satisfeita a dívida em sua integralidade. Diga-se, em tempo, que o depósito realizado só tem a força de pagamento, propriamente dito, caso *procedente* a consignatória. Nesse sentido tem seguido o STJ, para o qual "o depósito em consignação é modo de extinção da obrigação, com força de pagamento, e a correspondente ação consignatória tem por finalidade ver atendido o direito material do devedor de liberar-se da obrigação e de se obter quitação. Trata-se de ação eminentemente declaratória: declara-se que o depósito oferecido liberou o autor da respectiva obrigação";

b) *obter a concessão do parcelamento ou de moratória*: a esse respeito, tem insistido o STJ em que a intenção do devedor, que pretende não pagar o tributo, no montante que entende devido, mas, sim, obter parcelamento ou moratória, inviabiliza a utilização da via consignatória, que não se presta à obtenção de provimento constitutivo, modificador de um dos elementos conformadores da obrigação, ou seja, o prazo para pagamento do tributo. Aliás, o STJ tem sido enfático ao afirmar que "o deferimento do parcelamento do crédito fiscal subordina-se ao cumprimento das condições legalmente previstas. Dessarte, afigura-se inadequada a via da ação de consignação em pagamento, cujo escopo é a desoneração do devedor, mediante o depósito do valor correspondente ao crédito, e não via oblíqua à obtenção de favor fiscal em burla à legislação de regência" (ver, no STJ: REsp 886.757/2007-RS; AgRg no Ag 724.727/2006-RS; REsp 750.593/2006-RS; EAgRg no REsp 969.554/2007-RS; REsp 694.856/2005-RS; REsp 538.707/2004-RS; REsp 600.469/2004-RS; REsp 10.884/1994-SP);

c) excluir parcelas registradas no auto de infração e multa, com a pretensão de discutir a validade da dívida fiscal, para liberar-se da obrigação de pagamento, não tendo sido recolhido, a tempo e modo, o crédito tributário;

d) obter provimento jurisdicional que reconheça a viabilidade de se utilizar de apólices da dívida pública para adimplemento de débito tributário referente a tributo, uma vez que tais títulos possuem natureza diversa da prestação devida;

e) *elidir a possibilidade de se configurar o crime de sonegação fiscal*: com efeito, o simples fato de haver sido ajuizada uma ação de consignação em pagamento, ou ainda, a eventual possibilidade de haver a extinção do crédito tributário a partir da compensação, *per se*, não elide a caracterização do crime de sonegação fiscal, mormente quando se tem na figura típica a descrição de fraude (ver HC 67.416/2007-DF).

5.5 PARTICULARIDADES

a) *Legitimidade ativa*: o art. 164 do CTN determina a *legitimidade ativa* para propor a ação de consignação em pagamento ao *sujeito passivo* da relação tributária.

Apresentada a contestação, à qual se segue o procedimento ordinário, a Fazenda Pública, na condição de ré, poderá alegar toda a matéria de defesa processual, bem como, no mérito, as matérias discriminadas no art. 544 do CPC, quais sejam: (a) que não houve recusa ou mora em receber a quantia ou coisa devida; (b) que foi justa a recusa; (c) que o depósito não se efetuou no prazo ou no lugar do pagamento; e (d) que o depósito não foi integral, hipótese em que o réu deverá indicar o montante que reputa devido, abrindo-se a possibilidade para a complementação do valor (GONÇALVES, Marcus Vinícius Rios. *Procedimentos especiais*. 3. ed. São Paulo: Saraiva, 2003, p. 13).

b) *Legitimidade passiva*: na ação de consignação em pagamento, o polo passivo será identificado a partir do tributo que for objeto da lide. Note o esquema:

Tributo federal: no polo passivo, constará *União*;

Tributo estadual: no polo passivo, constará *Estado de ...*;

Tributo municipal: no polo passivo, constará *Município de ...*

DICA!

Recomendamos que se evite no polo passivo a expressão "Fazenda Pública", uma vez que este deve ser ocupado pela entidade detentora de competência tributária, segundo o disciplinamento constitucional, quais sejam a União, os Estados, os Municípios e o Distrito Federal.

É imperioso frisar que a identificação da parte legítima passiva, na hipótese do inciso III do art. 164, será sobremodo peculiar, já que o contribuinte pode estar diante de duas pessoas jurídicas dotadas do poder de tributar. Assim, caso envolva a União e o Estado de ..., deverá propor a ação contra ambas perante a Justiça Federal (CAIS, Cleide Previtalli. Op. cit., p. 538).

c) *Síntese conclusiva*: à guisa de memorização, impende relembrar os principais aspectos da ação em comento. Note-os: (a) a consignação em pagamento é meio indireto de extinção da obrigação tributária; (b) coexistem, no plano tributário, por parte do devedor, o *dever* de adimplir, ao realizar o fato gerador tributário, e o *direito* de adimplir – e bem adimplir –, afastando-se a revelia; (c) a consignatória não é via adequada para discutir a existência ou validade da exigência tributária; para afastar as parcelas de multa ou obter parcelamento de tributo ou moratória; ou para afastar a configuração da fraude fiscal; (d) a utilização da consignação não é suficiente, sem o depósito, para suspender a exigibilidade do crédito fiscal.

5.6 UMA APRESENTAÇÃO SIMPLIFICADA DA PETIÇÃO INICIAL

Excelentíssimo Senhor Doutor Juiz Federal da ... Vara da Seção Judiciária de ...; [de onde?]

(espaço de cinco linhas)

NOME DA EMPRESA, pessoa jurídica de direito privado, inscrita no Cadastro Nacional de Pessoas Jurídicas sob o nº ..., inscrição estadual nº ..., sediada no endereço ..., endereço eletrônico ..., por meio de seu advogado e bastante procurador, que esta subscreve, com escritório no endereço ..., onde deverá receber as futuras intimações, vem, respeitosamente, à presença de Vossa Excelência, com fulcro nos arts. 319 e 539 e seguintes do Código de Processo Civil, bem assim com supedâneo no art. 164, III, do Código Tributário Nacional, propor AÇÃO DE CONSIGNAÇÃO EM PAGAMENTO em face de ... [ENTES TRIBUTANTES], pessoa jurídica de direito público interno, regularmente inscrita no Cadastro Nacional de Pessoas Jurídicas sob nº ..., pelos motivos de fato e de direito abaixo articulados.

DOS FATOS

(...)

DO DIREITO

(...)

DOS PEDIDOS

Diante do exposto, o Autor requer a Vossa Excelência que se digne de:

a) autorizar o depósito judicial, na quantia de ..., nos termos do art. 542, I, do CPC, evitando-se a mora e suspendendo-se o crédito tributário, em consonância com o art. 151, II, do CTN;

b) julgar procedente a ação, reputando-se efetuado o pagamento e convertendo-se a importância consignada em renda da ... [um dos entes tributantes], nos termos do art. 156, VIII, do CTN, com a presente extinção do crédito tributário;

c) citar os ... [entes tributantes], nas pessoas de seus representantes legais, para que compareçam a Juízo, assinalando-lhes o prazo para levantar o depósito - caso uma das Partes se declare não detentora da competência - ou ofereçam as respectivas razões de estilo, nos termos do art. 542, II, do CPC;

d) condenar a ... [entes tributantes] nas custas processuais e honorários advocatícios, nos termos do art. 85, § 3°, do CPC;

e) deferimento da juntada de documentos;

f) a produção de todos os meios de prova em Direito admitidos, nos termos do art. 319, VI, do CPC;

Protesta pela não realização de audiência de conciliação ou de mediação, nos termos do art. 319, VII, do CPC.

Dá-se à causa o valor de R$ ...

Nesses termos,

pede deferimento.

Local ... e data ...

____

ADVOGADO ...

OAB n° ...

Endereço do escritório dos advogados para intimações: ...

5.7 UM MODELO, PASSO A PASSO

"Excelentíssimo Senhor Doutor Juiz Federal da ... Vara da Seção Judiciária de ...;" [de onde?]

1º Passo: Excelentíssimo Senhor Doutor (...)

DICA!

Esta é a forma solene que deverá constar do endereçamento da petição inicial. Recomenda-se evitar as abreviações dos pronomes, prejudicando a estética do petitório. Assim, não utilize "Exmo. Sr. Dr. (...)", preferindo a forma indicada.

2º Passo: (...) Juiz Federal da (...)

Nos casos de tributos federais, a competência será do Juiz Federal.

No âmbito da bitributação, tratando-se de tributo municipal e estadual, a competência será do juiz de direito. Se se tratar de tributo municipal e outro tributo municipal, a competência também será do juiz de direito. Todavia, quando se tratar de bitributação, afeta a um tributo federal e a um tributo municipal, a competência será avocada pelo juízo federal, conforme o art. 109 da CF. Note as situações práticas:

a) ITR e IPTU (dúvida sobre a propriedade urbana): consignatória para o juízo federal, a cargo do juiz federal;
b) ICMS e ISS (dúvida sobre tipo de serviço): consignatória para o juízo estadual, a cargo do juiz de direito;
c) IPTU e IPTU (dúvida sobre a localização da zona urbana): consignatória para o juízo estadual, a cargo do juiz de direito (de qualquer dos dois Municípios).

3º Passo: (...) da ... Vara (...)

Este é o padrão recomendado, uma vez que não se conhece o ofício para o qual será distribuída a ação.

4º Passo: (...) da Seção Judiciária de (...)

A área de jurisdição afeta à competência dos juízes federais denomina-se "seção judiciária". Para os juízes de direito, utiliza-se a expressão "comarca". Assim, teremos, nos dois casos:

a) "Excelentíssimo Senhor Doutor Juiz Federal da ... Vara da Seção Judiciária de (...)".
b) "Excelentíssimo Senhor Doutor Juiz de Direito da ... Vara da Comarca de (...)".

5º Passo: (...) [de onde?]

A consignatória deve ser proposta no lugar do pagamento do tributo (art. 540, CPC).

6º Passo: O parágrafo introdutório

NOME DA EMPRESA, pessoa jurídica de direito privado, inscrita no Cadastro Nacional de Pessoas Jurídicas sob o nº ..., inscrição estadual nº ..., sediada no endereço ..., endereço eletrônico ..., por meio de seu advogado e bastante procurador, que esta subscreve, com escritório no endereço ..., onde deverá receber as futuras intimações, vem, **respeitosamente, à presença de Vossa Excelência, com fulcro nos arts. 300 e 539 e seguintes do Código de Processo Civil, bem assim com supedâneo no art. 164, III, do Código Tributário Nacional, propor**

Pedimos atenção às regras de gramática que normalmente são desobedecidas na confecção deste parágrafo, das quais se falou no capítulo 2.

7º Passo: o nome da ação

AÇÃO DE CONSIGNAÇÃO EM PAGAMENTO

O nome da ação deve estar bem visível no caderno de prova, a fim de facilitar a identificação da peça pelo corretor da Banca examinadora.

8º Passo: em face de ... [entes tributantes]

O polo passivo será ocupado pela entidade que pratica um dos atos previstos no art. 164, I, II e III, do CTN, detentora de competência tributária. Nos casos dos incisos I e II, serão partes legitimadas as pessoas jurídicas dotadas do poder de tributar e de impor o cumprimento ou subordinação de obrigações acessórias, penalidades ou exigências administrativas outras. Na hipótese do inciso III, havendo bitributação imposta por mais de uma pessoa jurídica tributante, a ação deverá ser proposta contra ambas. Exemplo: se o contribuinte estiver diante de exigência tributária imposta pela União e por outra pessoa política – Estado-membro ou Município –, a ação deverá ser proposta contra a União *e* contra a outra entidade impositora, perante a Justiça Federal, como já se viu (art. 109, CF). Note alguns exemplos:

a) ITR e IPTU (dúvida sobre a propriedade urbana): consignatória para o juízo federal, a cargo do juiz federal, *em face da União e do Município tal;*
b) ICMS e ISS (dúvida sobre tipo de serviço): consignatória para o juízo estadual, a cargo do juiz de direito, *em face do Estado tal e do Município tal;*
c) IPTU e IPTU (dúvida sobre a localização da zona urbana): consignatória para o juízo estadual, a cargo do juiz de direito (de qualquer dos dois Municípios), *em face do Município X e do Município Y.*

9º Passo: o tópico "Dos Fatos"

DOS FATOS

Neste tópico, deve-se fazer a narrativa, ou seja, a descrição sucinta do fato, atendo-se aos elementos concretos extraídos do problema, sem proceder à criação de dados ou informações.

10º Passo: o tópico "Do Direito"

DO DIREITO

Neste tópico, o candidato deverá expor a argumentação jurídica, seguindo-se um raciocínio silogístico, a partir do esquema de paragrafação a seguir reproduzido:

Introdução ao dispositivo legal (da tese)

Dispositivo legal (da tese)

Fato

Doutrina

Jurisprudência

Conclusão

Note a sugestão de paragrafação neste tópico:

Introdução ao dispositivo legal (da tese) – Parágrafo 1

Dispositivo legal (da tese) – citação – Parágrafo 2

Explicação da tese – Parágrafo 3

Explicação da tese – Parágrafo 4

Explicação da tese – Parágrafo 5

Fato (adequação ao problema) – Parágrafo 6

Doutrina – Parágrafo 7

Jurisprudência – Parágrafo 8

Conclusão – Parágrafo 9

11º Passo: o tópico "Dos Pedidos"

DOS PEDIDOS

Pelo exposto, a Autora requer a Vossa Excelência: (...)

DICA!

Recomenda-se introduzir o pedido com uma frase preambular, como esta acima grafada.

É imperioso notar, à luz das regras gramaticais, que não se insere o acento grave, formador da crase, antes do pronome de tratamento (Vossa Excelência). Aliás, em prol da melhor estética, como se explicou no primeiro capítulo desta obra, preferimos a forma, por extenso, "Vossa Excelência" à outra, abreviada, "V. Exa.".

Vamos analisar, neste momento, as frases que compõem o pedido a ser feito em uma ação consignatória:

a) autorizar o depósito judicial, na quantia de ..., nos termos do art. 542, I, do CPC, evitando-se a mora e suspendendo-se o crédito tributário, em consonância com o art. 151, II, do CTN;

Como se nota, o pedido de depósito é fundamental para que se evite a mora e se suspenda o crédito tributário, em consonância com o art. 151, II, do CTN.

b) julgar procedente a ação, reputando-se efetuado o pagamento e convertendo-se a importância consignada em renda da ... [um dos entes tributantes], nos termos do art. 156, VIII, do CTN, com a presente extinção do crédito tributário;

Com o julgamento de procedência da ação, reputando-se efetuado o pagamento e convertendo-se a importância consignada em renda de um dos entes tributantes, nos termos do art. 156, VIII, do CTN, haverá a extinção do crédito tributário.

c) citar os ... [entes tributantes], nas pessoas de seus representantes legais, para que compareçam a Juízo, assinalando-lhes o prazo para levantar o depósito – caso uma das Partes se declare não detentora da competência – ou ofereçam as respectivas razões de estilo, nos termos do art. 542, II, do CPC;

A citação deverá alcançar os dois entes tributantes, nas pessoas de seus representantes legais, para que levantem o depósito, no caso de um se declarar não detentor da competência, ou ofereçam suas razões.

d) condenar a ... [entes tributantes] nas custas processuais e honorários advocatícios, nos termos do art. 85, § 3º, do CPC;

No pedido, deverá ser pleiteada a condenação do ocupante do polo passivo da demanda – a pessoa política correspondente à competência tributária da exação discutida. Tal condenação alcançará as custas processuais e os honorários advocatícios.

e) deferimento da juntada de documentos;

Deve-se pleitear a juntada de documentos na ação.

f) a produção de todos os meios de prova em Direito admitidos, nos termos do art. 319, VI, do CPC;

No rito ordinário, permite-se a produção de provas, devendo o demandante pleiteá-la no pedido da ação.

Protesta pela não realização de audiência de conciliação ou de mediação, nos termos do art. 319, VII, do CPC.

Como o Direito Tributário comporta direitos indisponíveis, em sua natureza, não há possibilidade de realização de audiência.

Encerrados os pedidos, que, preferencialmente, devem ser separados por "itens", em prol da melhor estética, o examinando deverá prestar atenção a algumas frases de finalização do petitório. São elas, nos passos seguintes:

12º Passo: a frase de finalização que faz menção ao valor da causa

Dá-se à causa o valor de R$ ...

DICA!

Após a feitura dos pedidos, deverá o Autor evidenciar o valor que se dá à causa. Na frase estereotipada "Dá-se à causa o valor de (...)", há relevante dica gramatical: não se pode esquecer-se do acento agudo na forma verbal "dá", nem mesmo o acento grave, formador da crase em "à causa", após o verbo transitivo indireto mencionado.

Curiosamente, não tem havido, em provas práticas de Direito Tributário, nas quais se requer a elaboração de petição inicial, um extremo rigor na exigência da indicação do valor (em si) da causa – tantos Reais, por exemplo –, mas apenas a cobrança da frase que o menciona.

13º Passo: a frase de finalização que faz menção à frase "Nesses termos, pede deferimento"

Nesses termos,

pede deferimento.

DICA!

Após a indicação da frase em epígrafe, afeta ao valor da causa, encerra-se o petitório. Esta conhecida finalização, que existe ao lado de outras possíveis – v.g., "termos em que, pede deferimento" –, avoca dados gramaticais bem interessantes:

a) prefira a expressão "Nesses termos" à forma "Nestes termos". Recomenda-se, no uso dos pronomes demonstrativos, que se use o pronome "nesse" no lugar de "neste", quando se quer fazer menção àquilo que já foi dito, a argumentos já exteriorizados, o que de fato acontece na petição, quando se está na iminência do término. O pronome "este" servirá para afirmar aquilo que se quer dizer (Este é o argumento: minha ideia é...);

b) a vírgula é obrigatória após o adjunto adverbial antecipado "nesses termos". Portanto, memorize: "nesses termos (,)...";

c) tenho insistido bastante em sala de aula, a meus alunos de OAB, que a oração "pede deferimento" deve ser grafada por extenso, evitando-se, assim, a forma abreviada "p. deferimento". A abreviação usada é imprópria e produto de praxe condenável.

14º Passo: a frase de finalização que faz menção ao local e data

Local ... e data ...

Pode-se discriminar a forma genérica "Local, data" ou, se preferir, escrever o local e a data respectiva, por exemplo, "São Paulo, 23 de fevereiro de 2010".

Todavia, em homenagem à cautela, não se recomenda qualquer espécie de identificação na prova, e a indicação de cidade *alfa* ou *beta*, por exemplo, pode servir como pretexto à Banca para uma possível configuração de "identificação de prova", podendo ser conferida ao trabalho nota zero. Assim, a forma genérica é mais indicada.

15º Passo: a frase de finalização que faz menção ao "risco da assinatura"

____

ADVOGADO ...

OAB nº ...

ATENÇÃO!

Finaliza-se o trabalho apenas com o tal "risco da assinatura", devendo-se acompanhá-lo da expressão "ADVOGADO...". Não se pode identificar a prova com o nome do candidato. É motivo mais do que suficiente para "zerar" o trabalho. Assim, termine da forma recomendada, com total impessoalidade. Certamente, os responsáveis, na sala de prova, haverão de proceder à devida identificação do candidato, nos documentos oficiais pertinentes.

16º Passo: Endereço para intimações

Endereço do escritório dos advogados para intimações: ...

DICA!

Tal requisito pode opcionalmente ser informado no preâmbulo da peça, mas é importante deixar claro que o mesmo foi atendido.

5.8 QUADRO SINÓTICO

5. Ação de consignação em pagamento	
Cabimento	Quando houver recusa no recebimento do tributo (ou subordinação deste ao pagamento de multa, de outro tributo ou de adimplemento de obrigação acessória) ou no caso de bitributação.
Embasamento	Art. 164 e incisos, CTN [ver qual inciso aplica-se ao caso], + art. 319 do CPC + arts. 539 e seguintes do CPC.

5. Ação de consignação em pagamento	
Partes	Autor/réu.
Competência	Local onde deve se realizar o pagamento.
Juiz	a) Tributos estaduais e municipais: Excelentíssimo Senhor Doutor Juiz de Direito da ... Vara da Comarca de ...
Juiz	b) Tributos estaduais e municipais, na cidade de São Paulo: Excelentíssimo Senhor Doutor Juiz de Direito da ... Vara da Fazenda Pública da Comarca de ... c) Tributos federais: Excelentíssimo Senhor Doutor Juiz Federal da ... Vara da Seção Judiciária de ...
Polo passivo	União/Estado de/Distrito Federal/Município de.
Petição	Dos Fatos Do Direito (artigo + fato + doutrina + jurisprudência + conclusão) Do Pedido
Dos pedidos	"*Ex Positis*, requer a Autora: • o deferimento do depósito judicial, na quantia devida, nos termos do art. 542, I, do CPC, evitando-se a mora e suspendendo-se o crédito tributário, nos termos do art. 151, II, do CTN. • a procedência do pedido, reputando-se efetuado o pagamento e convertendo-se a importância consignada em renda da(o) ..., nos termos do art. 156, VIII, do CTN, com a consequente extinção do crédito tributário. • a citação da Ré, na pessoa de seu representante legal, para apresentar contestação, nos termos do art. 335 do CPC. • a condenação da Ré nas custas processuais e honorários advocatícios, nos termos do art. 85, § 3º, do CPC. • a produção de provas por todos os meios em Direito admitidos, nos termos do art. 319, VI, do CPC; • o protesto pela não realização de audiência de conciliação ou mediação, nos termos do art. 319, VII, do CPC.

6

Embargos à Execução Fiscal

6.1 EMBASAMENTO

A previsão básica dos *embargos à execução*, ou *embargos de executado*, encontra-se nos arts. 914 e seguintes, do CPC.

A Lei nº 6.830, de 22 de setembro de 1980, intitulada de Lei de Execução Fiscal e, costumeiramente, chamada de "LEF", dispõe acerca dos embargos à execução fiscal, no art. 16: "O executado oferecerá embargos, no prazo de 30 (trinta) dias, contados: I – do depósito; II – da juntada da prova da fiança bancária; III – da intimação da penhora. § 1º Não são admissíveis embargos do executado antes de garantida a execução. § 2º No prazo dos embargos, o executado deverá alegar toda matéria útil à defesa, requerer provas e juntar aos autos os documentos e rol de testemunhas, até três, ou, a critério do juiz, até o dobro desse limite. § 3º Não será admitida reconvenção, nem compensação, e as exceções, salvo as de suspeição, incompetência e impedimento, serão arguidas como matéria preliminar e serão processadas e julgadas com os embargos".

O Superior Tribunal de Justiça editou três Súmulas que merecem atenção do leitor neste tópico. São elas:

> Súmula 558 - Em ações de execução fiscal, a petição inicial não pode ser indeferida sob o argumento da falta de indicação do CPF e/ou RG ou CNPJ da parte executada.
>
> Súmula 559 - Em ações de execução fiscal, é desnecessária a instrução da petição inicial com o demonstrativo de cálculo do débito, por tratar-se de requisito não previsto no art. 6º da Lei n. 6.830/1980.

Súmula 560 - A decretação da indisponibilidade de bens e direitos, na forma do art. 185-A do CTN, pressupõe o exaurimento das diligências na busca por bens penhoráveis, o qual fica caracterizado quando infrutíferos o pedido de constrição sobre ativos financeiros e a expedição de ofícios aos registros públicos do domicílio do executado, ao Denatran ou Detran.

6.2 PARTICULARIDADES

a) *Considerações iniciais sobre a execução fiscal*: em 1980, por meio da Lei nº 6.830 (Lei de Execução Fiscal), normatizou-se o trato da cobrança da dívida pública no Brasil, buscando-se a agilidade no processo executivo fiscal e na satisfação do direito fazendário. O Código de Processo Civil continuou caminhando, paralelamente à Lei de Execução Fiscal, com aplicação subsidiária, enquanto um conjunto de regras específicas passava a reger a execução fiscal e os embargos.

Nesse passo, a execução fiscal passou a ser a ação hábil a instrumentalizar a cobrança da dívida ativa da União, dos Estados, do Distrito Federal e respectivas autarquias.

Para Hugo de Brito Machado (*Curso de direito tributário*. 22. ed. São Paulo: Malheiros, 2003, p. 424), "denomina-se execução fiscal a ação de que dispõe a Fazenda Pública para a cobrança de seus créditos, sejam tributários ou não, desde que inscritos como dívida ativa".

Como sujeito ativo (exequente), destaca-se a Fazenda Pública da União, Estados, Distrito Federal e respectivas autarquias. Na condição de sujeito passivo (executado), despontam o contribuinte e os demais responsáveis legais pela dívida ativa de natureza tributária ou não tributária.

A Dívida Ativa do Estado-administrador (Fazenda Pública) provém de créditos tributários ou de créditos não tributários, conforme o disposto no art. 2º, *caput*, da LEF, com a seguinte redação: "Constitui Dívida Ativa da Fazenda Pública aquela definida como tributária ou não tributária na Lei nº 4.320, de 7 de março de 1964, com as alterações posteriores, que estatui normas gerais de direito financeiro para elaboração e controle dos orçamentos e balanços da União, dos Estados, dos Municípios e do Distrito Federal".

Nessa toada, quando os créditos da Fazenda Pública, tributários ou não, não são pagos em tempo hábil (art. 2º da LEF), ocorre a sua inscrição no cadastro da Dívida Ativa (art. 201 do CTN): "Constitui dívida ativa tributária a proveniente de crédito dessa natureza, regularmente inscrita na repartição administrativa competente, depois de esgotado o prazo fixado, para pagamento, pela lei ou por decisão final proferida em processo regular".

Em outras palavras, o crédito tributário, se não for pago administrativamente às repartições arrecadadoras, dentro do prazo legal ou resultante de decisão do processo do qual ele provenha, converter-se-á em "dívida ativa" da Fazenda pelo procedimento da "inscrição" nos livros da repartição competente para isso.

A certidão do termo de inscrição funciona como o título executivo extrajudicial (art. 202 do CTN), a ser utilizado pela Fazenda Pública para cobrar esses créditos em juízo.

Insta relembrar que, no processo de execução fiscal, o juiz realiza atos tendentes à satisfação do crédito, a partir de um título executivo líquido, certo e exigível – a certidão de dívida ativa (CDA), extraída a partir do termo, cujos detalhamentos podem ser verificados no art. 202 do CTN: "O termo de inscrição da dívida ativa, autenticado pela autoridade competente, indicará obrigatoriamente: I – o nome do devedor e, sendo caso, o dos corresponsáveis, bem como, sempre que possível, o domicílio ou a residência de um e de outros; II – a quantia devida e a maneira de calcular os juros de mora acrescidos; III – a origem e natureza do crédito, mencionada especificamente a disposição da lei em que seja fundado; IV – a data em que foi inscrita; V – sendo caso, o número do processo administrativo de que se originar o crédito. Parágrafo único. A certidão conterá, além dos requisitos deste artigo, a indicação do livro e da folha da inscrição".

Aliás, o processo de execução fiscal não é um processo dialético, próprio para discutir e acertar o direito das partes, mas apenas um meio de sujeição do devedor a realizar o direito líquido e certo do credor. Tem por objeto não a constituição nem a declaração do direito, mas a efetivação deste, que se presume líquido e certo, por força de lei. Com efeito, o devedor não é citado para se defender, mas para cumprir a obrigação (art. 16 da LEF).

De fato, ajuizada a execução e presentes os requisitos necessários, o juiz profere um despacho deferindo a petição. Tal ato importa ordem para a citação, que se fará pelo correio, com aviso de recepção, por mandado ou por edital, conforme o caso.

Feita a citação, o executado poderá, no prazo de 5 dias, pagar a dívida com juros, multa de mora e demais encargos ou garantir a execução, com a nomeação à penhora de bens, de sua propriedade ou de terceiros, aceitos pela Fazenda Pública e suficientes para satisfazer, integralmente, o crédito da exequente.

O art. 9º, I a IV, e §§ 1º a 6º da LEF dispõem a esse respeito, discriminando as formas de garantia:

- depósito em dinheiro, à ordem do Juízo, em estabelecimento oficial de crédito, que assegure atualização monetária;

- fiança bancária;
- nomeação de bens à penhora, observada a ordem do art. 11 da LEF;
- indicação à penhora de bens oferecidos por terceiros e aceitos pela Fazenda Pública (art. 19 da LEF).

A penhora é feita em tantos bens quantos bastem para o pagamento do principal, juros, correção monetária, custas, verbas honorárias e demais cominações legais. A propósito, o STJ reconhece como pacífica a jurisprudência no sentido de que, no trato de nomeação à penhora, é legítima a recusa do exequente de bem de difícil alienação (AgRg Ag 727.021).

b) *Os embargos à execução*: diante da ação de execução fiscal, a sistemática atual da Lei de Execução Fiscal (LEF) permite a oposição, por parte do executado, de ação autônoma, intitulada "embargos à execução" ("embargos de executado"), processando-se em apenso aos autos principais. A bem da verdade, os embargos à execução servem como meio efetivo de proteção a direitos do executado, cujo patrimônio não poderá ser alcançado sem o devido processo legal.

O vocábulo "embargo" apareceu, pela primeira vez, no direito português, do qual herdamos as regras processuais que norteiam essa ação autônoma.

A oposição dos chamados embargos de executado poderá se dar no prazo de 30 dias, (a) do depósito, (b) da juntada da prova da fiança bancária, ou (c) da intimação da penhora.

Como é cediço, a garantia do juízo é requisito de admissibilidade dos embargos de executado. Uma vez realizada a garantia, abre-se o trintídio legal (período de 30 dias, conforme o art. 16 da LEF), dentro do qual deverá se dar a protocolização dessa ação de índole incidental, que visa desconstituir o título exequendo. Em outras palavras, no processo autônomo dos embargos, em relação ao processo de execução fiscal, o executado vai perseguir a desconstituição do título executivo manejado pela Fazenda Pública para cobrá-lo.

Tem-se entendido que os embargos à execução devem ser reunidos com as possíveis ações anulatórias ou declaratórias, que tenham sido contemporaneamente ajuizadas, para uma ideal solução uniforme das questões levantadas. Para o STJ, só deve ser paralisada a execução fiscal, quando proposta ação anulatória, se houver garantia mediante depósito integral ou penhora (REsp 856.786).

Em breve síntese, podemos dizer: ajuizada a execução fiscal e recebida a petição inicial, o processo se desenvolve através de atos praticados por determinação do juiz (citação, penhora e avaliação de bens). Logo após, opostos os embargos (prazo de 30 dias), inaugura-se a fase de cognição. A Fazenda Pública será então intimada para ofertar impugnação aos embargos (fase das provas) igualmente no prazo de 30 dias, e, ao final, será prolatada a sentença. Se esta for favorável ao contribuinte, sua eficácia constitutivo-negativa permitirá que se anule o crédito tributário; se favorável à Fazenda Pública, o litígio será encerrado, retomando-se a exequibilidade na ação executiva originária, a qual retomará o normal prosseguimento. Frise-se que, no caso de não oferecimento dos embargos – ou até se eles forem rejeitados –, terá início a fase expropriatória, com o leilão dos bens penhorados ou a sua adjudicação à Fazenda Pública, exceto daqueles que a lei declara absolutamente impenhoráveis.

Por fim, diga-se que se tem entendido que os embargos à execução devem ser reunidos com as possíveis ações anulatórias ou declaratórias, que tenham sido contemporaneamente ajuizadas, para uma ideal solução uniforme das questões levantadas. Para o STJ, só deve ser paralisada a execução fiscal quando proposta ação anulatória, se houver garantia mediante depósito integral ou penhora (REsp 856.786).

c) *A suspensividade dos embargos à execução fiscal perante as alterações do Código de Processo Civil:* de acordo com o disposto no art. 919, § 1º, do CPC, "os embargos à execução não terão efeito suspensivo (...) § 1º O juiz poderá, a requerimento do embargante, atribuir efeito suspensivo aos embargos quando verificados os requisitos para a concessão da tutela provisória e desde que a execução já esteja garantida por penhora, depósito ou caução suficientes".

A dúvida é singela: aplica-se esse artigo à execução fiscal, sobretudo o *caput* e o § 1º? Em outras palavras, perguntar-se-ia: mesmo com a garantia do débito e a devida protocolização dos embargos, é necessário ao contribuinte pleitear a atribuição de efeito suspensivo aos embargos? A tese fazendária foi a de que, considerando-se que a LEF nada regulava sobre o assunto, as disposições do CPC seriam, sim, aplicáveis ao procedimento de execução fiscal.

É sabido que à execução fiscal aplicam-se as normas do Código de Processo Civil. A esse respeito, ensina Nelson Nery Jr. (*Código de Processo Civil comentado*. 9. ed. São Paulo: Ed. RT, p. 1.199): "O CPC, como lei geral ordinária que versa sobre o direito processual civil, aplica-se a todos os processos regulados por lei especial, em que esta for omissa".

Nesse rumo, segue o art. 1º da LEF: "A execução judicial para cobrança da Dívida Ativa da União, dos Estados, do Distrito Federal, dos Municípios e respectivas autarquias será regida por esta Lei e, subsidiariamente, pelo Código de Processo Civil".

Passemos a analisar a questão:

De início, cumpre destacar que a execução fiscal destina-se à satisfação de crédito que ainda não foi submetido ao controle judicial. Trata-se de título que surgiu da aplicação unilateral da lei pelo credor, independentemente de sua vontade. Daí se dizer que a execução fiscal não se confunde com qualquer execução desencadeada por um credor privado, relativamente a uma obrigação contratual. A relação tributária não se afigura uma relação entre partes iguais, tal como as relações civis, despontando inequívoco desequilíbrio em favor do fisco, decorrente de sua vinculação ao interesse público. Os títulos executivos extrajudiciais, que ensejam a execução civil são, em regra, oriundos de acordos entre iguais, em que o próprio devedor chancela a existência do débito e sua condição de exequibilidade.

Estamos que, conquanto a LEF não faça menção expressa ao efeito suspensivo dos embargos, não se pode negar que o efeito já faz parte implicitamente do processo executivo fiscal. Em conclusão, entendemos que, no tocante aos processos executivos fiscais, os embargos permanecem com o efeito de suspender a execução, não se lhes aplicando as novas disposições atinentes à execução civil.

A propósito, a LEF dispõe, em vários dispositivos, mesmo que de modo implícito, sobre a atribuição de efeito suspensivo aos embargos (*v.g.*, arts. 19 e 24). Deixa claro que, nas situações ali tratadas, os embargos terão, sim, efeito suspensivo, sendo impossível aplicar "subsidiariamente" o CPC, sob pena de malferimento ao art. 5º, XXXV, LIV e LV, da CF.

Posto isso, nossa conclusão exsurge à luz de uma necessária análise sistemática do Direito Brasileiro, que agasalha regras legais e princípios constitucionais que imporiam a eficácia suspensiva dos embargos à execução fiscal, posto que em face de lei específica em sentido contrário, cuja invalidade seria vital exteriorizar.

d) *Os embargos e os tributos*: em matéria fiscal, os embargos de executado poderão ser utilizados no âmbito de quaisquer espécies tributárias, à luz da pentapartição do sistema tributário atual, na visão do STF, aplicando-se, assim, aos impostos, taxas, contribuições de melhoria, empréstimos compulsórios e contribuições. Vale dizer que, na seara dos tributos (art. 3º, CTN), o sujeito passivo na relação jurídico-tributária (art. 121, parágrafo único, I e II, CTN) poderá buscar o provimento declaratório, afeto às obrigações principal e acessória (art. 113, §§ 1º e 2º, do CTN), por meio da indigitada ação.

e) *Polo passivo nos embargos*: nos embargos à execução, o polo passivo será identificado a partir do tributo que for objeto da lide[1]. Note o esquema:

Tributo federal: no polo passivo, constará *União*;

---

1 *Vide* Súmula 521 do STJ – A legitimidade para execução fiscal de multa pendente de pagamento imposta em sentença condenatória é exclusiva da Procuradoria da Fazenda Pública.

Tributo estadual: no polo passivo, constará *Estado de ...*;
Tributo municipal: no polo passivo, constará *Município de ...*

DICA!

Recomendamos que se evite no polo passivo a expressão "Fazenda Pública", uma vez que este deve ser ocupado pela entidade detentora de competência tributária, segundo o disciplinamento constitucional, quais sejam a União, os Estados, os Municípios e o Distrito Federal. Ademais, deve-se preferir "União" a "União Federal", sob pena de incorrer, a nosso ver, em linguagem pleonástica.

6.3 UMA APRESENTAÇÃO SIMPLIFICADA DA PETIÇÃO INICIAL

Excelentíssimo Senhor Doutor Juiz de Direito da ... Vara da Fazenda Pública da Comarca de ...; [de onde?]

(*espaço de cinco linhas*)

Distribuição por dependência à Execução Fiscal n ...

NOME DA EMPRESA, pessoa jurídica de direito privado, inscrita no Cadastro Nacional de Pessoas Jurídicas sob o nº ..., inscrição estadual nº ..., sediada no endereço ..., endereço eletrônico ..., por meio de seu advogado e bastante procurador, que esta subscreve, com escritório no endereço ..., onde deverá receber as futuras intimações, vem, respeitosamente, à presença de Vossa Excelência, com fulcro nos artigos 319 e 919, § 1º, do Código de Processo Civil, bem assim com suporte no art. 16 da Lei nº 6.830/1980, opor EMBARGOS À EXECUÇÃO FISCAL com EFEITO SUSPENSIVO, em face do ESTADO DE SÃO PAULO, pessoa jurídica de direito público, regularmente inscrita no Cadastro Nacional de Pessoas Jurídicas sob nº ..., sediada no endereço ..., devidamente representada por seu procurador, de acordo com as razões de fato e de Direito a seguir expostas.

DO CABIMENTO E DA TEMPESTIVIDADE

(...)

DOS FATOS

(...)

DO DIREITO

(...)

DO EFEITO SUSPENSIVO

(...)

DOS PEDIDOS

Diante do exposto, requer a Embargante a Vossa Excelência:

a) a concessão do efeito suspensivo aos embargos, conforme disposto no art. 919, § 1°, do Código de Processo Civil;

b) o julgamento de procedência do pedido nos embargos, extinguindo-se a execução fiscal, corporificada na certidão de dívida ativa (CDA), e desconstituindo-se o crédito tributário, plasmado no lançamento, com o consequente levantamento da penhora (ou garantia);

c) intimação da Exequente, ora Embargada, para apresentação de defesa, no prazo legal de 30 dias, consoante o art. 17 da Lei n° 6.830/1980;

d) condenação nas custas judiciais e honorários advocatícios, nos termos do art. 85, § 3°, do CPC;

e) deferimento da juntada de documentos;

f) a produção de todos os meios de prova em Direito admitidos, nos termos do art. 319, VI, do CPC;

Protesta pela não realização de audiência de conciliação, nos termos do art. 319, VII, do CPC.

Dá-se à causa o valor de R$ ...

Nesses termos,

pede deferimento.

Local ... e data ...

____

ADVOGADO ...

OAB n° ...

Endereço do escritório dos advogados para intimações: ...

6.4 UM MODELO, PASSO A PASSO

Excelentíssimo Senhor Doutor Juiz de Direito da ... Vara da Fazenda Pública da Comarca de ...; [de onde?]

1º Passo: Excelentíssimo Senhor Doutor (...)

DICA!

Esta é a forma solene que deverá constar do endereçamento da petição inicial. Recomenda-se evitar as abreviações dos pronomes, prejudicando a estética do petitório. Assim, não utilize "Exmo. Sr. Dr. (...)", preferindo a forma indicada.

2º Passo: (...) Juiz de Direito da (...)

Nos casos de tributos federais, a competência será do Juiz Federal. Tratando-se de tributos municipais e estaduais, a competência será do Juiz de Direito.

Quanto à competência, para processar e julgar a ação de execução fiscal, no que concerne às execuções a cargo da União, em princípio, será ela do juiz federal da localidade em que tiver domicílio o executado (art. 109, §§ 1º e 3º, da CF). Frise-se, em tempo, que, se não houver no local sede de juízo federal, a competência será do juiz de direito da comarca do domicílio do executado.

Assim, memorize: nas comarcas do interior, onde não funciona vara da Justiça Federal, os juízes estaduais são competentes para, em primeira instância, processar e julgar os executivos fiscais da União e de suas autarquias, ajuizados contra devedores domiciliados nas respectivas comarcas.

Para o conhecimento do candidato, ao término do capítulo, anexamos quadro indicativo das seções judiciárias espalhadas pelo Brasil.

3º Passo: (...) da ... Vara (...)

Este é o padrão recomendado, uma vez que não se conhece o ofício para o qual será distribuída a ação.

4º Passo: (...) da Comarca de (...)

A área de jurisdição afeta à competência dos juízes federais denomina-se "seção judiciária". Para os juízes de direito, utiliza-se a expressão "comarca". Assim, teremos, nos dois casos:

a) "Excelentíssimo Senhor Doutor Juiz Federal da ...Vara da Seção Judiciária de ...".
b) "Excelentíssimo Senhor Doutor Juiz de Direito da ... Vara da Comarca de ...".

5º Passo: (...) [de onde?]

Como se afirmou, a competência para processar e julgar a ação de execução fiscal, no que concerne às execuções a cargo da União, em princípio, será do juiz federal da localidade em que tiver domicílio o executado. De outra banda, se não houver no local sede de juízo federal, a competência será do juiz de direito da comarca do domicílio do executado.

6º Passo: a menção à frase "Distribuição por dependência à Execução Fiscal n. ...".

Recomendamos que se faça essa inserção, uma vez que os embargos deverão correr apensos à ação executiva que lhe precede. Ademais, trata-se de detalhe que demonstra o conhecimento do examinando de uma particularidade procedimental de relevância no feito.

7º Passo: O parágrafo introdutório

NOME DA EMPRESA, pessoa jurídica de direito privado, inscrita no Cadastro Nacional de Pessoas Jurídicas sob o nº ..., inscrição estadual nº ..., sediada no endereço ..., endereço eletrônico ..., por meio de seu advogado e bastante procurador, que esta subscreve, com escritório no endereço ..., onde deverá receber as futuras intimações, vem, **respeitosamente, à presença de Vossa Excelência, com fulcro no art. 919, § 1º, do Código de Processo Civil, bem assim com suporte no art. 16 da Lei nº 6.830/1980, opor**

Pedimos atenção às regras de gramática que normalmente são desobedecidas na confecção desse parágrafo, das quais se falou no capítulo 2.

8º Passo: o nome da ação

EMBARGOS À EXECUÇÃO FISCAL COM EFEITO SUSPENSIVO

O nome da ação deve estar bem visível no caderno de prova, a fim de facilitar a identificação da peça pelo corretor da Banca examinadora.

9º Passo: "(...) em face do Estado de São Paulo (...)"

Como se viu, o polo passivo será ocupado pela entidade detentora de competência tributária. Tratando-se de tributo estadual, o legitimado passivo será o Estado de ... Consideramos as formas acima aconselhadas como corretas, ou seja, ambas podem ser utilizadas, ficando a escolha a critério do examinando.

10º Passo: o tópico "Do Cabimento e da Tempestividade"

DO CABIMENTO E DA TEMPESTIVIDADE

Neste tópico, o candidato deve tratar da hipótese de cabimento relacionada ao exercício, amparando-a no art. 16 da Lei nº 6.830/1980, informando **expressamente** que houve penhora de bens, bem como que a oposição está sendo feita dentro do prazo legal de 30 dias.

11º Passo: o tópico "Dos Fatos"

DOS FATOS

Neste tópico, deve-se fazer a narrativa, ou seja, a descrição sucinta do fato, atendo-se aos elementos concretos extraídos do problema, sem proceder à criação de dados ou informações.

12º Passo: o tópico "Do Direito"

DO DIREITO

Neste tópico, o candidato deverá expor a argumentação jurídica, seguindo-se um raciocínio silogístico, a partir do esquema de paragrafação abaixo reproduzido:

Introdução ao dispositivo legal (da tese)

Dispositivo legal (da tese)

Fato

Doutrina

Jurisprudência

Conclusão

Note a sugestão de paragrafação neste tópico:

Introdução ao dispositivo legal (da tese) - Parágrafo 1

Dispositivo legal (da tese) - citação - Parágrafo 2

Explicação da tese - Parágrafo 3

Explicação da tese - Parágrafo 4

Explicação da tese - Parágrafo 5

Fato (adequação ao problema) - Parágrafo 6

Doutrina - Parágrafo 7

Jurisprudência - Parágrafo 8

Conclusão - Parágrafo 9

13º Passo: o tópico "Da Concessão do Efeito Suspensivo"

No tópico da concessão do efeito suspensivo, deverá o concursando elaborar o raciocínio jurídico que permitirá convencer o magistrado da presença dos pressupostos autorizadores desse provimento.

O efeito suspensivo será cabível nos embargos à execução, se estiverem presentes os pressupostos que constam do art. 300 do CPC e se a execução estiver garantida por penhora, depósito ou caução suficientes. Note-os: "A tutela de urgência será concedida quando houver elementos que evidenciem a probabilidade do direito e o perigo de dano ou o risco ao resultado útil do processo (...)".

Nesse passo, presentes (a) a probabilidade do direito, (b) o perigo de dano ou o risco ao resultado útil do processo, (c) a garantia da execução, será possível a obtenção do efeito suspensivo.

Neste tópico, o candidato deverá expor o raciocínio jurídico, voltado ao convencimento do magistrado, quanto à presença dos pressupostos do efeito suspensivo, a partir do esquema de paragrafação abaixo reproduzido:

Artigo (919, § 1º, CPC): Pressupostos (a, b e c)

Pressuposto (a)

Pressuposto (b)

Pressuposto (c)

Conclusão

Note a sugestão de paragrafação neste tópico:

Artigo (919, § 1º, CPC) - Citação - Parágrafo 1

Explicação - Pressuposto 1 - Parágrafo 2

Explicação - Pressuposto 2 - Parágrafo 3

Explicação - Pressuposto 3 - Parágrafo 4

Conclusão - Parágrafo 5

14º Passo: o tópico "Dos Pedidos"

DOS PEDIDOS

Diante do exposto, requer a Embargante a Vossa Excelência:

DICA!

Recomenda-se introduzir o pedido com uma frase preambular, como esta acima grafada. É imperioso notar, à luz das regras gramaticais, que não se insere o acento grave, formador da crase, antes do pronome de tratamento (Vossa Excelência). Aliás, em prol da melhor estética, como se explicou no primeiro capítulo desta obra, preferimos a forma, por extenso, "Vossa Excelência" à outra, abreviada, "V. Exa.".

Vamos analisar, neste momento, as frases que compõem o pedido a ser feito nos embargos à execução:

a) a concessão do efeito suspensivo aos embargos, conforme disposto no art. 919, § 1º, do Código de Processo Civil;

Quando presentes os requisitos do art. 919, § 1º, do CPC, os autos da execução fiscal devem ter seu rito suspenso até o trânsito em julgado dos embargos à execução.

b) o julgamento de procedência do pedido nos embargos, extinguindo-se a execução fiscal, corporificada na certidão de dívida ativa (CDA), e desconstituindo-se o crédito tributário, plasmado no lançamento, com o consequente levantamento da penhora (ou garantia);

Ao término da lide, quando se põe fim ao processo, em sentença, o juiz deverá julgar procedente o pedido do autor, se assim for convencido.

Tenho recomendado que se faça este item, com riqueza de detalhes, como se notou: fez-se menção à extinção da execução fiscal; à CDA, que a corporifica; à desconstituição do crédito tributário; ao lançamento, que o materializa; e, por fim, ao levantamento da penhora/garantia.

c) intimação da Exequente, ora Embargada, para apresentação de defesa, no prazo legal de 30 dias, consoante o art. 17 da Lei nº 6.830/1980;

No pedido, deverá ser pleiteada a intimação da Exequente, ora Embargada, para apresentação de defesa, no prazo legal de 30 dias, consoante o art. 17 da Lei nº 6.830/1980.

c) condenação nas custas judiciais e honorários advocatícios, nos termos do art. 85, § 3º, do CPC;

No pedido, deverá ser pleiteada a condenação do ocupante do polo passivo da demanda. Tal condenação alcançará as custas e os honorários advocatícios.

d) deferimento da juntada de documentos;

Deve-se pleitear a juntada de documentos na ação.

e) a produção de todos os meios de prova em Direito admitidos, nos termos do art. 319, VI, do CPC;

Nos embargos à execução fiscal, permite-se a produção de provas, devendo o embargante pleiteá-la no pedido da ação.

Protesta pela não realização de audiência de conciliação ou de mediação, nos termos do art. 319, VII, do CPC.

Como o Direito Tributário comporta direitos indisponíveis, em sua natureza, não há possibilidade de realização de audiência.

Encerrados os pedidos, que, preferencialmente, devem ser separados por "itens", em prol da melhor estética, o examinando deverá prestar atenção a algumas frases de finalização do petitório. São elas, nos passos seguintes:

15º Passo: a frase de finalização que faz menção ao valor da causa

Dá-se à causa o valor de R$ ...

DICA!

Após a feitura dos pedidos, deverá o Autor evidenciar o valor que se dá à causa. Na frase estereotipada "Dá-se à causa o valor de (...)", há relevante dica gramatical: não se pode esquecer do acento agudo na forma verbal "dá", nem mesmo o acento grave, formador da crase em "à causa", após o verbo transitivo indireto mencionado.

Curiosamente, não tem havido, em provas práticas de Direito Tributário, nas quais se requer a elaboração de petição inicial, um extremo rigor na exigência da indicação do valor (em si) da causa – tantos Reais, por exemplo –, mas apenas a cobrança da frase que o menciona.

16º Passo: a frase de finalização que faz menção à frase "Nesses termos, pede deferimento"

Nesses termos,

pede deferimento.

Após a indicação da frase em epígrafe, afeta ao valor da causa, encerra-se o petitório. Esta conhecida finalização, que existe ao lado de outras possíveis - *v.g.*, "termos em que, pede deferimento" -, avoca dados gramaticais bem interessantes:

a) prefira a expressão "neSSes termos" à forma "neSTes termos". Recomenda-se, no uso dos pronomes demonstrativos, que se use o pronome "nesse" no lugar de "neste", quando se quer fazer menção àquilo que já foi dito, a argumentos já exteriorizados, o que de fato acontece na petição, quando se está na iminência do término.

O pronome "este" servirá para afirmar aquilo que se quer dizer (Este é o argumento: minha ideia é...);

b) a vírgula é obrigatória após o adjunto adverbial antecipado "nesses termos". Portanto, memorize: "nesses termos (,)...";

c) tenho insistido bastante em sala de aula, a meus alunos de OAB, que a oração "pede deferimento" deve ser grafada por extenso, evitando-se, assim, a forma abreviada "p. deferimento". A abreviação usada é imprópria e produto de praxe condenável.

17º Passo: a frase de finalização que faz menção ao local e data

Local ... e data ...

Pode-se discriminar a forma genérica "Local, data" ou, se preferir, escrever o local e a data respectiva, por exemplo, "São Paulo, 23 de fevereiro de 2010".

ATENÇÃO!

Todavia, em homenagem à cautela, não se recomenda qualquer espécie de identificação na prova, e a indicação de cidade alfa ou beta, por exemplo, pode servir como pretexto à Banca para uma possível configuração de "identificação de prova", podendo ser conferida ao trabalho nota zero. Assim, a forma genérica é mais indicada.

18º Passo: a frase de finalização que faz menção ao "risco da assinatura"

____

ADVOGADO ...

OAB nº ...

ATENÇÃO!

Finaliza-se o trabalho apenas com o tal "risco da assinatura", devendo-se acompanhá-lo da expressão "ADVOGADO...". Não se pode identificar a prova com o nome do candidato. É motivo mais do que suficiente para "zerar" o trabalho. Assim, termine da forma recomendada, com total impessoalidade. Certamente, os responsáveis, na sala de prova, haverão de proceder à devida identificação do candidato, nos documentos oficiais pertinentes.

19º Passo: Endereço para intimações

Endereço do escritório dos advogados para intimações: ...

DICA!

Tal requisito pode opcionalmente ser informado no preâmbulo da peça, mas é importante deixar claro que o mesmo foi atendido.

6.5 QUADRO SINÓTICO

6. Embargos à execução	
Cabimento	Quando já houver sido instaurada ação de execução fiscal.
Embasamento	Art. 16 da Lei nº 6.830/1980 + art. 319 do CPC + arts. 914 e seguintes do CPC.
Partes	Embargante/Embargado.
Competência	Domicílio do devedor (por dependência à execução fiscal).
Juiz	a) Tributos estaduais e municipais: Excelentíssimo Senhor Doutor Juiz de Direito da ... Vara ... da Comarca de ... b) Tributos federais: Excelentíssimo Senhor Doutor Juiz Federal da ... Vara ___ da Seção Judiciária de ...
Polo passivo	União/Estado de/Distrito Federal/Município de.
Petição	Dos Fatos Do Direito (artigo + fato + doutrina + conclusão) Do Pedido Da Concessão do Efeito Suspensivo
Dos pedidos	*"Ex Positis, requer a Embargante:* • a concessão do efeito suspensivo, nos termos do art. 919, § 1º, do CPC; • o julgamento de procedência dos embargos, extinguindo-se a execução fiscal e desconstituindo-se o crédito tributário plasmado no lançamento, com o consequente levantamento da garantia/penhora. • a intimação da Exequente, ora embargada, para apresentar defesa, nos termos do art. 17 da Lei 6.830/80; • a condenação da Embargada [União/Estado/Município] nas custas processuais e honorários advocatícios, nos termos do art. 85, § 3º, do CPC. • a produção de provas por todos os meios em Direito admitidos, nos termos do art. 319, VI do CPC; • Protesta pela não realização de audiência de conciliação ou de mediação, nos termos do art. 319, VII do CPC.

7 Exceção de Pré-Executividade

7.1 EMBASAMENTO

Como se notou no capítulo anterior, a Lei de Execução Fiscal determina que o executado se defenda por meio do oferecimento de embargos, no prazo de 30 (trinta) dias (art. 16), após o oferecimento de depósito (inciso I), fiança bancária ou seguro garantia (inciso II) ou penhora (inciso III).

Neste cenário, a exceção de pré-executividade aparece como medida substitutiva da segurança ou garantia em juízo, quebrando-se o seu "tabu". Com efeito, a exceção de pré-executividade prescinde de segurança do juízo, e seu cabimento ocorre, basicamente, em duas situações generalizantes: (a) carência econômica do executado (art. 5º, XXXV e LV, da CF) e (b) ausência no título executivo dos requisitos da liquidez, da certeza e da exigibilidade (*nulla executio sine titulo*), exigidos pelos art. 783 do Código de Processo Civil.

Seu processamento se dá por meio de simples petição, nos próprios autos da execução, de modo incidental, sem embargos ou penhora, em que são levantadas matérias de ordem pública e nulidades absolutas que não reclamam, para caracterização, produção de provas (REsp 769.152, REsp 838.399 e EREsp 866.632).

7.2 FINALIDADE

Em casos de flagrante nulidade do título executivo ou do processo, tem-se admitido a propositura deste incidente processual. O título será *líquido* (ou dotado de liquidez), quando seu valor for conhecido; será *certo* (dotado de certeza), quando sua existência for indiscutível; e será *exigível* (dotado de exigibilidade), quando for vencido. O normal processamento da execução fiscal depende de que esses três requisitos sejam atendidos cumulativamente, de forma não alternativa, sob pena de o exequente tornar-se carecedor de ação.

Diga-se, em tempo, que Nelson Nery Jr. (*Princípios do processo civil na Constituição Federal*. 4. ed. São Paulo: Ed. RT, 1997, p. 132-134) prefere utilizar a expressão "objeção de pré-executividade" – no que é seguido por vários processualistas –, para designar essa medida de defesa incidental em processo de execução fiscal, agilizando a entrega da tutela jurisdicional, com o mínimo de atividade processual.

Impende destacar que a doutrina tem sinalizado de modo afirmativo a exceção de pré-executividade. Para Cândido Rangel Dinamarco (*Execução civil*. 5. ed. São Paulo: Malheiros, p. 173), as questões de mérito só podem ser apreciadas nos embargos; todavia, o notável processualista sempre afirmou que "é preciso debelar o mito dos embargos (...)", como único meio de defesa no processo executivo, declarando: "(...) Deixar que a execução se instaure, com a constrição patrimonial inicial sobre o patrimônio do executado (penhora), para apreciar a questão da existência do título somente em eventuais embargos, constitui grave e ilegal inversão sistemática".

À guisa de exemplificação, insta citar algumas matérias que costumam ser arguidas em exceção de pré-executividade: (a) a falta de condições da ação e de pressupostos processuais decorrentes de nulidades absolutas; (b) a falta de jurisdição; (c) a ilegitimidade de parte; (d) a inépcia da petição inicial; (e) a falta ou irregularidade de citação; (f) a falta de capacidade postulatória; (g) a coisa julgada, a litispendência e a perempção; (h) os vícios do processo administrativo fiscal; (i) as nulidades relativas à execução; (j) o excesso de execução; (k) a inexistência total ou parcial do débito fiscal; (l) qualquer outra causa extintiva da obrigação, como pagamento, compensação, novação; (m) entre outras causas. Frise-se, todavia, que a jurisprudência e a doutrina oscilam quanto à demarcação precisa dessas matérias. Um bom exemplo está nos temas da "decadência" e da "prescrição" (cf. MACHADO, Hugo de Brito. Juízo de admissibilidade na execução fiscal. *Revista Dialética de Direito Tributário*, n. 22, p. 18-23).

7.3 PARTICULARIDADES

a) *A exceção de pré-executividade e o prazo para* apresentação: diante da omissão legal quanto ao tema e do fato de que a medida contempla alegação de matéria de ordem pública, arguível *ex officio*, estamos que, em tese, não haveria prazo para a sua oposição, podendo, portanto, ser oposta a qualquer tempo. Registre-se, porém, que essa questão do prazo é controvertida na doutrina, havendo autores que defendem que o prazo para a garantia seria o mesmo dos embargos, no oferecimento de bens à penhora (cinco dias, portanto).

b) *A exceção de pré-executividade e as matérias de ordem pública*: a exceção *de pré-executividade é aceita, embora com cautela, pelos Tribunais. Porém, em sede de execução fiscal, sofre limitação expressa, visto que o § 2º do art. 16 da LEF determina expressamente que a matéria de defesa deve ser arguida em embargos. A regra doutrinária, que coincidentemente se alinha à LEF, é no sentido de restringir a pré-executividade, ou seja, defesa sem embargos e sem penhora, às matérias de ordem pública, que podem e devem ser reconhecidas de ofício pelo julgador ou, em se tratando de nulidade do título, flagrante e evidente, cujo reconhecimento independa de contraditório ou dilação probatória, conforme entendimento do STJ* (REsp 392.308/RS, rel. Min. Eliana Calmon, j. em 15.08.2002).

c) *A prescrição tributária pode ser arguida em sede de exceção de pré-executividade: de acordo com o STJ, "(...) 2. A exceção de pré-executividade é servil à suscitação de questões que devam ser conhecidas de ofício pelo juiz, como as atinentes à liquidez do título executivo, os pressupostos processuais e as condições da ação executiva. 3.* **O espectro das matérias suscitáveis através da exceção tem sido ampliado por força da exegese jurisprudencial mais recente, admitindo-se a arguição de prescrição** *e de ilegitimidade passiva do executado, desde que não demande dilação probatória (***exceção *secundum eventus probationis*** *). 4. A ilegitimidade passiva, por ser causa extintiva do direito do exequente, é possível sua veiculação em exceção de pré-executividade"* (AgRg no Ag 932.969/SP, *DJ* 03.11.2008).

7.4 UMA APRESENTAÇÃO SIMPLIFICADA DA PETIÇÃO INICIAL

Excelentíssimo Senhor Doutor Juiz de Direito da ... Vara da Fazenda Pública da Comarca de ...; [de onde?]

(*espaço de cinco linhas*)

Execução Fiscal n. ...

NOME DA EMPRESA, pessoa jurídica de direito privado, inscrita no Cadastro Nacional de Pessoas Jurídicas sob o nº ..., inscrição estadual nº ..., sediada no endereço ..., endereço eletrônico ..., por meio de seu advogado e bastante procurador, que esta subscreve, com escritório no endereço ..., onde deverá receber as futuras intimações, vem, respeitosamente, à presença de Vossa Excelência, com fulcro na Súmula 393 do Superior Tribunal de Justiça, apresentar EXCEÇÃO DE PRÉ-EXECUTIVIDADE nos autos da Execução Fiscal que lhe move o ESTADO DE SÃO PAULO, pessoa jurídica de direito público, regularmente inscrita no Cadastro Nacional de Pessoas Jurídicas sob nº ..., sediada na ..., devidamente representada por seu procurador, de acordo com as razões de fato e de Direito a seguir expostas.

DOS FATOS

(...)

DO DIREITO

(...)

DOS PEDIDOS

Diante do exposto, requer a Executada a Vossa Excelência:

a) o acolhimento desta exceção de pré-executividade, extinguindo-se a execução fiscal, corporificada na certidão de dívida ativa (CDA), e desconstituindo-se o crédito tributário, plasmado no lançamento;

b) intimação da Exequente para apresentação de impugnação;

c) condenação nas custas judiciais e honorários advocatícios;

d) deferimento da juntada de documentos;

Nesses termos,

pede deferimento.

Local ... e data ...

____

ADVOGADO ...

OAB n° ...

Endereço do escritório dos advogados para intimações: ...

7.5 UM MODELO, PASSO A PASSO

Excelentíssimo Senhor Doutor Juiz de Direito da ... Vara ... da Comarca de ...; [de onde?]

1º Passo: Excelentíssimo Senhor Doutor (...)

DICA!

Esta é a forma solene que deverá constar do endereçamento da petição inicial. Recomenda-se evitar as abreviações dos pronomes, prejudicando a estética do petitório. Assim, não utilize “Exmo. Sr. Dr. (...)”, preferindo a forma indicada.

2º Passo: (...) Juiz de Direito da (...)

Nos casos de tributos federais, a competência será do Juiz Federal. Tratando-se de tributos municipais e estaduais, a competência será do Juiz de Direito.

Quanto à competência, para processar e julgar a ação de execução fiscal, no que concerne às execuções a cargo da União, em princípio, será ela do juiz federal da localidade em que tiver domicílio o executado (art. 109, §§ 1º e 3º, da CF). Frise-se, em tempo, que, se não houver no local sede de juízo federal, a competência será do juiz de direito da comarca do domicílio do executado.

Assim, memorize: nas comarcas do interior, onde não funciona vara da Justiça Federal, os juízes estaduais são competentes para, em primeira instância, processar e julgar os executivos fiscais da União e de suas autarquias, ajuizados contra devedores domiciliados nas respectivas comarcas.

3º Passo: (...) da ... Vara (...)

Este é o padrão recomendado, uma vez que não se conhece o ofício para o qual será distribuída a ação.

4º Passo: (...) da Comarca de (...)

A área de jurisdição afeta à competência dos juízes federais denomina-se "seção judiciária". Para os juízes de direito, utiliza-se a expressão "comarca". Assim, teremos, nos dois casos:

a) "Excelentíssimo Senhor Doutor Juiz Federal da ...Vara da Seção Judiciária de ...".
b) "Excelentíssimo Senhor Doutor Juiz de Direito da ... Vara da Comarca de ...".

5º Passo: (...) [de onde?]

Como se afirmou, a competência para processar e julgar a ação de execução fiscal, no que concerne às execuções a cargo da União, em princípio, será do juiz federal da localidade em que tiver domicílio o executado. De outra banda, se não houver no local sede de juízo federal, a competência será do juiz de direito da comarca do domicílio do executado.

6º Passo: a menção à frase "Execução Fiscal nº ...

Recomendamos que se faça essa inserção, uma vez que a exceção de pré-executividade é apresentada nos autos da ação executiva que lhe precede. Ademais, trata-se de detalhe que demonstra o conhecimento do examinando de uma particularidade procedimental de relevância no feito.

7º Passo: O parágrafo introdutório

NOME DA EMPRESA, pessoa jurídica de direito privado, inscrita no Cadastro Nacional de Pessoas Jurídicas sob o nº ..., inscrição estadual nº ..., sediada no endereço ..., endereço eletrônico ..., por meio de seu advogado e bastante procurador, que esta subscreve, com escritório no endereço ..., onde deverá receber as futuras intimações, vem**, respeitosamente, à presença de Vossa Excelência, com fulcro na Súmula 393 do Superior Tribunal de Justiça, apresentar**

ATENÇÃO!

Pedimos atenção às regras de gramática que normalmente são desobedecidas na confecção desse parágrafo, das quais se falou no capítulo 2.

8º Passo: o nome da ação

EXCEÇÃO DE PRÉ-EXECUTIVIDADE

O nome da ação deve estar bem visível no caderno de prova, a fim de facilitar a identificação da peça pelo corretor da Banca examinadora. Muito cuidado com a grafia das palavras.

9º Passo: "(...) que lhe move o Estado de São Paulo (...)" ou, ainda, "(...) em face do Estado de São Paulo (...)"

Como se viu, o polo passivo será ocupado pela entidade detentora de competência tributária. Tratando-se de tributo estadual, o legitimado passivo será o Estado de ... Consideramos as formas acima aconselhadas corretas, ou seja, ambas podem ser utilizadas, ficando a escolha a critério do examinando.

10º Passo: o tópico "Dos Fatos"

DOS FATOS

Neste tópico, deve-se fazer a narrativa, ou seja, a descrição sucinta do fato, atendo-se aos elementos concretos extraídos do problema, sem proceder à criação de dados ou informações.

11º Passo: o tópico "Do Direito"

DO DIREITO

Neste tópico, o candidato deverá expor a argumentação jurídica, seguindo-se um raciocínio silogístico, a partir do esquema de paragrafação abaixo reproduzido:

Introdução ao dispositivo legal (da tese)

Dispositivo legal (da tese)

Fato

Doutrina

Jurisprudência

Conclusão

Note a sugestão de paragrafação neste tópico:

Introdução ao dispositivo legal (da tese) - Parágrafo 1

Dispositivo legal (da tese) - citação - Parágrafo 2

Explicação da tese - Parágrafo 3

Explicação da tese - Parágrafo 4

Explicação da tese - Parágrafo 5

Fato (adequação ao problema) - Parágrafo 6

Doutrina - Parágrafo 7

Jurisprudência - Parágrafo 8

Conclusão - Parágrafo 9

12º Passo: o tópico "Dos Pedidos"

DOS PEDIDOS

Diante do exposto, requer a Executada a Vossa Excelência:

DICA!

Recomenda-se introduzir o pedido com uma frase preambular, como esta acima grafada.

É imperioso notar, à luz das regras gramaticais, que não se insere o acento grave, formador da crase, antes do pronome de tratamento (Vossa Excelência). Aliás, em prol da melhor estética, como se explicou no primeiro capítulo desta obra, preferimos a forma, por extenso, "Vossa Excelência" à outra, abreviada, "V. Exa.".

Vamos analisar, neste momento, as frases que compõem o pedido a ser feito na exceção de pré-executividade:

a) o acolhimento desta exceção de pré-executividade, extinguindo-se a execução fiscal, corporificada na certidão de dívida ativa (CDA), e desconstituindo-se o crédito tributário, plasmado no lançamento;

Ao término da lide, quando se põe fim ao processo, em sentença, o juiz deverá julgar procedente o pedido do autor, se assim for convencido.

Tenho recomendado que se faça este item com riqueza de detalhes, como se notou: fez-se menção à extinção da execução fiscal; à CDA, que a corporifica; e, por fim, à desconstituição do crédito tributário; ao lançamento, que o materializa.

DICA!

A decisão que julga uma exceção de pré-executividade poderá ter natureza definitiva (sentença) ou interlocutória. Importante memorizar que a decisão que acolhe a exceção e extingue a execução tem natureza de sentença e deverá ser combatida por meio de recurso de apelação. Já a decisão que não acolhe a exceção, mantendo intacta a execução, tem natureza interlocutória, devendo ser combatida por meio de agravo de instrumento.

b) a intimação da Exequente para apresentação de impugnação;

No pedido, deverá ser pleiteada a intimação da Exequente para apresentação de impugnação.

c) a condenação ao pagamento das custas processuais e dos honorários advocatícios, nos termos do art. 85, § 3º, do CPC;

No pedido, deverá ser pleiteada a condenação do ocupante do polo passivo da demanda. Tal condenação alcançará as custas e os honorários advocatícios.

d) deferimento da juntada de documentos;

Deve-se pleitear a juntada de documentos na ação.

Encerrados os pedidos, que, preferencialmente, devem ser separados por "itens", em prol da melhor estética, o examinando deverá prestar atenção a algumas frases de finalização do petitório. São elas, nos passos seguintes:

13º Passo: a frase de finalização que faz menção à frase "Nesses termos, pede deferimento"

Nesses termos,

pede deferimento.

Esta conhecida finalização, que existe ao lado de outras possíveis – *v.g.*, "termos em que, pede deferimento." –, avoca dados gramaticais bem interessantes:

a) prefira a expressão "neSSes termos" à forma "neSTes termos". Recomenda-se, no uso dos pronomes demonstrativos, que se use o pronome "nesse" no lugar de "neste", quando se quer fazer menção àquilo que já foi dito, a argumentos já exteriorizados, o que de fato acontece na petição, quando se está na iminência do término.

O pronome "este" servirá para afirmar aquilo que se quer dizer (Este é o argumento: minha ideia é...);

b) a vírgula é obrigatória após o adjunto adverbial antecipado "nesses termos". Portanto, memorize: "nesses termos (,)...";

c) tenho insistido bastante em sala de aula, a meus alunos de OAB, que a oração "pede deferimento" deve ser grafada por extenso, evitando-se, assim, a forma abreviada "p. deferimento". A abreviação usada é imprópria e produto de praxe condenável.

14º Passo: a frase de finalização que faz menção ao local e data

Local ... e data ...

Pode-se discriminar a forma genérica "Local, data" ou, se preferir, escrever o local e a data respectiva, por exemplo, "São Paulo, 23 de fevereiro de 2010".

ATENÇÃO!

Todavia, em homenagem à cautela, não se recomenda qualquer espécie de identificação na prova, e a indicação de cidade alfa ou beta, por exemplo, pode servir como pretexto à Banca para uma possível configuração de "identificação de prova", podendo ser conferida ao trabalho nota zero. Assim, a forma genérica é mais indicada.

15º Passo: a frase de finalização que faz menção ao "risco da assinatura"

____

ADVOGADO ...

OAB nº ...

ATENÇÃO!

Finaliza-se o trabalho apenas com o tal "risco da assinatura", devendo-se acompanhá-lo da expressão "ADVOGADO ...". Não se pode identificar a prova com o nome do candidato. É motivo mais do que suficiente para "zerar" o trabalho. Assim, termine da forma recomendada, com total impessoalidade. Certamente, os responsáveis, na sala de prova, haverão de proceder à devida identificação do candidato, nos documentos oficiais pertinentes.

16º Passo: Endereço para intimações

Endereço do escritório dos advogados para intimações: ...

DICA!

Tal requisito pode opcionalmente ser informado no preâmbulo da peça, mas é importante deixar claro que o mesmo foi atendido.

7.6 QUADRO SINÓTICO

7. Exceção de Pré-executividade	
Cabimento	Quando já houver sido instaurada ação de execução fiscal e o contribuinte não possuir bens para garantir a dívida ou se já houver transcorrido o prazo para oposição dos embargos à execução.
Embasamento	Súmula 393 do STJ.
Partes	Excipiente/Excepto.
Competência	Domicílio do devedor (por dependência à execução fiscal).
Juiz	a) Tributos estaduais e municipais: Excelentíssimo Senhor Doutor Juiz de Direito da ... Vara ... da Comarca de ... b) Tributos federais: Excelentíssimo Senhor Doutor Juiz Federal da ... Vara ... da Seção Judiciária de ...
Polo passivo	União/Estado de/Distrito Federal/Município de.
Petição	Dos Fatos Do Direito (artigo + fato + doutrina + conclusão) Do Pedido
Dos pedidos	"*Ex Positis*, requer a Executada: • o julgamento de procedência da exceção, extinguindo-se a execução fiscal e desconstituindo-se o crédito tributário plasmado no lançamento. • a intimação da Exequente para apresentar defesa. • a condenação da Excepta [União/Estado/Município] em custas processuais e honorários advocatícios, nos termos do art. 85, § 3º, do CPC. • a juntada de documentos."

8 Recurso de Apelação

8.1 EMBASAMENTO

A previsão básica do recurso de apelação é o art. 1.009 do Código de Processo Civil. Trata-se de recurso cabível contra sentença proferida pelo magistrado de primeira instância. De acordo com o art. 1.010 do CPC, o recurso de apelação deve ser interposto em petição dirigida ao juízo que proferiu a sentença e deverá conter os seguintes requisitos: I – os nomes e a qualificação das partes; II – a exposição do fato e do direito; III – as razões do pedido de reforma ou de decretação de nulidade; e IV – o pedido de nova decisão.

Destaca-se que o recurso poderá ser recebido em seu duplo efeito (devolutivo e suspensivo). Contudo, as questões de fato já conhecidas quando do trâmite da ação em primeira instância, que não foram tratadas no juízo inferior, somente poderão ser suscitadas na apelação se a parte provar que deixou de fazê-lo no momento oportuno por motivo de força maior.

8.2 FINALIDADE

O recurso de apelação tem por finalidade modificar sentença prolatada em primeira instância, com base em argumentos jurídicos ou fáticos, em respeito ao princípio do duplo grau de jurisdição.

8.3 PARTICULARIDADES

a) *O prazo para interposição do recurso:* o prazo para interposição do recurso de apelação é de 15 dias, assim como o prazo para resposta via contrarrazões;

b) *O nome da resposta ao recurso:* a resposta a ser apresentada pelo apelado denomina-se contrarrazões;

c) *A peça de interposição:* como o juízo de admissibilidade do recurso de apelação é feito em primeira instância, é obrigatória a apresentação, em folha separada das razões recursais, de uma peça de interposição para a instância inferior dirigida ao juiz que proferiu a sentença e a apresentação das razões recursais, em folha separada da peça de interposição, dirigida ao tribunal de segunda instância.

8.4 UMA APRESENTAÇÃO SIMPLIFICADA DA APELAÇÃO

EXCELENTÍSSIMO SENHOR DOUTOR JUIZ DE DIREITO DA ... VARA DA FAZENDA PÚBLICA DA COMARCA DE ...;

(*espaço de cinco linhas*)

Processo nº ...

NOME DA APELANTE, já devidamente qualificada, por meio de seu advogado e bastante procurador, que esta subscreve, com escritório no endereço ..., onde deverá receber as futuras intimações, vem, dentro do prazo de quinze dias da publicação da sentença, respeitosamente, à presença de Vossa Excelência, com fulcro no artigo 1.009 do Código de Processo Civil, interpor RECURSO DE APELAÇÃO em face do NOME DO APELADO, já devidamente qualificado, de acordo com as razões recursais anexas.

Desde já, requer a intimação do NOME DO APELADO para, em querendo, apresentar contrarrazões, nos termos do art. 1.010, § 1º, do Código de Processo Civil, bem como, requer a juntada dos inclusos comprovantes de recolhimento das custas processuais e o recebimento do recurso em seu duplo efeito (devolutivo e suspensivo), nos termos do art. 1.012 do CPC, remetendo-se, então, os autos para a instância superior.

Nesses termos,

pede deferimento.

Local ... e data ...

____

ADVOGADO ...

OAB nº ...

Endereço do escritório dos advogados para intimações: ...

RAZÕES RECURSAIS

NOME DO APELANTE ...

NOME DO APELADO ...

PROCESSO Nº ...

Egrégio Tribunal de Justiça de ...,

Colenda Turma,

Ínclitos Julgadores,

DOS FATOS

(...)

DO DIREITO

(...)

DO PEDIDO

Em face do exposto, requer seja o presente recurso recebido e provido para reformar a respeitável sentença prolatada pelo Nobre julgador de Primeira Instância.

Nesses termos,

pede deferimento.

Local ... e data ...

____

ADVOGADO ...

OAB nº ...

Endereço do escritório dos advogados para intimações: ...

8.5 UM MODELO, PASSO A PASSO

"Excelentíssimo Senhor Doutor Juiz de Direito da ... Vara da Fazenda Pública da Comarca de ...;" [de onde?].

1º Passo: Excelentíssimo Senhor Doutor (...)

DICA!

Esta é a forma solene que deverá constar do endereçamento da peça de interposição. Recomenda-se evitar as abreviações dos pronomes, prejudicando a estética do petitório. Assim, não utilize "Exmo. Sr. Dr. (...)", preferindo a forma indicada.

2º Passo: (...) Juiz de Direito da (...)

Nos casos de tributos federais, a competência será do Juiz Federal. Tratando-se de tributos municipais e estaduais, a competência será do Juiz de Direito.

3º Passo: (...) da ... Vara da Fazenda Pública (...)

Este é o padrão recomendado, uma vez que não se conhece o ofício para o qual será distribuída a ação. Com relação à expressão "Fazenda Pública", recomendamos que se utilize no caso de sua existência em certas varas, nas quais correm os feitos adstritos aos tributos estaduais e municipais, de competência do juiz de direito. No Estado de São Paulo, destacam-se as Varas da Fazenda Pública de São Paulo (Capital), de Santos, de Campinas, de Ribeirão Preto, entre outras. Para todos os efeitos, deve o leitor procurar se inteirar das comarcas, em seu Estado, nas quais há varas de Fazenda Pública.

4º Passo: (...) da Comarca de (...)

A área de jurisdição afeta à competência dos juízes federais denomina-se "seção judiciária". Para os juízes de direito, utiliza-se a expressão "comarca". Assim, teremos, nos dois casos:

a) "Excelentíssimo Senhor Doutor Juiz Federal da ... Vara ... da Seção Judiciária de ...";
b) "Excelentíssimo Senhor Doutor Juiz de Direito da ... Vara da ... da Comarca de ...";

5º Passo: (...) [de onde?]

A peça de interposição deve ser dirigida ao juiz da Comarca na qual foi proferida a sentença.

6º Passo: O parágrafo introdutório

NOME DA APELANTE, já devidamente qualificada, por meio de seu advogado e bastante procurador, que esta subscreve, com escritório no endereço ..., onde deverá receber as futuras intimações, vem, dentro do prazo de quinze dias da publicação da sentença, respeitosamente, à presença de Vossa Excelência, com fulcro no artigo 1.009 do Código de Processo Civil, interpor RECURSO DE APELAÇÃO em face do NOME DO APELADO, já devidamente qualificado, de acordo com as razões recursais anexas. Pedimos atenção às regras de gramática que normalmente são desobedecidas na confecção desse parágrafo, das quais se falou no capítulo anterior.

7º Passo: o nome da ação

RECURSO DE APELAÇÃO

DICA!

O nome do recurso deve estar bem visível no caderno de prova, a fim de facilitar a identificação da peça pelo corretor da Banca examinadora.

8º Passo: (...) em face do NOME DO APELADO (...)

O polo passivo do recurso será ocupado pelo Réu da ação originária.

9º Passo: "Das Razões Recursais"

DOS FATOS

Neste tópico, deve-se fazer a narrativa, ou seja, a descrição sucinta do fato, atendo-se aos elementos concretos extraídos do problema, sem proceder à criação de dados ou informações.

DO DIREITO

Neste tópico, o candidato deverá expor a argumentação jurídica, seguindo-se um raciocínio silogístico, a partir do esquema de paragrafação abaixo reproduzido:

Introdução ao dispositivo legal (da tese)

Dispositivo legal (da tese)

Fato

Doutrina

Jurisprudência

Conclusão

Note a sugestão de paragrafação neste tópico:

Introdução ao dispositivo legal (da tese) – Parágrafo 1

Dispositivo legal (da tese) – citação – Parágrafo 2

Explicação da tese – Parágrafo 3

Explicação da tese – Parágrafo 4

Explicação da tese – Parágrafo 5

Fato (adequação ao problema) – Parágrafo 6

Doutrina – Parágrafo 7

Jurisprudência – Parágrafo 8

Conclusão – Parágrafo 9

DO PEDIDO

Em face do exposto, requer seja o presente recurso recebido e provido para reformar a respeitável sentença prolatada pelo Nobre julgador de Primeira instância.

Neste tópico, o candidato deverá expor apenas o pedido para recebimento e provimento do recurso.

Encerrados os pedidos, que, preferencialmente, o examinando deverá prestar atenção a algumas frases de finalização do petitório. São elas, nos passos seguintes:

10º Passo: a frase de finalização que faz menção à frase "Nesses termos, pede deferimento"

Nesses termos,

pede deferimento.

Após a indicação da frase em epígrafe, afeta ao valor da causa, encerra-se o petitório. Esta conhecida finalização, que existe ao lado de outras possíveis – *v.g.*, "termos em que, pede deferimento" –, avoca dados gramaticais bem interessantes:

DICA!

(a) prefira a expressão "nesses termos" à forma "nestes termos". Recomenda-se, no uso dos pronomes demonstrativos, que se use o pronome "nesse" no lugar de "neste", quando se quer fazer menção àquilo que já foi dito, a argumentos já exteriorizados, o que de fato acontece na petição, quando se está na iminência do término. O pronome "este" servirá para afirmar aquilo que se quer dizer (Este é o argumento: minha ideia é...);

(b) a vírgula é obrigatória após o adjunto adverbial antecipado "nesses termos". Portanto, memorize: "nesses termos (,)...";

(c) tenho insistido bastante em sala de aula, a meus alunos de OAB, que a oração "pede deferimento" deve ser grafada por extenso, evitando-se, assim, a forma abreviada "p. deferimento". A abreviação usada é imprópria e produto de praxe condenável.

11º Passo: a frase de finalização que faz menção ao local e data

Local ... e data ...

Pode-se discriminar a forma genérica "Local ... e data ..." ou, se preferir, escrever o local e a data respectiva, por exemplo, "São Paulo, 23 de fevereiro de 2010".

ATENÇÃO!

Todavia, em homenagem à cautela, não se recomenda qualquer espécie de identificação na prova, e a indicação de cidade alfa ou beta, por exemplo, pode servir como pretexto à Banca para uma possível configuração de "identificação de prova", podendo ser conferida nota zero ao trabalho. Assim, a forma genérica é mais indicada.

12º Passo: a frase de finalização que faz menção ao "risco da assinatura"

____

ADVOGADO ...

OAB nº ...

ATENÇÃO!

Finaliza-se o trabalho apenas com o tal "risco da assinatura", devendo-se acompanhá-lo da expressão "ADVOGADO...". Não se pode identificar a prova com o nome do candidato. É motivo mais do que suficiente para "zerar" o trabalho. Assim, termine da forma recomendada, com total impessoalidade. Certamente, os responsáveis, na sala de prova, haverão de proceder à devida identificação do candidato, nos documentos oficiais pertinentes.

13º Passo: Endereço para notificações

Endereço do escritório dos advogados para intimações: ...

DICA!

Tal requisito pode opcionalmente ser informado no preâmbulo da peça ou ao final, mas é importante deixar claro que o mesmo foi atendido.

8.6 QUADRO SINÓTICO

Apelação	
Cabimento	Em face de sentença
Prazo	15 dias
Resposta	Contrarrazões (art. 1.010, § 1º, do CPC)
Embasamento	Art. 1.009 do CPC
Partes	Apelante/Apelada
Competência	Juízo que julgou a demanda em primeiro grau
Endereçamento da Peça de Interposição	a) Tributos estaduais e municipais: Excelentíssimo Senhor Doutor Juiz de Direito da ... Vara da Comarca de ... b) Tributos estaduais e municipais, na cidade de São Paulo: Excelentíssimo Senhor Doutor Juiz de Direito da ... Vara da Fazenda Pública da Comarca de ... c) Tributos federais: Excelentíssimo Senhor Doutor Juiz Federal da ... Vara da Seção Judiciária de ...
Endereçamento das razões recursais	a) Tributos estaduais e municipais: Egrégio Tribunal de Justiça de ... Colenda Turma Ínclitos Julgadores

Apelação	
Endereçamento das razões recursais	b) Tributos federais: Egrégio Tribunal Regional Federal da ... Região Colenda Turma Ínclitos Julgadores
Polo passivo	União/Estado de/Distrito Federal/Município de/Diretor do Departamento de Rendas Imobiliárias (IPTU/ITBI, Contribuição de Melhoria)/Diretor do Departamento de Rendas Mobiliárias (ISS)/Diretor da Secretaria de Arrecadação do Estado/Tributos federais/Inspetor da Receita Federal do Brasil (Impostos aduaneiros: II e IE)/Delegado da Receita Federal do Brasil (Impostos não aduaneiros).
Peça de interposição	Requerimento para intimação do apelado para apresentação de contrarrazões, nos termos do art. 1.010, § 1º, do CPC. Requerimento para juntada dos comprovantes de pagamento das custas processuais. Requerimento de recebimento do recurso em seu duplo efeito, remetendo-se os autos à instância superior para regular processamento, nos termos do art. 1.012 do CPC.
Razões recursais	Dos Fatos Do Direito (artigo + fato + doutrina + jurisprudência + conclusão) Do Pedido
Do pedido	*"Ex positis"*, requer o provimento do presente recurso, com vistas a reformar/anular a r. decisão de primeira instância, afastando-se...

9 Recurso de Embargos de Declaração

9.1 EMBASAMENTO

A previsão básica do recurso de embargos de declaração é o art. 1.022 do Código de Processo Civil. Trata-se de recurso cabível contra qualquer decisão judicial para: I - esclarecer obscuridade ou eliminar contradição; II - suprir omissão de ponto ou questão sobre o qual devia se pronunciar o juiz de ofício ou a requerimento; III - corrigir erro material.

De acordo com o art. 1.023 do CPC, o recurso de embargos de declaração deve ser oposto no prazo de cinco dias, em petição dirigida ao juiz, com indicação de erro, obscuridade, contradição ou omissão, e não se sujeitam a preparo.

9.2 FINALIDADE

O recurso de embargos de declaração tem por finalidade sanar, em qualquer decisão judicial, obscuridade, contradição, omissão ou corrigir erro material.

9.3 PARTICULARIDADES

a) *O prazo para interposição do recurso:* o prazo para interposição do recurso de embargos de declaração é de cinco dias, assim como o prazo para resposta caso seu eventual acolhimento implique a modificação da decisão embargada.

b) *O nome da resposta ao recurso:* de acordo com o art. 1.023, § 2º, do CPC, o julgador poderá conceder direito de resposta à parte contrária se eventual acolhimento do recurso implicar modificação da decisão embargada;

c) *A peça de interposição:* não tem peça de interposição.

9.4 UMA APRESENTAÇÃO SIMPLIFICADA DOS EMBARGOS DE DECLARAÇÃO

EXCELENTÍSSIMO SENHOR DOUTOR JUIZ DE DIREITO DA ... VARA DA COMARCA DE ...

(*espaço de cinco linhas*)

Processo nº ...

NOME DA EMBARGANTE, já devidamente qualificada, por meio de seu advogado e bastante procurador, que esta subscreve, vem, dentro do prazo de cinco dias da publicação da decisão (ou despacho), respeitosamente, à presença de Vossa Excelência, com fulcro no artigo 1.022 do Código de Processo Civil, opor EMBARGOS DE DECLARAÇÃO em face do NOME DO EMBARGADO, já devidamente qualificado, pelas seguintes razões de fato e de direito.

DOS FATOS

(...)

DO DIREITO

(...)

DO PEDIDO

Em face do exposto, requer seja o presente recurso recebido e provido para reformar a respeitável decisão (ou despacho) prolatada por Vossa Excelência, e sanar eventual ...

Nesses termos,

pede deferimento.

Local ... e data ...

____

ADVOGADO ...

OAB nº ...

Endereço do escritório dos advogados para intimações: ...

9.5 UM MODELO, PASSO A PASSO

"Excelentíssimo Senhor Doutor Juiz de Direito da Comarca de ..."

1º Passo: Excelentíssimo Senhor Doutor (...)

> **DICA!**
>
> Esta é a forma solene que deverá constar do endereçamento da peça recursal. Recomenda-se evitar as abreviações dos pronomes, prejudicando a estética do petitório. Assim, não utilize "Exmo. Sr. Dr. (...)", preferindo a forma indicada.

2º Passo: (...) Juiz de Direito (...)

Para decisões proferidas por juízes federais, deve-se dirigir ao Juiz Federal. Se a decisão for proferida por Desembargadores ou Ministros, o recurso deve ser dirigido a estas autoridades.

3º Passo: O parágrafo introdutório

NOME DA EMBARGANTE, já devidamente qualificada, por meio de seu advogado e bastante procurador, que esta subscreve, vem, dentro do prazo de cinco dias da publicação da decisão (ou despacho), respeitosamente, à presença de Vossa Excelência, com fulcro no artigo 1.022 do Código de Processo Civil, opor EMBARGOS DE DECLARAÇÃO em face do NOME DO EMBARGADO, já devidamente qualificado, pelas seguintes razões de fato e de direito.

4º Passo: o nome do recurso

EMBARGOS DE DECLARAÇÃO

> **DICA!**
>
> O nome do recurso deve estar bem visível no caderno de prova, a fim de facilitar a identificação da peça pelo corretor da Banca examinadora.

5º Passo: (...) em face do NOME DO AGRAVADO (...)

O polo passivo do recurso será ocupado pelo Réu/Recorrido da demanda originária.

6º Passo: o tópico "Dos Fatos"

DOS FATOS

Neste tópico, deve-se fazer a narrativa, ou seja, a descrição sucinta do fato, atendo-se aos elementos concretos extraídos do problema, sem proceder à criação de dados ou informações.

7º Passo: o tópico "Do Direito"

DO DIREITO

Neste tópico, o candidato deverá expor a argumentação jurídica, seguindo-se um raciocínio silogístico, a partir do esquema de paragrafação abaixo reproduzido:

Introdução ao dispositivo legal (da tese)

Dispositivo legal (da tese)

Fato

Doutrina

Jurisprudência

Conclusão

Note a sugestão de paragrafação neste tópico:

Introdução ao dispositivo legal (da tese) - Parágrafo 1

Dispositivo legal (da tese) - citação - Parágrafo 2

Explicação da tese - Parágrafo 3

Explicação da tese - Parágrafo 4

Explicação da tese - Parágrafo 5

Fato (adequação ao problema) - Parágrafo 6

Doutrina - Parágrafo 7

Jurisprudência - Parágrafo 8

Conclusão - Parágrafo 9

8º Passo: o tópico "Do Pedido"

DO PEDIDO

Em face do exposto, requer seja o presente recurso recebido e provido para reformar a respeitável decisão (ou despacho) prolatada por Vossa Excelência, e sanar eventual ...

Em parágrafo único e sucinto, devem-se requerer o recebimento e o provimento do recurso para sanar eventual omissão, contradição, obscuridade ou erro material.

9º Passo: a frase de finalização que faz menção à frase "Nesses termos, pede deferimento"

Nesses termos,

pede deferimento.

Após a indicação da frase em epígrafe, afeta ao valor da causa, encerra-se o petitório. Esta conhecida finalização, que existe ao lado de outras possíveis

– *v.g.*, "termos em que, pede deferimento." –, avoca dados gramaticais bem interessantes:

DICA!

(a) prefira a expressão "nesses termos" à forma "nestes termos". Recomenda-se, no uso dos pronomes demonstrativos, que se use o pronome "nesse" no lugar de "neste", quando se quer fazer menção àquilo que já foi dito, a argumentos já exteriorizados, o que de fato acontece na petição, quando se está na iminência do término. O pronome "este" servirá para afirmar aquilo que se quer dizer (Este é o argumento: minha ideia é...);

(b) a vírgula é obrigatória após o adjunto adverbial antecipado "nesses termos". Portanto, memorize: "nesses termos (,)...";

(c) tenho insistido bastante em sala de aula, a meus alunos de OAB, que a oração "pede deferimento" deve ser grafada por extenso, evitando-se, assim, a forma abreviada "p. deferimento". A abreviação usada é imprópria e produto de praxe condenável.

10º Passo: a frase de finalização que faz menção ao local e data

Local ... e data ...

Pode-se discriminar a forma genérica "Local ... e data ..." ou, se preferir, escrever o local e a data respectiva, por exemplo, "São Paulo, 23 de fevereiro de 2010".

ATENÇÃO!

Todavia, em homenagem à cautela, não se recomenda qualquer espécie de identificação na prova, e a indicação de cidade alfa ou beta, por exemplo, pode servir como pretexto à Banca para uma possível configuração de "identificação de prova", podendo ser conferida nota zero ao trabalho. Assim, a forma genérica é mais indicada.

11º Passo: a frase de finalização que faz menção ao "risco da assinatura"

____

ADVOGADO ...

OAB nº ...

ATENÇÃO!

Finaliza-se o trabalho apenas com o tal "risco da assinatura", devendo-se acompanhá-lo da expressão "ADVOGADO...". Não se pode identificar a prova com o nome do candidato. É motivo mais do que suficiente para "zerar" o trabalho. Assim, termine da forma recomendada, com total impessoalidade. Certamente, os responsáveis, na sala de prova, haverão de proceder à devida identificação do candidato, nos documentos oficiais pertinentes.

12º Passo: Endereço para notificações

Endereço do escritório dos advogados para intimações: ...

DICA!

Tal requisito pode opcionalmente ser informado no preâmbulo da peça ou ao final, mas é importante deixar claro que o mesmo foi atendido.

9.6 QUADRO SINÓTICO

Embargos de Declaração	
Cabimento	Em face de qualquer decisão que seja omissa, contraditória ou obscura ou com erro material.
Prazo	cinco dias
Embasamento	Art. 1.022 do CPC
Partes	Embargante/Embargada
Competência	Juízo ou Tribunal que expediu decisão omissa, contraditória ou obscura
Juiz	a) Tributos estaduais e municipais: Excelentíssimo Senhor Doutor Juiz de Direito da ... Vara da Comarca de ... Excelentíssimo Senhor Doutor Desembargador Relator do Egrégio Tribunal de Justiça de ... b) Tributos estaduais e municipais, na cidade de São Paulo: Excelentíssimo Senhor Doutor Juiz de Direito da ... Vara da Fazenda Pública da Comarca de ... Excelentíssimo Senhor Doutor Desembargador Relator do Egrégio Tribunal de Justiça de ... c) Tributos federais: Excelentíssimo Senhor Doutor Juiz Federal da ... Vara da Seção Judiciária de ... Excelentíssimo Senhor Doutor Desembargador Relator do Egrégio Tribunal Regional Federal da ... Região
Petição	Dos Fatos Do Direito (artigo + fato + doutrina + jurisprudência + conclusão) Do Pedido
Do pedido	*"Ex positis"*, requer o provimento do presente recurso, com vistas a suprir omissão/contradição/obscuridade/erro material da decisão recorrida.

10 Agravo de Instrumento

10.1 EMBASAMENTO

A previsão básica do recurso de agravo de instrumento é o art. 1.015 do Código de Processo Civil. Trata-se de recurso cabível contra decisões interlocutórias proferidas pelo magistrado de primeira instância, que versarem sobre: I - tutelas provisórias; II - mérito do processo; III - rejeição da alegação de convenção de arbitragem; IV - incidente de desconsideração da personalidade jurídica; V - rejeição do pedido de gratuidade da justiça ou acolhimento do pedido de sua revogação; VI - exibição ou posse de documento ou coisa; VII - exclusão de litisconsorte; VIII - rejeição do pedido de limitação do litisconsórcio; IX - admissão ou inadmissão de intervenção de terceiros; X - concessão, modificação ou revogação do efeito suspensivo aos embargos à execução; XI - redistribuição do ônus da prova nos termos do art. 373, § 1º; XII - outros casos expressamente referidos em lei. Também caberá agravo de instrumento contra decisões interlocutórias proferidas na fase de liquidação de sentença ou de cumprimento de sentença, no processo de execução e no processo de inventário.

De acordo com o art. 1.016 do CPC, o recurso de agravo de instrumento deve ser interposto em petição dirigida à segunda instância e deverá conter os seguintes requisitos: I - os nomes das partes; II - a exposição do fato e do direito; III - as razões do pedido de reforma ou de invalidação da decisão e o próprio pedido; IV - o nome e o endereço completo dos advogados constantes do processo.

Destaca-se que o recurso poderá ser recebido em seu duplo efeito (devolutivo e suspensivo).

10.2 FINALIDADE

O recurso de agravo de instrumento tem por finalidade modificar decisão interlocutória prolatada em primeira instância, com base em argumentos jurídicos ou fáticos, em respeito ao princípio do duplo grau de jurisdição.

10.3 PARTICULARIDADES

a) *O prazo para interposição do recurso:* o prazo para interposição do recurso de agravo de instrumento é de 15 dias, assim como o prazo para resposta via contraminuta;

b) *O nome da resposta ao recurso:* a resposta a ser apresentada pelo agravado denomina-se contraminuta;

c) *A peça de interposição:* como o juízo de admissibilidade do recurso de agravo de instrumento é feito em segunda instância, é facultativa a apresentação, em folha separada das razões recursais, de uma peça de interposição dirigida ao Presidente do Tribunal que julgará o recurso e a apresentação das razões recursais, em folha separada da peça de interposição, dirigida à turma de segunda instância.

10.4 UMA APRESENTAÇÃO SIMPLIFICADA DO AGRAVO DE INSTRUMENTO

Excelentíssimo Senhor Doutor Desembargador Presidente do Egrégio Tribunal de Justiça de ...

(*espaço de cinco linhas*)

NOME DA AGRAVANTE, pessoa jurídica de direito privado, inscrita no Cadastro Nacional de Pessoas Jurídicas sob o nº ..., inscrição estadual nº ..., sediada no endereço ..., por meio de seu advogado e bastante procurador, que esta subscreve, com escritório no endereço ..., onde deverá receber as futuras intimações, vem, dentro do prazo de quinze dias da publicação da decisão interlocutória, respeitosamente, à presença de Vossa Excelência, com fulcro no artigo 1.015 do Código de Processo Civil, interpor RECURSO DE AGRAVO DE INSTRUMENTO em face do NOME DO AGRAVADO, pessoa jurídica de direito privado, inscrita no Cadastro Nacional de Pessoas Jurídicas sob o nº ..., inscrição estadual nº ..., sediada no endereço ..., de acordo com as razões recursais anexas.

Desde já, requer a intimação do NOME DO AGRAVADO para, querendo, apresentar contraminuta, nos termos do artigo 1.019, II do Código de Processo Civil, facultando-lhe juntar a documentação que entender necessária ao julgamento do recurso.

Em cumprimento ao artigo 1.017, I, do Código de Processo Civil, informa que o recurso é acompanhado de cópias da petição inicial, da contestação, da petição que ensejou a decisão agravada, da própria decisão agravada, da certidão da respectiva intimação e das procurações outorgadas aos advogados do agravante e do agravado.

Requer a juntada dos inclusos comprovantes de recolhimento das custas processuais e o recebimento do recurso em seu duplo efeito (devolutivo e suspensivo), remetendo-se, então, os autos para a instância superior.

Nesses termos,

pede deferimento.

Local ... e data ...

____

ADVOGADO ...

OAB nº ...

Endereço do escritório dos advogados para intimações: ...

RAZÕES RECURSAIS

NOME DO AGRAVANTE ...

NOME DO AGRAVADO ...

PROCESSO Nº ...

Egrégio Tribunal de Justiça de ...,

Colenda Turma,

Ínclitos Julgadores,

DOS FATOS

(...)

DO DIREITO

(...)

DA ANTECIPAÇÃO DA TUTELA RECURSAL

(...)

DO PEDIDO

Em face do exposto, o Agravante requer a Vossa Excelência:

a) a concessão da tutela recursal antecipada, de acordo com o art. 1.019, I, do Código de Processo Civil, para ...;

b) o recebimento e o provimento do agravo de instrumento para reformar a respeitável decisão interlocutória recorrida;

c) a intimação do agravado, na pessoa de seu representante judicial, para, se quiser, apresentar contraminuta;

Nesses termos,

pede deferimento.

```
Local ... e data ...

_______________
ADVOGADO ...
OAB n° ...

Endereço do escritório dos advogados para intimações: ...
```

10.5 UM MODELO, PASSO A PASSO

"Excelentíssimo Senhor Doutor Desembargador Presidente do Egrégio Tribunal de Justiça de ..."

1º Passo: Excelentíssimo Senhor Doutor (...)

DICA!

Esta é a forma solene que deverá constar do endereçamento da peça de interposição. Recomenda-se evitar as abreviações dos pronomes, prejudicando a estética do petitório. Assim, não utilize "Exmo. Sr. Dr. (...)", preferindo a forma indicada.

2º Passo: (...) Presidente da (...)

Nos Tribunais, seja no Tribunal de Justiça, seja no Tribunal Regional Federal, o Desembargador Presidente terá competência para receber os recursos de agravo de instrumento.

3º Passo: (...) do Egrégio Tribunal de Justiça de ... (...)

Nos casos de tributos federais, a competência será do Tribunal Regional Federal. Tratando-se de tributos municipais e estaduais, a competência será do Tribunal de Justiça de ...

4º Passo: O parágrafo introdutório

NOME DA AGRAVANTE, pessoa jurídica de direito privado, inscrita no Cadastro Nacional de Pessoas Jurídicas sob o nº ..., inscrição estadual nº ..., sediada no endereço ..., por meio de seu advogado e bastante procurador, que esta subscreve, com escritório no endereço ..., onde deverá receber as futuras intimações, vem, dentro do prazo de quinze dias da publicação da decisão interlocutória, respeitosamente, à presença de Vossa Excelência, com fulcro no artigo 1.015 do Código de Processo Civil, interpor RECURSO DE AGRAVO DE INSTRUMENTO em face do NOME DO AGRAVADO, pessoa jurídica de direito privado, inscrita no Cadastro Nacional de Pessoas Jurídicas sob o nº ..., inscrição estadual nº ..., sediada no endereço ..., de acordo com as razões recursais anexas.

5º Passo: o nome da ação

RECURSO DE AGRAVO DE INSTRUMENTO

DICA!

O nome do recurso deve estar bem visível no caderno de prova, a fim de facilitar a identificação da peça pelo corretor da Banca examinadora.

6º Passo: (...) em face do NOME DO AGRAVADO (...)

O polo passivo do recurso será ocupado pelo Réu da ação originária.

7º Passo: cumprimento dos requisitos do art. 1.017 do CPC

Desde já, requer a intimação do NOME DO AGRAVADO para, em querendo, apresentar contraminuta, nos termos do art. 1.019, II, do Código de Processo Civil, facultando-lhe juntar a documentação que entender necessária ao julgamento do recurso.

Em cumprimento ao art. 1.017, I, do Código de Processo Civil, informa que o recurso é acompanhado de cópias da petição inicial, da contestação, da petição que ensejou a decisão agravada, da própria decisão agravada, da certidão da respectiva intimação e das procurações outorgadas aos advogados do agravante e do agravado.

Requer a juntada dos inclusos comprovantes de recolhimento das custas processuais e o recebimento do recurso em seu duplo efeito (devolutivo e suspensivo), remetendo-se, então, os autos para a instância superior.

8º Passo: o tópico "Das Razões Recursais"

DOS FATOS

Neste tópico, deve-se fazer a narrativa, ou seja, a descrição sucinta do fato, atendo-se aos elementos concretos extraídos do problema, sem proceder à criação de dados ou informações.

DO DIREITO

Neste tópico, o candidato deverá expor a argumentação jurídica, seguindo-se um raciocínio silogístico, a partir do esquema de paragrafação abaixo reproduzido:

Introdução ao dispositivo legal (da tese)

Dispositivo legal (da tese)

Fato

Doutrina

Jurisprudência

Conclusão

Note a sugestão de paragrafação neste tópico:

Introdução ao dispositivo legal (da tese) - Parágrafo 1

Dispositivo legal (da tese) - citação - Parágrafo 2

Explicação da tese - Parágrafo 3

Explicação da tese - Parágrafo 4

Explicação da tese - Parágrafo 5

Fato (adequação ao problema) - Parágrafo 6

Doutrina - Parágrafo 7

Jurisprudência - Parágrafo 8

Conclusão - Parágrafo 9

DA ANTECIPAÇÃO DA TUTELA RECURSAL

No tópico da tutela antecipada recursal, deverá o concursando elaborar o raciocínio jurídico que permitirá convencer o magistrado da presença dos pressupostos autorizadores desse provimento.

A tutela antecipada será cabível no recurso de agravo de instrumento se estiverem presentes os pressupostos que constam do art. 300 do CPC. Note-os: "A tutela de urgência será concedida quando houver elementos que evidenciem a probabilidade do direito e o perigo de dano ou o risco ao resultado útil do processo (...)".

Nesse passo, presentes (a) a probabilidade do direito, e (b) o perigo de dano ou o risco ao resultado útil do processo, será possível a obtenção da tutela antecipatória, visando à suspensão da decisão recorrida.

A propósito, a probabilidade do direito traduz-se na incontestabilidade do direito arguido, ensejadora da real necessidade dos efeitos antecipatórios da sentença. Em palavras simples, é o "próprio direito ou lesão", indicado no caso proposto.

O perigo de dano ou o risco ao resultado útil do processo representa a vulnerabilidade da situação, à qual se dirigirá o demandante, no ato de convencimento do juiz, na tentativa de comovê-lo a deferir o pleito antecipatório. Quase sempre, tal receio liga-se à iminência do pagamento do tributo.

Portanto, provando-se os dois requisitos mencionados, o agravante da demanda fará jus à obtenção do provimento *initio litis* a que visa, no intuito de suspender a decisão recorrida.

Neste tópico, o candidato deverá expor o raciocínio jurídico, voltado ao convencimento do magistrado, quanto à presença dos pressupostos da tutela de urgência, a partir do esquema de paragrafação abaixo reproduzido:

Art. (300, CPC): Pressupostos (1 e 2)

Pressuposto (1)

Pressuposto (2)

Conclusão

Note a sugestão de paragrafação neste tópico:

Art. (300, CPC) - Citação - Parágrafo 1

Explicação - Pressuposto 1 - Parágrafo 2

Explicação - Pressuposto 2 - Parágrafo 3

Conclusão - Parágrafo 4

DO PEDIDO

Pelo exposto, a Autora requer a Vossa Excelência: (...)

DICA!

Recomenda-se introduzir o pedido com uma frase preambular, como esta acima grafada. É imperioso notar, à luz das regras gramaticais, que não se insere o acento grave, formador da crase, antes do pronome de tratamento (Vossa Excelência). Aliás, em prol da melhor estética, como se explicou no primeiro capítulo desta obra, preferimos a forma, por extenso, "Vossa Excelência" à outra, abreviada, "V. Exa.".

Vamos analisar, neste momento, as frases que compõem o pedido a ser feito em uma ação anulatória:

a) a concessão da tutela recursal antecipada, de acordo com o art. 1.019, I, do Código de Processo Civil, para ...;

A tutela antecipada recursal, a que faz jus o demandante, deverá constar do pedido, preferencialmente, na letra "a".

A finalidade do provimento emergencial há de estar bem clara ao destinatário do petitório – o Tribunal –, devendo-se justificar o objetivo da medida.

b) o recebimento e o provimento do agravo de instrumento para reformar a respeitável decisão interlocutória recorrida;

Ao final, quando se põe fim ao recurso, em acórdão, a Turma julgadora deverá julgar procedente o pedido do agravado, se assim for convencida.

c) a intimação do agravado, na pessoa de seu representante judicial, para, se quiser, apresentar contraminuta;

No pedido, deverá ser pleiteada a intimação do ocupante do polo passivo da demanda.

9º Passo: a frase de finalização que faz menção à frase "Nesses termos, pede deferimento"

Nesses termos,

pede deferimento.

Após a indicação da frase em epígrafe, afeta ao valor da causa, encerra-se o petitório. Esta conhecida finalização, que existe ao lado de outras possíveis - *v.g.*, "termos em que, pede deferimento." –, avoca dados gramaticais bem interessantes:

DICA!

(a) prefira a expressão "nesses termos" à forma "nestes termos". Recomenda-se, no uso dos pronomes demonstrativos, que se use o pronome "nesse" no lugar de "neste", quando se quer fazer menção àquilo que já foi dito, a argumentos já exteriorizados, o que de fato acontece na petição, quando se está na iminência do término. O pronome "este" servirá para afirmar aquilo que se quer dizer (Este é o argumento: minha ideia é...);

(b) a vírgula é obrigatória após o adjunto adverbial antecipado "nesses termos". Portanto, memorize: "nesses termos (,)...";

(c) tenho insistido bastante em sala de aula, a meus alunos de OAB, que a oração "pede deferimento" deve ser grafada por extenso, evitando-se, assim, a forma abreviada "p. deferimento". A abreviação usada é imprópria e produto de praxe condenável.

10º Passo: a frase de finalização que faz menção ao local e data

Local ... e data ...

Pode-se discriminar a forma genérica "Local ... e data ..." ou, se preferir, escrever o local e a data respectiva, por exemplo, "São Paulo, 23 de fevereiro de 2010".

ATENÇÃO!

Todavia, em homenagem à cautela, não se recomenda qualquer espécie de identificação na prova, e a indicação de cidade alfa ou beta, por exemplo, pode servir como pretexto à Banca para uma possível configuração de "identificação de prova", podendo ser conferida nota zero ao trabalho. Assim, a forma genérica é mais indicada.

11º Passo: a frase de finalização que faz menção ao "risco da assinatura"

____

ADVOGADO ...

OAB nº ...

ATENÇÃO!

Finaliza-se o trabalho apenas com o tal "risco da assinatura", devendo-se acompanhá-lo da expressão "ADVOGADO...". Não se pode identificar a prova com o nome do candidato. É motivo mais do que suficiente para "zerar" o trabalho. Assim, termine da forma recomendada, com total impessoalidade. Certamente, os responsáveis, na sala de prova, haverão de proceder à devida identificação do candidato, nos documentos oficiais pertinentes.

12º Passo: Endereço para notificações

Endereço do escritório dos advogados para intimações: ...

DICA!

Tal requisito pode opcionalmente ser informado no preâmbulo da peça ou ao final, mas é importante deixar claro que o mesmo foi atendido.

10.6 QUADRO SINÓTICO

Agravo de Instrumento	
Cabimento	Em face de decisão interlocutória
Prazo	15 dias
Resposta	Contraminuta (art. 1.019, II, do CPC)
Embasamento	Art. 1.015 do CPC
Partes	Agravante/Agravado
Competência	Juízo de primeiro grau que lavrou decisão interlocutória
Tribunal	a) Tributos estaduais e municipais: Excelentíssimo Senhor Doutor Desembargador Presidente do Egrégio Tribunal de Justiça de ... b) Tributos federais: Excelentíssimo Senhor Doutor Desembargador Presidente do Egrégio Tribunal Regional Federal da ... Região

Agravo de Instrumento	
Polo passivo	União/Estado de/Distrito Federal/Município de/Diretor do Departamento de Rendas Imobiliárias (IPTU/ITBI, Contribuição de Melhoria)/Diretor do Departamento de Rendas Mobiliárias (ISS)/Diretor da Secretaria de Arrecadação do Estado/Tributos federais/Inspetor da Receita Federal do Brasil (Impostos aduaneiros: II e IE)/Delegado da Receita Federal do Brasil (Impostos não aduaneiros).
Petição	Dos Fatos Do Direito (artigo + fato + doutrina + jurisprudência + conclusão) Da Antecipação da Tutela Recursal Do Pedido
Da antecipação da tutela recursal	De acordo com o art. 1.019, I, do CPC são requisitos que autorizam a concessão da tutela antecipada recursal: relevante fundamento do pedido (*fumus boni iuris*) e ineficácia da medida, caso não seja deferida de imediato (*periculum in mora*).
Do pedido	"O *fumus boni iuris* (plausibilidade do direito invocado) está presente, na medida em que ... [colocar a lesão ao direito]". "O *periculum in mora*, por sua vez, está caracterizado pois, ... [falar do pagamento ou dano iminente]." "Assim, estando presentes os dois requisitos, a Agravante merece a concessão da tutela antecipada recursal".
Do pedido	"*Ex Positis*, requer a Agravante: • Concessão da tutela antecipada recursal, nos termos do art. 1.019, I, do CPC; • Seja o recurso conhecido e provido reformando-se a decisão interlo cutória agravada; • Intimação do Agravado para oferecer contraminuta."

11 Recurso de Agravo Interno

11.1 EMBASAMENTO

A previsão básica do recurso de agravo interno é o art. 1.021 do Código de Processo Civil. Trata-se de recurso cabível contra decisão proferida pelo relator de um recurso e visa encaminhar a matéria para o respectivo órgão colegiado.

De acordo com o art. 1.021, § 2º, do CPC, o recurso de agravo interno deve ser oposto no prazo de 15 dias, em petição dirigida ao relator, que intimará o agravado para manifestar-se sobre o recurso no prazo de 15 dias, ao final do qual, não havendo retratação, o relator levá-lo-á a julgamento pelo órgão colegiado, com inclusão em pauta.

11.2 FINALIDADES

O recurso de agravo interno tem por finalidade encaminhar a matéria decidida monocraticamente pelo relator à turma recursal.

11.3 PARTICULARIDADES

a) *O prazo para interposição do recurso:* o prazo para interposição do recurso de agravo interno é de 15 dias, assim como o prazo para contraminuta.
b) *O nome da resposta ao recurso:* a resposta a ser apresentada pelo agravado denomina-se contraminuta.

c) *A peça de interposição:* como o recurso de agravo interno é dirigido ao Relator, é obrigatória a apresentação, em folha separada das razões recursais, de uma peça de interposição dirigida ao relator que proferiu a decisão monocrática e a apresentação das razões recursais, em folha separada da peça de interposição, dirigida à turma do tribunal de segunda instância.

11.4 UMA APRESENTAÇÃO SIMPLIFICADA DO AGRAVO INTERNO

Excelentíssimo Senhor Doutor Desembargador Relator ...

(*espaço de cinco linhas*)

Processo n° ...

NOME DA AGRAVANTE, já devidamente qualificada, por meio de seu advogado e bastante procurador, que esta subscreve, vem, dentro do prazo de quinze dias da publicação da decisão monocrática, respeitosamente, à presença de Vossa Excelência, com fulcro no artigo 1.021 do Código de Processo Civil, interpor AGRAVO INTERNO em face do NOME DO AGRAVADO, já devidamente qualificado, pelas seguintes razões de fato e de direito.

Nesses termos,

pede deferimento.

Local ... e data ...

____

ADVOGADO ...

OAB n° ...

Endereço do escritório dos advogados para intimações: ...

RAZÕES RECURSAIS

NOME DA AGRAVANTE ...

NOME DO ARGRAVADO ...

PROCESSO N° ...

Egrégio Tribunal de Justiça de ...,

Colenda Turma,

Ínclitos Julgadores,

DOS FATOS

(...)

```
DO DIREITO

(...)

DO PEDIDO

          Em face do exposto, requer seja o presente recurso re-
cebido e provido para reformar a respeitável decisão monocrática
prolatada pelo Nobre Relator.

          Nesses termos,

          pede deferimento.

          Local ... e data ...

          _____________

          ADVOGADO ...

          OAB nº ...

Endereço do escritório dos advogados para intimações: ...
```

11.5 UM MODELO, PASSO A PASSO

"Excelentíssimo Senhor Doutor Desembargador Relator..."

1º Passo: Excelentíssimo Senhor Doutor (...)

ATENÇÃO!

Esta é a forma solene que deverá constar do endereçamento da peça recursal. Recomenda-se evitar as abreviações dos pronomes, prejudicando a estética do petitório. Assim, não utilize "Exmo. Sr. Dr. (...)", preferindo a forma indicada.

2º Passo: (...) Relator... (...)

O recurso de agravo interno é dirigido ao Desembargador Relator do Recurso de Apelação ou do Recurso de Agravo de Instrumento ou ao Ministro Relator do Recurso Especial ou do Recurso Extraordinário.

3º Passo: O parágrafo introdutório

NOME DA AGRAVANTE, já devidamente qualificada, por meio de seu advogado e bastante procurador, que esta subscreve, vem, dentro do prazo de quinze dias da publicação da decisão monocrática, respeitosamente, à presença de Vossa Excelência, com fulcro no artigo 1.021 do Código de Processo Civil, opor AGRAVO INTERNO em face do NOME DO AGRAVADO, já devidamente qualificado, pelas seguintes razões de fato e de direito.

4º Passo: o nome do recurso

AGRAVO INTERNO

ATENÇÃO!

O nome do recurso deve estar bem visível no caderno de prova, a fim de facilitar a identificação da peça pelo corretor da Banca examinadora.

5º Passo: (...) em face do NOME DO AGRAVADO (...)

O polo passivo do recurso será ocupado pelo Réu/Recorrido da demanda originária.

6º Passo: o tópico "Dos Fatos"

DOS FATOS

Neste tópico, deve-se fazer a narrativa, ou seja, a descrição sucinta do fato, atendo-se aos elementos concretos extraídos do problema, sem proceder à criação de dados ou informações.

7º Passo: o tópico "Do Direito"

DO DIREITO

Neste tópico, o candidato deverá expor a argumentação jurídica, seguindo-se um raciocínio silogístico, a partir do esquema de paragrafação abaixo reproduzido:

Introdução ao dispositivo legal (da tese)

Dispositivo legal (da tese)

Fato

Doutrina

Jurisprudência

Conclusão

Note a sugestão de paragrafação neste tópico:

Introdução ao dispositivo legal (da tese) – Parágrafo 1

Dispositivo legal (da tese) – citação – Parágrafo 2

Explicação da tese – Parágrafo 3

Explicação da tese – Parágrafo 4

Explicação da tese – Parágrafo 5

Fato (adequação ao problema) – Parágrafo 6

Doutrina - Parágrafo 7

Jurisprudência - Parágrafo 8

Conclusão - Parágrafo 9

8º Passo: o tópico "Do Pedido"

DO PEDIDO

Em face do exposto, requer seja o presente recurso recebido e provido para reformar a respeitável decisão monocrática prolatada pelo Nobre Relator.

Em parágrafo único e sucinto, devem-se requerer o recebimento e o provimento do recurso para reformar a decisão monocrática e encaminhar os autos para a Turma julgadora.

9º Passo: a frase de finalização que faz menção à frase "Nesses termos, pede deferimento"

Nesses termos,

pede deferimento.

Após a indicação da frase em epígrafe, afeta ao valor da causa, encerra-se o petitório. Esta conhecida finalização, que existe ao lado de outras possíveis - *v.g.*, "termos em que, pede deferimento." -, avoca dados gramaticais bem interessantes:

DICA!

(a) prefira a expressão "nesses termos" à forma "nestes termos". Recomenda-se, no uso dos pronomes demonstrativos, que se use o pronome "nesse" no lugar de "neste", quando se quer fazer menção àquilo que já foi dito, a argumentos já exteriorizados, o que de fato acontece na petição, quando se está na iminência do término. O pronome "este" servirá para afirmar aquilo que se quer dizer (Este é o argumento: minha ideia é...);

(b) a vírgula é obrigatória após o adjunto adverbial antecipado "nesses termos". Portanto, memorize: "nesses termos (,)...";

(c) tenho insistido bastante em sala de aula, a meus alunos de OAB, que a oração "pede deferimento" deve ser grafada por extenso, evitando-se, assim, a forma abreviada "p. deferimento". A abreviação usada é imprópria e produto de praxe condenável.

10º Passo: a frase de finalização que faz menção ao local e data

Local ... e data ...

Pode-se discriminar a forma genérica "Local ... e data ..." ou, se preferir, escrever o local e a data respectiva, por exemplo, "São Paulo, 23 de fevereiro de 2010".

ATENÇÃO!

Todavia, em homenagem à cautela, não se recomenda qualquer espécie de identificação na prova, e a indicação de cidade alfa ou beta, por exemplo, pode servir como pretexto à Banca para uma possível configuração de "identificação de prova", podendo ser conferida nota zero ao trabalho. Assim, a forma genérica é mais indicada.

11º Passo: a frase de finalização que faz menção ao "risco da assinatura"

____

ADVOGADO ...

OAB nº ...

ATENÇÃO!

Finaliza-se o trabalho apenas com o tal "risco da assinatura", devendo-se acompanhá-lo da expressão "ADVOGADO...". Não se pode identificar a prova com o nome do candidato. É motivo mais do que suficiente para "zerar" o trabalho. Assim, termine da forma recomendada, com total impessoalidade. Certamente, os responsáveis, na sala de prova, haverão de proceder à devida identificação do candidato, nos documentos oficiais pertinentes.

12º Passo: Endereço para notificações

Endereço do escritório dos advogados para intimações: ...

DICA!

Tal requisito pode opcionalmente ser informado no preâmbulo da peça ou ao final, mas é importante deixar claro que o mesmo foi atendido.

11.6 QUADRO SINÓTICO

Agravo Interno	
Cabimento	Em face de decisão monocrática expedida pelo relator de um recurso
Prazo	15 dias
Resposta	Contraminuta (art. 1.021, § 2º, do CPC)
Embasamento	Art. 1.021 do CPC

Agravo Interno	
Partes	Agravante/Agravada
Competência	Tribunal ao qual pertença o relator que emanou a decisão monocrática
Juiz	a) Tributos estaduais e municipais: Excelentíssimo Senhor Doutor Desembargador Presidente do Egrégio Tribunal de Justiça de ... b) Tributos federais: Excelentíssimo Senhor Doutor Desembargador Presidente do Egrégio Tribunal Regional Federal da ... Região
Polo passivo	União/Estado de/Distrito Federal/Município de/Diretor do Departamento de Rendas Imobiliárias (IPTU/ITBI, Contribuição de Melhoria)/Diretor do Departamento de Rendas Mobiliárias (ISS)/Diretor da Secretaria de Arrecadação do Estado/Tributos federais/Inspetor da Receita Federal do Brasil (Impostos aduaneiros: II e IE)/Delegado da Receita Federal do Brasil (Impostos não aduaneiros)
Petição	Dos Fatos Do Direito (artigo + fato + doutrina + jurisprudência + conclusão) Do Pedido
Do pedido	"*Ex positis*", requer o provimento do presente recurso, com vistas a reformar a r. decisão monocrática, para que o recurso interposto tenha regular processamento e seja encaminhado à Turma para julgamento.

12 Recurso Ordinário

12.1 EMBASAMENTO

Os fundamentos jurídicos do recurso ordinário são os arts. 102, II, e 105, II, da Constituição Federal e o art. 1.027 do Código de Processo Civil. Trata-se de recurso cabível contra acórdãos que julgam improcedentes mandados de segurança, *habeas corpus*, *habeas data* e mandados de injunção em única instância pelos tribunais superiores, tribunais de justiça ou tribunais regionais federais, ou contra decisões terminativas prolatadas em processos em que forem partes, de um lado, Estado estrangeiro ou organismo internacional e, de outro, Município ou pessoa residente ou domiciliada no País.

De acordo com o art. 1.028, § 2º, do CPC, o recurso ordinário deve ser interposto perante o presidente ou o vice-presidente do tribunal recorrido.

Destaca-se que o recurso só poderá ser recebido em seu efeito devolutivo. Contudo, de acordo com o art. 1.029, § 5º, o recorrente poderá requerer a concessão do efeito suspensivo, em requerimento dirigido à instância *ad quem*, no período compreendido entre a publicação da decisão de admissão do recurso e sua distribuição, ficando o relator designado para seu exame prevento para julgá-lo; ao relator, se já distribuído o recurso; ou ao presidente ou ao vice-presidente do tribunal recorrido, no período compreendido entre a interposição do recurso e a publicação da decisão de admissão do recurso, assim como no caso de o recurso ter sido sobrestado, nos termos do art. 1.037 do CPC.

12.2 FINALIDADE

O recurso ordinário tem por finalidade modificar acórdão prolatado em única instância, com base em argumentos jurídicos ou fáticos, em respeito ao princípio do duplo grau de jurisdição.

12.3 PARTICULARIDADES

a) *O prazo para interposição do recurso:* o prazo para interposição do recurso ordinário é de 15 dias, assim como o prazo para resposta via contrarrazões;

b) *O nome da resposta ao recurso:* a resposta a ser apresentada pelo apelado denomina-se contrarrazões;

c) *A peça de interposição:* é obrigatória a apresentação, em folha separada das razões recursais, de uma peça de interposição para a instância inferior dirigida ao presidente ou vice-presidente do tribunal que proferiu o acórdão e a apresentação das razões recursais, em folha separada da peça de interposição, dirigida ao tribunal *ad quem*.

12.4 UMA APRESENTAÇÃO SIMPLIFICADA DO RECURSO ORDINÁRIO

Excelentíssimo Senhor Doutor Desembargador Presidente do Egrégio Tribunal de Justiça de ...

(*espaço de cinco linhas*)

Processo n° ...

NOME DA RECORRENTE, já devidamente qualificada, por meio de seu advogado e bastante procurador, que esta subscreve, com escritório no endereço ..., onde deverá receber as futuras intimações, vem, dentro do prazo de quinze dias da publicação da sentença, respeitosamente, à presença de Vossa Excelência, com fulcro no artigo 1.027 do Código de Processo Civil, interpor RECURSO ORDINÁRIO em face do NOME DO RECORRIDO, já devidamente qualificado, de acordo com as razões recursais anexas.

Desde já, requer a intimação do NOME DO RECORRIDO para, em querendo, apresentar contrarrazões, nos termos do artigo 1.028, § 2°, do Código de Processo Civil, bem como, requer a juntada dos inclusos comprovantes de recolhimento das custas processuais e o recebimento do recurso em seu efeito devolutivo, remetendo-se, então, os autos para a instância superior.

Nesses termos,

pede deferimento.

Local ... e data ...

____

ADVOGADO ...

OAB nº ...

Endereço do escritório dos advogados para intimações: ...

RAZÕES RECURSAIS

NOME DO RECORRENTE ...

NOME DO RECORRIDO ...

PROCESSO Nº ...

Egrégio Supremo Tribunal Federal,

Colenda Turma,

Ínclitos Julgadores,

DOS FATOS

(...)

DO DIREITO

(...)

DO PEDIDO

Em face do exposto, requer seja o presente recurso recebido e provido para reformar o respeitável acórdão prolatado pela Colenda Turma do Tribunal "a quo".

Nesses termos,

pede deferimento.

Local ... e data ...

____

ADVOGADO ...

OAB nº ...

Endereço do escritório dos advogados para intimações: ...

12.5 UM MODELO, PASSO A PASSO

"Excelentíssimo Senhor Doutor Desembargador Presidente do Tribunal de Justiça de ...;" [de onde?].

1º Passo: Excelentíssimo Senhor Doutor (...)

DICA!

Esta é a forma solene que deverá constar do endereçamento da peça de interposição. Recomenda-se evitar as abreviações dos pronomes, prejudicando a estética do petitório. Assim, não utilize "Exmo. Sr. Dr. (...)", preferindo a forma indicada.

2º Passo: (...) Desembargador Presidente (...)

Nos casos de tributos federais, a competência será do Tribunal Regional Federal. Tratando-se de tributos municipais e estaduais, a competência será do Tribunal de Justiça. O recurso poderá ser cabível, também, em face de decisão prolatada pelo STJ. Neste caso, o recurso será endereçado ao "Ministro Presidente do Superior Tribunal de Justiça".

3º Passo: (...) [de onde?]

A peça de interposição deve ser dirigida ao tribunal do Estado onde foi proferido o acórdão.

4º Passo: O parágrafo introdutório

NOME DA RECORRENTE, já devidamente qualificada, por meio de seu advogado e bastante procurador, que esta subscreve, com escritório no endereço ..., onde deverá receber as futuras intimações, vem, dentro do prazo de quinze dias da publicação da sentença, respeitosamente, à presença de Vossa Excelência, com fulcro no artigo 1.027 do Código de Processo Civil, interpor RECURSO ORDINÁRIO em face do NOME DO RECORRIDO, já devidamente qualificado, de acordo com as razões recursais anexas.

5º Passo: o nome da ação

RECURSO ORDINÁRIO

DICA!

O nome do recurso deve estar bem visível no caderno de prova, a fim de facilitar a identificação da peça pelo corretor da Banca examinadora.

6º Passo: (...) em face do NOME DO RECORRIDO (...)

O polo passivo do recurso será ocupado pelo ente político parte contrária na ação originária.

7º Passo: "Das Razões Recursais"

DOS FATOS

Neste tópico, deve-se fazer a narrativa, ou seja, a descrição sucinta do fato, atendo-se aos elementos concretos extraídos do problema, sem proceder à criação de dados ou informações.

DO DIREITO

Neste tópico, o candidato deverá expor a argumentação jurídica, seguindo-se um raciocínio silogístico, a partir do esquema de paragrafação abaixo reproduzido:

Introdução ao dispositivo legal (da tese)

Dispositivo legal (da tese)

Fato

Doutrina

Jurisprudência

Conclusão

Note a sugestão de paragrafação neste tópico:

Introdução ao dispositivo legal (da tese) – Parágrafo 1

Dispositivo legal (da tese) – citação – Parágrafo 2

Explicação da tese – Parágrafo 3

Explicação da tese – Parágrafo 4

Explicação da tese – Parágrafo 5

Fato (adequação ao problema) – Parágrafo 6

Doutrina – Parágrafo 7

Jurisprudência – Parágrafo 8

Conclusão – Parágrafo 9

DO PEDIDO

Em face do exposto, requer seja o presente recurso recebido e provido para reformar o respeitável acórdão, prolatado pela Colenda Turma do Tribunal "a quo".

Neste tópico, o candidato deverá expor apenas o pedido para recebimento e provimento do recurso.

Encerrados os pedidos, que, preferencialmente, o examinando deverá prestar atenção a algumas frases de finalização do petitório. São elas, nos passos seguintes:

8º Passo: a frase de finalização que faz menção à frase "Nesses termos, pede deferimento"

Nesses termos,

pede deferimento.

Após a indicação da frase em epígrafe, afeta ao valor da causa, encerra-se o petitório. Esta conhecida finalização, que existe ao lado de outras possíveis – *v.g.*, "termos em que, pede deferimento." –, avoca dados gramaticais bem interessantes:

DICAS!

(a) prefira a expressão "nesses termos" à forma "nestes termos". Recomenda-se, no uso dos pronomes demonstrativos, que se use o pronome "nesse" no lugar de "neste", quando se quer fazer menção àquilo que já foi dito, a argumentos já exteriorizados, o que de fato acontece na petição, quando se está na iminência do término. O pronome "este" servirá para afirmar aquilo que se quer dizer (Este é o argumento: minha ideia é...);

(b) a vírgula é obrigatória após o adjunto adverbial antecipado "nesses termos". Portanto, memorize: "nesses termos (,)...";

(c) tenho insistido bastante em sala de aula, a meus alunos de OAB, que a oração "pede deferimento" deve ser grafada por extenso, evitando-se, assim, a forma abreviada "p. deferimento". A abreviação usada é imprópria e produto de praxe condenável.

9º Passo: a frase de finalização que faz menção ao local e data

Local ... e data ...

Pode-se discriminar a forma genérica "Local ... e data ..." ou, se preferir, escrever o local e a data respectiva, por exemplo, "São Paulo, 23 de fevereiro de 2010".

ATENÇÃO!

Todavia, em homenagem à cautela, não se recomenda qualquer espécie de identificação na prova, e a indicação de cidade alfa ou beta, por exemplo, pode servir como pretexto à Banca para uma possível configuração de "identificação de prova", podendo ser conferida nota zero ao trabalho. Assim, a forma genérica é mais indicada.

10º Passo: a frase de finalização que faz menção ao "risco da assinatura"

____

ADVOGADO ...

OAB nº ...

ATENÇÃO!

Finaliza-se o trabalho apenas com o tal "risco da assinatura", devendo-se acompanhá-lo da expressão "ADVOGADO...". Não se pode identificar a prova com o nome do candidato. É motivo mais do que suficiente para "zerar" o trabalho. Assim, termine da forma recomendada, com total impessoalidade. Certamente, os responsáveis, na sala de prova, haverão de proceder à devida identificação do candidato, nos documentos oficiais pertinentes.

11º Passo: Endereço para notificações

Endereço do escritório dos advogados para intimações: ...

DICA!

Tal requisito pode opcionalmente ser informado no preâmbulo da peça ou ao final, mas é importante deixar claro que o mesmo foi atendido.

12.6 QUADRO SINÓTICO

RECURSO ORDINÁRIO	
Cabimento	Em face de decisões denegatórias prolatadas pelos Tribunais, como instância originária ou em face de decisões denegatórias prolatadas pelos Tribunais Superiores, como instância única, quando do julgamento de mandado de segurança, *habeas data* e mandados de injunção. Ou em face de decisões que julgam processos em que forem partes, de um lado, Estado estrangeiro ou organismo internacional e, de outro, Município ou pessoa residente ou domiciliada no País.
Prazo	15 dias
Resposta	Contrarrazões (art. 1.027 do CPC)
Embasamento	Art. 1.027 do CPC
Partes	Recorrente/Recorrida
Competência	Tribunal que emanou a decisão denegatória ou que julgou o processo em que forem partes, de um lado, Estado estrangeiro ou organismo internacional e, de outro, Município ou pessoa residente ou domiciliada no País.
Juiz	a) Quando a decisão denegatória for prolatada pelos Tribunais Superiores: Excelentíssimo Senhor Doutor Presidente do Egrégio Supremo Tribunal Federal b) Nas demais situações: Excelentíssimo Senhor Doutor Presidente do Egrégio Superior Tribunal de Justiça
Polo passivo	União/Estado de/Distrito Federal/Município de/Organismo Internacional/Diretor do Departamento de Rendas Imobiliárias (IPTU/ITBI, Contribuição de Melhoria)/Diretor do Departamento de Rendas Mobiliárias (ISS)/Diretor da Secretaria de Arrecadação do Estado/Tributos federais/Inspetor da Receita Federal do Brasil (Impostos aduaneiros: II e IE)/Delegado da Receita Federal do Brasil (Impostos não aduaneiros)/Pessoa residente ou domiciliada no País.
Petição	Dos Fatos Do Direito (artigo + fato + doutrina + jurisprudência + conclusão) Do Pedido
Do pedido	"Ex positis", requer o provimento do presente recurso, com vistas a reformar o v. acórdão.

13 Recurso Especial

13.1 EMBASAMENTO

Os fundamentos jurídicos do recurso especial são os arts. 105, III, da Constituição Federal e 1.029 do Código de Processo Civil. Trata-se de recurso cabível contra acórdão proferido pelos Tribunais de Justiça ou pelos Tribunais Regionais Federais que a) contrariar tratado ou lei federal, ou negar-lhes vigência; b) julgar válido ato de governo local contestado em face de lei federal; c) der a lei federal interpretação divergente da que lhe haja atribuído outro tribunal.

De acordo com o art. 1.029 do CPC, o recurso especial deve ser interposto perante o presidente ou o vice-presidente do tribunal recorrido, em petição que conterá: I - a exposição do fato e do direito; II - a demonstração do cabimento do recurso interposto e III - as razões do pedido de reforma ou de invalidação da decisão recorrida.

Destaca-se que o recurso só poderá ser recebido em seu efeito devolutivo. Contudo, de acordo com o art. 1.029, § 5º, o recorrente poderá requerer a concessão do efeito suspensivo, em requerimento dirigido ao tribunal superior respectivo, no período compreendido entre a publicação da decisão de admissão do recurso e sua distribuição, ficando o relator designado para seu exame prevento para julgá-lo; ao relator, se já distribuído o recurso; ou ao presidente ou ao vice-presidente do tribunal recorrido, no período compreendido entre a interposição do recurso e a publicação da decisão de admissão do recurso, assim como no caso de o recurso ter sido sobrestado, nos termos do art. 1.037 do CPC.

13.2 FINALIDADE

O recurso especial tem por finalidade modificar acórdão prolatado em última instância, com base em argumentos jurídicos ou fáticos, em respeito ao princípio do duplo grau de jurisdição.

13.3 PARTICULARIDADES

a) *O prazo para interposição do recurso:* o prazo para interposição do recurso especial é de 15 dias, assim como o prazo para resposta via contrarrazões;

b) *O nome da resposta ao recurso:* a resposta a ser apresentada pelo apelado denomina-se contrarrazões;

c) *A peça de interposição:* como o juízo de admissibilidade do recurso especial é feito em segunda instância, é obrigatória a apresentação, em folha separada das razões recursais, de uma peça de interposição para a instância inferior dirigida ao presidente ou vice-presidente do tribunal que proferiu o acórdão e a apresentação das razões recursais, em folha separada da peça de interposição, dirigida ao Superior Tribunal de Justiça.

13.4 UMA APRESENTAÇÃO SIMPLIFICADA DO RECURSO ESPECIAL

Excelentíssimo Senhor Doutor Desembargador Presidente do Egrégio Tribunal de Justiça de ...

(*espaço de cinco linhas*)

Processo nº ...

NOME DA RECORRENTE, já devidamente qualificada, por meio de seu advogado e bastante procurador, que esta subscreve, com escritório no endereço ..., onde deverá receber as futuras intimações, vem, dentro do prazo de quinze dias da publicação do acórdão, respeitosamente, à presença de Vossa Excelência, com fulcro no artigo 1.029 do Código de Processo Civil, interpor RECURSO ESPECIAL em face do NOME DO RECORRIDO, já devidamente qualificado, de acordo com as razões recursais anexas.

Desde já, requer a intimação do NOME DO RECORRIDO para, em querendo, apresentar contrarrazões, nos termos do artigo 1.030 do Código de Processo Civil, bem como, requer a juntada dos inclusos comprovantes de recolhimento das custas processuais e o recebimento do recurso em seu efeito devolutivo, remetendo-se, então, os autos para a instância superior.

Nesses termos,

pede deferimento.

Local ... e data ...

____

ADVOGADO ...

OAB nº ...

Endereço do escritório dos advogados para intimações: ...

RAZÕES RECURSAIS

NOME DO RECORRENTE ...
NOME DO RECORRIDO ...
PROCESSO Nº ...
Egrégio Superior Tribunal de Justiça,
Colenda Turma,
Ínclitos Julgadores,

DOS FATOS

(...)

DO DIREITO

(...)

DO PEDIDO

Em face do exposto, requer seja o presente recurso recebido e provido para reformar o respeitável acórdão prolatado pela Colenda Turma do Tribunal "a quo".

Nesses termos,

pede deferimento.

Local ... e data ...

____

ADVOGADO ...

OAB nº ...

Endereço do escritório dos advogados para intimações: ...

13.5 UM MODELO, PASSO A PASSO

"Excelentíssimo Senhor Doutor Desembargador Presidente do Tribunal de Justiça de ...;" [de onde?].

1º Passo: Excelentíssimo Senhor Doutor (...)

DICA!

Esta é a forma solene que deverá constar do endereçamento da peça de interposição. Recomenda-se evitar as abreviações dos pronomes, prejudicando a estética do petitório. Assim, não utilize "Exmo. Sr. Dr. (...)", preferindo a forma indicada.

2º Passo: (...) Desembargador Presidente (...)

Nos casos de tributos federais, a competência será do Tribunal Regional Federal. Tratando-se de tributos municipais e estaduais, a competência será do Tribunal de Justiça.

3º Passo: (...) [de onde?]

A peça de interposição deve ser dirigida ao tribunal do Estado onde foi proferido o acórdão.

4º Passo: O parágrafo introdutório

NOME DA RECORRENTE, já devidamente qualificada, por meio de seu advogado e bastante procurador, que esta subscreve, com escritório no endereço ..., onde deverá receber as futuras intimações, vem, dentro do prazo de quinze dias da publicação do acórdão, respeitosamente, à presença de Vossa Excelência, com fulcro no artigo 1.029 do Código de Processo Civil, interpor RECURSO ESPECIAL em face do NOME DO RECORRIDO, já devidamente qualificado, de acordo com as razões recursais anexas.

5º Passo: o nome da ação

RECURSO ESPECIAL

DICA!

O nome do recurso deve estar bem visível no caderno de prova, a fim de facilitar a identificação da peça pelo corretor da Banca examinadora.

6º Passo: (...) em face do NOME DO RECORRIDO (...)

O polo passivo do recurso será ocupado pelo ente político parte contrária na ação originária.

7º Passo: "Das Razões Recursais"

DOS FATOS

Neste tópico, deve-se fazer a narrativa, ou seja, a descrição sucinta do fato, atendo-se aos elementos concretos extraídos do problema, sem proceder à criação de dados ou informações.

DO DIREITO

Neste tópico, o candidato deverá expor a argumentação jurídica, seguindo-se um raciocínio silogístico, a partir do esquema de paragrafação abaixo reproduzido:

Introdução ao dispositivo legal (da tese)

Dispositivo legal (da tese)

Fato

Doutrina

Jurisprudência

Conclusão

Note a sugestão de paragrafação neste tópico:

Introdução ao dispositivo legal (da tese) - Parágrafo 1

Dispositivo legal (da tese) - citação - Parágrafo 2

Explicação da tese - Parágrafo 3

Explicação da tese - Parágrafo 4

Explicação da tese - Parágrafo 5

Fato (adequação ao problema) - Parágrafo 6

Doutrina - Parágrafo 7

Jurisprudência - Parágrafo 8

Conclusão - Parágrafo 9

DO PEDIDO

Em face do exposto, requer seja o presente recurso recebido e provido para reformar o respeitável acórdão prolatado pela Colenda Turma do Tribunal "a quo".

Neste tópico, o candidato deverá expor apenas o pedido para recebimento e provimento do recurso.

Encerrados os pedidos, que, preferencialmente, o examinando deverá prestar atenção a algumas frases de finalização do petitório. São elas, nos passos seguintes:

8º Passo: a frase de finalização que faz menção à frase "Nesses termos, pede deferimento"

Nesses termos,

pede deferimento.

Após a indicação da frase em epígrafe, afeta ao valor da causa, encerra-se o petitório. Esta conhecida finalização, que existe ao lado de outras possíveis - *v.g.*, "termos em que, pede deferimento." -, avoca dados gramaticais bem interessantes:

DICA!

(a) prefira a expressão "nesses termos" à forma "nestes termos". Recomenda-se, no uso dos pronomes demonstrativos, que se use o pronome "nesse" no lugar de "neste", quando se quer fazer menção àquilo que já foi dito, a argumentos já exteriorizados, o que de fato acontece na petição, quando se está na iminência do término. O pronome "este" servirá para afirmar aquilo que se quer dizer (Este é o argumento: minha ideia é...);

(b) a vírgula é obrigatória após o adjunto adverbial antecipado "nesses termos". Portanto, memorize: "nesses termos (,)...";

(c) tenho insistido bastante em sala de aula, a meus alunos de OAB, que a oração "pede deferimento" deve ser grafada por extenso, evitando-se, assim, a forma abreviada "p. deferimento". A abreviação usada é imprópria e produto de praxe condenável.

9º Passo: a frase de finalização que faz menção ao local e data

Local ... e data ...

Pode-se discriminar a forma genérica "Local ... e data ..." ou, se preferir, escrever o local e a data respectiva, por exemplo, "São Paulo, 23 de fevereiro de 2010".

ATENÇÃO!

Todavia, em homenagem à cautela, não se recomenda qualquer espécie de identificação na prova, e a indicação de cidade alfa ou beta, por exemplo, pode servir como pretexto à Banca para uma possível configuração de "identificação de prova", podendo ser conferida nota zero ao trabalho. Assim, a forma genérica é mais indicada.

10º Passo: a frase de finalização que faz menção ao "risco da assinatura"

____

ADVOGADO ...

OAB nº ...

ATENÇÃO!

Finaliza-se o trabalho apenas com o tal "risco da assinatura", devendo-se acompanhá-lo da expressão "ADVOGADO...". Não se pode identificar a prova com o nome do candidato. É motivo mais do que suficiente para "zerar" o trabalho. Assim, termine da forma recomendada, com total impessoalidade. Certamente, os responsáveis, na sala de prova, haverão de proceder à devida identificação do candidato, nos documentos oficiais pertinentes.

11º Passo: Endereço para notificações

Endereço do escritório dos advogados para intimações: ...

DICA!

Tal requisito pode opcionalmente ser informado no preâmbulo da peça ou ao final, mas é importante deixar claro que o mesmo foi atendido.

13.6 QUADRO SINÓTICO

Recurso Especial	
Cabimento	Em face de decisões prolatadas, em única ou última instância, pelos Tribunais Regionais Federais ou pelos tribunais dos Estados, do Distrito Federal e Territórios, quando a decisão recorrida: a) contrariar tratado ou lei federal, ou negar-lhes vigência; b) julgar válido ato de governo local contestado em face de lei federal; c) der à lei federal interpretação divergente da que lhe haja atribuído outro tribunal.
Prazo	15 dias
Resposta	Contrarrazões (art. 1.030 do CPC)
Embasamento	Art. 105, III, "a", "b" ou "c" da CF e art. 1.029 do CPC
Partes	Recorrente/Recorrida
Competência	Juízo que julgou a demanda em segundo grau
Endereçamento da Peça de Interposição	a) Tributos estaduais e municipais: Excelentíssimo Senhor Doutor Desembargador Presidente do Egrégio Tribunal de Justiça de ... b) Tributos federais: Excelentíssimo Senhor Doutor Desembargador Presidente do Egrégio Tribunal Regional Federal da ... Região
Endereçamento das razões recursais	Egrégio Superior Tribunal de Justiça Colenda Turma Ínclitos Julgadores
Polo passivo	União/Estado de/Distrito Federal/Município de/Diretor do Departamento de Rendas Imobiliárias (IPTU/ITBI, Contribuição de Melhoria)/Diretor do Departamento de Rendas Mobiliárias (ISS)/Diretor da Secretaria de Arrecadação do Estado/ Tributos federais/ Inspetor da Receita Federal do Brasil (Impostos aduaneiros: II e IE)/Delegado da Receita Federal do Brasil (Impostos não aduaneiros).
Peça de interposição	Requerimento para intimação do apelado para apresentação de contrarrazões Requerimento para juntada dos comprovantes de pagamento das custas processuais

Recurso Especial	
Peça de interposição	Requerimento de recebimento do recurso em seu duplo efeito, remetendo-se os autos à instância superior para regular processamento
Razões recursais	Do Prequestionamento Dos Fatos Do Direito (artigo + fato + doutrina + jurisprudência + conclusão) Do Pedido
Do pedido	"Ex positis", requer o provimento do presente recurso, com vistas a reformar o v. acórdão, afastando-se...

14 Recurso Extraordinário

14.1 EMBASAMENTO

Os fundamentos jurídicos do Recurso Extraordinário são os arts. 102, III, da Constituição Federal e 1.029 do Código de Processo Civil. Trata-se de recurso cabível nas causas decididas em única ou última instância que a) contrariar dispositivo da Constituição Federal; b) declarar inconstitucionalidade de tratado ou lei federal; c) julgar válida lei ou ato de governo local contestado em face da Constituição Federal; d) julgar válida lei local contestada em face de lei federal.

De acordo com o art. 1.029 do CPC, o recurso extraordinário deve ser interposto perante o presidente ou o vice-presidente do tribunal recorrido, em petição que conterá: I - a exposição do fato e do direito; II - a demonstração do cabimento do recurso interposto; e III - as razões do pedido de reforma ou de invalidação da decisão recorrida.

Destaca-se que o recurso só poderá ser recebido em seu efeito devolutivo. Contudo, de acordo com o art. 1.029, § 5º, o recorrente poderá requerer a concessão do efeito suspensivo, em requerimento dirigido ao Supremo Tribunal Federal, no período compreendido entre a publicação da decisão de admissão do recurso e sua distribuição, ficando o relator designado para seu exame prevento para julgá-lo; ao relator, se já distribuído o recurso; ou ao presidente ou ao vice-presidente do tribunal recorrido, no período compreendido entre a interposição do recurso e a publicação da decisão de admissão do recurso, assim como no caso de o recurso ter sido sobrestado, nos termos do art. 1.037 do CPC.

14.2 FINALIDADE

O recurso extraordinário tem por finalidade modificar acórdão prolatado em última instância, com base em argumentos jurídicos ou fáticos, em respeito ao princípio do duplo grau de jurisdição.

14.3 PARTICULARIDADES

a) *O prazo para interposição do recurso:* o prazo para interposição do recurso extraordinário é de 15 dias, assim como o prazo para resposta via contrarrazões;

b) *O nome da resposta ao recurso:* a resposta a ser apresentada pelo apelado denomina-se contrarrazões;

c) *A peça de interposição:* como o juízo de admissibilidade do recurso extraordinário é feito em segunda instância, é obrigatória a apresentação, em folha separada das razões recursais, de uma peça de interposição para a instância inferior dirigida ao presidente ou vice-presidente do tribunal que proferiu o acórdão e a apresentação das razões recursais, em folha separada da peça de interposição, dirigida ao Supremo Tribunal Federal.

d) *Repercussão geral*: de acordo com o art. 102, § 3º, da CF e com o art. 1.035 do CPC, em sede de recurso extraordinário, caberá ao recorrente demonstrar a existência de repercussão geral da matéria alegada no recurso. Considera-se de repercussão geral, a matéria que possui questões relevantes do ponto de vista econômico, social ou jurídico, que ultrapassem os interesses das partes do processo. Ressalta-se que, de acordo com o art. 1.035, § 3º, do CPC, haverá repercussão geral sempre que o recurso impugnar acórdão que: a) contrarie súmula ou jurisprudência dominante do STF; ou b) tenha reconhecido a inconstitucionalidade de tratado ou de lei federal, nos termos do art. 97 da CF.

14.4 UMA APRESENTAÇÃO SIMPLIFICADA DO RECURSO EXTRAORDINÁRIO

Excelentíssimo Senhor Doutor Desembargador Presidente do Egrégio Tribunal de Justiça de ...

(*espaço de cinco linhas*)

Processo nº ...

NOME DA RECORRENTE, já devidamente qualificada, por meio de seu advogado e bastante procurador, que esta subscreve, com escritório no endereço ..., onde deverá receber as futuras intimações, vem, dentro do prazo de quinze dias da publicação do acórdão, respeitosamente, à presença de Vossa Excelência, com fulcro no artigo 1.029 do Código de Processo Civil, interpor RECURSO EXTRAORDINÁRIO em face do NOME DO RECORRIDO, já devidamente qualificado, de acordo com as razões recursais anexas.

Desde já, requer a intimação do NOME DO RECORRIDO para, em querendo, apresentar contrarrazões, nos termos do artigo 1.030 do Código de Processo Civil, bem como, requer a juntada dos inclusos comprovantes de recolhimento das custas processuais e o recebimento do recurso em seu efeito devolutivo, remetendo-se, então, os autos para a instância superior.

Nesses termos,

pede deferimento.

Local ... e data ...

____

ADVOGADO ...

OAB nº ...

Endereço do escritório dos advogados para intimações: ...

RAZÕES RECURSAIS

NOME DO RECORRENTE ...

NOME DO RECORRIDO ...

PROCESSO Nº ...

Egrégio Supremo Tribunal Federal,

Colenda Turma,

Ínclitos Julgadores,

DOS FATOS

(...)

DA REPERCUSSÃO GERAL

(...)

DO DIREITO

(...)

DO PEDIDO

Em face do exposto, requer seja o presente recurso recebido e provido para reformar o respeitável acórdão prolatado pela Colenda Turma do Tribunal "a quo".

Nesses termos,

pede deferimento.

Local ... e data ...

____

```
ADVOGADO ...
OAB nº ...
```

```
Endereço do escritório dos advogados para intimações: ...
```

14.5 UM MODELO, PASSO A PASSO

"Excelentíssimo Senhor Doutor Desembargador Presidente do Tribunal de Justiça de ...;" [de onde?].

1º Passo: Excelentíssimo Senhor Doutor (...)

> **DICA!**
>
> Esta é a forma solene que deverá constar do endereçamento da peça de interposição. Recomenda-se evitar as abreviações dos pronomes, prejudicando a estética do petitório. Assim, não utilize "Exmo. Sr. Dr. (...)", preferindo a forma indicada.

2º Passo: (...) Desembargador Presidente (...)

Nos casos de tributos federais, a competência será do Tribunal Regional Federal. Tratando-se de tributos municipais e estaduais, a competência será do Tribunal de Justiça.

3º Passo: (...) [de onde?]

A peça de interposição deve ser dirigida ao tribunal do Estado onde foi proferido o acórdão.

4º Passo: O parágrafo introdutório

NOME DA RECORRENTE, já devidamente qualificada, por meio de seu advogado e bastante procurador, que esta subscreve, com escritório no endereço ..., onde deverá receber as futuras intimações, vem, dentro do prazo de quinze dias da publicação do acórdão, respeitosamente, à presença de Vossa Excelência, com fulcro no artigo 1.029 do Código de Processo Civil, interpor RECURSO EXTRAORDINÁRIO em face do NOME DO RECORRIDO, já devidamente qualificado, de acordo com as razões recursais anexas.

5º Passo: o nome da ação

RECURSO EXTRAORDINÁRIO

> **DICA!**
>
> O nome do recurso deve estar bem visível no caderno de prova, a fim de facilitar a identificação da peça pelo corretor da Banca examinadora.

6º Passo: (...) em face do NOME DO RECORRIDO (...)

O polo passivo do recurso será ocupado pelo ente político parte contrária na ação originária.

7º Passo: "Das Razões Recursais"

DOS FATOS

Neste tópico, deve-se fazer a narrativa, ou seja, a descrição sucinta do fato, atendo-se aos elementos concretos extraídos do problema, sem proceder à criação de dados ou informações.

DA REPERCUSSÃO GERAL

Explicar a repercussão geral da matéria ventilada no recurso, ou seja, apontar que a matéria alegada possui questões relevantes do ponto de vista econômico, social ou jurídico, que ultrapassem os interesses das partes do processo, nos termos do art. 102, § 3º, da CF.

DO DIREITO

Neste tópico, o candidato deverá expor a argumentação jurídica, seguindo-se um raciocínio silogístico, a partir do esquema de paragrafação abaixo reproduzido:

Introdução ao dispositivo legal (da tese)

Dispositivo legal (da tese)

Fato

Doutrina

Jurisprudência

Conclusão

Note a sugestão de paragrafação neste tópico:

Introdução ao dispositivo legal (da tese) – Parágrafo 1

Dispositivo legal (da tese) – citação – Parágrafo 2

Explicação da tese – Parágrafo 3

Explicação da tese – Parágrafo 4

Explicação da tese – Parágrafo 5

Fato (adequação ao problema) – Parágrafo 6

Doutrina – Parágrafo 7

Jurisprudência – Parágrafo 8

Conclusão – Parágrafo 9

DO PEDIDO

Em face do exposto, requer seja o presente recurso recebido e provido para reformar o respeitável acórdão prolatado pela Colenda Turma do Tribunal "a quo".

Neste tópico, o candidato deverá expor apenas o pedido para recebimento e provimento do recurso.

Encerrados os pedidos, que, preferencialmente, o examinando deverá prestar atenção a algumas frases de finalização do petitório. São elas, nos passos seguintes:

8º Passo: a frase de finalização que faz menção à frase "Nesses termos, pede deferimento"

Nesses termos,

pede deferimento.

Após a indicação da frase em epígrafe, afeta ao valor da causa, encerra-se o petitório. Esta conhecida finalização, que existe ao lado de outras possíveis - *v.g.*, "termos em que, pede deferimento" –, avoca dados gramaticais bem interessantes:

DICA!

(a) prefira a expressão "nesses termos" à forma "nestes termos". Recomenda-se, no uso dos pronomes demonstrativos, que se use o pronome "nesse" no lugar de "neste", quando se quer fazer menção àquilo que já foi dito, a argumentos já exteriorizados, o que de fato acontece na petição, quando se está na iminência do término. O pronome "este" servirá para afirmar aquilo que se quer dizer (Este é o argumento: minha ideia é...);

(b) a vírgula é obrigatória após o adjunto adverbial antecipado "nesses termos". Portanto, memorize: "nesses termos (,)...";

(c) tenho insistido bastante em sala de aula, a meus alunos de OAB, que a oração "pede deferimento" deve ser grafada por extenso, evitando-se, assim, a forma abreviada "p. deferimento". A abreviação usada é imprópria e produto de praxe condenável.

9º Passo: a frase de finalização que faz menção ao local e data

Local ... e data ...

Pode-se discriminar a forma genérica "Local ... e data ..." ou, se preferir, escrever o local e a data respectiva, por exemplo, "São Paulo, 23 de fevereiro de 2010".

ATENÇÃO!

Todavia, em homenagem à cautela, não se recomenda qualquer espécie de identificação na prova, e a indicação de cidade alfa ou beta, por exemplo, pode servir como pretexto à Banca para uma possível configuração de "identificação de prova", podendo ser conferida nota zero ao trabalho. Assim, a forma genérica é mais indicada.

10º Passo: a frase de finalização que faz menção ao "risco da assinatura"

____

ADVOGADO ...

OAB nº ...

ATENÇÃO!

Finaliza-se o trabalho apenas com o tal "risco da assinatura", devendo-se acompanhá-lo da expressão "ADVOGADO...". Não se pode identificar a prova com o nome do candidato. É motivo mais do que suficiente para "zerar" o trabalho. Assim, termine da forma recomendada, com total impessoalidade. Certamente, os responsáveis, na sala de prova, haverão de proceder à devida identificação do candidato, nos documentos oficiais pertinentes.

11º Passo: Endereço para notificações

Endereço do escritório dos advogados para intimações: ...

DICA!

Tal requisito pode opcionalmente ser informado no preâmbulo da peça ou ao final, mas é importante deixar claro que o mesmo foi atendido.

14.6 QUADRO SINÓTICO

Recurso Extraordinário	
Cabimento	Em face de decisões prolatadas, em única ou última instância, quando a decisão recorrida: a) contraria dispositivo constitucional; b) declara a inconstitucionalidade de tratado ou lei federal; c) julga válida lei ou ato de governo local contestado em face da Constituição; d) julga válida lei local contestada em face de lei federal.
Prazo	15 dias

Recurso Extraordinário	
Resposta	Contrarrazões (art. 1.030 do CPC)
Embasamento	Art. 102, III, "a", "b" ou "c" da CF e art. 1.029 do CPC
Partes	Recorrente/Recorrida
Competência	Juízo que julgou a demanda em segundo grau
Endereçamento da Peça de Interposição	a) Tributos estaduais e municipais: Excelentíssimo Senhor Doutor Desembargador Presidente do Egrégio Tribunal de Justiça de ... b) Tributos federais: Excelentíssimo Senhor Doutor Desembargador Presidente do Egrégio Tribunal Regional Federal da ... Região c) Demandas julgadas pelos Tribunais Superiores: Excelentíssimo Senhor Doutor Ministro Presidente do Egrégio Superior Tribunal...
Endereçamento das razões recursais	Egrégio Supremo Tribunal Federal Colenda Turma Ínclitos Julgadores
Polo passivo	União/Estado de/Distrito Federal/Município de/Diretor do Departamento de Rendas Imobiliárias (IPTU/ITBI, Contribuição de Melhoria)/Diretor do Departamento de Rendas Mobiliárias (ISS)/Diretor da Secretaria de Arrecadação do Estado/Tributos federais/Inspetor da Receita Federal do Brasil (Impostos aduaneiros: II e IE)/Delegado da Receita Federal do Brasil (Impostos não aduaneiros).
Peça de interposição	Requerimento para intimação do apelado para apresentação de contrarrazões Requerimento para juntada dos comprovantes de pagamento das custas processuais Requerimento de recebimento do recurso em seu duplo efeito, remetendo-se os autos à instância superior para regular processamento
Razões recursais	Do Prequestionamento Da Repercussão Geral (art. 1.035 do CPC) Dos Fatos Do Direito (artigo + fato + doutrina + jurisprudência + conclusão) Do Pedido
Do pedido	"Ex positis", requer o provimento do presente recurso, com vistas a reformar o v. acórdão, afastando-se...

15 Embargos de Divergência

15.1 EMBASAMENTO

A previsão básica do recurso de embargos de divergência é o art. 1.043 do Código de Processo Civil. Trata-se de recurso cabível contra acórdão fracionário que I - em recurso extraordinário ou em recurso especial, divergir do julgamento de qualquer outro órgão do mesmo tribunal, sendo os acórdãos, embargado e paradigma, de mérito; ou II - em recurso extraordinário ou em recurso especial, divergir do julgamento de qualquer outro órgão do mesmo tribunal, sendo um acórdão de mérito e outro que não tenha conhecido do recurso, embora tenha apreciado a controvérsia.

No recurso de embargos de divergência, será observado o procedimento estabelecido no regimento interno do respectivo tribunal superior, sendo que a interposição de embargos de divergência no Superior Tribunal de Justiça interrompe o prazo para interposição de recurso extraordinário por qualquer das partes.

15.2 FINALIDADE

O recurso de embargos de divergência tem por finalidade unificar a jurisprudência dos tribunais superiores, superando divergência de entendimento entre as turmas julgadoras.

15.3 PARTICULARIDADES

a) *O prazo para interposição do recurso:* o prazo para interposição do recurso de embargos de divergência é de 15 dias;

b) *A peça de interposição:* a interposição do recurso de embargos de divergência é feita ao relator do acórdão fracionário recorrido, deve-se, primeiro, apresentar uma peça de interposição dirigida ao Relator do recurso combatido e, na folha seguinte, as razões recursais, dirigidas ao órgão colegiado.

15.4 UMA APRESENTAÇÃO SIMPLIFICADA DOS EMBARGOS DE DIVERGÊNCIA

Excelentíssimo Senhor Doutor Ministro Relator ...

(*espaço de cinco linhas*)

Processo nº ...

NOME DA EMBARGANTE, já devidamente qualificada, por meio de seu advogado e bastante procurador, que esta subscreve, com escritório no endereço ..., onde deverá receber as futuras intimações, vem, dentro do prazo de quinze dias da publicação do acórdão, respeitosamente, à presença de Vossa Excelência, com fulcro no artigo 1.043 do Código de Processo Civil, opor EMBARGOS DE DIVERGÊNCIA em face do NOME DO EMBARGADO, já devidamente qualificado, de acordo com as razões recursais anexas.

Desde já, requer o recebimento do recurso em seu efeito devolutivo, remetendo-se, então, os autos para o órgão colegiado.

Nesses termos,

pede deferimento.

Local ... e data ...

____

ADVOGADO ...

OAB nº ...

Endereço do escritório dos advogados para intimações: ...

RAZÕES RECURSAIS

NOME DO EMBARGANTE ...

NOME DO EMBARGADO ...

PROCESSO Nº ...

Egrégio Supremo Tribunal Federal (ou Superior Tribunal de Justiça),

Colenda Turma,

Ínclitos Julgadores,

DOS FATOS

(...)

DO DIREITO

(...)

DO PEDIDO

Em face do exposto, requer seja o presente recurso recebido e provido para reformar o respeitável acórdão recorrido e unificar a jurisprudência deste Tribunal.

Nesses termos,

pede deferimento.

Local ... e data ...

____

ADVOGADO ...

OAB nº ...

Endereço do escritório dos advogados para intimações: ...

15.5 UM MODELO, PASSO A PASSO

"Excelentíssimo Senhor Doutor Ministro Relator ...;" [de onde?].

1º Passo: Excelentíssimo Senhor Doutor (...)

DICA!

Esta é a forma solene que deverá constar do endereçamento da peça de interposição. Recomenda-se evitar as abreviações dos pronomes, prejudicando a estética do petitório. Assim, não utilize "Exmo. Sr. Dr. (...)", preferindo a forma indicada.

2º Passo: (...) Ministro Relator (...)

Neste caso, o Ministro poderá ser do Superior Tribunal de Justiça ou do Supremo Tribunal Federal.

3º Passo: O parágrafo introdutório

NOME DA EMBARGANTE,

Já devidamente qualificada, por meio de seu advogado e bastante procurador, que esta subscreve, com escritório no endereço ..., onde deverá receber as futuras intimações, vem, dentro do prazo de quinze dias da publicação do acórdão, respeitosamente, à presença de Vossa Excelência, com fulcro no artigo 1.043 do Código de Processo Civil, opor EMBARGOS DE DIVERGÊNCIA em face do NOME DO EMBARGADO, já devidamente qualificado, de acordo com as razões recursais anexas.

Pedimos atenção às regras de gramática que normalmente são desobedecidas na confecção desse parágrafo, das quais se falou no capítulo anterior.

4º Passo: o nome da ação

RECURSO DE EMBARGOS DE DIVERGÊNCIA

DICA!

O nome do recurso deve estar bem visível no caderno de prova, a fim de facilitar a identificação da peça pelo corretor da Banca examinadora.

5º Passo: (...) em face do NOME DO EMBARGADO (...)

O polo passivo do recurso será ocupado pelo Réu da ação originária.

6º Passo: "Das Razões Recursais"

DOS FATOS

Neste tópico, deve-se fazer a narrativa, ou seja, a descrição sucinta do fato, atendo-se aos elementos concretos extraídos do problema, sem proceder à criação de dados ou informações.

DO DIREITO

Neste tópico, o candidato deverá expor a argumentação jurídica, seguindo-se um raciocínio silogístico, a partir do esquema de paragrafação abaixo reproduzido:

Introdução ao dispositivo legal (da tese)

Dispositivo legal (da tese)

Fato

Doutrina

Jurisprudência

Conclusão

Note a sugestão de paragrafação neste tópico:

Introdução ao dispositivo legal (da tese) – Parágrafo 1

Dispositivo legal (da tese) – citação – Parágrafo 2

Explicação da tese – Parágrafo 3

Explicação da tese – Parágrafo 4

Explicação da tese – Parágrafo 5

Fato (adequação ao problema) – Parágrafo 6

Doutrina – Parágrafo 7

Jurisprudência – Parágrafo 8

Conclusão – Parágrafo 9

DO PEDIDO

Em face do exposto, requer seja o presente recurso recebido e provido para reformar o respeitável acórdão prolatado pela Colenda Turma deste Egrégio Tribunal.

Neste tópico, o candidato deverá expor apenas o pedido para recebimento e provimento do recurso.

Encerrados os pedidos, que, preferencialmente, o examinando deverá prestar atenção a algumas frases de finalização do petitório. São elas, nos passos seguintes:

7º Passo: a frase de finalização que faz menção à frase "Nesses termos, pede deferimento"

Nesses termos,

pede deferimento.

Após a indicação da frase em epígrafe, afeta ao valor da causa, encerra-se o petitório. Esta conhecida finalização, que existe ao lado de outras possíveis - *v.g.*, "termos em que, pede deferimento." –, avoca dados gramaticais bem interessantes:

DICA!

(a) prefira a expressão "nesses termos" à forma "nestes termos". Recomenda-se, no uso dos pronomes demonstrativos, que se use o pronome "nesse" no lugar de "neste", quando se quer fazer menção àquilo que já foi dito, a argumentos já exteriorizados, o que de fato acontece na petição, quando se está na iminência do término. O pronome "este" servirá para afirmar aquilo que se quer dizer (Este é o argumento: minha ideia é...);

(b) a vírgula é obrigatória após o adjunto adverbial antecipado "nesses termos". Portanto, memorize: "nesses termos (,)...";

(c) tenho insistido bastante em sala de aula, a meus alunos de OAB, que a oração "pede deferimento" deve ser grafada por extenso, evitando-se, assim, a forma abreviada "p. deferimento". A abreviação usada é imprópria e produto de praxe condenável.

8º Passo: a frase de finalização que faz menção ao local e data

Local ... e data ...

Pode-se discriminar a forma genérica "Local ... e data ..." ou, se preferir, escrever o local e a data respectiva, por exemplo, "São Paulo, 23 de fevereiro de 2010".

ATENÇÃO!

Todavia, em homenagem à cautela, não se recomenda qualquer espécie de identificação na prova, e a indicação de cidade alfa ou beta, por exemplo, pode servir como pretexto à Banca para uma possível configuração de "identificação de prova", podendo ser conferida nota zero ao trabalho. Assim, a forma genérica é mais indicada.

9º Passo: a frase de finalização que faz menção ao "risco da assinatura"

____

ADVOGADO ...

OAB nº ...

ATENÇÃO!

Finaliza-se o trabalho apenas com o tal "risco da assinatura", devendo-se acompanhá-lo da expressão "ADVOGADO...". Não se pode identificar a prova com o nome do candidato. É motivo mais do que suficiente para "zerar" o trabalho. Assim, termine da forma recomendada, com total impessoalidade. Certamente, os responsáveis, na sala de prova, haverão de proceder à devida identificação do candidato, nos documentos oficiais pertinentes.

10º Passo: Endereço para notificações

Endereço do escritório dos advogados para intimações: ...

DICA!

Tal requisito pode opcionalmente ser informado no preâmbulo da peça ou ao final, mas é importante deixar claro que o mesmo foi atendido.

15.6 QUADRO SINÓTICO

Embargos de Divergência	
Cabimento	Em face de decisões prolatadas pelos Tribunais Superiores ou pelo STF, quando a decisão recorrida divergir do julgamento de qualquer outro órgão do mesmo tribunal, sendo os acórdãos, embargado e paradigma, de mérito ou de juízo de admissibilidade ou em sede de recurso extraordinário ou de recurso especial cuja decisão divergir do julgamento de qualquer outro órgão do mesmo tribunal, sendo um acórdão de mérito e outro que não tenha conhecido do recurso, embora tenha apreciado a controvérsia.

Embargos de Divergência	
Prazo	15 dias
Resposta	Contrarrazões (art. 1.043 do CPC)
Embasamento	Art. 1.043 do CPC
Partes	Embargante/Embargada
Competência	Juízo que julgou a demanda em segundo grau
Endereçamento da Peça de Interposição	Excelentíssimo Senhor Doutor Ministro Relator do Egrégio Superior Tribunal de Justiça Excelentíssimo Senhor Doutor Ministro Relator do Egrégio Supremo Tribunal Federal
Endereçamento das razões recursais	Egrégio Superior Tribunal de Justiça Colenda Turma Ínclitos Julgadores Egrégio Supremo Tribunal Federal Colenda Turma Ínclitos Julgadores
Polo passivo	União/Estado de/Distrito Federal/Município de/Diretor do Departamento de Rendas Imobiliárias (IPTU/ITBI, Contribuição de Melhoria)/Diretor do Departamento de Rendas Mobiliárias (ISS)/Diretor da Secretaria de Arrecadação do Estado/Tributos federais/Inspetor da Receita Federal do Brasil (Impostos aduaneiros: II e IE)/Delegado da Receita Federal do Brasil (Impostos não aduaneiros).
Peça de interposição	Requerimento para intimação do apelado para apresentação de contrarrazões Requerimento de recebimento do recurso em seu duplo efeito.
Razões recursais	Dos Fatos Do Direito (artigo + fato + doutrina + jurisprudência + conclusão) Do Pedido
Do pedido	"Ex positis", requer o provimento do presente recurso, com vistas a reformar o v. acórdão, afastando-se...

16 Controle Concentrado de Constitucionalidade

16.1 EMBASAMENTOS

As demandas que podem ser ajuizadas perante o Supremo Tribunal Federal para controle concentrado de constitucionalidade estão previstas nos seguintes dispositivos constitucionais: artigo 102, I, "a", artigo 102, § 1º, e artigo 103, § 2º. São elas: ação direta de inconstitucionalidade, ação direta de inconstitucionalidade por omissão, ação declaratória de constitucionalidade e arguição de descumprimento de preceito fundamental.

A ação direta de inconstitucionalidade, a ação direta de inconstitucionalidade por omissão e a ação declaratória de constitucionalidade foram disciplinadas pela Lei 9.868/99, e a arguição de descumprimento de preceito fundamental o foi pela Lei 9.882/99.

16.2 FINALIDADES

A ação direta de inconstitucionalidade tem por finalidade o controle de constitucionalidade de ato normativo de modo genérico e impessoal, surtindo efeitos *erga omnes* no ordenamento jurídico brasileiro. Atenção: de acordo com o STF (ADIn 594/DF), súmulas de jurisprudência não podem ser questionadas no STF por meio de controle concentrado.

A ação direta de inconstitucionalidade por omissão tem por propósito, como bem delimitado por Pedro Lenza, "combater uma doença chamada pela doutrina de 'síndrome de inefetividade das normas constitucionais'"[1]. Em outras palavras, a ação visa tornar uma norma constitucional efetiva.

Em terceiro, a ação declaratória de constitucionalidade objetiva declarar a constitucionalidade de lei ou ato normativo federal, ou seja, garante sua aplicação em território nacional, antecipando-se a eventual ADIn ou mesmo pedidos de inconstitucionalidade de modo difuso.

Por fim, a arguição de descumprimento de preceito fundamental, tem por objeto evitar ou reparar lesão a preceito fundamental, resultante de ato do Poder Público.

16.3 PARTICULARIDADES

a) *O controle concentrado de constitucionalidade e as medidas de urgência*: todas as quatro ações previstas na Constituição Federal para controle concentrado de constitucionalidade comportam medidas de caráter urgente. O candidato, no entanto, deve se atentar no sentido de que a ação direta de inconstitucionalidade, a ação direta de inconstitucionalidade por omissão e a ação declaratória de constitucionalidade permitem a chamada medida cautelar e a arguição de descumprimento de preceito fundamental autorizam a denominada medida liminar.

b) *A ação declaratória de constitucionalidade e a intimação do Advogado-Geral da União*: diferentemente das demais espécies de ações para controle concentrado de constitucionalidade, na ADC o candidato não deverá requerer a intimação do Advogado-Geral da União para manifestação sobre o mérito da ação.

16.4 UMA APRESENTAÇÃO SIMPLIFICADA DA PETIÇÃO INICIAL DA AÇÃO DIRETA DE INCONSTITUCIONALIDADE (ADIN)

Excelentíssimo Senhor Doutor Ministro Presidente do Supremo Tribunal Federal

(*espaço de cinco linhas*)

NOME DA ENTIDADE[2], pessoa jurídica de direito privado, inscrita no Cadastro Nacional de Pessoas Jurídicas sob o nº..., inscrição estadual nº ..., sediada no endereço ..., endereço eletrônico

---

1 LENZA, Pedro. *Direito constitucional esquematizado*. 9. ed. São Paulo: Método, 2005, p. 155.

2 De acordo com o artigo 2º da Lei 9.868/99, podem propor a ação direta de inconstitucionalidade: o Presidente da República; a Mesa do Senado Federal; a Mesa da Câmara dos Deputados; a Mesa de Assembleia Legislativa ou a Mesa da Câmara Legislativa do Distrito Federal; o Governador de Estado ou o Governador do Distrito Federal; o Procurador-Geral da República; o

..., por meio de seu advogado e bastante procurador, que esta subscreve, com escritório no endereço..., onde deverá receber as futuras intimações, vem, respeitosamente, à presença de Vossa Excelência, com fulcro no artigo 102, I, "a" da Constituição Federal e nos artigos 1° e seguintes da Lei 9.868/99, propor AÇÃO DIRETA DE INCONSTITUCIONALIDADE, com pedido de MEDIDA CAUTELAR, em face do artigo ..., da Lei ..., de acordo com as razões de fato e de Direito a seguir expostas.

Para fins de cumprimento ao quanto disposto no artigo 3°, parágrafo único, da Lei 9.868/99, informa que a presente inicial é apresentada em duas vias, contendo, em ambas, cópia da lei ora impugnada.

DOS FATOS

(...)

DO DIREITO

(...)

DA MEDIDA CAUTELAR

(...)

DOS PEDIDOS

Pelo exposto, requer a Vossa Excelência:

a) a concessão da medida cautelar, antecipando-se a tutela pretendida, com eficácia *erga omnes* e *ex nunc* (artigo 11, § 1°, da Lei 9.868/1999);

b) a intimação da autoridade..., para que se manifeste sobre o mérito da presente ação;

c) a intimação do Advogado-Geral da União, para que se manifeste sobre o mérito da presente;

d) a intimação do Procurador-Geral da República, para que se manifeste sobre o mérito da presente;

e) a procedência da presente demanda, para que seja declarada a inconstitucionalidade, cientificando-se o poder competente para adoção das providências necessárias;

Dá-se à causa o valor de R$ ....

Nesses termos,

pede deferimento.

Local... e data....

____

ADVOGADO ...

OAB n°....

Endereço do escritório dos advogados para intimações: ...

Conselho Federal da Ordem dos Advogados do Brasil; partido político com representação no Congresso Nacional; confederação sindical ou entidade de classe de âmbito nacional.

16.5 UM MODELO, PASSO A PASSO

"Excelentíssimo Senhor Doutor Ministro Presidente do Supremo Tribunal Federal"

1º Passo: Excelentíssimo Senhor Doutor (...)

Esta é a forma solene que deverá constar do endereçamento da petição inicial. Recomenda-se evitar as abreviações dos pronomes, prejudicando a estética do petitório. Assim, não utilize "Exmo. Sr. Dr. (...)", preferindo a forma indicada.

2º Passo: (...) Ministro Presidente do Supremo Tribunal Federal (...)

As demandas para controle concentrado de constitucionalidade (ação direta de inconstitucionalidade, ação direta de inconstitucionalidade por omissão, ação declaratória de constitucionalidade e arguição de descumprimento de preceito fundamental) são endereçadas ao Presidente do Supremo Tribunal Federal, para posterior distribuição ao Ministro Relator do STF.

3º Passo: O parágrafo introdutório

NOME DA ENTIDADE, pessoa jurídica de direito privado, inscrita no Cadastro Nacional de Pessoas Jurídicas sob o nº..., inscrição estadual nº ..., sediada no endereço ..., endereço eletrônico ..., por meio de seu advogado e bastante procurador, que esta subscreve, com escritório no endereço..., onde deverá receber as futuras intimações, vem, respeitosamente, à presença de Vossa Excelência, com fulcro no artigo 102, I, "a", da Constituição Federal e nos artigos 1º e seguintes da Lei 9.868/99, (...)

Neste articulado introdutório, deve-se prestar atenção a algumas observações gramaticais, que contribuirão para a perfeita estruturação do período:

a) (...) *sediada no*: a regência nominal impõe que o termo "sediada" seja acompanhado da preposição "em". Dessa forma, evite "sediada A", ou, ainda, "sediada À" (com acento grave) – o que é erro manifesto. Utilize a forma adequada "sediada na" (no = em + o);

b) (...) *por meio de seu advogado e bastante procurador*: em concursos públicos, deve-se priorizar a impessoalidade, preferindo-se as formas no masculino – advogado e procurador –, mesmo que se trate de candidatas, que, na prática, subscreveriam a petição procedendo à concordância nominal correspondente.

c) (...) *vem, respeitosamente, à presença de Vossa Excelência* (...): neste período, deve-se observar o uso adequado das vírgulas, separando o adjunto adverbial de modo "respeitosamente". Ademais, a crase é fundamental, antes do substantivo feminino "presença", uma vez que o verbo "vir" é transitivo indireto, requerendo a preposição "a". Tal preposição, fundindo-se com o artigo definido "a", que antecede o mencionado substantivo feminino, deflagrará a fusão intitulada "crase".

4º Passo: o nome da ação

AÇÃO DIRETA DE INCONSTITUCIONALIDADE, com pedido de MEDIDA CAUTELAR, em face do artigo ..., da Lei ..., de acordo com as razões de fato e de Direito a seguir expostas.

> **DICA!**
>
> O nome da ação deve estar bem visível no caderno de prova, a fim de facilitar a identificação da peça pelo corretor da Banca examinadora.

5º Passo: o tópico "Dos Fatos"

DOS FATOS

Neste tópico, deve-se fazer a narrativa, ou seja, a descrição sucinta do fato, atendo-se aos elementos concretos extraídos do problema, sem proceder à criação de dados ou informações.

6º Passo: o tópico "Do Direito"

DO DIREITO

Neste tópico, o candidato deverá expor a argumentação jurídica, seguindo-se um raciocínio silogístico, a partir do esquema de paragrafação abaixo reproduzido:

Introdução ao dispositivo legal (da tese)

Dispositivo legal (da tese)

Fato

Doutrina

Jurisprudência

Conclusão

Note a sugestão de paragrafação neste tópico:

Introdução ao dispositivo legal (da tese) – Parágrafo 1

Dispositivo legal (da tese) – citação – Parágrafo 2

Explicação da tese – Parágrafo 3

Explicação da tese – Parágrafo 4

Explicação da tese - Parágrafo 5

Fato - Parágrafo 6

Doutrina - Parágrafo 7

Jurisprudência - Parágrafo 8

Conclusão - Parágrafo 9

7º Passo: o tópico "Da Medida Cautelar"

DA MEDIDA CAUTELAR

No tópico da medida cautelar, deverá o concursando elaborar o raciocínio jurídico que permitirá convencer a maioria absoluta dos Ministros do STF de que devem ser suspensos todos os processos que envolvam a aplicação da lei ou do ato normativo objeto da ação até o julgamento definitivo, nos termos do artigo 10 da Lei 9.868/99.

Neste tópico, o candidato deverá expor o raciocínio jurídico, voltado ao convencimento dos Ministros, quanto à necessidade de suspensão dos processos em trâmite, a partir do esquema de paragrafação abaixo reproduzido:

Artigo (10 da Lei 9.868/99): Pressupostos (a e b)

Pressuposto (a) - Fundamentos jurídicos relevantes

Pressuposto (b) - Demonstração de conveniência na concessão da medida para a administração da justiça, para a administração pública e para a ordem jurídica em geral

Conclusão

Note a sugestão de paragrafação neste tópico:

Artigo (10 da Lei 9.868/99) - Citação - Parágrafo 1

Explicação - Pressuposto 1 - Parágrafo 2

Explicação - Pressuposto 2 - Parágrafo 3

Conclusão - Parágrafo 4

8º Passo: o tópico "Dos Pedidos"

DOS PEDIDOS

Pelo exposto, a Autora requer a Vossa Excelência: (...)

DICA!

Recomenda-se introduzir o pedido com uma frase preambular, como esta acima grafada. É imperioso notar, à luz das regras gramaticais, que não se insere o acento grave, formador da crase, antes do pronome de tratamento (Vossa Excelência). Aliás, em prol da melhor estética, e como já se explicou, preferimos a forma, por extenso, "Vossa Excelência" à outra, abreviada, "V. Exa.".

Vamos analisar, nesse momento, as frases que compõem o pedido a ser feito em uma ação declaratória:

a) a concessão da medida cautelar, antecipando-se a tutela pretendida, com eficácia *erga omnes* e *ex nunc* (artigo 11, § 1º, da Lei 9.868/1999);

A medida cautelar, a que faz jus o demandante, deverá constar do pedido, preferencialmente, na letra "a".

A finalidade do provimento emergencial há de estar bem clara ao destinatário do petitório – o Ministro Relator –, devendo-se justificar o objetivo da medida. Na dúvida, utilize um recomendável recurso mnemônico, respondendo a certas perguntas fictícias, tais como: quer-se a tutela para quê? Para se evitar o pagamento da exação ora guerreada? Ou para se assegurar certo direito?

As respostas às indagações permitirão a confecção de um pedido mais preciso.

b) a intimação da autoridade..., para que se manifeste sobre o mérito da presente ação;

Em cumprimento ao disposto no artigo 6º da Lei 9.868/99, deve-se requerer a intimação da autoridade que elaborou a lei ou ato normativo impugnado. Se o problema informar, recomenda-se indicar expressamente qual seria tal autoridade.

c) a intimação do Advogado-Geral da União, para que se manifeste sobre o mérito da presente;

Em cumprimento ao disposto no artigo 8º da Lei 9.868/99, deve-se requerer a intimação do Advogado-Geral da União para manifestação no prazo de 15 (quinze) dias.

d) a intimação do Procurador-Geral da República, para que se manifeste sobre o mérito da presente;

Em cumprimento ao disposto no artigo 8º da Lei 9.868/99, deve-se requerer a intimação do Procurador-Geral da República para manifestação no prazo de 15 (quinze) dias.

e) a procedência da presente demanda, para que seja declarada a inconstitucionalidade, cientificando-se o poder competente para adoção das providências necessárias.

Ao final, deve-se requerer a procedência da ação direta de inconstitucionalidade, conforme argumentos jurídicos explanados na peça.

9º Passo: a frase de finalização que faz menção ao valor da causa

Dá-se à causa o valor de R$ ....

Após a feitura dos pedidos, deverá o autor evidenciar o valor que se dá à causa. Na frase estereotipada "*Dá*-se *à* causa o valor de ...", há relevante dica gramatical: não se pode esquecer do acento agudo na forma verbal "dá", nem mesmo o acento grave, formador da crase em "à causa", após o verbo transitivo indireto mencionado.

Curiosamente, não tem havido, em provas práticas de Direito Tributário, nas quais se requer a elaboração de petição inicial, um extremo rigor na exigência da indicação do valor (em si) da causa – tantos reais, por exemplo –, mas apenas a cobrança da frase que o menciona.

10º Passo: a frase de finalização que faz menção à frase "Nesses termos, pede deferimento"

Nesses termos,

pede deferimento.

Após a indicação da frase em epígrafe, afeta ao valor da causa, encerra-se o petitório. Esta conhecida finalização, que existe ao lado de outras possíveis – *v.g.*, "termos em que, pede deferimento." –, avoca dados gramaticais bem interessantes:

a) prefira a expressão "nesses termos" à forma "nestes termos". Recomenda-se, no uso dos pronomes demonstrativos, que se utilize o pronome "nesse" no lugar de "neste", quando se quer fazer menção àquilo que já foi dito, a argumentos já exteriorizados, o que de fato acontece na petição, quando se está na iminência do término. O pronome "este" servirá para afirmar aquilo que se quer dizer (*Este é o argumento: minha ideia é...*);

b) a vírgula é obrigatória após o adjunto adverbial antecipado "nesses termos". Portanto, memorize: "nesses termos (,)...";

c) tenho insistido bastante em sala de aula, a meus alunos de OAB, que a oração "pede deferimento" deve ser grafada por extenso, evitando-se, assim, a forma abreviada "p. deferimento". A abreviação usada é imprópria e produto de praxe condenável.

11º Passo: a frase de finalização que faz menção ao local, data

Local... e data....

Pode-se discriminar a forma genérica "Local... e data..." ou, se preferir, escrever o local e a data respectiva, por exemplo, "São Paulo, 23 de fevereiro de 2010".

Todavia, em homenagem à cautela, não se recomenda qualquer espécie de identificação na prova, e a indicação de cidade *alfa* ou *beta*, por exemplo, pode servir como pretexto à Banca para uma possível configuração de "identificação de prova", podendo ser conferida ao trabalho nota zero. Assim, a forma genérica é mais indicada.

12º Passo: a frase de finalização que faz menção ao "risco da assinatura"

____

ADVOGADO ...

OAB nº....

ATENÇÃO!

Finaliza-se o trabalho apenas com o tal "risco da assinatura", devendo-se acompanhá-lo da expressão "ADVOGADO...". Não se pode identificar a prova com o nome do candidato. É motivo mais do que suficiente para "zerar" o trabalho. Assim, termine da forma recomendada, com total impessoalidade. Certamente, os responsáveis, na sala de prova, haverão de proceder à devida identificação do candidato, nos documentos oficiais pertinentes.

13º Passo: Endereço para notificações

Endereço do escritório dos advogados para intimações: ...

DICA!

Esse requisito pode, opcionalmente, ser informado no preâmbulo da peça, mas é importante deixar em destaque.

16.6 UMA APRESENTAÇÃO SIMPLIFICADA DA PETIÇÃO INICIAL DA AÇÃO DECLARATÓRIA DE CONSTITUCIONALIDADE (ADC)

Excelentíssimo Senhor Doutor Ministro Presidente do Supremo Tribunal Federal

(espaço de cinco linhas)

NOME DA ENTIDADE[3], pessoa jurídica de direito privado, inscrita no Cadastro Nacional de Pessoas Jurídicas sob o nº..., inscrição estadual nº ..., sediada no endereço ..., endereço eletrônico ..., por meio de seu advogado e bastante procurador, que esta subscreve, com escritório no endereço..., onde deverá receber as futuras intimações, vem, respeitosamente, à presença de Vossa Excelência, com fulcro no artigo 102, I, "a", da Constituição Federal e nos artigos 1º e seguintes da Lei 9.868/99, propor AÇÃO DECLARATÓRIA DE CONSTITUCIO-

3 De acordo com o artigo 13 da Lei 9.868/99, podem propor a ação declaratória de constitucionalidade: o Presidente da República; a Mesa do Senado Federal; a Mesa da Câmara dos Deputados; o Procurador-Geral da República.

NALIDADE, com pedido de MEDIDA CAUTELAR, em face do artigo ..., da Lei ..., de acordo com as razões de fato e de Direito a seguir expostas.

Para fins de cumprimento ao quanto disposto no artigo 14, parágrafo único, da Lei 9.868/99, informa que a presente inicial é apresentada em duas vias, contendo, em ambas, cópia da lei ora impugnada.

DOS FATOS

(...)

DO DIREITO

(...)

DA MEDIDA CAUTELAR

(...)

DOS PEDIDOS

Pelo exposto, a Autora requer a Vossa Excelência:

a) a concessão da medida cautelar, para que o julgamento dos processos que envolvam a aplicação da lei ou do ato normativo objeto da presente ação sejam suspensos até o julgamento definitivo;

b) a intimação do Procurador-Geral da República, para que se manifeste sobre o mérito da presente;

c) a procedência da presente demanda, para que seja declarada a constitucionalidade do dispositivo objeto da presente demanda.

Dá-se à causa o valor de R$ ....

Nesses termos,

pede deferimento.

Local... e data....

____

ADVOGADO ...

OAB nº....

Endereço do escritório dos advogados para intimações: ...

16.7 UM MODELO, PASSO A PASSO

"Excelentíssimo Senhor Doutor Ministro Presidente do Supremo Tribunal Federal"

1º Passo: Excelentíssimo Senhor Doutor (...)

Esta é a forma solene que deverá constar do endereçamento da petição inicial. Recomenda-se evitar as abreviações dos pronomes, prejudicando a estética do petitório. Assim, não utilize "Exmo. Sr. Dr. (...)", preferindo a forma indicada.

2º Passo: (...) Ministro Presidente do Supremo Tribunal Federal (...)

As demandas para controle concentrado de constitucionalidade (ação direta de inconstitucionalidade, ação direta de inconstitucionalidade por omissão, ação declaratória de constitucionalidade e arguição de descumprimento de preceito fundamental) são endereçadas ao Presidente do Supremo Tribunal Federal, para posterior distribuição ao Ministro Relator do STF.

3º Passo: O parágrafo introdutório

NOME DA ENTIDADE, pessoa jurídica de direito privado, inscrita no Cadastro Nacional de Pessoas Jurídicas sob o nº..., inscrição estadual nº ..., sediada no endereço ..., endereço eletrônico ..., por meio de seu advogado e bastante procurador, que esta subscreve, com escritório no endereço..., onde deverá receber as futuras intimações, vem, respeitosamente, à presença de Vossa Excelência, com fulcro no artigo 102, I, "a", da Constituição Federal e nos artigos 1º e seguintes da Lei 9.868/99, (...)

Neste articulado introdutório, deve-se prestar atenção a algumas observações gramaticais, que contribuirão para a perfeita estruturação do período:

a) (...) *sediada no*: a regência nominal impõe que o termo "sediada" seja acompanhado da preposição "em". Dessa forma, evite "sediada A", ou, ainda, "sediada À" (com acento grave) – o que é erro manifesto. Utilize a forma adequada "sediada na" (no = em + o);

b) (...) *por meio de seu advogado e bastante procurador*: em concursos públicos, deve-se priorizar a impessoalidade, preferindo-se as formas no masculino – advogado e procurador –, mesmo que se trate de candidatas, que, na prática, subscreveriam a petição procedendo à concordância nominal correspondente.

c) (...) *vem, respeitosamente, à presença de Vossa Excelência* (...): neste período, deve-se observar o uso adequado das vírgulas, separando o adjunto adverbial de modo "respeitosamente". Ademais, a crase é fundamental, antes do substantivo feminino "presença", uma vez que o verbo "vir" é transitivo indireto, requerendo a preposição "a". Tal preposição, fundindo-se com o artigo definido "a", que antecede o mencionado substantivo feminino, deflagrará a fusão intitulada "crase".

4º Passo: o nome da ação

AÇÃO DECLARATÓRIA DE CONSTITUCIONALIDADE, com pedido de MEDIDA CAUTELAR, em face do artigo ..., da Lei ..., de acordo com as razões de fato e de Direito a seguir expostas.

DICA!

O nome da ação deve estar bem visível no caderno de prova, a fim de facilitar a identificação da peça pelo corretor da Banca examinadora.

5º Passo: o tópico "Dos Fatos"

DOS FATOS

Neste tópico, deve-se fazer a narrativa, ou seja, a descrição sucinta do fato, atendo-se aos elementos concretos extraídos do problema, sem proceder à criação de dados ou informações.

6º Passo: o tópico "Do Direito"

DO DIREITO

Neste tópico, o candidato deverá expor a argumentação jurídica, seguindo-se um raciocínio silogístico, a partir do esquema de paragrafação abaixo reproduzido:

Introdução ao dispositivo legal (da tese)

Dispositivo legal (da tese)

Fato

Doutrina

Jurisprudência

Conclusão

Note a sugestão de paragrafação neste tópico:

Introdução ao dispositivo legal (da tese) – Parágrafo 1

Dispositivo legal (da tese) – citação – Parágrafo 2

Explicação da tese – Parágrafo 3

Explicação da tese – Parágrafo 4

Explicação da tese – Parágrafo 5

Fato – Parágrafo 6

Doutrina – Parágrafo 7

Jurisprudência – Parágrafo 8

Conclusão – Parágrafo 9

7º Passo: o tópico "Da Medida Cautelar"

DA MEDIDA CAUTELAR

No tópico da medida cautelar, deverá o concursando elaborar o raciocínio jurídico que permitirá convencer a maioria absoluta dos Ministros do STF de que devem ser suspensos todos os processos que envolvam a aplicação da lei ou do ato normativo objeto da ação até o julgamento definitivo, nos termos do artigo 21 da Lei 9.868/99.

Neste tópico, o candidato deverá expor o raciocínio jurídico, voltado ao convencimento dos Ministros, quanto à necessidade de suspensão dos processos em trâmite, a partir do esquema de paragrafação abaixo reproduzido:

Artigo (21 da Lei 9.868/99): Pressupostos (a e b)

Pressuposto (a) – Fundamentos jurídicos relevantes

Pressuposto (b) – Demonstração de conveniência na concessão da medida para a administração da justiça, para a administração pública e para a ordem jurídica em geral

Conclusão

Note a sugestão de paragrafação neste tópico:

Artigo (21 da Lei 9.868/99) – Citação – Parágrafo 1

Explicação – Pressuposto 1 – Parágrafo 2

Explicação – Pressuposto 2 – Parágrafo 3

Conclusão – Parágrafo 4

8º Passo: o tópico "Dos Pedidos"

DOS PEDIDOS

Pelo exposto, a Autora requer a Vossa Excelência: (...)

DICA!

Recomenda-se introduzir o pedido com uma frase preambular, como esta acima grafada. É imperioso notar, à luz das regras gramaticais, que não se insere o acento grave, formador da crase, antes do pronome de tratamento (Vossa Excelência). Aliás, em prol da melhor estética, e como já se explicou, preferimos a forma, por extenso, "Vossa Excelência" à outra, abreviada, "V. Exa.".

Vamos analisar, nesse momento, as frases que compõem o pedido a ser feito em uma ação declaratória:

a) a concessão da medida cautelar, antecipando-se a tutela pretendida, com eficácia *erga omnes* e *ex nunc* (artigo 11, § 1º, da Lei 9.868/99);

A medida cautelar, a que faz jus o demandante, deverá constar do pedido, preferencialmente, na letra "a".

A finalidade do provimento emergencial há de estar bem clara ao destinatário do petitório – o Ministro Relator –, devendo-se justificar o objetivo da medida. Na dúvida, utilize um recomendável recurso mnemônico, respondendo a certas perguntas fictícias, tais como: quer-se a tutela para quê? Para se evitar o pagamento da exação ora guerreada? Ou para se assegurar certo direito?

As respostas às indagações permitirão a confecção de um pedido mais preciso.

b) a intimação do Procurador-Geral da República, para que se manifeste sobre o mérito da presente;

Em cumprimento ao disposto no artigo 19 da Lei 9.868/99, deve-se requerer a intimação do Procurador-Geral da República para manifestação no prazo de 15 (quinze) dias.

c) a procedência da presente demanda, para que seja declarada a constitucionalidade do dispositivo objeto da presente demanda.

Ao final, deve-se requerer a procedência da ação declaratória de constitucionalidade, conforme argumentos jurídicos explanados na peça.

9º Passo: a frase de finalização que faz menção ao valor da causa

Dá-se à causa o valor de R$ ....

Após a feitura dos pedidos, deverá o autor evidenciar o valor que se dá à causa. Na frase estereotipada "*Dá*-se *à* causa o valor de ...", há relevante dica gramatical: não se pode esquecer do acento agudo na forma verbal "dá", nem mesmo o acento grave, formador da crase em "à causa", após o verbo transitivo indireto mencionado.

Curiosamente, não tem havido, em provas práticas de Direito Tributário, nas quais se requer a elaboração de petição inicial, um extremo rigor na exigência da indicação do valor (em si) da causa – tantos reais, por exemplo –, mas apenas a cobrança da frase que o menciona.

10º Passo: a frase de finalização que faz menção à frase "Nesses termos, pede deferimento"

Nesses termos,

pede deferimento.

Após a indicação da frase em epígrafe, afeta ao valor da causa, encerra-se o petitório. Esta conhecida finalização, que existe ao lado de outras possíveis – *v.g.*, "termos em que, pede deferimento." –, avoca dados gramaticais bem interessantes:

a) prefira a expressão "nesses termos" à forma "nestes termos". Recomenda-se, no uso dos pronomes demonstrativos, que se utilize o pronome "nesse" no lugar de "neste", quando se quer fazer menção àquilo que já foi dito, a argumentos já exteriorizados, o que de fato acontece na petição, quando se está na iminência do término. O pronome "este" servirá para afirmar aquilo que se quer dizer (*Este é o argumento: minha ideia é...*);

b) a vírgula é obrigatória após o adjunto adverbial antecipado "nesses termos". Portanto, memorize: "nesses termos (,)...";

c) tenho insistido bastante em sala de aula, a meus alunos de OAB, que a oração "pede deferimento" deve ser grafada por extenso, evitando-se, assim, a forma abreviada "p. deferimento". A abreviação usada é imprópria e produto de praxe condenável.

11º Passo: a frase de finalização que faz menção ao local, data

Local... e data....

Pode-se discriminar a forma genérica "Local... e data..." ou, se preferir, escrever o local e a data respectiva, por exemplo, "São Paulo, 23 de fevereiro de 2010".

Todavia, em homenagem à cautela, não se recomenda qualquer espécie de identificação na prova, e a indicação de cidade *alfa* ou *beta*, por exemplo, pode servir como pretexto à Banca para uma possível configuração de "identificação de prova", podendo ser conferida ao trabalho nota zero. Assim, a forma genérica é mais indicada.

12º Passo: a frase de finalização que faz menção ao "risco da assinatura"

____

ADVOGADO ...

OAB nº....

ATENÇÃO!

Finaliza-se o trabalho apenas com o tal "risco da assinatura", devendo-se acompanhá-lo da expressão "ADVOGADO...". Não se pode identificar a prova com o nome do candidato. É motivo mais do que suficiente para "zerar" o trabalho. Assim, termine da forma recomendada, com total impessoalidade. Certamente, os responsáveis, na sala de prova, haverão de proceder à devida identificação do candidato, nos documentos oficiais pertinentes.

13º Passo: Endereço para notificações

Endereço do escritório dos advogados para intimações: ...

DICA!

Esse requisito pode, opcionalmente, ser informado no preâmbulo da peça, mas é importante deixar em destaque.

16.8 UMA APRESENTAÇÃO SIMPLIFICADA DA PETIÇÃO INICIAL DA AÇÃO DIRETA DE INCONSTITUCIONALIDADE POR OMISSÃO (ADO)

Excelentíssimo Senhor Doutor Ministro Presidente do Supremo Tribunal Federal

(*espaço de cinco linhas*)

NOME DA ENTIDADE,[4] pessoa jurídica de direito privado, inscrita no Cadastro Nacional de Pessoas Jurídicas sob o nº..., inscrição estadual nº ..., sediada no endereço ..., endereço eletrônico ..., por meio de seu advogado e bastante procurador, que esta subscreve, com escritório no endereço..., onde deverá receber as futuras intimações, vem, respeitosamente, à presença de Vossa Excelência, com fulcro no artigo 103, § 2º, da Constituição Federal e nos artigos 1º e seguintes da Lei 9.868/99, propor AÇÃO DIRETA DE INCONSTITUCIONALIDADE POR OMISSÃO, com pedido de MEDIDA CAUTELAR, em face do artigo ..., da Lei ..., de acordo com as razões de fato e de Direito a seguir expostas.

Para fins de cumprimento ao quanto disposto no artigo 12-B, parágrafo único, da Lei 9.868/99, informa que a presente inicial é apresentada em duas vias, contendo cópias dos documentos necessários para comprovar a alegada omissão.

DOS FATOS

(...)

DO DIREITO

(...)

DA MEDIDA CAUTELAR

(...)

DOS PEDIDOS

Pelo exposto, a Autora requer a Vossa Excelência:

a) a concessão da medida cautelar, para suspensão dos processos judiciais ou administrativos em curso;

b) a intimação da autoridade..., para que se manifeste sobre o mérito da presente ação;

---

[4] De acordo com o artigo 12-A da Lei 9.868/99, podem propor a ação direta de inconstitucionalidade por omissão: o Presidente da República; a Mesa do Senado Federal; a Mesa da Câmara dos Deputados; a Mesa de Assembleia Legislativa ou a Mesa da Câmara Legislativa do Distrito Federal; o Governador de Estado ou o Governador do Distrito Federal; o Procurador-Geral da República; o Conselho Federal da Ordem dos Advogados do Brasil; partido político com representação no Congresso Nacional; confederação sindical ou entidade de classe de âmbito nacional.

c) a intimação do Advogado-Geral da União, para que se manifeste sobre o mérito da presente;

d) a intimação do Procurador-Geral da República, para que se manifeste sobre o mérito da presente;

e) a procedência da presente demanda, para que seja declarada a inconstitucionalidade por omissão, cientificando-se o poder competente para adoção das providências necessárias;

Dá-se à causa o valor de ....

Nesses termos,

pede deferimento.

Local... e data....

____

ADVOGADO ...

OAB nº....

Endereço do escritório dos advogados para intimações: ...

16.9 UM MODELO, PASSO A PASSO

"Excelentíssimo Senhor Doutor Ministro Presidente do Supremo Tribunal Federal"

1º Passo: Excelentíssimo Senhor Doutor (...)

Esta é a forma solene que deverá constar do endereçamento da petição inicial. Recomenda-se evitar as abreviações dos pronomes, prejudicando a estética do petitório. Assim, não utilize "Exmo. Sr. Dr. (...)", preferindo a forma indicada.

2º Passo: (...) Ministro Presidente do Supremo Tribunal Federal (...)

As demandas para controle concentrado de constitucionalidade (ação direta de inconstitucionalidade, ação direta de inconstitucionalidade por omissão, ação declaratória de constitucionalidade e arguição de descumprimento de preceito fundamental) são endereçadas ao Presidente do Supremo Tribunal Federal, para posterior distribuição ao Ministro Relator do STF.

3º Passo: O parágrafo introdutório

NOME DA ENTIDADE, pessoa jurídica de direito privado, inscrita no Cadastro Nacional de Pessoas Jurídicas sob o nº..., inscrição estadual nº ..., sediada no endereço ..., endereço eletrônico ..., por meio de seu advogado e bastante procurador, que esta subscreve, com escritório no endereço..., onde deverá receber as futuras intimações, vem, respeitosamente, à presença de Vossa Excelência, com fulcro no artigo 103, § 2º, da Constituição Federal e nos artigos 1º e seguintes da Lei 9.868/99, (...)

Neste articulado introdutório, deve-se prestar atenção a algumas observações gramaticais, que contribuirão para a perfeita estruturação do período:

a) (...) *sediada no*: a regência nominal impõe que o termo "sediada" seja acompanhado da preposição "em". Dessa forma, evite "sediada A", ou, ainda, "sediada À" (com acento grave) - o que é erro manifesto. Utilize a forma adequada "sediada na" (no = em + o);

b) (...) *por meio de seu advogado e bastante procurador*: em concursos públicos, deve-se priorizar a impessoalidade, preferindo-se as formas no masculino - advogado e procurador -, mesmo que se trate de candidatas, que, na prática, subscreveriam a petição procedendo à concordância nominal correspondente.

c) (...) *vem, respeitosamente, à presença de Vossa Excelência* (...): neste período, deve-se observar o uso adequado das vírgulas, separando o adjunto adverbial de modo "respeitosamente". Ademais, a crase é fundamental, antes do substantivo feminino "presença", uma vez que o verbo "vir" é transitivo indireto, requerendo a preposição "a". Tal preposição, fundindo-se com o artigo definido "a", que antecede o mencionado substantivo feminino, deflagrará a fusão intitulada "crase".

4º Passo: o nome da ação

AÇÃO DIRETA DE INCONSTITUCIONALIDADE POR OMISSÃO, com pedido de MEDIDA CAUTELAR, em face do artigo ..., da Lei ..., de acordo com as razões de fato e de Direito a seguir expostas.

DICA!

O nome da ação deve estar bem visível no caderno de prova, a fim de facilitar a identificação da peça pelo corretor da Banca examinadora.

5º Passo: o tópico "Dos Fatos"

DOS FATOS

Neste tópico, deve-se fazer a narrativa, ou seja, a descrição sucinta do fato, atendo-se aos elementos concretos extraídos do problema, sem proceder à criação de dados ou informações.

6º Passo: o tópico "Do Direito"

DO DIREITO

Neste tópico, o candidato deverá expor a argumentação jurídica, seguindo-se um raciocínio silogístico, a partir do esquema de paragrafação abaixo reproduzido:

Introdução ao dispositivo legal (da tese)

Dispositivo legal (da tese)

Fato

Doutrina

Jurisprudência

Conclusão

Note a sugestão de paragrafação neste tópico:

Introdução ao dispositivo legal (da tese) – Parágrafo 1

Dispositivo legal (da tese) – citação – Parágrafo 2

Explicação da tese – Parágrafo 3

Explicação da tese – Parágrafo 4

Explicação da tese – Parágrafo 5

Fato – Parágrafo 6

Doutrina – Parágrafo 7

Jurisprudência – Parágrafo 8

Conclusão – Parágrafo 9

7º Passo: o tópico "Da Medida Cautelar"

DA MEDIDA CAUTELAR

No tópico da medida cautelar, deverá o concursando elaborar o raciocínio jurídico que permitirá convencer a maioria absoluta dos Ministros do STF de que devem ser suspensos todos os processos que envolvam a aplicação da lei ou do ato normativo objeto da ação até o julgamento definitivo, nos termos do artigo 12-F da Lei 9.868/99.

Neste tópico, o candidato deverá expor o raciocínio jurídico, voltado ao convencimento dos Ministros, quanto à necessidade de suspensão dos processos em trâmite, a partir do esquema de paragrafação abaixo reproduzido:

Artigo (12-F da Lei 9.868/99): Pressupostos (a e b)

Pressuposto (a) – Fundamentos jurídicos relevantes

Pressuposto (b) – Demonstração de conveniência na concessão da medida para a administração da justiça, para a administração pública e para a ordem jurídica em geral

Conclusão

Note a sugestão de paragrafação neste tópico:

Artigo (12-F da Lei 9.868/99) – Citação – Parágrafo 1

Explicação – Pressuposto 1 – Parágrafo 2

Explicação – Pressuposto 2 – Parágrafo 3

Conclusão – Parágrafo 4

8º Passo: o tópico "Dos Pedidos"

DOS PEDIDOS

Pelo exposto, a Autora requer a Vossa Excelência: (...)

DICA!

Recomenda-se introduzir o pedido com uma frase preambular, como esta acima grafada. É imperioso notar, à luz das regras gramaticais, que não se insere o acento grave, formador da crase, antes do pronome de tratamento (Vossa Excelência). Aliás, em prol da melhor estética, e como já se explicou, preferimos a forma, por extenso, "Vossa Excelência" à outra, abreviada, "V. Exa.".

Vamos analisar, neste momento, as frases que compõem o pedido a ser feito em uma ação declaratória:

a) a concessão da medida cautelar, para suspensão dos processos judiciais ou administrativos em curso;

A medida cautelar, a que faz jus o demandante, deverá constar do pedido, preferencialmente, na letra "a".

A finalidade do provimento emergencial há de estar bem clara ao destinatário do petitório – o Ministro Relator –, devendo-se justificar o objetivo da medida. Na dúvida, utilize um recomendável recurso mnemônico, respondendo a certas perguntas fictícias, tais como: quer-se a tutela para quê? Para se evitar o pagamento da exação ora guerreada? Ou para se assegurar certo direito?

As respostas às indagações permitirão a confecção de um pedido mais preciso.

b) a intimação da autoridade..., para que se manifeste sobre o mérito da presente ação;

Em cumprimento ao disposto no artigo 6º da Lei 9.868/99, deve-se requerer a intimação da autoridade que elaborou a lei ou ato normativo impugnado. Se o problema informar, recomenda-se indicar expressamente qual seria tal autoridade.

c) a intimação do Advogado-Geral da União, para que se manifeste sobre o mérito da presente;

Em cumprimento ao disposto no artigo 12-E, § 2º, da Lei 9.868/99, deve-se requerer a intimação do Advogado-Geral da União para manifestação no prazo de 15 (quinze) dias.

d) a intimação do Procurador-Geral da República, para que se manifeste sobre o mérito da presente;

Em cumprimento ao disposto no artigo 12-E, § 3º, da Lei 9.868/99, deve-se requerer a intimação do Procurador-Geral da República para vistas no prazo de 15 (quinze) dias, após o decurso do prazo para informações da autoridade competente.

e) a procedência da presente demanda, para que seja declarada a inconstitucionalidade por omissão, cientificando-se o poder competente para adoção das providências necessárias.

Ao final, deve-se requerer a procedência da Ação Direta de Inconstitucionalidade por Omissão, conforme argumentos jurídicos explanados na peça.

9º Passo: a frase de finalização que faz menção ao valor da causa

Dá-se à causa o valor de R$ ....

Após a feitura dos pedidos, deverá o autor evidenciar o valor que se dá à causa. Na frase estereotipada "*Dá*-se *à* causa o valor de ...", há relevante dica gramatical: não se pode esquecer do acento agudo na forma verbal "dá", nem mesmo o acento grave, formador da crase em "à causa", após o verbo transitivo indireto mencionado.

Curiosamente, não tem havido, em provas práticas de Direito Tributário, nas quais se requer a elaboração de petição inicial, um extremo rigor na exigência da indicação do valor (em si) da causa – tantos reais, por exemplo –, mas apenas a cobrança da frase que o menciona.

10º Passo: a frase de finalização que faz menção à frase "Nesses termos, pede deferimento"

Nesses termos,

pede deferimento.

Após a indicação da frase em epígrafe, afeta ao valor da causa, encerra-se o petitório. Esta conhecida finalização, que existe ao lado de outras possíveis – *v.g.*, "termos em que, pede deferimento." –, avoca dados gramaticais bem interessantes:

a) prefira a expressão "nesses termos" à forma "nestes termos". Recomenda-se, no uso dos pronomes demonstrativos, que se utilize o pronome "nesse" no lugar de "neste", quando se quer fazer menção àquilo que já foi dito, a argumentos já exteriorizados, o que de fato acontece na petição, quando se está na iminência do término. O pronome "este" servirá para afirmar aquilo que se quer dizer (*Este é o argumento: minha ideia é...*);

b) a vírgula é obrigatória após o adjunto adverbial antecipado "nesses termos". Portanto, memorize: "nesses termos (,)...";

c) tenho insistido bastante em sala de aula, a meus alunos de OAB, que a oração "pede deferimento" deve ser grafada por extenso, evitando-se, assim, a forma abreviada "p. deferimento". A abreviação usada é imprópria e produto de praxe condenável.

11º Passo: a frase de finalização que faz menção ao local, data

Local... e data....

Pode-se discriminar a forma genérica "Local... e data..." ou, se preferir, escrever o local e a data respectiva, por exemplo, "São Paulo, 23 de fevereiro de 2010".

Todavia, em homenagem à cautela, não se recomenda qualquer espécie de identificação na prova, e a indicação de cidade *alfa* ou *beta*, por exemplo, pode servir como pretexto à Banca para uma possível configuração de "identificação de prova", podendo ser conferida ao trabalho nota zero. Assim, a forma genérica é mais indicada.

12º Passo: a frase de finalização que faz menção ao "risco da assinatura"

____

ADVOGADO ...

OAB nº....

ATENÇÃO!

Finaliza-se o trabalho apenas com o tal "risco da assinatura", devendo-se acompanhá-lo da expressão "ADVOGADO...". Não se pode identificar a prova com o nome do candidato. É motivo mais do que suficiente para "zerar" o trabalho. Assim, termine da forma recomendada, com total impessoalidade. Certamente, os responsáveis, na sala de prova, haverão de proceder à devida identificação do candidato, nos documentos oficiais pertinentes.

13º Passo: Endereço para notificações

Endereço do escritório dos advogados para intimações: ...

DICA!

Esse requisito pode, opcionalmente, ser informado no preâmbulo da peça, mas é importante deixar em destaque.

16.10 UMA APRESENTAÇÃO SIMPLIFICADA DA PETIÇÃO INICIAL DA ARGUIÇÃO DE DESCUMPRIMENTO DE PRECEITO FUNDAMENTAL (ADPF)

Excelentíssimo Senhor Doutor Ministro Presidente do Supremo Tribunal Federal

(*espaço de cinco linhas*)

NOME DA ENTIDADE[5], pessoa jurídica de direito privado, inscrita no Cadastro Nacional de Pessoas Jurídicas sob o n°..., inscrição estadual n° ..., sediada no endereço ..., endereço eletrônico ..., por meio de seu advogado e bastante procurador, que esta subscreve, com escritório no endereço..., onde deverá receber as futuras intimações, vem, respeitosamente, à presença de Vossa Excelência, com fulcro no artigo 102, § 1°, da Constituição Federal e nos artigos 1° e seguintes da Lei 9.882/99, propor ARGUIÇÃO DE DESCUMPRIMENTO DE PRECEITO FUNDAMENTAL, com pedido de LIMINAR, em face do artigo ..., da Constituição Federal, de acordo com as razões de fato e de Direito a seguir expostas.

Para fins de cumprimento ao quanto disposto no artigo 3°, parágrafo único, da Lei 9.882/99, informa que a presente inicial é apresentada em duas vias, contendo cópias dos documentos necessários para comprovar a impugnação.

DOS FATOS

(...)

DO DIREITO

(...)

DA MEDIDA LIMINAR

(...)

DOS PEDIDOS

Pelo exposto, a Autora requer a Vossa Excelência:

a) a concessão da medida liminar, para suspensão dos processos judiciais ou administrativos em curso;

b) a intimação da autoridade..., para que se manifeste sobre o mérito da presente ação;

---

5 De acordo com o artigo 2º, I da Lei 9.882/99, podem propor a arguição de descumprimento de preceito fundamental: o Presidente da República; a Mesa do Senado Federal; a Mesa da Câmara dos Deputados; a Mesa de Assembleia Legislativa ou a Mesa da Câmara Legislativa do Distrito Federal; o Governador de Estado ou o Governador do Distrito Federal; o Procurador-Geral da República; o Conselho Federal da Ordem dos Advogados do Brasil; partido político com representação no Congresso Nacional; confederação sindical ou entidade de classe de âmbito nacional.

```
            c) a intimação do Advogado-Geral da União, para que se
manifeste sobre o mérito da presente;
            d) a intimação do Procurador-Geral da República, para
que se manifeste sobre o mérito da presente;
            e) a procedência da presente demanda, para que seja
reconhecida a violação ao preceito fundamental, fixando-se as con-
dições de aplicação do preceito fundamental;
            Dá-se à causa o valor de R$ ....
            Nesses termos,
            pede deferimento.
            Local... e data....

            ________________
            ADVOGADO ...
            OAB nº....
Endereço do escritório dos advogados para intimações: ...
```

16.11 UM MODELO, PASSO A PASSO

"Excelentíssimo Senhor Doutor Ministro Presidente do Supremo Tribunal Federal"

1º Passo: Excelentíssimo Senhor Doutor (...)

Esta é a forma solene que deverá constar do endereçamento da petição inicial. Recomenda-se evitar as abreviações dos pronomes, prejudicando a estética do petitório. Assim, não utilize "Exmo. Sr. Dr. (...)", preferindo a forma indicada.

2º Passo: (...) Ministro Presidente do Supremo Tribunal Federal (...)

As demandas para controle concentrado de constitucionalidade (ação direta de inconstitucionalidade, ação direta de inconstitucionalidade por omissão, ação declaratória de constitucionalidade e arguição de descumprimento de preceito fundamental) são endereçadas ao Presidente do Supremo Tribunal Federal, para posterior distribuição ao Ministro Relator do STF.

3º Passo: O parágrafo introdutório

NOME DA ENTIDADE, pessoa jurídica de direito privado, inscrita no Cadastro Nacional de Pessoas Jurídicas sob o nº..., inscrição estadual nº ..., sediada no endereço ..., endereço eletrônico ..., por meio de seu advogado e bastante procurador, que esta subscreve, com escritório no endereço..., onde deverá receber as futuras intimações, vem, respeitosamente, à presença de Vossa Excelência, com fulcro no artigo 102, § 1º, da Constituição Federal e nos artigos 1º e seguintes da Lei 9.882/99, (...)

Neste articulado introdutório, deve-se prestar atenção a algumas observações gramaticais, que contribuirão para a perfeita estruturação do período:

a) (...) *sediada no*: a regência nominal impõe que o termo "sediada" seja acompanhado da preposição "em". Dessa forma, evite "sediada A", ou, ainda, "sediada À" (com acento grave) – o que é erro manifesto. Utilize a forma adequada "sediada na" (no = em + o);

b) (...) *por meio de seu advogado e bastante procurador*: em concursos públicos, deve-se priorizar a impessoalidade, preferindo-se as formas no masculino – advogado e procurador –, mesmo que se trate de candidatas, que, na prática, subscreveriam a petição procedendo à concordância nominal correspondente.

c) (...) *vem, respeitosamente, à presença de Vossa Excelência* (...): neste período, deve-se observar o uso adequado das vírgulas, separando o adjunto adverbial de modo "respeitosamente". Ademais, a crase é fundamental, antes do substantivo feminino "presença", uma vez que o verbo "vir" é transitivo indireto, requerendo a preposição "a". Tal preposição, fundindo-se com o artigo definido "a", que antecede o mencionado substantivo feminino, deflagrará a fusão intitulada "crase".

4º Passo: o nome da ação

ARGUIÇÃO DE DESCUMPRIMENTO DE PRECEITO FUNDAMENTAL, com pedido de LIMINAR, em face do artigo ..., da Constituição Federal ..., de acordo com as razões de fato e de Direito a seguir expostas.

DICA!

O nome da ação deve estar bem visível no caderno de prova, a fim de facilitar a identificação da peça pelo corretor da Banca examinadora.

5º Passo: o tópico "Dos Fatos"

DOS FATOS

Neste tópico, deve-se fazer a narrativa, ou seja, a descrição sucinta do fato, atendo-se aos elementos concretos extraídos do problema, sem proceder à criação de dados ou informações.

6º Passo: o tópico "Do Direito"

DO DIREITO

Neste tópico, o candidato deverá expor a argumentação jurídica, seguindo-se um raciocínio silogístico, a partir do esquema de paragrafação abaixo reproduzido:

Introdução ao dispositivo legal (da tese)

Dispositivo legal (da tese)

Fato

Doutrina

Jurisprudência

Conclusão

Note a sugestão de paragrafação neste tópico:

Introdução ao dispositivo legal (da tese) – Parágrafo 1

Dispositivo legal (da tese) – citação – Parágrafo 2

Explicação da tese – Parágrafo 3

Explicação da tese – Parágrafo 4

Explicação da tese – Parágrafo 5

Fato – Parágrafo 6

Doutrina – Parágrafo 7

Jurisprudência – Parágrafo 8

Conclusão – Parágrafo 9

7º Passo: o tópico "Da Medida Cautelar"

DA MEDIDA LIMINAR

No tópico da medida liminar, deverá o concursando elaborar o raciocínio jurídico que permitirá convencer a maioria absoluta dos Ministros do STF de que devem ser suspensos todos os processos que envolvam a aplicação da lei ou do ato normativo objeto da ação até o julgamento definitivo, nos termos do artigo 5º da Lei 9.882/99.

Neste tópico, o candidato deverá expor o raciocínio jurídico, voltado ao convencimento dos Ministros, quanto à necessidade de suspensão dos processos em trâmite, a partir do esquema de paragrafação abaixo reproduzido:

Artigo (5º da Lei 9.882/99): Pressupostos (a e b)

Pressuposto (a) – Fundamentos jurídicos relevantes

Pressuposto (b) – Demonstração de conveniência na concessão da medida para a administração da justiça, para a administração pública e para a ordem jurídica em geral

Conclusão

Note a sugestão de paragrafação neste tópico:

Artigo (5º da Lei 9.882/99) – Citação – Parágrafo 1

Explicação – Pressuposto 1 – Parágrafo 2

Explicação – Pressuposto 2 – Parágrafo 3

Conclusão – Parágrafo 4

8º Passo: o tópico "Dos Pedidos"

DOS PEDIDOS

Pelo exposto, a Autora requer a Vossa Excelência: (...)

ATENÇÃO!

Recomenda-se introduzir o pedido com uma frase preambular, como esta acima grafada. É imperioso notar, à luz das regras gramaticais, que não se insere o acento grave, formador da crase, antes do pronome de tratamento (Vossa Excelência). Aliás, em prol da melhor estética, e como já se explicou, preferimos a forma, por extenso, "Vossa Excelência" à outra, abreviada, "V. Exa.".

Vamos analisar, nesse momento, as frases que compõem o pedido a ser feito em uma ação declaratória:

a) a concessão da medida liminar, para suspensão dos processos judiciais ou administrativos em curso;

A medida cautelar, a que faz jus o demandante, deverá constar do pedido, preferencialmente, na letra "a".

A finalidade do provimento emergencial há de estar bem clara ao destinatário do petitório – o Ministro Relator –, devendo-se justificar o objetivo da medida. Na dúvida, utilize um recomendável recurso mnemônico, respondendo a certas perguntas fictícias, tais como: quer-se a tutela para quê? Para se evitar o pagamento da exação ora guerreada? Ou para se assegurar certo direito?

As respostas às indagações permitirão a confecção de um pedido mais preciso.

b) a intimação da autoridade..., para que se manifeste sobre o mérito da presente ação;

Em cumprimento ao disposto no artigo 6º da Lei 9.882/99, deve-se requerer a intimação da autoridade que elaborou a lei ou ato normativo impugnado. Se o problema informar, recomenda-se indicar expressamente qual seria tal autoridade.

c) a intimação do Advogado-Geral da União, para que se manifeste sobre o mérito da presente;

Em cumprimento ao disposto no artigo 103, § 3º, da Constituição Federal, deve-se requerer a intimação do Advogado-Geral da União para manifestação no prazo legal.

d) a intimação do Procurador-Geral da República, para que se manifeste sobre o mérito da presente;

Em cumprimento ao disposto no artigo 7º, parágrafo único, da Lei 9.882/99, deve-se requerer a intimação do Procurador-Geral da República para manifestação no prazo legal.

e) a procedência da presente demanda, para que seja reconhecida a violação ao preceito fundamental, fixando-se as condições de aplicação do preceito fundamental.

Ao final, deve-se requerer a procedência da arguição de descumprimento de preceito fundamental, conforme argumentos jurídicos explanados na peça.

9º Passo: a frase de finalização que faz menção ao valor da causa

Dá-se à causa o valor de R$ ....

Após a feitura dos pedidos, deverá o autor evidenciar o valor que se dá à causa. Na frase estereotipada "*Dá*-se *à* causa o valor de ...", há relevante dica gramatical: não se pode esquecer do acento agudo na forma verbal "dá", nem mesmo o acento grave, formador da crase em "à causa", após o verbo transitivo indireto mencionado.

Curiosamente, não tem havido, em provas práticas de Direito Tributário, nas quais se requer a elaboração de petição inicial, um extremo rigor na exigência da indicação do valor (em si) da causa – tantos reais, por exemplo –, mas apenas a cobrança da frase que o menciona.

10º Passo: a frase de finalização que faz menção à frase "Nesses termos, pede deferimento"

Nesses termos,

pede deferimento.

Após a indicação da frase em epígrafe, afeta ao valor da causa, encerra-se o petitório. Esta conhecida finalização, que existe ao lado de outras possíveis – *v.g.*, "termos em que, pede deferimento." –, avoca dados gramaticais bem interessantes:

a) prefira a expressão "nesses termos" à forma "nestes termos". Recomenda-se, no uso dos pronomes demonstrativos, que se utilize o pronome "nesse" no lugar de "neste", quando se quer fazer menção àquilo que já foi dito, a argumentos já exteriorizados, o que de fato acontece na petição, quando se está na iminência do término. O pronome "este" servirá para afirmar aquilo que se quer dizer (*Este é o argumento: minha ideia é...*);

b) a vírgula é obrigatória após o adjunto adverbial antecipado "nesses termos". Portanto, memorize: "nesses termos (,)...";

c) tenho insistido bastante em sala de aula, a meus alunos de OAB, que a oração "pede deferimento" deve ser grafada por extenso, evitando-se, assim, a forma abreviada "p. deferimento". A abreviação usada é imprópria e produto de praxe condenável.

11º Passo: a frase de finalização que faz menção ao local, data

Local... e data....

Pode-se discriminar a forma genérica "Local... e data..." ou, se preferir, escrever o local e a data respectiva, por exemplo, "São Paulo, 23 de fevereiro de 2010".

Todavia, em homenagem à cautela, não se recomenda qualquer espécie de identificação na prova, e a indicação de cidade *alfa* ou *beta*, por exemplo, pode servir como pretexto à Banca para uma possível configuração de "identificação de prova", podendo ser conferida ao trabalho nota zero. Assim, a forma genérica é mais indicada.

12º Passo: a frase de finalização que faz menção ao "risco da assinatura"

____

ADVOGADO ...

OAB nº....

ATENÇÃO!

Finaliza-se o trabalho apenas com o tal "risco da assinatura", devendo-se acompanhá-lo da expressão "ADVOGADO...". Não se pode identificar a prova com o nome do candidato. É motivo mais do que suficiente para "zerar" o trabalho. Assim, termine da forma recomendada, com total impessoalidade. Certamente, os responsáveis, na sala de prova, haverão de proceder à devida identificação do candidato, nos documentos oficiais pertinentes.

13º Passo: Endereço para notificações

Endereço do escritório dos advogados para intimações: ...

DICA!

Esse requisito pode, opcionalmente, ser informado no preâmbulo da peça, mas é importante deixar em destaque.

17 Problemas

PROBLEMA 1

Peça Prático-Profissional – FGV 2010.2

Em 10.05.2005 LIVINA MARIA ANDRADE arrematou judicialmente um imóvel por R$ 350.000,00 localizado no Município de Rancho Queimado. Recolheu o ITBI, com base no valor arrematado em juízo. A Sra. LIVINA MARIA ANDRADE é agricultora e utiliza o imóvel para a produção agrícola e pecuária. O imóvel está dentro da zona urbana definida por lei pelo Município, já que a rua onde se encontra o imóvel é asfaltada e o Município fornece água e sistema de esgoto sanitário. Em 10.05.2008 recebeu notificação fiscal exigindo diferenças no valor do ITBI pago por ocasião da aquisição judicial do imóvel. O Fisco Municipal entendeu que o tributo deveria ser calculado com base no valor da avaliação judicial realizada no processo de execução no qual ocorreu a arrematação (R$ 380.000,00). A Sra. LIVINA permaneceu inerte e é inscrita em dívida ativa em 10.08.2008. Em 10.06.2010 foi citada em execução fiscal proposta pelo Município de Rancho Queimado para a cobrança do ITBI e do IPTU dos anos de 2007, 2008 e 2009, os quais nunca foram pagos.

A Sra. LIVINA tem bens penhorados em 10.07.2010 e lhe procura, em 20.07.2010, para a defesa de seus direitos.

Na qualidade de advogado da Sra. LIVINA, elabore a peça processual que melhor atenda o seu direito, especificando seus fundamentos.

Gabarito comentado

Peça Processual: EMBARGOS À EXECUÇÃO FISCAL

a) ESTRUTURA INICIAL DA PEÇA:

a.1) Endereçamento: juiz de direito da vara da Justiça do Estado;

a.2) Qualificação do autor com base no art. 319 do CPC (nome, prenome, estado civil, profissão e endereço);

a.3) Qualificação do réu com base no art. 319 do CPC: Município de Rancho Queimado, pessoa jurídica de direito público interno e endereço;

a.4) Exposição dos fatos.

b) FUNDAMENTAÇÃO:

b.1) Não incidência do IPTU, por se tratar de imóvel destinado a atividade agrícola e pecuária. Art. 15 do DL 57/1966;

b.2) Ilegalidade da exigência do ITBI sobre o valor avaliado judicialmente, conforme art. 38 do CTN. O imposto deve ser calculado sobre o valor do bem transmitido. Obtém a mesma pontuação se o candidato defender que o ITBI sequer é devido, pois a arrematação judicial constitui forma de aquisição originária da propriedade.

c) PEDIDO E VALOR DA CAUSA:

c.1) Intimação ou citação da ré para oferecer impugnação;

c.2) Procedência do pedido para cancelar a dívida ativa e extinguir a execução fiscal;

c.3) Produção de provas;

c.4) Condenação no ônus da sucumbência;

c.5) Atribuição do valor da causa.

PROBLEMA 2

Peça Prático-Profissional – FGV 2010.3

A empresa Mercantil Ltda. possui como atividade a incorporação e loteamento de empreendimentos imobiliários na cidade do Rio de Janeiro. Em março de 2001, José dos Santos, após exercer a gerência da empresa Mercantil Ltda. por mais de cinco anos, decide se retirar da sociedade em decorrência de divergências com os planos de expansão da Mercantil Ltda., desejada pelos demais sócios quotistas. José dos Santos aliena as suas quotas para os demais sócios quotistas, os quais assumem a gerência da sociedade e prosseguem nas atividades comerciais da empresa. A Mercantil Ltda., após dois anos de aquisição de novos terrenos, alcança a terceira posição no *ranking* das maiores empresas imobiliárias na cidade do Rio de Janeiro, cujo critério é o faturamento advindo de lançamentos imobiliários em cada ano. Em julho de 2003, contudo, a Secretaria da Receita Federal, em fiscalização realizada na empresa, acaba por realizar uma autuação sobre a Mercantil Ltda. objetivando a cobrança de IRPJ/CSLL devidos e não pagos, referentes aos períodos de apuração de janeiro de 1999 a dezembro de 2000, sob a alegação de que determinadas despesas não poderiam ter sido excluídas da base de cálculo dos referidos tributos por não serem despesas diretamente necessárias às atividades da Mercantil Ltda., entre as quais, as despesas de corretagem incorridas na aquisição dos terrenos. Ao término do processo administrativo, a autuação é mantida, e o crédito tributário exigido é posteriormente inscrito em dívida ativa. É ajuizada, em decorrência, execução fiscal, distribuída para o Juízo da 2ª Vara de Execuções Fiscais da Seção Judiciária da Justiça Federal do Rio de Janeiro, com base em Certidão de Dívida Ativa expedida em face de Mercantil Ltda. e de José dos Santos, este na qualidade de corresponsável. Ambos são citados e ofereceram, há dez dias, bens à penhora.

Na qualidade de advogado de José dos Santos, **elabore a medida judicial competente para a defesa dos interesses de José dos Santos.**

Gabarito comentado

Peça Processual: EMBARGOS À EXECUÇÃO FISCAL

Justificativa: não é cabível exceção de pré-executividade, pois esta só é admitida quando se tratar de matéria de ordem pública, cognoscível *ex officio* pelo Juiz. Na situação descrita na questão da peça, *JOSÉ DOS SANTOS* fora indicado *na Certidão de Dívida Ativa* como sendo corresponsável pelo débito. A questão traz sugestivos indícios sobre a peça correta, embargos à execução fiscal, ao afirmar que: 1) houve a citação de ambos os executados; 2) os executados já ofereceram bens à penhora; a oferta de bens à penhora supre a falta de referência à intimação da penhora e das demais hipóteses do artigo 16 da LEF.

a) ESTRUTURA INICIAL DA PEÇA:

a.1) Endereçamento: Juízo da Vara de Execuções Fiscais da Seção Judiciária da Justiça Federal do Rio de Janeiro. Idealmente também deveria ser referida a distribuição por dependência;

a.2) Qualificação do autor e do réu: José dos Santos (nome, estado civil, profissão e endereço) e Fazenda Nacional (pessoa jurídica de direito público);

a.3) Exposição dos fatos.

b) FUNDAMENTAÇÃO:

b.1) Ilegitimidade para figurar no polo passivo. A responsabilidade prevista no artigo **135, III, do CTN é subsidiária** e somente pode ser imputada ao sócio gerente que agir com má-fé, excesso de poderes ou infração à lei ou por dissolução irregular da empresa e não por mero inadimplemento de tributos. Ausência desses requisitos, pois (i) a autuação não versa sobre fraude ou má-fé praticada pelo sócio gestor, mas sim discussão jurídica quanto à exclusão de despesa ou não da base de cálculo do IRPJ/CSLL; (ii) não houve dissolução irregular, pois a empresa continuou as suas atividades após a saída de JOSÉ DOS SANTOS, tendo até **aumentado o seu faturamento** nos anos subsequentes. Súmula 435 do STJ;

b.2) Despesas necessárias à atividade **são dedutíveis** para fins de apuração da determinação do lucro tributável, base de cálculo do IRPJ e CSLL. Segundo o art. 47 da Lei nº 4.506/1964 e posteriores alterações, são consideradas necessárias as despesas que visam à manutenção da fonte produtora dos rendimentos. Como a atividade da empresa é a incorporação e loteamento de empreendimentos imobiliários, os custos para aquisição de terrenos devem ser considerados como dedutíveis da apuração do lucro real. Assim, ainda que JOSÉ DOS SANTOS fosse parte legítima, o crédito tributário deve ser cancelado, pois as despesas de corretagem na aquisição de terrenos devem ser consideradas como dedutíveis da base de cálculo do IRPJ/CSLL.

c) PEDIDO E VALOR DA CAUSA:

c.1) Intimação ou citação da ré para oferecer impugnação;

c.2) Procedência do pedido para considerar JOSÉ DOS SANTOS como parte ilegítima a figurar no polo passivo da execução fiscal ou como pedido alternativo o cancelamento do crédito tributário;

c.3) Produção de provas;

c.4) Condenação no ônus da sucumbência;

c.5) Atribuição do valor da causa.

PROBLEMA 3

Peça Prático-Profissional – FGV 2011.1

Equipamentos (partes e peças) que estavam sendo transportados para a empresa Micro Informática Ltda. e que seriam utilizados em sua produção foram apreendidos, sob a alegação da Secretaria de Arrecadação Estadual de que a nota fiscal que os acompanhava não registrava uma diferença de alíquota devida ao Fisco e não teria havido, portanto, o recolhimento do imposto. Na ocasião, houve o auto de infração e foi realizado o respectivo lançamento.

A empresa, que tem uma encomenda para entregar, procura você, na condição de advogado, para a defesa de seus interesses.

Na qualidade de advogado da empresa Micro Informática, apresente a peça processual cabível para a defesa dos interesses da empresa, empregando todos os argumentos e fundamentos jurídicos cabíveis. (Valor: 5,0)

Gabarito comentado

Peça Processual: MANDADO DE SEGURANÇA

Cabível o mandado de segurança com pedido de liminar, ante o abuso de poder da autoridade coatora. Cabível igualmente ação anulatória com pedido de antecipação de tutela.

Lei nº 12016/2009.

A mercadoria só pode ficar detida até a lavratura do auto de infração. Após, deve ser liberada.

Mesmo que a mercadoria estivesse desacompanhada por nota fiscal, não seria possível apreendê-la.

É ilegal e abusiva a apreensão de mercadoria após a lavratura do auto de infração e correspondente lançamento.

Incidência das Súmulas nºs 70, 323 e 547 do STF.

Ofensa ao princípio da livre iniciativa. Ofensa ao direito de propriedade (art. 5º, XXII e art. 170 da CF).

É defeso à Administração impedir ou cercear a atividade profissional do contribuinte, para compeli-lo ao pagamento de débito, uma vez que tal procedimento redundaria no bloqueio de atividades lícitas, mercê de representar hipótese de autotutela, medida excepcional ante o monopólio da jurisdição nas mãos do Estado-Juiz.

PROBLEMA 4

Peça Prático-Profissional – V EXAME UNIFICADO FGV

Xisto da Silva, brasileiro, administrador, solteiro, portador da carteira de identidade nº xxxx e CPF no. xxx, residente e domiciliado na Rua X, no. xxx, bairro Z, Município Y, Estado F, recebeu cobrança simultânea, por meio de uma mesma guia de documento fiscal, de dois tributos: IPTU e Taxa de Conservação das Vias e Logradouros Públicos (TCVLP). No caso da referida taxa, certo é que o contribuinte não concorda com sua cobrança, o que o levou, por meio de seu advogado, a ajuizar ação judicial a fim de declarar sua inconstitucionalidade, havendo pedido liminar, ainda não apreciado, para afastar a obrigatoriedade do recolhimento da referida exação fiscal. Por outro lado, em relação à cobrança do IPTU, pretende o contribuinte efetuar o seu pagamento. No entanto, a guia de pagamento é única e contém o valor global dos referidos tributos, tendo o banco rejeitado o pagamento parcial relativo somente ao IPTU.

Nesse caso, considerando que o IPTU ainda não está vencido, bem como o contribuinte não obteve êxito para solucionar seu problema na esfera administrativa, elabore a peça adequada para efetuar o pagamento do imposto municipal, com base no direito material e processual pertinente. Utilize todos os argumentos e fundamentos pertinentes à melhor resposta.

Gabarito comentado

Peça Processual: CONSIGNAÇÃO EM PAGAMENTO

Trata-se de ação de consignação em pagamento, com previsão no art. 164, I, do CTN, tendo em vista que a Fazenda Municipal se recusa a receber a prestação tributária apenas quanto ao valor do imposto devido.

O Fisco condicionou o recebimento do pagamento do imposto ao pagamento da taxa de conservação de vias e logradouros públicos, o que torna a ação de consignação o meio hábil para a liberação da dívida fiscal relativa ao IPTU, pretendendo o contribuinte eximir-se de pagar a taxa, que reputa inconstitucional.

Estrutura da Peça:

Fato – A Fazenda Municipal subordina o pagamento do IPTU ao pagamento da taxa, reputando o contribuinte inconstitucional a segunda exação.

Direito – O Fisco não pode subordinar o pagamento de um tributo a outro, eis que são obrigações autônomas, oriundas de fatos geradores distintos. Caso assim proceda, deverá o contribuinte consignar em Juízo o valor devido.

Solução – O contribuinte deverá recolher apenas o valor do IPTU, mediante a propositura da ação de consignação em pagamento, de acordo com o artigo 164, I do CTN, liberando-se da obrigação tributária existente.

Pedido

a) citação do réu para levantar o depósito ou oferecer resposta;

b) seja deferido o depósito do valor do IPTU devido, tornando inexigível o crédito tributário correspectivo;

c) seja julgado procedente o pedido, declarando-se extinta a obrigação tributária;

d) seja o réu condenado em custas e honorários advocatícios;

e) protesta pela produção de todas as provas em direito admitidas;

f) valor da Causa – R$...

(valor total do IPTU a ser consignado).

PROBLEMA 5

Peça Prático-Profissional – VI EXAME UNIFICADO FGV

Lei Municipal, publicada em 1º.06.2010, estabeleceu, entre outras providências relacionadas ao Imposto sobre Serviços de Qualquer Natureza (ISS), a majoração da alíquota para os serviços de hospedagem, turismo, viagens e congêneres de 3% para 5%, com vigência a partir de 1º.07.2010.

À vista disso, o Hotel Boa Hospedagem Ltda., que, em junho de 2010, recolhia, a título de ISS, o valor de R$ 30.000,00, com base na contratação dos seus serviços por empresas locais para hospedagem de funcionários, com a majoração da alíquota acima mencionada, incidente sobre a sua atividade econômica, passou a recolher, mensalmente, o valor de R$ 50.000,00. Todavia, as referidas empresas-cliente exigiram – e obtiveram – desconto do valor do aumento do tributo, alegando que seria indevido.

Assim sendo, o contribuinte do ISS se submeteu ao aumento desse imposto durante o período relativo ao mês de agosto a dezembro/2010. Ocorre que, em janeiro de 2011, mediante notícia publicada em jornal de grande circulação, o representante legal dessa empresa teve conhecimento da propositura de ações deflagradas por empresas hoteleiras e de turismo questionando a legalidade do aludido aumento do ISS.

Dessa forma, na qualidade de advogado(a) do Hotel Boa Hospedagem Ltda., formule a peça adequada para a defesa dos seus interesses, de forma completa e fundamentada, com base no direito material e processual tributário.

Gabarito comentado

Peça Processual: REPETIÇÃO DE INDÉBITO

O Imposto sobre Serviços de Qualquer Natureza (ISS) é imposto de competência municipal, cabendo à lei complementar estabelecer as alíquotas máximas e mínimas para fins de incidência. Nessa linha, a Lei Complementar nº 116/2003 somente disciplinou, em seu art. 8º, a alíquota máxima de 5% para o ISS, estando a alíquota mínima de 2% prevista no art. 88, inciso I, do ADCT, e no art. 8º-A da LC 116/2003.

Houve obediência pela Lei Municipal, ora analisada, quanto aos limites mínimos e máximos da alíquota do imposto. Todavia, restou violado o princípio da anterioridade previsto no art. 150, III, letras *b* e *c*, da CFRB/1988, o qual determina a vedação quanto à cobrança de tributos no mesmo exercício financeiro em que haja sido publicada a lei que os instituiu ou aumentou, bem como deverá ser observado o prazo da noventena, o qual proíbe a cobrança de tributos, antes de decorridos noventa dias da data em que haja sido publicada a lei que os instituiu ou aumentou.

Desse modo, tendo sido a lei publicada em 1º.06.2010 e vigorado em 1º.07.2010, é flagrante a violação ao princípio da anterioridade tributária, o que resulta na possibilidade de o contribuinte requerer a repetição dos valores recolhidos a maior pelo contribuinte decorrente do aumento indevido de tal cobrança.

Estrutura da Peça:

Fato – Lei Municipal, publicada em 1º.06.2010, ao estabelecer a majoração da alíquota para os serviços de hospedagem, turismo, viagens e congêneres de 3% para 5%, para vigorar a partir de 01.07.2010 alcançou a atividade econômica do Hotel Boa Hospedagem Ltda. que se submeteu ao aumento deste imposto durante o período relativo ao mês de agosto a dezembro/2010, passando a recolher indevidamente por mês o valor a maior de R$ 20.000,00.

Direito – Aplica-se o art. 165 do CTN. O Fisco, apesar de estar em conformidade com a legislação tributária ao fixar a alíquota mínima e máxima para os serviços de vigilância e segurança, violou o princípio da anterioridade tributária, previsto no art. 150, III, letras *b* e *c*, da CFRB/1988, vez que não poderia aumentar no mesmo exercício financeiro a alíquota do ISS.

Desfecho – O contribuinte poderá ingressar com pedido de repetição do indébito tributário, com base na cobrança indevida acima apontada.

Pedido

a) citação do réu para querendo, contestar a demanda, no prazo legal sob pena de revelia;

b) seja o réu condenado a restituir o valor a maior de ISS no total de R$ 100.000,00, pago pelo contribuinte, com juros e correção monetária na forma do art. 167 do CTN;

c) seja o réu condenado em custas e honorários advocatícios (art. 85 do CPC);

d) protesta pela produção de todas as provas em direito admitidas.

Valor da Causa – R$ 100.000,00.

PROBLEMA 6

Peça Prático-Profissional – VII EXAME UNIFICADO FGV

A Administração Fazendária de determinado Estado, por entender que a Empresa Brasileira de Correios e Telégrafos – ECT enquadra-se como contribuinte do IPVA incidente sobre os novos veículos de sua frota, adquiridos e emplacados em seu território, efetuou lançamento tributário direto relativo ao respectivo imposto de sua competência.

Todavia, a aludida empresa, que se encontra no prazo regular para pagamento do IPVA, não quitou o imposto por discordar de sua cobrança, entendendo não ser seu contribuinte, ante a relevância dos serviços de natureza postal para a população.

Sabendo-se que a referida Empresa pretende viabilizar demanda judicial para a defesa dos seus interesses, uma vez que não houve oferecimento de defesa administrativa em tempo hábil, bem como, contados da data da notificação do lançamento tributário até o presente momento consumaram-se 90 (noventa) dias, nessa situação hipotética, redija, na qualidade de advogado contratado pela ECT, a petição pertinente que traga o rito mais célere, com base no direito material e processual tributário, ciente da desnecessidade de outras provas, que não sejam documentais.

Gabarito comentado

Peça Processual: MANDADO DE SEGURANÇA

O STF já apreciou a possibilidade de extensão da imunidade recíproca à Empresa de Correios e Telégrafos - ECT, entendendo que por prestar serviço público, postal (art. 21, X, da CFRB/1988), de natureza obrigatória e exclusiva do Estado, goza de imunidade por extensão do § 2º, art. 150 c/c o art. 150, VI, letra *a*, da CFRB/1988.

À ECT não se aplicaria o art. 150, § 3º, da CFRB/1988, mas sim o § 2º do art. 150 da CFRB/1988 (Nesse sentido, RE 407.099/RS, rel. Ministro Carlos Velloso, DJ 06.08.2004).

Também, no caso do IPVA, o STF decidiu no mesmo sentido entendendo que a imunidade prevista no art. 150, VI, *a*, da CF alcança as empresas públicas prestadoras de serviço público, julgando procedente a ação proposta pela ECT para afastar a cobrança do IPVA, bem como as sanções decorrentes da inadimplência do tributo (ACO 765/RJ, rel. Ministro Marco Aurélio Mello/Informativo. STF 546).

Estrutura da Peça:

Fato – Apesar da ECT cobrar tarifas ou preços por seus serviços, a empresa estaria abrangida pela regra imunizante, não se enquadrando, portanto, na condição de contribuinte do IPVA ora analisado.

Direito – A regra da imunidade tributária recíproca prevista no art. 150, VI, *a*, da CFRB/1988 é aplicável à ECT, pois presta serviço público postal, de natureza obrigatória e exclusiva do Estado, não ingressando em regime concorrencial com outras empresas, o que também afastaria a aplicação do art. 173, § 2º, da CFRB/1988, o que resulta na configuração de direito líquido e certo a ser viabilizado mediante impetração de mandado de segurança, visto que a ECT não é contribuinte do IPVA.

Medida liminar – Caso não seja deferida liminar pleiteada, o impetrante será compelido a pagar os valores exigidos ilegalmente ou sofrerá inscrição em dívida ativa e posterior execução. Com isso, deverá ser apreciado pedido liminar antes mesmo da manifestação da autoridade coatora, nos termos do art. 7º, III, da Lei nº 12.016/2009, para que seja suspensa a exigibilidade do credito tributário.

Conclusão – A ECT tem direito líquido e certo, sendo inválida a cobrança do imposto em questão, com base nos fundamentos de fato e de direito acima expendidos.

Pedido

a) deferimento da medida liminar, para que seja suspensa a exigibilidade do crédito, art. 7º, III, da Lei nº 12.016/2009;

b) notificação da autoridade coatora, enviando-lhe todas as cópias dos documentos que instruem a inicial, para que preste todas as informações necessárias, no prazo de 10 (dez) dias (art. 7º, I, da Lei nº 12.016/2009);

c) dada ciência ao Estado ou ao órgão de representação judicial ou ainda à Procuradoria-Geral do Estado, enviando-lhe cópia da inicial para que, querendo, ingresse no feito (art. 7º, II, da Lei nº 12.016/2009);

d) ouvido o representante do Ministério Público, para que opine no prazo de 10 (dez) dias (art. 12 da Lei nº 12.016/2009);

e) ao final, conceder definitivamente a segurança pleiteada para a anulação do lançamento. Condenação em custas. Não há condenação em honorários advocatícios, conforme Súmulas 512/STF e 105/STJ.

Valor da causa: R$ valor do débito do IPVA.

PROBLEMA 7

Peça Prático-Profissional – VIII EXAME UNIFICADO FGV

A Construtora Segura Ltda. está sendo executada pela Fazenda Pública Municipal. Entretanto, a empresa havia proposto uma ação de consignação em pagamento, com relação ao mesmo débito apontado na CDA que dá fundamento à execução fiscal, tendo obtido ganho de causa, sendo certo que a sentença transitou em julgado.

Ocorre que a Fazenda Municipal, ao invés de levantar os valores consignados, permitindo a baixa do feito, propôs a execução, mesmo já tendo ocorrido a baixa da inscrição do débito na Dívida Ativa Municipal, determinada pela sentença na consignatória, que deu por cumprida a obrigação fiscal da empresa.

A Construtora Segura Ltda., *expert* na matéria, ingressou com exceção de pré-executividade, que foi liminarmente rejeitada, entendendo o Juiz que o tema deveria ser tratado em sede de embargos, após a segurança do Juízo.

Prepare o recurso cabível da decisão que rejeitou a exceção de pré-executividade, fundamentando-o de forma completa, registrando toda a matéria de direito processual e material pertinente.

Gabarito comentado

Peça Processual: AGRAVO DE INSTRUMENTO

A peça a ser elaborada pelo candidato é um agravo de instrumento, com pedido de efeito suspensivo ativo (art. 1.019, I, do CPC). Sendo a decisão de rejeição liminar da exceção de pré-executividade de natureza interlocutória, incabível outro recurso, que não o agravo de instrumento. Incabível a utilização do princípio da fungibilidade, por se tratar de equívoco inadmissível na prática forense, a interposição de recurso de apelação, ao invés de agravo de instrumento, para combater a decisão interlocutória em comento. Na narrativa do enunciado da questão, a exceção de pré-executividade fora corretamente proposta, eis que houve o pagamento por consignação, reconhecido por sentença, transitada em julgado, desnecessária a dilação probatória, conforme referido na Súmula nº 393 do STJ. Tendo havido o pagamento, a execução fiscal não poderia prosseguir, devendo ser extinta.

PROBLEMA 8

Peça Prático-Profissional – IX EXAME UNIFICADO FGV

Uma instituição de ensino superior, sem fins lucrativos, explora, em terreno de sua propriedade, serviço de estacionamento para veículos, cuja renda é revertida integralmente para manter suas finalidades essenciais.

Ocorre que tal instituição foi autuada pela Fiscalização Municipal, sob o fundamento de ausência de recolhimento do Imposto sobre Serviços de Qualquer Natureza – ISSQN relativo aos exercícios fiscais de 2008, 2009, 2010 e 2011, visto que a atividade econômica, serviços de estacionamento, consta da lista de serviços anexa à lei municipal tributária aplicável à espécie.

A referida instituição pretende viabilizar demanda judicial para a defesa dos seus interesses, uma vez que não houve oferecimento de defesa administrativa em tempo hábil, bem como, contados da data do recebimento do auto de infração pelo Administrador responsável pela instituição até o presente momento, tem-se o total de 100 (cem) dias.

Nesta situação hipotética, considerando que tudo está comprovado documentalmente e que o pagamento do tributo inviabilizaria os investimentos necessários para manter e ampliar os serviços educacionais que a instituição presta, apresente a fórmula jurídica processual mais rápida e eficaz para solucionar a situação descrita, esgotando os fundamentos de direito processual e material, ciente de que, entre a data da autuação e a sua constituição como patrono da referida instituição, transcorreram menos de dois dias. (Valor: 5,0)

Gabarito comentado

Peça Processual: MANDADO DE SEGURANÇA

As instituições de ensino sem fins lucrativos estão abrangidas pela imunidade tributária, de acordo com o art. 150, inciso VI, letra *c,* e § 4º do mesmo artigo da CRFB/1988. A Súmula nº 724 e a posterior Súmula Vinculante nº 52, ambas editadas pelo STF, já pacificaram entendimento no sentido de que desde que a receita auferida por tais entidades se destine às suas finalidades essenciais, não haverá incidência de impostos, incluindo-se neste caso o ISS.

Assim sendo, assiste direito líquido e certo em relação à instituição em questão, ao efeito, mediante a impetração do Mandado de Segurança de afastar a cobrança indevida do ISS objeto do aludido auto de infração.

Eis a estrutura da peça:

Fato – A receita obtida com a exploração dos serviços de estacionamento é revertida para as finalidades essenciais da instituição de ensino.

Direito – A instituição de ensino não é contribuinte do ISS relativo à prestação dos serviços de estacionamento, pois é imune à incidência de impostos, com base no Art. 150, VI letra c, e § 4º do mesmo artigo da CRFB/1988.

Medida liminar – Caso não seja deferida a liminar pleiteada, a impetrante será compelida a pagar os valores exigidos ilegalmente ou sofrerá inscrição em dívida ativa e posterior execução, com a constrição dos seus bens.

Com isso, deverá ser apreciado o pedido de liminar antes mesmo da manifestação da autoridade coatora, nos termos do art. 7º, III, da Lei nº 12.016/2009, para que seja suspensa a exigibilidade do crédito tributário.

Conclusão – A instituição de ensino tem direito líquido e certo, sendo inválida a cobrança do imposto em questão, com base nos fundamentos de fato e de direito acima expendidos.

Pedido

a) deferimento da medida liminar, para que seja suspensa a exigibilidade do crédito tributário, Art. 7º, III, da Lei nº 12.016/2009;

b) notificação da autoridade coatora, enviando-lhe todas as cópias dos documentos que instruem a inicial, para que preste todas as informações necessárias, no prazo de 10 (dez) dias (art. 7º, I, da Lei nº 12.016/2009);

c) dar ciência ao Município, enviando-lhe cópia da inicial para que, querendo, ingresse no feito (art. 7º, II, da Lei nº 12.016/2009);

d) ouvir o representante do Ministério Público, para que opine no prazo de 10 (dez) dias (art. 12, da Lei nº 12.016/2009);

e) ao final, confirmada a liminar deferida, conceder, definitivamente, a segurança pleiteada para a anulação do lançamento. Não há condenação em custas e honorários advocatícios, conforme Súmulas nºs 512/STF e 105/STJ.

Valor da causa: R$ valor do débito do ISS.

PROBLEMA 9

Peça Prático-Profissional – X EXAME UNIFICADO FGV

Em ação de indenização, em que determinada empresa fora condenada a pagar danos materiais e morais a Tício Romano, o Juiz, na fase de cumprimento de sentença, autorizou a liberação parcial do pagamento efetuado pelo executado e determinou a dedução do percentual de 27,5% a título de imposto de renda sobre os valores depositados. Determinou ainda a expedição do mandado de pagamento relativo ao depósito da condenação e a baixa e arquivamento dos autos.

Na qualidade de advogado de Tício, redija a peça processual adequada que deve ser proposta em oposição a tal retenção, já superada qualquer dúvida sobre o teor da decisão. A peça deve abranger todos os fundamentos de direito que possam ser utilizados para dar respaldo à pretensão do cliente, sendo certo que a publicação da decisão mencionada se deu na data de hoje (dia da realização desta prova).

Distribuição dos Pontos – AGRAVO DE INSTRUMENTO

Quesito Avaliado	Valores
Endereçamento da Ação Tribunal Estadual (Justiça) ou Federal (TRF)	0,00 / 0,20
Qualificação do Autor (0,10) e do Réu (0,10)	0,00 / 0,10 / 0,20
Síntese dos fatos	0,00 / 0,20
Pedido de antecipação dos efeitos da tutela recursal (art. 1.019, I, CPC), presentes os requisitos; Mera citação do artigo não pontua;	0,00 / 0,20
Provimento do recurso para reforma do ato judicial (0,50) para que seja feito o levantamento do depósito sem a incidência de imposto de renda; (0,50)	0,00 / 0,50 / 1,00
Nesses Termos, Pede-se Deferimento. Local. Data. Advogado	0,00 / 0,20
Danos materiais e morais: natureza jurídica de mera recomposição patrimonial	0.00 / 0,50

Quesito Avaliado	Valores
Súmula 498 do STJ: "Não incide imposto de renda sobre a indenização por danos morais".	0.00 / 0,50
O fato gerador do imposto de renda é a aquisição da disponibilidade econômica ou jurídica de acréscimo patrimonial produto do capital, do trabalho, da combinação de ambos ou de proventos	0,00 / 0,75
Não incidência de imposto de renda sobre mera recomposição patrimonial (art. 43 do CTN OU art.153, III, CF/1988)	0,00 / 1,00

Distribuição dos Pontos – APELAÇÃO

Quesito Avaliado	Valores
Endereçamento ao Juiz da Causa	0,00 / 0,20
Qualificação do Autor (0,10) e do Réu (0,10)	0,00 / 0,10 / 0,20
Síntese dos fatos	0,00 / 0,20
Comprovação do preparo recursal	0,00 / 0,20
Provimento do recurso para reforma do ato judicial para que seja feito o levantamento do depósito sem a incidência de imposto de renda	0,00 / 1,00
Nesses Termos, Pede-se Deferimento. Local. Data. Advogado	0,00 / 0,20
Súmula 498 do STJ: "Não incide imposto de renda sobre a indenização por danos morais".	0,00 / 0,50
O fato gerador do imposto de renda é a aquisição da disponibilidade econômica ou jurídica de acréscimo patrimonial produto do capital, do trabalho, da combinação de ambos ou de proventos	0,00 / 0,75
Não incidência de imposto de renda sobre mera recomposição patrimonial (art. 43 do CTN OU art.153, III, CF/1988)	0,00 / 1,00

Distribuição dos Pontos – RECURSO INOMINADO (LEI nº 9.099/1995)

Quesito Avaliado	Valores
Endereçamento ao Juiz da Causa	0,00 / 0,20
Qualificação do Autor (0,10) e do Réu (0,10)	0,00 / 0,10 / 0,20
Síntese dos fatos	0,00 / 0,20

Quesito Avaliado	Valores
Comprovação do preparo recursal	0,00 / 0,20
Provimento do recurso para reforma do ato judicial para que seja feito o levantamento do depósito sem a incidência de imposto de renda	0,00 / 1,00

Distribuição dos Pontos – AÇÃO ANULATÓRIA

Quesito Avaliado	Valores
Endereçamento ao Juiz da Vara Cível, Fazenda Pública ou Vara Federal	0,00 / 0,20
Qualificação do Autor (0,10) e do Réu (0,10)	0,00 / 0,10 / 0,20
Síntese dos fatos	0,00 / 0,20
Pedido de antecipação dos efeitos da tutela para realizar levantamento sem a retenção na fonte, presentes os requisitos.	0,00 / 0,20
Procedência do pedido para condenar o ente tributante à restituição do imposto de renda indevidamente recolhido;	0,00 / 1,00
Nesses Termos, Pede-se Deferimento. Local. Data. Advogado	0,00 / 0,20
Danos materiais e morais: natureza jurídica de mera recomposição patrimonial	0,00 / 0,75
Súmula 498 do STJ: "Não incide imposto de renda sobre a indenização por danos morais".	0,00 / 0,50
O fato gerador do imposto de renda é a aquisição da disponibilidade econômica ou jurídica de Acréscimo patrimonial produto do capital, do trabalho, da combinação de ambos ou de proventos;	0,00 / 0,75
Não incidência de imposto de renda sobre mera recomposição patrimonial (art. 43 do CTN OU art. 153, III, CF/1988)	0,00 / 1,00

Distribuição dos Pontos – AÇÃO DECLARATÓRIA DE INEXISTÊNCIA DE RELAÇÃO JURÍDICA

Quesito Avaliado	Valores
Endereçamento ao Juiz da Vara Cível, Fazenda Pública ou Vara Federal.	0,00 / 0,20
Qualificação do Autor (0,10) e do Réu (0,10)	0,00 / 0,10 / 0,20
Síntese dos fatos	0,00 / 0,20
Pedido de antecipação dos efeitos da tutela para realizar levantamento sem a retenção na fonte, presentes os requisitos	0,00 / 0,20

Quesito Avaliado	Valores
Procedência do pedido para declarar a inexistência de relação jurídica que obrigue o autor a sofrer a retenção na fonte do imposto de renda, quando do levantamento	0,00 / 1,00
Nesses Termos, Pede-se Deferimento. Local. Data. Advogado	0,00 / 0,20
Danos materiais e morais: natureza jurídica de mera recomposição patrimonial	0,00 / 0,75
Súmula 498 do STJ: "Não incide imposto de renda sobre a indenização por danos morais".	0,00 / 0,50
O fato gerador do imposto de renda é a aquisição da disponibilidade econômica ou jurídica de acréscimo patrimonial produto do capital, do trabalho, da combinação de ambos ou de proventos	0,00 / 0,75
Não incidência de imposto de renda sobre mera recomposição patrimonial (art. 43 do CTN OU art. 153, III, CF/1988)	0,00 / 1,00

PROBLEMA 10

Peça Prático-Profissional – XI EXAME UNIFICADO FGV

O estabelecimento da sociedade WYZ Ltda., cujo objeto é a venda de gêneros alimentícios, foi interditado pela autoridade fazendária municipal, Coordenador Municipal de Tributação, com fundamento na Lei Municipal – que por sua vez prevê a interdição por falta de pagamento de taxa de inspeção sanitária já devidamente constituída pelo lançamento.

Diante disso, o administrador da sociedade procura um advogado, imediatamente após o ato de interdição, munido dos documentos necessários para a comprovação do seu direito, solicitando a reversão do ato de interdição do seu estabelecimento o mais breve possível, pois a continuidade de seu negócio está comprometida. Pede o administrador, ainda, que seu advogado ajuíze medida judicial que, na hipótese de eventual insucesso, não acarrete o risco de condenação da sociedade WYZ Ltda. em verba honorária em favor da parte contrária.

Na qualidade de advogado da sociedade WYZ Ltda., redija a petição inicial mais adequada à necessidade do seu cliente, com o objetivo de reverter judicialmente o ato administrativo de interdição do estabelecimento, ciente de que a prova necessária é puramente documental.

A peça deve abranger todos os fundamentos de Direito que possam ser utilizados para dar respaldo à pretensão.

A simples menção ou transcrição do dispositivo legal não pontua.

Gabarito comentado

Peça Processual: MANDADO DE SEGURANÇA

A sociedade WYZ Ltda. deverá impetrar Mandado de Segurança com pedido de liminar para suspender de imediato a interdição do estabelecimento, ante o risco à continuidade do negócio.

Deverá, além de indicar o correto endereçamento da peça processual, promover a escorreita identificação das partes.

Após indicar a razão de cabimento do Mandado de Segurança (prova pré-constituída e existência de ilegalidade por parte da Autoridade Coatora), deverá expor os fundamentos em que se escora seu alegado direito, quais sejam:

a) a impossibilidade de interdição do estabelecimento como meio coercitivo de cobrança de tributo, o que inclusive é objeto da Súmula nº 70 do STF;

b) a inconstitucionalidade da lei municipal por violação ao princípio da razoabilidade, consubstanciado no aspecto substantivo do devido processo legal, que inclui a proporcionalidade em sentido estrito. E, sendo irrazoável e desproporcional a interdição, daí resulta a violação do direito constitucional de exercício da atividade econômica. Ainda nessa parte, deverá também mencionar, a afronta ao devido processo legal, no seu aspecto formal, pois a lei cria um mecanismo coercitivo para se realizar o pagamento de uma espécie tributária, de forma a enfraquecer o direito de se questionar o cabimento ou não, da referida verba em sede judicial. Ou seja, cria um mecanismo para conferir, via indireta, o pagamento em foco sem a necessidade do processo de execução fiscal.

A petição deverá, ainda, indicar a presença dos requisitos essenciais para a concessão da liminar pleiteada: o *fumus boni iuris* (plausibilidade do direito alegado) e o *periculum in mora* (risco na demora da prestação jurisdicional).

A peça, quanto ao pedido, deverá conter a postulação de liminar e a pretensão final, consistente, esta última, na declaração, ou reconhecimento da nulidade do ato decisório que determinou o fechamento do estabelecimento, pois sob o fundamento de lei inconstitucional.

Nesta parte da peça, coloca-se importante observar a "ideia" de reversão da situação de fechamento do estabelecimento, principalmente no plano da pretensão liminar.

Deve, ainda, na parte final da petição, o candidato fazer menção à notificação da autoridade coatora, a manifestação do ente público a que pertença a autoridade coatora, bem como o pronunciamento do MP, a denotar, quanto ao último, que este tem participação obrigatória no procedimento.

Deve, também, neste momento fazer alusão ao valor da causa, esclarecer que está apresentando a segunda via da inicial e documentos juntos, além de indicar o endereço da empresa impetrante.

PROBLEMA 11

Peça Prático-Profissional – XII EXAME UNIFICADO FGV

Felipe das Neves, 20 anos, portador de grave deficiência mental, vem procurá-lo, juntamente com seu pai e responsável, eis que pretendeu adquirir um carro, para ser dirigido por terceiro, a fim de facilitar sua locomoção, inclusive para tratamentos a que se submete semanalmente. Entretanto, o Delegado da Delegacia Regional Tributária negou-lhe o benefício que buscava usufruir, para não pagar ICMS e IPVA. Este benefício está previsto na Lei WWW/00, a qual dispõe: "os portadores de deficiência poderão adquirir veículo automotivo com isenção integral de ICMS e IPVA, sendo os carros de produção nacional, com adaptação e características especiais indispensáveis ao uso exclusivo do adquirente portador de paraplegia, impossibilitado de usar os modelos comuns."

Foi impetrado Mandado de Segurança, com pedido de liminar, para que Felipe obtivesse o benefício pretendido. Entretanto, o Juízo negou a liminar, referindo que não se vislumbra a presença de fumaça do bom direito em que se arrime o pleito liminar referido pelo Impetrante. O fundamento foi o de que a norma isentiva tem caráter excepcional e se aplica apenas aos portadores de deficiência física e não aos portadores de deficiência mental. Além disso, segundo a decisão, a norma pressupõe que o beneficiário da isenção esteja apto a dirigir, tanto que é concedido para contrabalançar as despesas na adaptação do carro.

Trata-se, primeiramente, de opção legislativa que não cabe ao intérprete superar. Igualmente, não demonstrado qualquer perigo na demora da solução do caso, afirmou a decisão.

Na qualidade de advogado de Felipe, e ciente de que já vencido o prazo para a interposição de eventuais Embargos de Declaração, mas não superado 10 (dez) dias da data da publicação da decisão, elabore o recurso cabível da decisão que negou a liminar, apresentando todos os fundamentos necessários à melhor defesa do interesse de Felipe, tanto pertinente ao direito a ser aplicado quanto à sua interpretação.

(Valor: 5,0)

Gabarito comentado

Peça Processual: AGRAVO DE INSTRUMENTO

1) O recurso adequado é o agravo de instrumento, haja vista se estar diante de decisão interlocutória. Para se evitar dúvidas o enunciado mostra que não há mais prazo para embargos de declaração, e evidencia que ainda resta prazo para o recurso próprio mencionado;

2) Direcionamento ao Tribunal de Justiça;

3) Qualificar Agravante: Felipe das Neves, portador de grave deficiência mental, representado por..... Agravado: ente público a cujos quadros pertença a Autoridade coatora; a autoridade impetrada no MS; Juízo da Vara Cível ou Vara de Fazenda Pública;

4) Fatos: solicitação do benefício e recusa do Delegado da Delegacia Regional Tributária. Indeferimento da Medida Liminar no Mandado de Segurança;

5) A antecipação dos efeitos da tutela recursal: o cabimento da antecipação dos efeitos da tutela recursal, que teria por efeito prático o deferimento da liminar pleiteada no Mandado de Segurança, e que foi indeferida pela decisão agravada, tem amparo no art. 1.019, inciso I, do CPC;

6) O fundamento jurídico deve ser o de que o veículo a ser adquirido por deficiente mental, ainda que seja para ser dirigido por terceiro, porque a sua deficiência o impede de dirigir, deve receber a benesse pretendida, qual seja, a de isenção do tributo estadual, sob pena de se dar tratamento manifestamente desigual a tais deficientes. A negativa de tal benefício e a aplicação da regra da forma sustentada pela Fazenda implica tratamento diferenciado (mais gravoso) a pessoa que apresenta deficiência incapacitante análoga à física. A isenção deve ser interpretada de acordo com o que preceitua o art. 111, II, do CTN, desde que tal interpretação não afronte o princípio da isonomia. O candidato deverá defender a prática da interpretação sistemática e teleológica da norma isentiva, de modo a conciliar a legislação tributária com o texto constitucional, que propugna a integração social do deficiente e a eliminação de todas as formas de discriminação (art. 227, § 1º, II, CR/1988), bem como a eliminação de tratamento desigual entre contribuintes que se encontrem em situação equivalente (art. 150, II, CR/1988);

7) Pedido de conhecimento e provimento do recurso para ser deferida a pretensão liminar constante no mandado de segurança;

8) Deve ainda o recurso fazer menção ao fato de que estão sendo anexadas as peças obrigatórias para a instrução do Agravo de Instrumento (ou, alternativamente, a cópia integral dos autos judiciais a partir dos quais foi formado o instrumento). ORDEM DOS ADVOGADOS DO BRASIL.

PROBLEMA 12

Peça Prático-Profissional – XIII EXAME UNIFICADO FGV

Determinada pessoa jurídica declarou, em formulário próprio estadual, débito de ICMS. Apesar de ter apresentado a declaração, não efetuou o recolhimento do crédito tributário correspondente, o que motivou sua inscrição em dívida ativa.

Em execução fiscal promovida pelo Estado da Federação na 9ª Vara de Fazenda da Comarca da Capital, o sócio administrador, Fulano de Tal, foi indicado como fiel depositário de um veículo da pessoa jurídica executada, que foi penhorado. A pessoa jurídica ofereceu embargos à execução, ao final julgados improcedentes. A Fazenda do Estado requer, então, a reavaliação do veículo para futuro leilão, sendo certificado pelo Oficial de Justiça que o veículo não mais está na posse do sócio e não é mais encontrado. A Fazenda do Estado requer e é deferida a inclusão de Fulano de Tal no polo passivo, em razão do inadimplemento do tributo e ainda com base em lei do Estado que assim dispõe:

> Art. X. São responsáveis, de forma solidária, com base no art. 124, do CTN, pelo pagamento do imposto:
>
> (...)
>
> X – o sócio administrador de empresa que descumpriu seus deveres legais de fiel depositário em processo de execução fiscal;
>
> (...)

O Sr. Fulano de Tal foi citado e intimado a respeito de sua inclusão no polo passivo da execução fiscal, tendo transcorrido 6 (seis) meses desta sua citação/intimação. Nas tentativas de penhora, não foram encontrados bens.

Na qualidade de advogado de Fulano de Tal, redija a peça processual adequada para a defesa nos próprios autos da execução fiscal, considerando que seu cliente não dispõe de nenhum bem para ofertar ao juízo. A peça deve abranger todos os fundamentos de direito que possam ser utilizados para dar respaldo à pretensão do cliente. (Valor: 5,00)

Gabarito oficial

Peça Processual: EXCEÇÃO DE PRÉ-EXECUTIVIDADE

A peça apropriada é uma exceção de pré-executividade, pelo fato de a questão demandar que a defesa seja feita nos próprios autos da execução bem como por não depender de garantia do juízo (Súmula nº 393 do STJ). A ação anulatória não é adequada ao caso, seja porque não se busca a anulação do título que embasa a execução (pois somente se discute a legitimidade do executado, o que não exige dilação probatória), seja porque o enunciado da questão exige que a defesa seja feita nos próprios autos da execução.

Quanto ao mérito, deve ser alegada a ilegitimidade passiva do sócio por não poder ser responsabilizado pelo tributo, uma vez que o mero não recolhimento não enseja, por si só, a responsabilidade do sócio gerente (Súmula nº 430 do STJ). Deve ser alegada a inconstitucionalidade do dispositivo da lei estadual, por se tratar de matéria reservada à Lei Complementar Federal (art. 146, III, CF). Ao vincular a conduta processual do sócio administrador à obrigação de responder solidariamente pelos débitos da pessoa jurídica perante o Estado, a lei estadual dispôs sobre a mesma situação genérica regulada pelo artigo 135,

III, do CTN, mas de modo diverso, incorrendo em inconstitucionalidade por violação ao já citado artigo 146, III, da CF. Por fim, deve ser alegado que o descumprimento do encargo legal de depositário tem como única consequência a entrega do bem no estado em que foi recebido ou seu equivalente em dinheiro.

PROBLEMA 13

Peça Prático-Profissional – XIV EXAME UNIFICADO FGV

Em março de 2014, o Estado A instituiu, por meio de decreto, taxa de serviço de segurança devida pelas pessoas jurídicas com sede naquele Estado, com base de cálculo correspondente a 3% (três por cento) do seu faturamento líquido mensal. A taxa, devida trimestralmente por seus sujeitos passivos, foi criada com o objetivo de remunerar o serviço de segurança pública prestado na região. A taxa passou a ser exigível a partir da data da publicação do decreto que a instituiu.

Dez dias após a publicação do decreto (antes, portanto, da data de recolhimento da taxa), a pessoa jurídica PJ Ltda. decide impugnar o novo tributo, desde que sem o risco de suportar os custos de honorários advocatícios na eventualidade de insucesso na demanda, tendo em vista que pretende participar de processo licitatório em data próxima, para o qual é indispensável a apresentação de certidão de regularidade fiscal, a qual será obstada caso a pessoa jurídica deixe de pagar o tributo sem o amparo de uma medida judicial.

Considerando a situação econômica do contribuinte, elabore a medida judicial adequada para a impugnação do novo tributo e a garantia da certidão de regularidade fiscal necessária à sua participação na licitação, considerando a desnecessidade de dilação probatória e indicando todos os fundamentos jurídicos aplicáveis ao caso.

Gabarito oficial

Peça Processual: MANDADO DE SEGURANÇA

A peça apropriada é o Mandado de Segurança, uma vez que se trata de direito líquido e certo e a medida não comporta condenação em honorários advocatícios (Súmula 512 do STF, Súmula 105, do STJ, e art. 25 da Lei nº 12.016/2009). Deve ser apresentado pedido de liminar para assegurar que o novo tributo não poderá impedir o impetrante de obter a certidão de regularidade fiscal da pessoa jurídica. Para tanto devem ser demonstradas a presença dos requisitos essenciais à liminar, quais sejam o *fumus boni iuris* (plausibilidade do direito alegado) e o *periculum in mora* (risco na demora da prestação jurisdicional, em decorrência da proximidade da licitação).

Quanto ao mérito, deve ser alegada a inconstitucionalidade da taxa em razão da violação do princípio da legalidade (art. 150, I, da Constituição) e ao princípio da anterioridade (tanto a anterioridade do exercício financeiro quanto a anterioridade nonagesimal - art. 150, III, *b* e *c*, da CF). Também deve ser apontada a inconstitucionalidade do fato gerador da taxa não corresponder a serviço público específico e divisível, uma vez que o serviço de segurança pública possui caráter geral e indivisível (art. 145, II, da Constituição). Vale destacar, ainda, que a taxa é um tributo contraprestacional/vinculado e a base de cálculo instituída pelo decreto não reflete o custo despendido pelo Estado para a prestação da atividade.

PROBLEMA 14

Peça Prático-Profissional - XV EXAME UNIFICADO FGV

Em 2003, João ingressou como sócio da sociedade D Ltda. Como já trabalhava em outro local, João preferiu não participar da administração da sociedade. Em janeiro de 2012, o Município X, ao verificar que a D Ltda. deixou de pagar o IPTU lançado no ano de 2004, referente ao imóvel próprio em que tem sede, inscreveu a sociedade em dívida ativa e ajuizou execução fiscal em face desta, visando à cobrança do IPTU e dos acréscimos legais cabíveis. Após a citação da pessoa jurídica, que não apresentou defesa e não garantiu a execução, a Fazenda Municipal solicitou a inclusão de João no polo passivo da execução fiscal, em razão de sua participação societária na executada, o que foi deferido pelo Juiz. João, citado em fevereiro de 2012, procura um advogado e explica que passa por grave situação financeira e que não poderá garantir a execução, além de não possuir qualquer bem passível de penhora. Ao analisar a documentação trazida por João, o advogado verifica que há prova documental inequívoca de seu direito. Assim, como advogado de João, elabore a peça adequada à defesa de seu cliente nos próprios autos da execução fiscal. A peça deve abranger todos os fundamentos de Direito que possam ser utilizados para dar respaldo à pretensão.

Gabarito Oficial Comentado

Peça Processual: EXCEÇÃO DE PRÉ-EXECUTIVIDADE

João deverá oferecer exceção de pré-executividade, peça que não exige a garantia do juízo e que é cabível nos casos em que: (i) não é preciso dilação probatória, ou seja, todos os seus argumentos podem ser demonstrados de plano; e (ii) alega-se matéria relativa às condições da ação e aos pressupostos processuais, conhecíveis de ofício, como na hipótese (prescrição e ilegitimidade passiva). A peça envolverá conhecimentos sobre responsabilidade tributária, especificamente no que se refere ao disposto no art. 135, do CTN, e de prescrição tributária. O art. 135 do CTN dispõe que "são pessoalmente responsáveis pelos créditos correspondentes a obrigações tributárias resultantes de atos praticados com excesso de poderes ou infração a lei, contratos e estatutos". Do *caput* do dispositivo, é possível concluir que o mero inadimplemento tributário não gera responsabilidade tributária. Nesse sentido é a Súmula 430 do STJ. Além disso, os incisos do artigo não elencam o sócio como responsável tributário. Sendo assim, para que o sócio seja responsabilizado, é necessário que ele pratique atos de direção ou gerência (inc. III do dispositivo), o que não é o caso, pois se trata de mero sócio cotista, sem poderes de administração/gestão da sociedade, o que afastaria a incidência do art. 135, do CTN.

No que tange à responsabilidade tributária, deve o candidato ressaltar ainda que, como o nome de João não consta da Certidão de Dívida Ativa (CDA), cabe à Fazenda demonstrar que o responsável agiu com excesso de poderes ou cometeu infração à lei, contratos e estatutos, o que não aconteceu na hipótese narrada. Ademais, deve o candidato destacar que o crédito tributário está prescrito, tendo em vista que o ajuizamento da execução fiscal e a citação ocorreram em 2012, ou seja, após mais de cinco anos contados da constituição definitiva do crédito tributário que, por sua vez, ocorreu em 2004. Sendo assim, conforme previsto no art. 174 do CTN, ocorreu a prescrição.

PROBLEMA 15

Peça Prático-Profissional – XVI EXAME UNIFICADO FGV

A pessoa jurídica A, fabricante de refrigerantes, recolheu em montante superior ao devido o Imposto sobre Produtos Industrializados (IPI) incidente nas operações de venda à pessoa jurídica B (distribuidora de bebidas), nos anos de 2013 e 2014. Ao verificar o equívoco, a pessoa jurídica A ajuizou ação, em dezembro de 2014, visando à compensação do indébito do IPI, correspondente ao valor pago em excesso, com débitos do mesmo tributo, anexando, para tanto, autorização expressa da pessoa jurídica B para que ela (pessoa jurídica A) pleiteasse a repetição. A referida ação foi distribuída à 4ª Vara Federal da Seção Judiciária do Estado X e foi devidamente contestada pela União. Ao proferir a sentença, o juiz julgou improcedente o pedido, condenado a Autora nos ônus da sucumbência, por entender que (i) o pedido de compensação deveria ter sido realizado inicialmente por meio da via administrativa; (ii) apenas a pessoa jurídica B, contribuinte de fato do imposto, possui legitimidade para pleitear a repetição de indébito do IPI, uma vez que apenas ela suportou o encargo financeiro do tributo; e (iii) somente é possível a repetição do indébito, sendo incabível o pedido de compensação. Diante do exposto, elabore, como advogado(a) da pessoa jurídica A, a medida judicial cabível contra a decisão publicada ontem, para a defesa dos interesses de sua cliente, abordando as teses e os fundamentos legais que poderiam ser usados em favor do autor, ciente de que inexiste qualquer omissão, contradição e/ou obscuridade na decisão. (Valor: 5,00 pontos) Obs.: responda justificadamente, empregando os argumentos jurídicos apropriados e a fundamentação legal pertinente ao caso.

Gabarito Oficial Comentado

Peça Processual: APELAÇÃO

O examinando deverá elaborar apelação em face da sentença que julgou improcedente o pedido autoral de compensação dos créditos tributários. A apelação deverá ser endereçada ao Juízo da causa (4ª Vara Federal da Seção Judiciária do Estado X), com as razões recursais dirigidas ao Tribunal Regional Federal, que as apreciará. O Apelante é a pessoa jurídica A, que restou sucumbente, e a Apelada é a União. No mérito, o examinando deverá afastar o argumento utilizado pelo Juízo *a quo*, no sentido de que o pedido de compensação deveria ter sido inicialmente feito na via administrativa. Isso porque a Constituição não exige que o contribuinte requeira administrativamente a compensação como condição de acesso ao Poder Judiciário. Ao contrário, a Constituição consagra, no art. 5º, XXXV, a inafastabilidade do controle jurisdicional. Ademais, o examinando deverá apontar que o art. 166, do Código Tributário Nacional, permite a restituição de tributos indiretos quando o terceiro que suportou o encargo expressamente autorizar o contribuinte de direito a requerer a repetição, como no caso anunciado. O examinando deverá, ainda no mérito, requerer a aplicação da Súmula 461, que dispõe que "O contribuinte pode optar por receber, por meio de precatório ou por compensação, o indébito tributário certificado por sentença declaratória transitada em julgado." Sendo assim, incorreta a decisão do juiz *a quo* que afirmou ser incabível o pedido de compensação. Por fim, o examinando deverá formular pedido de reforma da sentença e inversão dos ônus sucumbenciais, reiterando o pedido de compensação do indébito.

PROBLEMA 16

Peça Prático-Profissional – XVII EXAME UNIFICADO FGV

A sociedade empresária XYZ Ltda., citada em execução fiscal promovida pelo município para a cobrança de crédito tributário de ISSQN, realizou depósito integral e opôs embargos à execução. Após a instrução probatória, sobreveio sentença de improcedência dos embargos, contra a qual foi interposto recurso de apelação recebido em seu regular efeito devolutivo (art. 520, V, do CPC). A Fazenda Municipal, após contra-arrazoar o recurso, requer o desapensamento dos autos dos embargos. O Juízo determina o desapensamento e remete os autos dos embargos para o Tribunal. Um mês após, é aberta vista na execução fiscal à Fazenda Municipal, que requer a conversão em renda do depósito judicial, nos termos do art. 156, VI, do CTN, alegando que a execução fiscal é definitiva e não provisória (art. 587 do CPC e Súmula 317 do STJ). O Juízo defere o pedido da Fazenda proferindo decisão interlocutória na qual determina a conversão em renda do depósito e determina a intimação das partes para requererem o que entenderem de direito. Não há, na decisão proferida, qualquer omissão, obscuridade ou contradição. Na qualidade de advogado(a) de XYZ Ltda., redija a peça recursal adequada a evitar que haja a imediata conversão do depósito em renda. (Valor: 5,00) Obs.: a peça deve abranger todos os fundamentos de Direito que possam ser utilizados para dar respaldo à pretensão do cliente, sendo certo que a publicação da decisão mencionada se deu nove dias atrás.

Gabarito Oficial Comentado

Peça Processual: AGRAVO DE INSTRUMENTO

Deve ser elaborado Agravo de Instrumento, destinado ao Tribunal de Justiça, com a qualificação da agravante, XYZ Ltda., e do agravado: Município (deve-se admitir, também, a indicação como "Agravado", do Juízo da Vara Cível ou Vara de Fazenda Pública, bem como a Fazenda Pública Municipal). O recurso deve destacar o cabimento do Agravo de Instrumento por se tratar de processo de execução e pela possibilidade de lesão grave e de difícil reparação. Quanto ao mérito da pretensão do recorrente, deve este destacar que tem prevalência a regra do art. 32, § 2º, da Lei 6.830/1980 (Lei de Execuções Fiscais), que, por sua vez, condiciona o levantamento do depósito judicial ao trânsito em julgado da decisão. A peça processual deve ainda pleitear a antecipação dos efeitos da tutela, justificando a urgência com o risco de iminente conversão em renda do depósito judicial por parte do recorrido. Deve ainda o recurso fazer menção ao fato de que estão sendo anexadas as peças obrigatórias para a instrução do Agravo de Instrumento (ou, alternativamente, a cópia integral dos autos judiciais a partir dos quais foi formado o instrumento).

PROBLEMA 17

Peça Prático-Profissional – XVIII EXAME UNIFICADO FGV

O Município Beta instituiu por meio de lei complementar, publicada em 28 de dezembro de 2012, Taxa de Iluminação Pública (TIP). A lei complementar previa que os proprietários de imóveis em áreas do Município Beta, que contassem com iluminação pública, seriam os contribuintes do tributo. O novo tributo incidiria uma única vez ao ano, em janeiro, à alíquota de 0,5%, e a base de cálculo seria o valor venal do imóvel, utilizado para o cálculo do Imposto sobre a Propriedade Predial e Territorial Urbana (IPTU) lançado no exercício anterior. Fulano de Tal, proprietário de imóvel servido por iluminação pública no Município Beta, recebeu em sua residência, no início de janeiro de 2013, o boleto de cobrança da TIP relativo àquele exercício (2013), no valor de 0,5% do valor venal do imóvel, utilizado como base de cálculo do IPTU lançado no exercício de 2012 – tudo em conformidade com o previsto na lei complementar municipal instituidora da TIP. O tributo não foi recolhido e Fulano de Tal contratou advogado para ajuizar ação anulatória do débito fiscal. A despeito dos bons fundamentos em favor de Fulano de Tal, sua ação anulatória foi julgada improcedente. A apelação interposta foi admitida na primeira instância e regularmente processada, sendo os autos encaminhados ao Tribunal de Justiça após a apresentação da resposta ao apelo por parte da Procuradoria Municipal. No Tribunal, os autos foram distribuídos ao Desembargador Relator, que negou seguimento à apelação sob o equivocado fundamento de que o recurso era manifestamente improcedente. Não há, na decisão monocrática do Desembargador Relator, qualquer obscuridade, contradição ou omissão que justifique a interposição de Embargos de Declaração. Elabore a peça processual adequada ao reexame da matéria no âmbito do próprio Tribunal de Justiça, indicando o prazo legal para a interposição do recurso e os fundamentos que revelam a(s) inconstitucionalidade(s) da TIP.

Gabarito Oficial Comentado

Peça Processual: AGRAVO INTERNO

Deve ser elaborado um Agravo Interno a que se refere o art. 1.021 do Código de Processo Civil (CPC), endereçado ao Desembargador Relator da Apelação (que proferiu a decisão agora agravada), indicando seu prazo para interposição de 15 dias, conforme art. 1.003, § 5º, do CPC. Na peça, deverão ser explorados os fatos que levaram à necessidade de interposição do Agravo e as razões que revelam o descabimento da exigência fiscal (pois isso foi expressamente demandado no enunciado da questão e é mesmo necessário para revelar o equívoco da decisão monocrática agravada – já que esta, ao negar curso à apelação, considerou que a sentença apelada, ao manter o crédito tributário, estava correta). Dentre os argumentos jurídicos a serem explorados, destaca-se: (a) a inconstitucionalidade da TIP está pacificada no STF (Súmula nº 670 e/ou Súmula Vinculante nº 41); (b) o serviço de iluminação pública não é específico e divisível, pois não se pode mensurar o proveito que cada contribuinte isolado extrai do serviço, violando, assim, o art. 145, II, da CRFB/1988; (c) a taxa não pode ter base de cálculo própria de imposto (e, no caso concreto, a base de cálculo da TIP é o valor venal utilizado para lançamento do próprio IPTU), pois isso viola o art. 145, § 2º, da CRFB/1988; (d) a exigência da TIP, já em janeiro de 2013, viola o princípio da anterioridade nonagesimal (ou noventena, também chamada de anterioridade mitigada e espera nonagesimal), prevista no art. 150, III, *c*, da CRFB/1988. Quanto aos pedidos: (I) a retratação da decisão agravada e, com fundamento no art. 1.021, § 2º, do CPC, o provimento (pelo próprio Relator) da apelação, uma vez que a sentença apelada está em confronto com súmula do STF; (II) para a eventualidade de não ser atendido o pedido anterior, o provimento do Agravo, para que tenha seguimento a Apelação, conforme previsto na parte final do art. 1.021, § 2º, parte final, do CPC (sendo desnecessário que o examinando peça também o provimento da Apelação, pois isso é objeto do próprio apelo que se pretende que venha a ser reexaminado).

PROBLEMA 18

Peça Prático-Profissional – XIX EXAME UNIFICADO FGV

Zeta é uma sociedade empresária cujo objeto social é a compra, venda e montagem de peças metálicas utilizadas em estruturas de shows e demais eventos. Para o regular exercício de sua atividade, usualmente necessita transferir tais bens entre seus estabelecimentos, localizados entre diferentes municípios do Estado de São Paulo. Apesar de nessas operações não haver transferência da propriedade dos bens, mas apenas seu deslocamento físico entre diferentes filiais de Zeta, o fisco do Estado de São Paulo entende que há incidência de Imposto sobre Circulação de Mercadorias e Prestação de Serviços – ICMS nesse remanejamento. Diante da falta de recolhimento do imposto, o fisco já reteve por mais de uma vez, por seus Auditores Fiscais, algumas mercadorias que estavam sendo deslocadas entre as filiais, buscando, assim, forçar o pagamento do imposto pela sociedade empresária. Considere que, entre a primeira retenção e a sua constituição como advogado, passaram-se menos de dois meses. Considere, ainda, que todas as provas necessárias já estão disponíveis e que o efetivo pagamento do tributo, ou o depósito integral deste, obstaria a continuidade das operações da empresa que, ademais, não quer se expor ao risco de eventual condenação em honorários, no caso de insucesso na medida judicial a ser proposta. Com receio de sofrer outras cobranças do ICMS e novas retenções, e também pretendendo a rápida liberação das mercadorias já apreendidas, uma vez que elas são essenciais para a continuidade de suas atividades, a sociedade empresária Zeta o procura para, na qualidade de advogado, elaborar a petição cabível, ciente de que, entre a retenção e a constituição do advogado, há período inferior a 120 (cento e vinte) dias, e que, para a demonstração dos fatos, há a necessidade, apenas, de prova documental que lhe foi entregue.

Gabarito Oficial Comentado

Peça Processual: MANDADO DE SEGURANÇA

O examinando deverá elaborar a petição inicial de um Mandado de Segurança, diante da existência de prova pré-constituída e ausência do decurso do prazo de 120 dias desde a primeira apreensão das mercadorias. Não seriam cabíveis ações como a declaratória ou a anulatória, diante da informação de que a pessoa jurídica não quer se expor ao risco de condenação em honorários de sucumbência. No mérito, o examinando deverá alegar que, nas transferências entre estabelecimentos do mesmo contribuinte, não incide o ICMS, conforme Súmula nº 166 do STJ. Deverá o examinando argumentar, ainda, que não é possível a apreensão de mercadorias como meio coercitivo para o pagamento de tributos, conforme Súmula nº 323 do STF. Deverá ser exposta a presença do *fumus boni iuris* (plausibilidade do direito alegado pela parte) e do *periculum in mora* (risco de demora na concessão do provimento jurisdicional pleiteado), de modo a justificar o pedido de concessão de medida liminar.

PROBLEMA 19

Peça Prático-Profissional – XX EXAME UNIFICADO FGV

Em 1º de janeiro de 2014, a União publicou lei ordinária instituindo Contribuição de Intervenção do Domínio Econômico (CIDE) incidente sobre as receitas decorrentes de exportações de café. As alíquotas da CIDE em questão são diferenciadas conforme o Estado em que o contribuinte for domiciliado. De acordo com a lei, a nova contribuição servirá como instrumento de atuação na área da educação, sendo os recursos arrecadados destinados à manutenção e desenvolvimento do ensino fundamental. A pessoa jurídica ABC, exportadora de café, inconformada com a nova cobrança, não realiza o pagamento do tributo. Por tal razão, em 2015, a União ajuizou execução fiscal para a cobrança do valor inadimplido, atualmente em trâmite na 1ª Vara Federal de Execução Fiscal da Seção Judiciária do Estado "X". Diante destes fatos, apresente a medida judicial adequada para impugnação da cobrança da nova contribuição, expondo, justificadamente, todos os argumentos aplicáveis. Para a escolha da medida judicial adequada, considere que esta não poderá ser admitida antes de garantida a execução e que o executado foi intimado de penhora realizada há 15 dias.

Gabarito Oficial Comentado

Peça Processual: EMBARGOS À EXECUÇÃO

A peça a ser elaborada são os Embargos à Execução, que consubstanciam defesa a ser apresentada em face de execução fiscal, prevista na Lei nº 6.830/1980 (LEF) que, em seu art. 16, § 1º, determina que os embargos do executado não serão admissíveis antes de garantida a execução. Por tal razão, não se admite a exceção de pré-executividade como peça processual. Como argumento de defesa, o examinando deve alegar que a cobrança é inconstitucional, uma vez que as contribuições de intervenção no domínio econômico não incidirão sobre as receitas decorrentes de exportação, na forma do art. 149, § 2º, inciso I, da CRFB/1988. O examinando deve alegar, também, que o novo tributo viola a

Constituição da República ao não observar a proibição contida em seu art. 151, inciso I, que veda à União instituir tributo que não seja uniforme em todo o território nacional ou que implique distinção ou preferência em relação ao Estado, ao Distrito Federal ou a Município, em detrimento de outro. Como último fundamento, o examinando deve alegar que a cobrança é inconstitucional porque, de acordo com o art. 149 da CRFB/1988, compete exclusivamente à União instituir contribuições sociais, de intervenção no domínio econômico e de interesse das categorias profissionais ou econômicas, como instrumento de sua atuação nas respectivas áreas, o que não se verifica no presente caso. A destinação dos recursos arrecadados com a contribuição para a área de educação não atende à referibilidade inerente às contribuições de intervenção no domínio econômico, pois a atividade a ser custeada, qual seja o desenvolvimento do ensino fundamental, não guarda referência com a exportação do café.

PROBLEMA 20

Peça Prático-Profissional – XXI EXAME UNIFICADO FGV

A União, por não ter recursos suficientes para cobrir despesas referentes a investimento público urgente e de relevante interesse nacional, instituiu, por meio da Lei Ordinária nº 1.234, publicada em 01 de janeiro de 2014, empréstimo compulsório. O fato gerador do citado empréstimo compulsório é a propriedade de imóveis rurais e o tributo somente será devido de maio a dezembro de 2014. Caio, proprietário de imóvel rural situado no Estado X, após receber a notificação do lançamento do crédito tributário referente ao empréstimo compulsório dos meses de maio a dezembro de 2014, realiza o pagamento do tributo cobrado. Posteriormente, tendo em vista notícias veiculadas a respeito da possibilidade de esse pagamento ter sido indevido, Caio decide procurá-lo(a) com o objetivo de obter a restituição dos valores pagos indevidamente. Na qualidade de advogado(a) de Caio, redija a medida judicial adequada para reaver em pecúnia (e não por meio de compensação) os pagamentos efetuados.

Gabarito Oficial Comentado

Peça Processual: REPETIÇÃO DE INDÉBITO

O examinando deverá elaborar a petição inicial de uma Ação de Repetição de Indébito, uma vez que se pretende a restituição do empréstimo compulsório pago indevidamente. A ação declaratória não satisfaz o interesse do cliente, visto que o objetivo não é evitar o lançamento do crédito tributário. Na hipótese, não há mais lançamento a ser realizado, visto que o tributo só seria devido pelo período de maio a dezembro de 2014. Tampouco é cabível a ação anulatória, visto que não há lançamento a ser anulado. A ação de repetição de indébito deverá ser endereçada à Vara Federal da Seção Judiciária do Estado X. O autor da ação é Caio e a ré, a União. No mérito, o examinando deverá demonstrar que o empréstimo compulsório é inconstitucional, uma vez que este tributo deve ser instituído por lei complementar, conforme o art. 148, *caput*, da CRFB/1988, e não por lei ordinária como na hipótese do enunciado. Ademais, o examinando deverá indicar a violação ao princípio da anterioridade, uma vez que o empréstimo compulsório referente a investimento público de caráter urgente e de relevante interesse nacional somente pode ser cobrado no exercício financeiro seguinte ao da publicação da lei, no caso somente em 2015, conforme o art. 148, inciso II, c/c o art. 150, inciso III, alínea *b*, ambos da CRFB/1988. Por fim, deve o examinando requerer a procedência do pedido para que os valores pagos indevidamente lhe sejam restituídos.

PROBLEMA 21

Peça Prático-Profissional – XXII EXAME UNIFICADO FGV

Caio era empregado da pessoa jurídica X há mais de 10 anos. No entanto, seu chefe o demitiu de forma vexatória, diante de outros empregados, sem o devido pagamento das verbas trabalhistas. Inconformado, Caio ajuizou medida judicial visando à cobrança de verbas trabalhistas e, ainda, danos morais. A decisão transitada em julgado deu provimento aos pedidos de Caio, condenando a pessoa jurídica X ao pagamento de valores a título de (i) férias proporcionais não gozadas e respectivo terço constitucional e, ainda, (ii) danos morais. Os valores foram efetivamente pagos a Caio em 2015. Em junho de 2016, a Fazenda Nacional ajuizou execução fiscal visando à cobrança de Imposto sobre a Renda da Pessoa Física – IRPF incidente sobre as férias proporcionais não gozadas, o respectivo terço constitucional e os danos morais. No entanto, a Certidão de Dívida Ativa que ampara a execução fiscal deixou de indicar a quantia a ser executada. A ação executiva foi distribuída à 3ª Vara de Execuções Fiscais da Seção Judiciária de M, do Estado E. Caio foi citado na execução e há 10 (dez) dias foi intimado da penhora de seu único imóvel, local onde reside com sua família. Diante do exposto, redija, como advogado(a) de Caio, a peça prático-profissional pertinente para a defesa dos interesses de seu cliente, indicando o prazo, seus requisitos e os seus fundamentos, nos termos da legislação vigente. Considere que a peça processual a ser elaborada tem a garantia do juízo como requisito indispensável para sua admissibilidade.

Gabarito Oficial Comentado

Peça Processual: EMBARGOS À EXECUÇÃO

O examinando deverá opor embargos à execução, que consubstanciam defesa a ser apresentada em face de execução fiscal, prevista na Lei nº 6.830/80 (LEF). Em seu art. 16, § 1º, a Lei determina que os embargos não serão admissíveis antes de garantida a execução. Considerando que o enunciado menciona que a peça a ser elaborada tem a garantia do juízo como requisito indispensável para sua admissibilidade, estão afastadas as hipóteses de exceção de pré-executividade, mandado de segurança e ações de rito ordinário (anulatória/declaratória). Os embargos devem ser endereçados ao Juízo da causa (3ª Vara de Execuções Fiscais da Seção Judiciária de M, do Estado E). O embargante é Caio e a embargada é a Fazenda Nacional/União. No mérito, o examinando deverá demonstrar que não incide imposto sobre a renda sobre os valores recebidos a título de férias proporcionais não gozadas e respectivo terço constitucional, uma vez que têm caráter indenizatório, conforme Súmula 386 do Superior Tribunal de Justiça. Ademais, deve o examinando afirmar que sobre os danos morais não há incidência de IRPF, pois eles também têm natureza jurídica de indenização, que tem como objetivo reparar a vítima do sofrimento causado pela lesão, conforme a Súmula 498 do STJ. O examinando deve também indicar que há nulidade de inscrição do crédito tributário, conforme art. 203 do CTN, uma vez que na certidão de dívida ativa não consta a quantia devida, na forma do art. 202, inciso II, do CTN, e/ou art. 2º, § 5º, inciso II, da Lei nº 6.830/80. Por fim, deve o examinando indicar que o único imóvel de Caio, utilizado para a sua residência e de sua família, é impenhorável, nos termos do art. 1º da Lei nº 8.009/90.

PROBLEMA 22

Peça Prático-Profissional – XXIII EXAME UNIFICADO FGV

O partido político XYZ, cuja sede está no Município Alfa (capital do Estado "X"), tem quatro imóveis localizados no mesmo município, dos quais um é utilizado para sua sede, um é utilizado para abrigar uma de suas fundações e os outros dois são alugados a particulares, sendo certo que o valor obtido com os aluguéis é revertido para as atividades do próprio partido político XYZ. O administrador de XYZ, por precaução e temendo incorrer em uma infração fiscal, pagou o Imposto sobre a Propriedade Predial e Territorial Urbana (IPTU) atinente aos quatro imóveis. Poucos dias depois, descobriu que havia cometido um grande equívoco e procurou um escritório de advocacia. Nesse contexto, considerando que o administrador contratou você, como advogado(a), para patrocinar a causa do partido político XYZ, redija a medida judicial adequada para reaver em pecúnia (e não por meio de compensação) os pagamentos efetuados indevidamente.

Gabarito Oficial Comentado

Peça Processual: REPETIÇÃO DE INDÉBITO

O examinando deverá elaborar petição inicial de uma Ação de Repetição de Indébito que contemple pedido de restituição do valor pago indevidamente (Ação de Procedimento Comum), a ser endereçada ao Juízo da Vara com atribuição fazendária da Comarca da Capital do Estado "X". A parte autora será o partido político XYZ e a parte ré, o Município Alfa. No mérito, o(a) examinando(a) deverá mencionar que a imunidade abarca todos os imóveis pertencentes ao partido XYZ. Como fundamentos, o examinando deverá indicar que, de acordo com o art. 150, inciso VI, alínea *c* e § 4º, da CRFB/88, o partido XYZ é instituição imune, tendo pago indevidamente o IPTU referente à sua sede, à sua fundação e também aos dois imóveis cuja receita do aluguel é revertida para as atividades do partido, fazendo jus à restituição dos valores pagos indevidamente (art. 165 do CTN). Além disso, o(a) examinando(a) deverá apontar que se trata de entendimento consolidado pelo Supremo Tribunal Federal na Súmula 724, que passou a ter efeito vinculante aos órgãos do Judiciário e da Administração Pública direta e indireta nas esferas federal, estadual e municipal por meio da publicação da Súmula Vinculante 52 ("Ainda quando alugado a terceiros, permanece imune ao IPTU o imóvel pertencente a qualquer das entidades referidas pelo art. 150, inciso VI, alínea *c*, da CRFB/88, desde que o valor dos aluguéis seja aplicado nas atividades para as quais tais entidades foram constituídas"). Por fim, o(a) examinando(a) deverá formular pedido de acordo com as peculiaridades típicas da ação de repetição de indébito, respeitando as normas de fechamento de peças.

PROBLEMA 23

No dia 29.01.2015, um Agente Fiscal de Rendas do Estado de São Paulo interceptou, na BR 116, altura da cidade de Registro, uma remessa de 4.150 exemplares de Revista *O Apocalipse*, editada pela Igreja do Último Milênio, com sede na Capital, tendo lavrado Auto de Infração e Imposição de Multa, que descreve as seguintes irregularidades: (a) falta de pagamento do imposto por ter escriturado a operação como não tributada; (b) falta de pagamento do imposto apurado por meio de levantamento fiscal (arbitrado por média e retroativo a março de 2005, data da criação da revista).

Como advogado(a) da Igreja, adote a medida judicial cabível, independentemente de defesa administrativa.

Ação	Mandado de segurança com pedido de liminar [ver comentário abaixo].
Embasamento	Art. 319, CPC; art. 5º, LXIX, CF/1988; arts. 1º e ss., Lei nº 12.016/2009.
Juiz	Juiz de Direito.
De onde?	... Vara (Cível) da Comarca de Registro (= local da sede do órgão ao qual pertence a autoridade coatora)
Polo passivo	(Ilustríssimo Senhor) Delegado Regional Tributário.
Polo ativo	Igreja do Último Milênio.
Tese jurídica	Imunidade tributária para periódicos (art. 150, VI, *d*, CF) e decadência (art. 173, I, CTN) [ver comentário abaixo].
Comentários	1. A ação adequada para promover a liberação de cargas, indevidamente apreendidas, é o mandado de segurança com pedido de liminar. *Ad argumentandum*, é possível se falar em ação ordinária, principalmente nos casos de extrapolação do prazo de 120 (cento e vinte) dias do ato coator.

Comentários	2. A imunidade que dá guarida à desoneração do caso proposto é aquela afeta aos periódicos, não devendo o leitor confundir-se com a imunidade para os templos de qualquer culto (alínea *b* do inciso VI do art. 150 da CF). É uma pequena "armadilha" deste problema. 3. A decadência deve ser demonstrada, quanto aos exercícios atingidos pelo vício de caducidade, à luz do art. 173, I, CTN. São eles: 2005 (março), 2006, 2007, 2008 e 2009. Os demais exercícios – 2010 a 2015 (data do auto de infração) – poderão fazer parte da autuação, caso não se acolha a tese acima ventilada, adstrita à imunidade. 4. Vale destacar que, em 09/12/2015, foi editada a Súmula 555 pelo Superior Tribunal de Justiça, determinando que, quando o tributo devido for lançado por homologação e não houver declaração do débito, o prazo decadencial quinquenal para o Fisco constituir o crédito tributário conta-se exclusivamente na forma do art. 173, I, do CTN.

PROBLEMA 24

Empresa *Alfa*, com sede em São Paulo, Capital, que tem por objeto o serviço de transporte urbano de passageiros, promoveu o recolhimento do ICMS incidente sobre alienações eventuais de veículos de seu ativo fixo. Embora indevido o pagamento, fê-lo em virtude da postura adotada pela fiscalização estadual.

Postular judicialmente a devolução dos valores pagos, fundamentando a medida eleita.

Ação	Repetição de indébito.
Embasamento	Art. 319, CPC e art. 165, I, CTN.
Juiz	Juiz de Direito.
De onde?	... Vara da Fazenda Pública da Comarca de São Paulo (= sede da empresa) [ver comentário abaixo].
Polo passivo	Estado de São Paulo.
Polo ativo	Empresa *Alfa*.
Tese jurídica	Art. 155, II, CF c/c o art. 2º, I, da LC nº 87/1996) [ver comentário abaixo]: não ocorrência do fato gerador do ICMS.
Comentários	1. A expressão "Fazenda Pública" deve acompanhar certas varas, nas quais correm os feitos adstritos aos tributos estaduais e municipais, de competência do Juiz de Direito. No Estado de São Paulo, destacam-se as Varas da Fazenda Pública de São Paulo (Capital), de Santos, de Campinas, entre outras. Para todos os efeitos, deve o leitor procurar se inteirar das comarcas, em seu Estado, nas quais há varas de Fazenda Pública. 2. A tese jurídica é a não ocorrência do fato gerador do ICMS, em virtude da falta do preenchimento do conceito jurídico de "mercadoria". Esta, como é cediço, é o bem móvel comercializado com habitualidade, do que se extrai o lucro da atividade empresarial. Toda mercadoria é um bem, mas nem todo bem é uma mercadoria. As alienações eventuais indicam meras saídas de "bens", e não de "mercadorias".

Comentários	3. Sempre que houver a não ocorrência do fato gerador, recomenda-se que se deixe claro na petição o seguinte contexto: a não ocorrência do fato gerador obsta o nascimento da obrigação tributária, evitando que surjam sujeito ativo e sujeito passivo na relação jurídico-tributária. Desse modo, não havendo o fato imponível, não há que se falar em sujeição passiva, no caso, da Empresa Alfa. Sem a obrigação tributária surgida, necessariamente, inviável se torna o dever de pagar o tributo. Caso isso se dê, emanará, de plano, o direito à restituição.

PROBLEMA 25

Flávio é proprietário de um imóvel localizado em Sorocaba, em terreno que faz limite com a cidade vizinha de Votorantim, ambas no Estado de São Paulo. A área, muito embora tenha iluminação pública, meio-fio e saneamento básico, não recebe água encanada. Há alguns dias, chegaram à sua residência notificações de lançamento de IPTU, expedidas pelas duas Municipalidades, relativas ao ano de 2015, no valor de R$ 750,00 (setecentos e cinquenta reais) cada, e com vencimento em três semanas. Como advogado de Flávio, proponha a medida judicial cabível.

Ação	Consignação em pagamento.
Embasamento	Art. 319, CPC e art. 164, III, CTN.
Juiz	Juiz de Direito.
De onde?	... Vara (Cível) da Comarca de Sorocaba/Comarca de Votorantim (= domicílio do Autor) [ver comentário abaixo].
Polo Passivo	Municípios de Sorocaba e Votorantim [ver comentário abaixo].
Polo Ativo	Flávio
Tese Jurídica	Art. 164, III, CTN c/c o art. 32, § 1º, CTN [ver comentário abaixo].
Comentários	1. O julgamento da lide poderá ser feito pelo Juiz de Direito da Comarca de Sorocaba ou pelo Juiz de Direito da Comarca de Votorantim. 2. No polo passivo, deverão figurar os *dois* Municípios – Sorocaba e Votorantim. Da mesma forma, no pedido da ação, o autor deverá indicar ambos, solicitando ao Magistrado a citação dupla. Trata-se de detalhe muito relevante neste tipo de ação. 3. A tese jurídica é a da *bitributação* – mais de um ente tributante que exige um ou mais tributos sobre o mesmo fato gerador (art. 164, III, CTN). No caso, a exigência dupla de IPTU é injustificada, uma vez que o IPTU deve ser exigido por um ente credor, e não por mais de um. Frise-se que o fato de a área possuir iluminação pública, meio-fio e saneamento básico já lhe dá a natureza de "zona urbana" (art. 32, § 1º, CTN; requisito mínimo satisfeito para a incidência do imposto), entretanto, a solidariedade ativa não pode ocorrer. Portanto, deve-se procurar o afastamento da exigência de um dos dois gravames exigidos – sem uma escolha cartesiana –, apenas salientando a impossibilidade de *bitributação*.

PROBLEMA 26

João adquiriu, em 1999, imóvel então situado na zona rural do Município de Serra Negra. Em 2015, a Câmara Municipal aprovou lei que alterou o perímetro urbano do Município, passando a incluir o imóvel de João. Porém, a área manteve características típicas de zona rural, sem apresentar qualquer espécie de equipamento urbano, tal como água encanada, iluminação pública, saneamento básico ou calçamento. Recentemente, João recebeu notificação de lançamento do IPTU relativo ao exercício de 2016, com vencimento para daqui a 2 (duas) semanas, no valor de R$ 1.000,00 (mil reais).

Aja na qualidade de advogado de João.

Ação	Anulatória de débito fiscal com pedido de tutela antecipada (ou com depósito judicial).
Embasamento	Art. 38, Lei nº 6.830/1980; art. 319, CPC; art. 300, CPC.
Juiz	Juiz de Direito.
De onde?	... Vara (Cível) da Comarca de Serra Negra (= domicílio do Autor).
Polo Passivo	Município de Serra Negra.
Polo Ativo	João.
Tese Jurídica	Não ocorrência do fato gerador do IPTU, pela falta do conceito jurídico de "zona urbana" (art. 156, I, CF c/c o art. 32, § 1º, CTN); violação ao prazo legal de 30 dias, constante do art. 160 do CTN [ver comentários a seguir].
Comentários	1. O ajuizamento do mandado de segurança só caberá dentro do prazo de 120 (cento e vinte dias), a contar da ciência, pelo impetrante, do ato coator (note a fluida expressão, no problema: "recentemente"), consoante o art. 23 da Lei nº 12.016/2009. Extrapolado tal prazo, deve-se optar pela ação ordinária. No caso proposto, em razão da vaguidão do advérbio mencionado, recomenda-se a ação ordinária. Frise-se, além disso, que a opção pela ação ordinária parece ser de todo preferível à escolha do mandado de segurança, uma vez que se deverá provar que a área não se enquadra no conceito de "zona urbana". Tal dilação probatória tende a rechaçar a via mandamental. Assim, recomendamos, neste problema, a escolha da ação anulatória. 2. A área, ao se apresentar despida de equipamentos urbanos – iluminação pública, água, saneamento básico ou calçamento – mostra-se como "zona rural", afastando a incidência do IPTU (art. 32, § 1º, CTN). 3. Sempre que houver a não ocorrência do fato gerador, recomenda-se que se deixe claro na petição o seguinte contexto: a não ocorrência do fato gerador obsta o nascimento da obrigação tributária, evitando que surjam sujeito ativo e sujeito passivo na relação jurídico-tributária. Desse modo, não havendo o fato imponível, não há que se falar em sujeição passiva, no caso, de João. Sem a obrigação tributária surgida, necessariamente, inviável se torna o lançamento, cujo propósito é quantificar e qualificar uma obrigação tributária preexistente (art. 142, CTN). Assim, o lançamento é de todo insubsistente.

PROBLEMA 27

A empresa ABC, sediada em Tupã – SP, cuja principal atividade é a industrialização de combustíveis, foi alvo de fiscalização federal, tendo sido lavrado auto de infração de IPI, na última semana. Não concordando com a referida exigência, propor a medida cabível, capaz de afastar a exigência, suspendendo o crédito tributário, uma vez que carece a autuada de certidões negativas.

Ação	Anulatória de débito fiscal com pedido de tutela antecipada (ou com depósito judicial).	Mandado de segurança com pedido de liminar [ver comentário a seguir].
Embasamento	Art. 38, Lei nº 6.830/1980; art. 319, CPC; art. 300, CPC.	Art. 319, CPC; art. 5º, LXIX, CF/1988; arts. 1º e ss., Lei nº 12.016/2009.
Juiz	Juiz Federal.	Juiz Federal.
De onde?	... Vara (Cível) da Subseção Judiciária de Tupã (= sede da empresa).	... Vara (Cível) da Subseção Judiciária de Tupã (= local da sede do órgão ao qual pertence a autoridade coatora).
Polo Passivo	União.	(Ilustríssimo Senhor) Delegado da Receita Federal do Brasil.
Polo Ativo	Empresa ABC.	Empresa ABC.
Tese Jurídica	Imunidade de IPI para os combustíveis (art. 155, § 3º, CF) [ver comentários abaixo].	
Comentários	1. O ajuizamento do mandado de segurança só caberá dentro do prazo de 120 (cento e vinte dias), a contar da ciência, pelo impetrante, do ato coator, consoante o art. 23 da Lei nº 12.016/2009. Como o problema deixou claro que a notificação foi expedida há duas semanas, a opção pelo mandado de segurança é válida. 2. Conforme se lê no art. 155, § 3º, CF, há imunidade específica para o IPI (e outros impostos), uma vez que incidem sobre o bem apenas os seguintes impostos: ICMS, II e IE.	

PROBLEMA 28

A sociedade Almeirão e Filhos Ltda. tem por atividade principal a comercialização, no atacado, de material de limpeza. Há 20 (vinte) dias, foi intimada da lavratura de auto de infração e imposição de multa pela Secretaria da Fazenda do Estado de São Paulo, que lhe aplicou penalidade por haver vendido mercadorias sem a emissão da correspondente nota fiscal de saída, cobrando-lhe ainda o Imposto sobre Circulação de Mercadorias e Serviços – ICMS correspondente. A Almeirão e Filhos sustenta que, na verdade, a venda daqueles produtos foi cancelada antes que houvesse a sua efetiva saída do estabelecimento comercial, mas que, por problemas internos, o sistema informatizado de controle de estoque não registrou o cancelamento da operação, dando baixa dos produtos vendidos. Possui, para tanto, documentos que comprovam tanto a falha no sistema quanto a permanência dos produtos tidos como vendidos em seu estoque.

Na qualidade de advogado da Almeirão e Filhos Ltda., tome a medida cabível para cancelar o Auto de Infração e Imposição de Multa lavrado contra a empresa. Considere que a empresa tem sede em São Bernardo do Campo.

Ação	Anulatória de débito fiscal com pedido de tutela antecipada (ou com depósito judicial).	Mandado de segurança com pedido de liminar [ver comentário abaixo].
Embasamento	Art. 38, Lei nº 6.830/1980; art. 319, CPC; art. 300, CPC.	Art. 319, CPC; art. 5º, LXIX, CF/1988; arts. 1º e ss., Lei nº 12.016/2009.
Juiz	Juiz de Direito.	Juiz de Direito.
De onde?	... Vara (Cível) da Comarca de São Bernardo do Campo [dado colhido do problema].	... Vara (Cível) da Comarca de São Bernardo do Campo [dado colhido do problema].
Polo Passivo	Estado de São Paulo.	(Ilustríssimo Senhor) Delegado Regional Tributário.
Polo Ativo	Almeirão e Filhos Ltda.	Almeirão e Filhos Ltda.
Tese Jurídica	Não ocorrência do fato gerador do ICMS (art. 155, II, CF c/c o art. 2º, I, da LC nº 87/1996) e lesão ao art. 110 do CTN [ver comentários abaixo].	
Comentários	1. O ajuizamento do mandado de segurança só caberá dentro do prazo de 120 (cento e vinte dias), a contar da ciência, pelo impetrante, do ato coator (ocorrido vinte dias atrás), consoante o art. 23 da Lei nº 12.016/2009. Extrapolado tal prazo, deve o leitor optar pela ação ordinária. Todavia, conquanto a via mandamental pareça-nos adequada, preferimos que o leitor utilize a ação ordinária respectiva, haja vista a produção de provas que se fará necessária, demonstrando a falha no sistema e a permanência dos produtos no estoque. 2. Não houve a ocorrência do fato gerador do ICMS, em virtude da falta do preenchimento do conceito jurídico de "circulação de mercadoria". Esta se caracteriza pela movimentação jurídica do bem móvel, passível de comercialização com mercancia tendente ao lucro, que, saindo da órbita de propriedade de um, ingressa na esfera de propriedade de outrem, com definitividade. Portanto, as movimentações de bens que possam ser atingidas por fatores supervenientes inexoráveis, como o que se dá com o cancelamento de vendas, não são hábeis a caracterizar o fato gerador do ICMS. Note que, no caso proposto, o cancelamento se deu antes que houvesse a efetiva saída do estabelecimento comercial, o que evidencia, com maior vigor, a inocorrência do fato gerador. 3. Sempre que houver a não ocorrência do fato gerador, recomenda-se que se deixe claro na petição o seguinte contexto: a não ocorrência do fato gerador obsta o nascimento da obrigação tributária, evitando que surjam sujeito ativo e sujeito passivo na relação jurídico-tributária. Desse modo, não havendo o fato imponível, não há que se falar em sujeição passiva, no caso, da ABC. Sem a obrigação tributária surgida, necessariamente, inviável se torna o lançamento, cujo propósito é quantificar e qualificar uma obrigação tributária preexistente (art. 142, CTN). Assim, o lançamento é de todo insubsistente. 4. O art. 110 do CTN veda à lei tributária a alteração da definição do conceito do direito privado para definir ou limitar competência tributária.	

PROBLEMA 29

A *RLBO Ltda.*, empresa situada no Município de Salto – SP, dedica-se ao ramo de prestação de serviços técnicos de engenharia e estaria, nessa qualidade, sujeita ao recolhimento do ISS. Desde o exercício de 2015, a empresa não vinha efetuando o recolhimento desse imposto, tendo em vista isenção específica concedida às empresas da região, por força da Lei Municipal 100/2014, uma isenção por prazo certo e sob determinadas condições. Todavia, o novo Prefeito, que tomou posse no dia 1º de janeiro de 2016 (data fictícia), pretende revogar aquele benefício fiscal, a fim de angariar receita necessária para financiar projetos sociais. Para tanto, baixou o Decreto nº 101/2016, publicado no *Diário Oficial do Município*, em fevereiro de 2016, que determinou a todas as empresas beneficiárias da isenção que voltassem a efetuar o recolhimento do ISS já a partir do próximo mês (março/2016).

Como advogado da *RLBO*, manipule o instituto judicial hábil a garantir à empresa o benefício da isenção. Considere para tanto que o Fórum local não possui vara privativa da Fazenda Pública.

Ação	Declaratória de inexistência de relação jurídico-tributária com pedido de tutela antecipada (ou com depósito judicial).	Mandado de segurança com pedido de liminar.
Embasamento	Art. 19, I, CPC; art. 319, CPC; art. 300, CPC.	Art. 319, CPC; art. 5º, LXIX, CF/1988; arts. 1º e ss., Lei nº 12.016/2009.
Juiz	Juiz de Direito.	Juiz de Direito.
De onde?	... Vara (Cível) da Comarca de Salto (= domicílio do Autor).	... Vara (Cível) da Comarca de Salto (= local da sede do órgão ao qual pertence a autoridade coatora).
Polo Passivo	Município de Salto.	(Ilustríssimo Senhor) Diretor do Departamento de Rendas Mobiliárias do Município de Salto.
Polo Ativo	RLBO Ltda.	RLBO Ltda.
Tese Jurídica	Princípio da legalidade (revogação de isenção por meio de lei) e irrevogabilidade do benefício isencional (art. 178, CTN).	
Comentários	1. Segundo o art. 178 do CTN, a revogação de isenção só pode ser feita por meio de lei, uma vez que o poder de isentar é correlato ao poder de criar o tributo. Nessa medida, havendo revogação de isenção por ato infralegal (Dec. nº 101/2008), despontará a lesão ao princípio da legalidade tributária. 2. Quanto à tese da irrevogabilidade da isenção, o próprio art. 178 do CTN destaca a inadequação do princípio da anterioridade tributária – até mesmo no plano da exceção a ele (exigência imediata) – quando se tratar de isenção concedida por prazo certo e sob determinadas condições. Nesse contexto, é recomendável ao leitor citar a Súmula nº 544 do STF.	

PROBLEMA 30

A RLBO Ltda., sociedade com sede na cidade de São Paulo – SP, vem tentando obter, nos últimos 30 dias, a inscrição no Cadastro Nacional de Pessoas Jurídicas – CNPJ, que é mantido pela Secretaria da Receita Federal do Brasil, para fins de fiscalização e controle da arrecadação dos tributos federais. Todavia, a inscrição vem sendo negada pela Delegacia da Receita Federal do Brasil, em São Paulo – SP, sob o argumento de que um dos seus sócios participa de outras empresas que estão em débito com o Fisco Federal. Tal restrição, segundo a autoridade fiscal, estaria respaldada em Instrução Normativa do Ministério da Fazenda.

Como advogado da empresa, adote a medida judicial adequada à obtenção imediata do referido registro, eis que o contribuinte já vem operando e necessita regularizar a sua situação fiscal.

Ação	Mandado de segurança com pedido de liminar [ver comentário abaixo].
Embasamento	Art. 319, CPC; art. 5º, LXIX, CF/1988; arts. 1º e ss., Lei nº 12.016/2009.
Juiz	Juiz Federal.
De onde?	... Vara (Cível) da Subseção Judiciária de São Paulo (= local da sede do órgão ao qual pertence a autoridade coatora).
Polo Passivo	(Ilustríssimo Senhor) Delegado da Receita Federal do Brasil.
Polo Ativo	RLBO Ltda.
Tese Jurídica	Art. 5º, XIII e XVIII, CF e art. 170, parágrafo único, CF (ato lesivo a direito líquido e certo); art. 5º, II, CF (lesão à legalidade genérica).
Comentários	1. A ação adequada para promover a liberação de documentos, cadastros, registros ou certidões, no dia a dia do contribuinte ameaçado por um ato abusivo – ou na iminência de o ser – de um direito líquido e certo é o mandado de segurança com pedido de liminar (art. 5º, LXIX, CF). 2. Segundo o texto constitucional, é livre o exercício de atividade profissional, sendo vedada a interferência estatal no funcionamento da empresa. Com efeito, é assegurado a todos tal direito, salvo nos casos previstos em lei (art. 170, parágrafo único, CF). O problema proposto menciona disposição prevista em ato infralegal (instrução normativa), o que, por si só, demonstra a lesão à legalidade. Nesse contexto, ainda, há de se ressaltar que a justificativa apresentada pelo Fisco Federal – a de que a negativa do CNPJ se deu em razão de um dos sócios participar de outras empresas com débito na Receita Federal do Brasil – é insubsistente. Com efeito, os débitos existentes podem ser exigidos por meio de cobrança administrativa ou judicial, havendo, neste último caso, meios eficazes de exigência do tributo, com base na Lei de Execuções Fiscais (Lei nº 6.830/1980). Por fim, frise-se que a medida obstativa em comentário traduz-se em sanção política ou indireta, devendo ser evitada por se mostrar arbitrária. 3. É relevante destacar que, entre os requisitos da medida liminar (art. 7º, III, da Lei nº 12.016/2009) – a "ineficácia da medida, caso seja finalmente deferida" (*periculum in mora*) –, deverá o leitor destacar, no petitório, que "o contribuinte já vem operando e necessita regularizar sua situação fiscal". Note que a informação foi ofertada no próprio problema, dela não se podendo prescindir, como reforço de argumentação no pleito.

PROBLEMA 31

O Presidente da República, por intermédio da Lei Complementar nº 22.222, de 31 de agosto de 2015 (lei fictícia), instituiu o Imposto sobre Grandes Fortunas (IGF), passando a exigir, a partir de 1º de janeiro de 2016, das pessoas jurídicas e físicas, esse tributo, elegendo como base de cálculo exclusivamente o valor da aquisição de imóveis urbanos adquiridos que supere, mensalmente, o importe de R$ 100.000.000,00 (cem milhões de reais), mediante a incidência da alíquota de 0,3% sobre o montante estimado a esse título. O *Partido Político ABC*, sediado em São Paulo – Capital, não concorda com esta incidência tributária sobre imóveis que adquire para o exercício de suas atividades.

Como advogado, ajuíze medida cabível para defesa dos interesses de seu cliente.

Ação	Declaratória de inexistência de relação jurídico-tributária com pedido de tutela antecipada (ou com depósito judicial).	Mandado de segurança com pedido de liminar [ver comentário abaixo].
Embasamento	Art. 19, I, CPC; art. 319, CPC; art. 300, CPC.	Art. 319, CPC; art. 5º, LXIX, CF/1988; arts. 1º e ss., Lei nº 12.016/2009.
Juiz	Juiz Federal.	Juiz Federal.
De onde?	... Vara da Subseção Judiciária de São Paulo (= sede do Partido Político).	... Vara da Subseção Judiciária de São Paulo (= local da sede do órgão ao qual pertence a autoridade coatora).
Polo Passivo	União.	(Ilustríssimo Senhor) Delegado da Receita Federal do Brasil.
Polo Ativo	Partido Político ABC.	Partido Político ABC.
Tese Jurídica	Imunidade tributária para partidos políticos, no campo dos impostos sobre patrimônio (art. 150, VI, *c* e § 4º, CF) e bitributação.	
Comentários	1. No problema, há duas boas opções de ação: a ordinária e o mandado de segurança. Quanto a este, nas hipóteses em que não tiver havido o lançamento, não se terá a aplicação do prazo de 120 dias para a sua impetração, por se tratar de medida preventiva. 2. A LC nº 22.222/2015 instituiu o Imposto sobre Grande Fortunas, respeitando-se o princípio da anterioridade tributária (art. 150, III, *b* e *c*, CF), haja vista a incidência ter sido protraída para o dia 1º de janeiro de 2016. Assim, não exsurge vício quanto a tal postulado. 3. A LC nº 22.222/2015 instituiu o Imposto sobre Grande Fortunas, que incidirá sobre aqueles contribuintes que realizarem aquisições de bens imóveis. Na verdade, o ISGF, como está sendo concebido, apresenta-se como um imposto incidente sobre o patrimônio. O art. 150, VI, *c*, CF prevê regra imunizadora para os partidos políticos quanto aos impostos, incluindo aqueles incidentes sobre o patrimônio (art. 150, § 4º, CF), desde que a entidade beneficiada cumpra os requisitos legais reguladores, constantes do art. 14, I, II e III, do CTN, que conferem operatividade à norma imunizante em comento. 4. O imposto instituído veio com a base de cálculo de um outro imposto, de índole municipal, ou seja, o ITBI (art. 35, CTN). Nessa medida, despontará nítida bitributação, pois mais de um ente tributante (União e Município) cobrarão mais de um tributo (ISGF e ITBI) sobre o mesmo fato gerador. Não perca de vista que a base de cálculo é uma grandeza dimensional do fato gerador, com verdadeira função veritativa, isto é, definidora do fato gerador do tributo. Assim, tal invasão de competência não se apresenta constitucional.	

PROBLEMA 32

A empresa de engenharia de informação *Procomputer S.A.*, sucessora de outra empresa do mesmo grupo, porém atuante no ramo tecnológico em mecânica de máquinas, *Protecmaq Ltda.*, vem sofrendo problemas financeiros, agravada sua situação em virtude da falta de investimento por parte dos sócios estrangeiros.

Como resultado dessa circunstância, a *Procomputer* se viu obrigada a atrasar o pagamento de tributos federais de modo deliberado, com o intuito de poupar caixa para fazer frente às despesas com empregados e fornecedores. Não obstante impontual no cumprimento das obrigações principais, a empresa manteve as obrigações acessórias em dia, efetuando os lançamentos fiscais e prestando as informações sobre os tributos impagos. Os débitos fiscais da *Procomputer* foram inscritos na Dívida Ativa da União, dando-se início às execuções fiscais correspondentes. A *Procomputer* foi citada nas mencionadas execuções fiscais. Inerte no prazo legal, teve bens penhorados para garantia do débito e intimado o representante legal da penhora realizada (15 dias), na qualidade de depositário legal. Seu departamento contábil, porém, verificou que determinados tributos federais lançados há mais de seis anos foram inscritos na dívida ativa extemporaneamente.

Na qualidade de advogado da empresa, elabore a medida judicial solicitada por seu cliente.

Ação	Embargos à execução fiscal (do executado).
Embasamento	Art. 319, CPC; art. 919, § 1º, CPC; art. 16, Lei nº 6.830/1980.
Juiz	Juiz Federal.
De onde?	... Vara (das Execuções Fiscais) da Subseção Judiciária de (domicílio do Executado) [ver comentário abaixo].
Polo Passivo	União.
Polo Ativo	Procomputer S.A.
Tese Jurídica	Responsabilidade tributária – inadequação (art. 133, CTN) e Prescrição [ver comentário abaixo].
Comentários	1. É comum que os embargos do executado, apensos às execuções fiscais, tramitem em varas especializadas, ditas "de execuções fiscais". Recomenda-se esse padrão em provas, mesmo que inadequado para certos casos, em face da inexistência delas em dado local, uma vez que não seria razoável exigir do candidato o prévio conhecimento dos detalhes da estrutura do Poder Judiciário. 2. Como a intimação da penhora foi há 15 (quinze) dias, frise-se que os Embargos serão opostos de modo tempestivo, haja vista o prazo para a sua apresentação, consoante o art. 16 da Lei nº 6.830/1980, ser o de 30 (trinta) dias após o oferecimento da garantia.

Comentários

3. Com a aquisição do fundo de comércio ou do estabelecimento, se o adquirente continuar a respectiva exploração do empreendimento (*conditio sine qua non*, sendo irrelevante o rótulo sob o qual dita exploração será continuada), isto é, beneficiando-se da estrutura organizacional anterior com a absorção da unidade econômica e da clientela do alienante, será possível a responsabilização pelos tributos devidos pelo sucedido até a data do ato translativo. Portanto, à luz do art. 133, *caput*, do CTN, a responsabilidade dependerá do rumo a ser tomado pelo adquirente: se antes havia uma empresa dedicada ao ramo tecnológico em mecânica de máquinas e, após, com a aquisição, passou-se a ter uma empresa de engenharia de informação (Procomputer S.A.), não se há de falar em responsabilidade do adquirente. Pelo menos, é o que se pode inferir, à luz da análise das atividades mencionadas. Nessa medida, a inclusão, no polo passivo da ação executiva, da Procomputer S.A. denota um inadequado redirecionamento da execução fiscal, passível de discussão em sede de embargos à execução. 4. O problema deixa evidente que a empresa deixou de adimplir suas obrigações principais, mas se manteve fiel às obrigações acessórias, entregando, *v.g.*, suas declarações, nas quais exteriorizava os tributos a serem pagos. O STJ tem considerado que a declaração entregue, com valores adequadamente informados, equivale a uma autonotificação, prescindindo-se de um lançamento formal, o que já habilita a Fazenda Pública a proceder à cobrança judicial do tributo. Com rigor, o termo *a quo* da prescrição, neste caso, será a data do vencimento do tributo, constante da declaração. O problema proposto revelou que determinados tributos federais, lançados há mais de seis anos, foram inscritos na dívida ativa extemporaneamente. Daí se falar em prescrição (art. 174, CTN).

5. Ainda, em razão de um bem já ter sido objeto de penhora, devem os embargos ser recebidos sob efeito suspensivo, em atendimento ao art. 919, § 1º, do CPC.

PROBLEMA 33

A indústria Alfa vende bebidas para o supermercado Beta, que, por sua vez, as revende a consumidores finais, sendo certo que todas as operações ocorrem dentro dos limites do estado ABC, em cuja capital estão domiciliadas as duas sociedades empresárias. No estado ABC tem vigência a Lei Ordinária nº 123, que prevê a indústria como substituta tributária do ICMS incidente nas operações subsequentes. Em abril de 2017, o estado ABC exigiu de Alfa todo o tributo incidente sobre a cadeia produtiva descrita. Assim, Alfa pagou o ICMS incidente na operação própria (a venda que fez ao supermercado Beta) e também na operação subsequente – isto é, o ICMS que incidiria na operação entre o supermercado Beta e os consumidores finais. Dessa forma, para a verificação do valor a ser pago, o ICMS foi calculado sobre o valor presumido de venda da mercadoria ao consumidor final. Ocorre que, para surpresa da indústria Alfa, o supermercado Beta, que sempre vendeu as bebidas produzidas por Alfa pelo valor de R$ 16,00 (dezesseis reais), resolveu, diante da crise econômica, comercializar as bebidas por R$ 14,00 (catorze reais). Com isso, a indústria Alfa entendeu que a base de cálculo do imposto foi inferior àquela que havia sido presumida, razão pela qual, na prática, pagou, como contribuinte substituto, um valor de

ICMS maior do que aquele que seria realmente devido. Diante disso, e em razão de a indústria Alfa e o supermercado Beta serem clientes do mesmo escritório X, as duas sociedades empresárias lhe expuseram os fatos narrados acima. Na qualidade de advogado(a) do escritório X, redija a medida judicial adequada para condenar o Estado ABC a restituir, em espécie, o valor do tributo pago a mais.

Ação	Ação de repetição de indébito.
Embasamento	Art. 165, I, do CTN.
Juiz	Juiz de Direito.
De onde?	Vara Cível (ou Vara de Fazenda Pública) da Comarca da Capital do Estado ABC.
Polo Passivo	Estado ABC.
Polo Ativo	Supermercado Beta. A legitimidade de Beta, como contribuinte substituído, está prevista no art. 10 da Lei Complementar nº 87/1996.
Tese Jurídica	O contribuinte terá direito à restituição do valor já pago caso o fato gerador presumido não se concretize (art. 150, § 7º, parte final, da CRFB/88).
Comentários	1. Demonstração do cabimento da ação de repetição do indébito, conforme o art. 165, inciso I, do CTN e respectiva tempestividade da, conforme art. 168, I, do CTN. 2. No caso presente, a base de cálculo do ICMS é o valor estimado de comercialização E/OU venda da mercadoria ao consumidor final, conforme definido no art. 8º da LC nº 87/1996. No caso em exame, o valor estimado OU presumido não se verificou, pois a venda efetivamente praticada pelo supermercado se deu por valor inferior. Trata-se de tributo indireto, cuja restituição se regula pelo art. 166 do CTN OU Súmula 546 do STF. Como o fato gerador presumido não se concretizou, o autor terá direito à restituição do valor pago a maior OU É devida a restituição da diferença do ICMS-ST pago a maior se a base de cálculo efetiva da operação for inferior à presumida, conforme o art. 150, § 7º, da CRFB/88 OU art. 10 da LC nº 87/1996 OU confirmado por entendimento reiterado do STF. 3. Procedência do pedido, com condenação do estado ABC à restituição dos valores pagos a maior a título de ICMS, atualizados/corrigidos OU com a incidência de juros e correção monetária OU acrescidos dos encargos legais, de acordo com o art. 167 do CTN OU Súmula 162 do STJ OU Súmula 188 do STJ.

PROBLEMA 34

José da Silva, servidor público da Administração Direta do Estado X, teve sua licença-prêmio convertida em pecúnia, uma vez que não foi possível gozá-la, por necessidade do serviço. Ao receber tal valor em seu contracheque, verificou que havia sido descontado na fonte o Imposto sobre a Renda de Pessoa Física (IRPF). Inconformado, o servidor propôs ação contra o Estado X perante a 3ª Vara de Fazenda Pública da Capital, juntando todos os documentos comprobatórios do desconto efetuado, a fim de obter a restituição do valor descontado. O magistrado estadual indeferiu de plano a petição inicial, extinguindo a demanda sem resolução do mérito, por afirmar que o Estado X era parte ilegítima para figurar no polo passivo de processo envolvendo Imposto sobre a Renda, tributo de competência da União. Como advogado(a) do servidor, redija a peça prático-profissional adequada para tutelar o seu interesse no bojo deste mesmo processo, ciente de que decorreram apenas 10 dias desde a publicação da sentença.

Ação	Apelação
Embasamento	Art. 331, do Art. 485, § 7º, e do Art. 1.009, todos do CPC, sendo o prazo de apelação de 15 dias, nos termos do Art. 1.003, § 5º, do CPC.
Juiz	Juízo de 1º grau, podendo inclusive ser objeto de juízo de retratação, mas as razões recursais devem ser endereçadas ao Tribunal de Justiça local.
De onde?	3ª Vara de Fazenda Pública da Comarca da Capital do Estado X.
Polo Passivo	Estado X
Polo Ativo	José da Silva
Tese Jurídica	Afastamento da ilegitimidade passiva do Estado X para reconhecimento de que este último está obrigado a restituir ao servidor o valor indevidamente retido na fonte quanto ao imposto sobre a renda.
Comentários	O examinado deve ser capaz de, preliminarmente, indicar que o Estado X é sim parte legítima para figurar no polo passivo. Embora o imposto sobre a renda seja tributo de competência da União, a parte legítima para figurar no polo passivo desse tipo de demanda de repetição de indébito tributário é o próprio ente federado beneficiário da receita auferida com a retenção na fonte do IR, a saber, o próprio Estado X, por força do art. 157, inciso I, da CRFB/88 e como fixado na Súmula 447 do STJ. No mérito, o examinado deve indicar que o pagamento em pecúnia de licença-prêmio que não foi gozada por necessidade do serviço assume caráter indenizatório, não configurando acréscimo patrimonial, mas sim compensação ao gravame a direito adquirido, não estando sujeito à incidência do IR, nos termos da Súmula 136 do STJ. Portanto, a retenção é indevida, devendo ser o Apelado condenado a restituir o valor do tributo indevidamente cobrado. Nos pedidos, deve o examinado requerer que seja afastada a ilegitimidade passiva do Estado X, de modo a que o Tribunal possa julgar imediatamente a demanda logo após as contrarrazões do Apelado (pois a causa já está em condições de ser julgada sem maior dilação probatória). Pode-se requerer o julgamento por decisão monocrática do Relator, por afronta ao enunciado de Súmula do STJ, dando-se provimento ao recurso para reconhecer a não incidência do IR sobre o pagamento em pecúnia de licença-prêmio que não foi gozada por necessidade do serviço e para condenar o Apelado a restituir, devidamente atualizado, o valor de tributo indevidamente retido, bem como condená-lo ao pagamento de custas e honorários de sucumbência.

Parte III

Questões Discursivas

Tempo médio de estudo: **66 horas**

Questões Discursivas

PERGUNTA 1

Em consulta, um cliente quer saber o que determina a natureza jurídica de um tributo, diferenciando-o dos demais e o que ocorre com o fato gerador, visto não ser possível o mesmo fato gerador para mais de um tributo.

Gabarito oficial

A natureza jurídica do tributo é determinada pelo seu fato gerador, conforme o art. 4º do CTN. Ele é capaz de determinar se se trata de imposto, taxa ou contribuição de melhoria, sendo a denominação irrelevante. Assim, o fato gerador exerce uma função veritativa, pois define o tributo a que se refere.

Comentário

O fato gerador ou "fato imponível", nas palavras de Geraldo Ataliba, é a materialização da hipótese de incidência, representando o momento concreto de realização da hipótese, que se opõe à abstração do paradigma legal que o antecede. Caracteriza-se pela concretização da hipótese que, na prática, traduz-se no conceito de "fato". Dessa forma, com a realização da hipótese de incidência, teremos o fato gerador ou fato jurígeno.

É importante enaltecer que, da perfeita adaptação do fato ao modelo ou paradigma (arquétipo) legal, tem-se o fenômeno da subsunção. A partir da subsunção tributária, nasce o liame jurídico obrigacional, que lastreará a relação intersubjetiva tributária.

Ademais, o fato gerador define a natureza jurídica do tributo (taxas, impostos, contribuições de melhoria), consoante a dicção do art. 4º, I e II, do CTN, lembrando que o nome ou denominação do tributo são irrelevantes.

Não se pode perder de vista que o empréstimo compulsório e as contribuições destacam-se como tributos finalísticos, isto é, gravames finalisticamente afetados, para os quais o fato gerador é irrelevante, não se lhes aplicando o mencionado artigo.

PERGUNTA 2

A imunidade determinada por lei a um templo religioso se aplica aos impostos. No entanto, seu cliente quer saber se há incidência de taxa remunerativa do serviço prestado a um templo, por exemplo, no caso de coleta de lixo.

Gabarito oficial

Sim, pois a imunidade é para impostos, conforme o art. 150, VI, CF.

Comentário

A imunidade para os templos, prevista no art. 150, VI, CF, versa apenas sobre impostos. Sendo assim, as situações protegidas pela presente regra imunizante não serão objeto de incidência do imposto, todavia não estão elas livres da incidência normal das outras exações, *v.g.*, das taxas ou das contribuições de melhoria. Estes tributos incidem sem óbices. Exemplo: sobre os templos não haverá a incidência de IPTU, entretanto haverá normal incidência, *e.g.*, de uma taxa de coleta de lixo.

Entretanto, já se torna possível observar que as imunidades atingem tributos variados, e não apenas uma espécie deles, no caso, os impostos. Note alguns comandos imunitórios que preveem desonerações de outros tributos: (a) art. 149, § 2º, I, CF (cf. EC nº 33/2001), prevê regra imunizante para contribuição social e CIDE nas receitas decorrentes de exportação; (b) art. 5º, XXXIV, *a* e *b*, LXXIII, LXXIV, LXXVI e LXXVII, CF, prevê a imunidade de taxas para propositura de algumas ações ou solicitação de registros e certidões pelos reconhecidamente pobres; (c) art. 195, § 7º, CF, afastando a incidência da contribuição social de entidades beneficentes de assistência social.

PERGUNTA 3

Um cliente seu, em consulta, quer saber se ato jurídico nulo pode ser tributado. Apresenta-lhe a sua resposta.

Gabarito oficial

Sim, pois prevalece no direito tributário a interpretação objetiva do fato gerador, inserta nos arts. 118 e 126, do CTN. Tributa-se em face de qualquer fato gerador, independentemente de fatores extrínsecos a ele, que possam ser relevantes em outros ramos do direito.

Comentário

O princípio do tributo *non olet* indica que se deve interpretar o fato gerador pelo aspecto objetivo, sendo irrelevantes os aspectos subjetivos, atinentes à pessoa destinatária da cobrança do tributo. Por essa razão, todos que realizarem o fato gerador deverão, em princípio, pagar o tributo. Não se avaliam, destarte, a nulidade ou anulabilidade do ato jurídico, a incapacidade civil do sujeito passivo, ou mesmo a ilicitude do ato que gera o fato presuntivo de riqueza tributável; prevalece, sim, em caráter exclusivo, a análise do aspecto objetivo do fato gerador, em abono da equivalência necessária à sustentação do postulado da isonomia tributária.

Note a jurisprudência: "É legítima a tributação de produtos financeiros resultantes de atividades criminosas, nos termos do art. 118, I, CTN" (STF, HC 77.530/RS, rel. Min. Sepúlveda Pertence, j. 25.08.1998).

PERGUNTA 4

Em seguida, o mesmo cliente lhe consulta novamente para saber se, ao consertar e restaurar os motores, tiver que obter fornecimento de peças e partes de máquinas e aparelhos, ocorreria a incidência de ICMS.

Gabarito oficial

Sim, pois no caso estaria configurada a hipótese de incidência do ICMS, qual seja a prática de operação mercantil e consequente transferência da posse ou titularidade de uma mercadoria.

Comentário

O fato gerador do ICMS descrito na Constituição Federal é atinente a operações relativas à circulação de mercadorias. Portanto, o fato gerador indica quaisquer atos ou negócios, independentemente da natureza jurídica específica de cada um deles, que implicam a circulação de mercadorias, assim entendida a circulação capaz de realizar o trajeto da mercadoria da produção até o consumo.

Os serviços incluídos na Lista ficam sujeitos apenas ao ISS, ainda que sua prestação envolva o fornecimento de mercadorias (art. 1º, § 2º, da LC nº 116/2003). Por sua vez, o fornecimento de mercadorias com prestação de serviços não especificados na Lista fica sujeito ao ICMS, exclusivamente. Há, ainda, na Lista anexa à Lei Complementar nº 116/2003, a denominada atividade mista, isto é, sobre os serviços puros haverá a incidência do ISS e, sobre o fornecimento de mercadorias, a incidência do ICMS.

PERGUNTA 5

Uma empresa para a qual você presta assessoria tributária lhe consulta querendo saber se o lançamento do valor tributário pode ser feito em moeda estrangeira. Oriente a empresa.

Gabarito oficial

Não; o lançamento do valor tributário em moeda estrangeira é expressamente vedado pelo art. 143 do CTN.

Comentário

O lançamento é o instrumento que confere exigibilidade à obrigação tributária, quantificando-a (aferição do *quantum debeatur*) e qualificando-a (identificação do *an debeatur*).

Existem casos em que o valor da base de cálculo do tributo é originariamente expresso em moeda estrangeira, sendo necessária sua conversão em moeda nacional, não se admitindo, portanto, que o lançamento seja feito em moeda estrangeira, conforme dicção do art. 143 do Código Tributário Nacional. Com efeito, impende destacar que, para efeito de cálculo do imposto, os valores em moeda estrangeira devem ser convertidos em moeda nacional, à taxa de câmbio vigente no momento da entrada, no País, da mercadoria importada (será o câmbio do dia do registro, na repartição competente, da declaração de desembaraço aduaneiro – Súmulas nºs 46 e 47 do extinto Tribunal Federal de Recursos).

Conforme já decidiu o Supremo Tribunal Federal (RE 73.419), a alíquota aplicável é aquela contemporânea da efetiva introdução do produto estrangeiro no território nacional. Ressalte-se que a incidência do imposto ocorrerá em casos de permanência definitiva do bem no território, não englobando as mercadorias estrangeiras que ingressam no território nacional, temporariamente, a fim de que cumpram finalidades esporádicas (por exemplo, feiras, exposições etc.).

PERGUNTA 6

Determinado município não instituiu o ISS e o Estado, em seu lugar, supriu essa omissão, cobrando de seu cliente o já referido tributo. Diga se este ato praticado pelo Estado está em consonância com a lei.

Gabarito oficial

Não, pois a competência tributária é indelegável, segundo os arts. 7º e seguintes do CTN. A delegação das funções de arrecadação e fiscalização está embutida no âmbito da parafiscalidade, apenas, o que não é o caso.

Comentário

O Estado não poderá cobrar o tributo, pois a competência tributária é indelegável, intransferível e irrenunciável, uma vez que admitir a delegação de competência para instituir um tributo é admitir que seja a Constituição alterada por norma infraconstitucional. Note o art. 8º do CTN: "art. 8º O não exercício da competência tributária não a defere a pessoa jurídica de direito público diversa daquela a que a Constituição a tenha atribuído".

A competência tributária é política e indelegável (art. 7º, *caput*, CTN), não se confundindo com a capacidade tributária ativa, que é "administrativa e delegável". O exercício da competência tributária, conquanto irrenunciável e intransferível, pode ser considerado facultativo. De fato, no plano da conveniência, cada ente tributante decide sobre o exercício da competência tributária. Não obstante, o art. 11 da Lei de Responsabilidade Fiscal (LC nº 101/1999) dispõe que, no plano de gestão fiscal da pessoa política, deve haver a instituição de "todos" os tributos que competem à entidade, sob pena de sanções (art. 11, parágrafo único). O dispositivo merece interpretação cautelosa, pois o legislador quis, salvo melhor juízo, estimular a instituição do tributo economicamente viável, cuja competência estaria inadequadamente estanque. Portanto, estamos que é defensável a facultatividade do exercício da competência tributária, uma vez que o art. 11 da Lei de Responsabilidade Fiscal não traduz, incontestavelmente, mecanismo efetivo de obrigatoriedade. No entanto, é razoável admitir a delegação de atribuições administrativas, *v.g.*, a transferência das funções de arrecadar ou fiscalizar tributos a outra pessoa jurídica de Direito Público, o que não se confunde com a imprópria "delegação de competência tributária" (ver art. 7º, § 3º, CTN). Tal transferência tem sido chamada na doutrina de atribuição de capacidade tributária ativa.

PERGUNTA 7

Usina de açúcar e álcool da cidade de Campinas, "X", com base no art. 155, § 3º, da Constituição Federal de 1988, impetrou mandado de segurança, com pedido de liminar, objetivando o não recolhimento da Cofins, tendo em vista a imunidade objetiva prevista no mencionado dispositivo constitucional. "X", em razão da concessão da medida liminar, passou a não recolher a referida contribuição. Ocorre que, em rotineira fiscalização na empresa, foi ela autuada, uma vez que não havia recolhido a Cofins pelo período de dez meses, período este com termo inicial equivalente ao que foi impetrado o referido MS, e termo fiscal equivalente à data do auto de infração. Diante dos fatos, qual, ou quais seriam as medidas a serem tomadas, e quais seriam os argumentos apontados?

Gabarito oficial

A autuação fiscal não se sustenta, uma vez que o crédito tributário está suspenso, segundo o art. 151, IV, do CTN. Assim, pode-se lavrar o auto, em último caso, na tentativa de evitar possível decadência, mas deverá ser lavrado com "exigibilidade suspensa", nada implicando ao contribuinte até o julgamento da demanda.

Comentário

A concessão de liminar em mandado de segurança é causa de suspensão do crédito tributário, conforme preceitua o art. 151, IV, CTN, impedindo o Fisco de lavrar o auto de infração, objetivando a exigibilidade do crédito tributário.

Contudo, ressalta-se que, mesmo suspenso o crédito tributário, o Fisco poderá proceder ao lançamento, prevenindo a decadência do direito de lançar. Portanto, a simples suspensão do crédito tributário (art. 151, I a VI, CTN) não impede a sua constituição e, desse modo, não influi no prazo decadencial. Há iterativa jurisprudência nesse sentido (STJ, REsp 572.603/PR e REsp 119.156/SP; entre outras).

Todavia, na hipótese de lançamento para evitar a decadência, em vez de encerrar o auto de infração, concedendo prazo para que o sujeito passivo pague ou impugne o objeto da atuação, o Fisco deverá consignar no próprio lançamento a expressão "suspenso por medida judicial", ou outra equivalente.

PERGUNTA 8

O cliente, em consulta, diz que a União exigiu-lhe o pagamento de um imposto extraordinário, nos termos do art. 154, II, da CF. Apesar de compreender a situação da criação do referido imposto, quer saber: por quanto tempo terá que o recolher?

Gabarito oficial

Esse tipo de imposto subsistirá o tempo necessário para atender à situação que ocorreu de forma imprevista.

Comentário

O gravame tem índole provisória, uma vez que, cessadas as causas de sua criação, deve desaparecer. Conforme o texto constitucional, o imposto pode até perdurar após a celebração da paz, desde que seja gradativamente extinto. A esse respeito, tentou o CTN (art. 76) ser mais preciso, dispondo que a cobrança do imposto será suspensa, no prazo máximo de 5 anos, a contar da data da celebração da paz. Portanto, é vedado o interregno temporal superior a um quinquênio, entre a celebração da paz e a extinção do imposto.

PERGUNTA 9

O cliente de sua banca advocatícia informa que sua empresa não registrou contrato social, nem possui alvará de funcionamento. Exposto isto, pergunta se mesmo assim passa a ter capacidade tributária. Qual a resposta pertinente?

Gabarito oficial

Sim. Como dispõe o art. 126, III do CTN, a capacidade tributária passiva independe de estar a pessoa jurídica regularmente constituída, bastando que se configure como uma unidade econômica ou profissional.

Comentário

O princípio do "tributo non olet" (*denaro non puzza*, para os italianos; *money does not smell*, para os ingleses) preconiza que se deve interpretar o fato gerador pelo aspecto objetivo, sendo irrelevantes os aspectos subjetivos, atinentes à pessoa destinatária da cobrança do tributo. À guisa de curiosidade, diga-se que a máxima "tributo *non olet*", na acepção de "tributo não tem cheiro", deriva, historicamente, do diálogo entre o Imperador Vespasiano e seu filho Tito, em que este, indagando o pai sobre o porquê da tributação dos banheiros ou mictórios públicos, na Roma Antiga, foi levado a crer pelo Imperador que a moeda não exalava odor, como as cloacas, e, portanto, não se devia levar em conta aspectos extrínsecos ao fato gerador.

Por essa razão, todos que realizarem o fato gerador deverão, em princípio, pagar o tributo. Não se avaliam, destarte, a nulidade ou anulabilidade do ato jurídico, a incapacidade civil do sujeito passivo, ou mesmo a ilicitude do ato que gera o fato presuntivo de riqueza tributável; prevalece, sim, em caráter exclusivo, a análise do aspecto objetivo do fato gerador, em abono da equivalência necessária à sustentação do postulado da isonomia tributária.

Posto isso, conforme dispõe o art. 126, III do CTN, a capacidade tributária passiva independe de estar a pessoa jurídica regularmente constituída, bastando que se configure como uma unidade econômica ou profissional.

PERGUNTA 10

O cliente, em consulta, diz que reside em imóvel de sua propriedade, defronte a uma praça municipal. A Prefeitura local canalizou ali um córrego, asfaltou as suas adjacentes à praça, arborizando-a e ajardinando-a. Por consequência, a casa de seu cliente aumentou de preço. Ele quer saber se, em razão da valorização de sua propriedade, terá que pagar outro tributo além do IPTU (Imposto Predial e Territorial Urbano). Justifique.

Gabarito oficial

Sim, estará sujeito ao pagamento de contribuição de melhoria, nos termos do art. 145, III, da Constituição Federal.

Comentário

A contribuição de melhoria representa um tributo, nas palavras de Hugo de Brito Machado, "democrático" e "participativo". Manifesta-se no poder impositivo de exigir o gravame dos proprietários de bens imóveis beneficiados com a realização da obra pública.

Como espécie tributária autônoma, distingue-se das demais, tendo como princípio norteador o da "proporcionalidade ao benefício especial recebido", em decorrência da obra pública. Com efeito, o tributo existe para evitar o locupletamento injustificado de proprietários favorecidos por obras públicas, que devem, como fundamento moral, indenizar o Estado por essa vantagem econômica especial, ainda que não a tenha querido.

O fato gerador da contribuição de melhoria é a valorização imobiliária decorrente de uma obra pública. Para que se configure o fato imponível da exação, não basta que haja obra – que, em tese, ensejaria taxa –, nem que haja tão só incremento patrimonial, o que, em tese, ensejaria imposto. É preciso haver direta relação entre a obra e a valorização – e esta, sobre o próprio bem imóvel. Note que o fato gerador é instantâneo: valorizando-se o bem imóvel, cobra-se uma única vez.

É, assim, um tipo de tributo vinculado, bilateral ou sinalagmático, cobrável na esteira da referibilidade, que tem por hipótese de incidência uma atuação estatal indiretamente referida ao contribuinte. Essa atuação é uma obra pública que causa valorização imobiliária, isto é, aumenta o valor de mercado de imóveis localizados em suas imediações.

PERGUNTA 11

O Prefeito de uma cidade do interior do Nordeste, a fim de cobrir despesas com o atendimento de populações atingidas pela seca em seu Município, recebeu da Câmara de Vereadores um projeto de lei instituindo empréstimo compulsório devido pelos habitantes não atingidos pelo flagelo. Qual seria a sua orientação ao Prefeito como advogado? Justifique.

Gabarito oficial

O prefeito não deve sancionar o projeto de lei, por inconstitucional, porquanto só a União pode instituir empréstimo compulsório, conforme art. 148, I da CF.

Comentário

Há inconstitucionalidade na lei que objetivou a instituição de empréstimo compulsório municipal, diante da flagrante usurpação da competência tributária. O empréstimo compulsório é tributo federal, de competência exclusiva da União, instituído por Lei Complementar (art. 148, I, CF), o que obsta, de plano, a instituição por medida provisória (ver art. 62, § 1º, III, CF). Ademais, sendo ingresso de recurso temporário, não se perpetua no tempo, só devendo ser exigido enquanto estiver presente o pressuposto constitucional.

O art. 148, parágrafo único, da CF dispõe que o empréstimo compulsório será tributo de arrecadação vinculada à despesa que o fundamentou. Portanto, não se admite a "tredestinação" (desvio da finalidade), que representa a malversação do dinheiro público, prática bastante corriqueira no dia a dia tributacional de nosso país.

PERGUNTA 12

Um comerciante de artigos de procedência estrangeira, seu cliente, assoberbado com o excesso de trabalho no mês de março, esqueceu-se de escriturar no livro próprio de mercadorias importadas, conforme determina a legislação, embora tenha pago os respectivos impostos. Ele o consulta perguntando se, pela falta de escrituração, o Fisco poderá multá-lo. Justifique.

Gabarito oficial

Sim, poderá multá-lo, pois na consideração de falta, não se leva em conta a intenção nem o fato de haverem sido pagos os impostos, conforme arts. 136 e 157 do CTN.

Comentário

A responsabilidade por infrações no direito tributário (descumprimento de obrigações tributárias principais e acessórias, traduzível, normalmente, em penas pecuniárias) é, em princípio, de consideração puramente objetiva – teoria da responsabilidade objetiva. Prescindindo da ideia de culpa, responsabiliza-se quem quer que tenha praticado o ato ilícito e, por fim, desconsideram-se circunstâncias que excluam ou atenuem a punitividade. Com isso, facilita-se a aplicação de penalidades, pois a autoridade fiscal passa a prescindir de provas da intenção do infrator. Interessam, destarte, a prática e a autoria da infração (a "conduta formal", para Aliomar Baleeiro), sendo irrelevante o nexo psicológico entre o agente e o resultado.

Portanto, a regra geral é considerar a infração fiscal de modo objetivo, e não "subjetivo". Há, todavia, uma ressalva adstrita à possibilidade de edição de lei ordinária – constante da expressão inicial, no art. 136, CTN, "salvo disposição de lei em contrário (...)" –, que permitirá disciplinamento diverso ao tema ora analisado. Assim, nada obsta a que uma lei ordinária defina infrações somente puníveis na modalidade "subjetiva", isto é, exigindo-se a demonstração de dolo ou culpa, a fim de se aplicar a penalidade. Sendo a lei omissa, aplica-se a regra geral – a da responsabilidade objetiva.

Diga-se, pois, que o CTN, ao adotar o princípio da responsabilidade objetiva, afasta o que é tradicional no direito penal brasileiro – o princípio da responsabilidade subjetiva, em que a imputabilidade depende da subjetividade. Ademais, sabe-se que a penalidade não deve passar da pessoa do infrator (art. 5º, XLV, da CF).

PERGUNTA 13

A, quando faleceu, devia à Fazenda Pública Municipal a quantia de R$ 10.000,00, referente a tributos. Concluída a partilha, a meação da viúva atingiu o montante de R$ 400.000,00. Uma filha maior e um filho menor, na qualidade de herdeiros, receberam seus quinhões, no montante de R$ 200.000,00 cada. O filho menor também responde pelo crédito tributário do falecido? Justifique.

Gabarito oficial

Sim, o filho menor responde até o limite de seu quinhão (R$ 200.000,00), conforme arts. 126, I e 131, II do CTN.

Comentário

O filho menor responderá pelo crédito tributário até o limite de seu quinhão hereditário.

Não há ressalvas na legislação tributária de exoneração do pagamento do tributo, pelo contrário, preconiza o art. 126, I, CTN que a "capacidade tributária independe da capacidade civil das pessoas naturais".

Com a sucessão *mortis causa*, isto é, a transmissão de bens em virtude de morte do proprietário, aplica-se o art. 131, II e III, CTN. Diante da inexorabilidade da morte, forçoso é concluir que o mortal, vindo a falecer e passando, assim, a ser juridicamente chamado *de cujus*, pode deixar dívidas tributárias para trás, àqueles que aqui permaneceram. É fato que os adquirentes por sucessão recebem não apenas o ativo, mas também o passivo do *de cujus*. Com o passamento, abre-se a sucessão, em cujo procedimento será feita a partilha dos bens, mediante a homologação por sentença judicial, a ser prolatada pelo magistrado. No momento do falecimento, concebe-se o chamado espólio – conjunto de bens, direitos, dívidas e responsabilidades da pessoa falecida, ou seja, a própria universalidade de bens e direitos que integravam o patrimônio do *de cujus*. Assim, o CTN dispõe que o espólio será responsável pelas dívidas tributárias do *de cujus*, isto é, aquelas realizadas em vida, com fatos geradores ocorridos até o evento sinistro (abertura da sucessão).

Com a prolação da sentença de partilha, definem-se os sucessores (herdeiros ou legatários) e o cônjuge meeiro, diante da dissolução do espólio. Após tal definição, é possível que ainda remanesçam dívidas – surgidas na época em que o *de cujus* era vivo ou durante o curso do inventário, e que permaneceram até então desconhecidas –, cuja exigência recairá sobre os sucessores, desde que não tenha havido, é claro, decadência.

PERGUNTA 14

Pompílio, proprietário do veículo marca BMW – Modelo M3, do ano de 1995, ao tentar licenciar seu veículo em 1997, constatou a existência de débito para com o Fisco Estadual, referente ao IPVA, exercício de 1996, no valor de R$ 2.000,00. No entanto, há que se ressaltar o fato de Pompílio ter adquirido o indigitado automóvel em dezembro de 1996, data em que o IPVA cobrado já deveria ter sido recolhido pelo proprietário do veículo, em 1º de janeiro de 1996 (antigo proprietário), sujeito passivo direto deste tributo. Diante dessa situação, está Pompílio obrigado ao recolhimento do IPVA/1996, cujo contribuinte é o antigo proprietário? Na hipótese de uma resposta afirmativa, poderá a Fazenda Estadual executá-lo objetivando a cobrança deste tributo? Se a resposta for afirmativa, como poderá Pompílio agir?

Gabarito oficial

Segundo dispõe o art. 131, I, do Código Tributário Nacional, seu cliente será solidariamente responsável pelo recolhimento do tributo mencionado, podendo inclusive ser executado pela Fazenda Estadual, não restando alternativa senão a de efetuar o pagamento e pleitear a posterior restituição em face do contribuinte – antigo proprietário.

Comentário

A doutrina tem concebido o art. 131 do CTN como designativo de responsabilidade exclusiva, isto é, afastando-se a responsabilidade dos devedores originais. Estes não responderão supletiva (ou subsidiária) ou solidariamente, já que o devedor sucedido (a) pode ter desaparecido (nos casos dos incisos II e III) ou (b) pode não ter relevância (inciso I).

O comando previsto no inciso I menciona aquisição de bens, sem especificar a quais bens se refere. Estamos que o dispositivo em tela, devendo ser interpretado com cautela, fia-se aos bens móveis, pois coube ao artigo precedente o tratamento afeto aos bens imóveis. Quanto à regra de responsabilidade, não há surpresa: o adquirente assumirá a responsabilidade pelas dívidas anteriores à aquisição.

O art. 131 não prevê hipóteses de exceção à responsabilização (certidão ou situação de hasta pública), como o fez o art. 130. Portanto, sempre haverá a responsabilidade do adquirente.

Diante dessa situação, está Pompílio obrigado ao recolhimento do IPVA/1996, podendo a Fazenda Estadual executá-lo objetivando a cobrança deste tributo.

PERGUNTA 15

A OAB goza de imunidade tributária em relação aos seus bens, rendas e serviços? Justifique.

Gabarito oficial

A imunidade tributária é expressamente concedida pela Lei nº 8.906/1994, em seu art. 45, § 5º, por constituir a Ordem serviço público, com personalidade jurídica.

Comentário

A resposta considerada pela OAB merece comentários. A imunidade é instituto com "sede própria" – a própria Carta Magna –, materializando-se em uma dispensa constitucional de pagamento de tributo. Já a isenção traduz-se, por sua vez, em dispensa legal de pagamento de tributo.

A primeira – imunidade – é não incidência constitucionalmente qualificada, tendo como escopo a implementação de objetivos do Estado, demarcados pela sociedade no próprio texto constitucional. É o que lhe dá o timbre de norma de estrutura ou estrutural. A segunda – isenção – é dispensa legalmente qualificada, estando no campo da incidência tributária, e dizendo respeito à conjuntura econômicae social de um país. É o que lhe dá o atributo de norma de conduta ou de conjuntura. Com efeito, o que se inibe na isenção é o lançamento do tributo, tendo ocorrido fato gerador e nascido o liame jurídico-obrigacional. Na imunidade, não há que se falar em relação jurídico-tributária, uma vez que a regra imunizadora está fora do campo de incidência do tributo.

Em regra, a lei concessiva da isenção é a lei ordinária, devendo ser específica, conforme o art. 150, § 6º, da CF. Logo, não se admite lei isentante "geral", devendo ou tratar apenas de isenção ou versar sobre um imposto de maneira específica. Assim, lei geral que versar sobre qualquer outro assunto não poderá incluir a isenção.

Exemplo: lei geral que verse sobre regime jurídico dos servidores públicos e, em um de seus artigos, trate de isenção de IPI, não é hábil a veicular tal favor legal.

Portanto, a mencionada norma desonerativa (Lei nº 8.906/1994, art. 45, § 5º) parece estar no âmbito da isenção, e não da imunidade, propriamente dita.

Não é demasiado relembrar que, no âmbito do STF, houve importante modificação no entendimento jurisprudencial quanto à natureza jurídica da OAB, com o julgamento da Ação Direta de Inconstitucionalidade (ADIN) 3026-DF (Min. Eros Grau). No caso, a ADIN, proposta pelo Sr. Procurador-Geral da República, visando à exigência de concurso público para o provimento de cargos de servidores da OAB (art. 79 da Lei nº 8.906/1994), foi julgada improcedente (sessão de 08.06.2006), vencidos apenas os Ministros Gilmar Mendes e Joaquim Barbosa, firmando-se o entendimento que a OAB não é pessoa jurídica de direito público, autarquia (nem mesmo de regime especial), não tendo qualquer vinculação com a administração pública indireta, garantindo-se, assim, sua independência na consecução de suas missões históricas e constitucionais (e por isso não se submetendo à regra do concurso público). O acórdão, publicado no Diário Oficial da União de 29.09.2006, restou assim ementado, em trecho que ressalto:

"(...) 2. Não procede a alegação de que a OAB sujeita-se aos ditames impostos à Administração Pública direta e indireta. 3. A OAB não é uma entidade da Administração indireta da União. A Ordem é um serviço público independente, categoria ímpar no elenco das personalidades jurídicas existentes no direito brasileiro. 4. A OAB não está incluída na categoria na qual se inserem essas a que se tem referido como 'autarquias especiais' para pretender-se afirmar equivocada independência das hoje chamadas 'agências'. 5. Por não consubstanciar uma entidade da Administração indireta, a OAB não está sujeita a controle da Administração, nem a qualquer das suas partes está vinculada. Essa não vinculação é formal e materialmente necessária. 6. A OAB ocupa-se de atividades atinentes aos advogados, que exercem função constitucionalmente privilegiada, na medida em que são indispensáveis à administração da Justiça [art. 133 da CF/1988]. É entidade cuja finalidade é afeita a atribuições, interesses e seleção de advogados. Não há ordem de relação ou dependência entre a OAB e qualquer órgão público. 7. A Ordem dos Advogados do Brasil, cujas características são autonomia e independência, não pode ser tida como congênere dos demais órgãos de fiscalização profissional. A OAB não está voltada exclusivamente a finalidades corporativas. Possui finalidade institucional. 8. Embora decorra de determinação legal, o regime estatutário imposto aos empregados da OAB não é compatível com a entidade, que é autônoma e independente (...)".

PERGUNTA 16

Diante de uma execução fiscal aforada pela Fazenda Pública Federal, o executado indaga-lhe sobre a contagem do prazo prescricional. Deduza e justifique a resposta.

Gabarito oficial

Como determinado no art. 174 do CTN, o prazo será de 5 (cinco) anos e começa a ser contado da data de sua constituição definitiva, levando-se em consideração a ausência de causas suspensivas ou interruptivas.

Comentário

Segundo o art. 156, V, CTN, a prescrição é causa extintiva do crédito tributário. Define-se como fato jurídico que determina a perda do direito subjetivo de ajuizamento da ação de execução (fiscal) do valor do tributo. Vale dizer que a prescrição, veiculando a perda do direito à ação (*actio nata*), atribuída à proteção de um direito subjetivo e, ipso facto, desfazendo a força executória do credor em razão de sua inoperância, apresenta-se como figura de direito processual. Se há prescrição, desaparece o direito de pleitear a intervenção do Judiciário, diante da falta da capacidade defensiva, que lhe foi retirada em consequência do não uso dela, durante certo interregno, atingido pela força destrutiva, no tempo, da prescrição. Portanto, havendo a prescrição, nula será a ação executiva (art. 803, I, CPC) e extinto estará o crédito tributário (art. 156, V, CTN).

O termo a quo para a contagem do quinquênio prescricional se dá na constituição definitiva do crédito tributário. Esse é o teor do comando expresso no art. 174 do CTN, ratificado pela doutrina, de modo uníssono, e pela jurisprudência (ver REsp 413.457/RS-2003).

A expressão, todavia, não é de fácil interpretação. Preferimos defini-la a partir do contexto de definitividade – a eficácia que torna indiscutível o crédito tributário. A definitividade não decorre do fato gerador, ou da própria obrigação tributária, mas do momento em que não for mais admissível ao Fisco discutir, administrativamente, a seu respeito. Daí se afirmar, com boa dose de segurança, que, enquanto viger uma causa de suspensão da exigibilidade do crédito tributário, não poderá a Administração Pública exercer quaisquer atos executórios (inscrição em Dívida Ativa e proposição de ação executiva), tendentes à efetivação de seu direito subjetivo.

A constituição definitiva do crédito tributário ocorre em datas distintas, conforme o comportamento do contribuinte, em face do lançamento. Assim, caso o contribuinte, após o lançamento, não procure impugnar o débito, desprezando-o, a constituição definitiva do crédito tributário ocorrerá ao término do prazo (previsto em legislação específica) permitido para fazê-lo. Na esfera administrativa federal, o processo administrativo fiscal é regido pelo Dec. nº 70.235/1972, em cujo art. 15 consta o prazo de 30 (trinta) dias para a protocolização da impugnação administrativa. Portanto, a constituição definitiva do crédito tributário ocorrerá após o prazo cabível de 30 dias, a partir da intimação do lançamento, isto é, no 31º dia após a notificação de lançamento. Por outro lado, se o contribuinte impugnar o débito na via administrativa, inaugurando a fase contenciosa do lançamento, a constituição definitiva do crédito tributário ocorrerá com a última decisão administrativa, da qual não caiba mais recurso. Note que a notificação, por si só, conquanto represente que o crédito tributário seja com ela constituído, pode não indicar que ele estará definitivamente constituído.

PERGUNTA 17

A LMN S/A está sujeita ao recolhimento da Contribuição ao PIS – Programa de Integração Social. Todavia, deixou de efetuar o respectivo pagamento durante todo o exercício de 1996. Mesmo não sendo cobrada ou fiscalizada desde então, no início do ano, a empresa efetuou o recolhimento da contribuição atrasada, devidamente corrigida e acrescida de juros de mora. A Receita Federal do Brasil acaba de expedir aviso de cobrança de diferenças do PIS relativo àquele exercício, sob o fundamento de que o valor recolhido foi insuficiente, pois não embutiu o valor da multa moratória. A cobrança é legítima? Explique.

Gabarito oficial

De acordo com o art. 138 do Código Tributário Nacional, a denúncia espontânea da infração exclui a penalidade que dela seria decorrente. Assim, o pagamento já efetuado não deveria realmente incluir multa, razão pela qual a cobrança é ilegítima.

Comentário

O instituto da denúncia espontânea ou confissão espontânea permite que o devedor compareça à repartição fiscal, *opportuno tempore*, a fim de noticiar a ocorrência da infração e pagar tributos em atraso, se existirem, em um voluntário saneamento da falta. Não se trata de ato solene, nem a lei exige que ela se faça desta ou daquela forma.

Trata-se de possibilidade legal para que o infrator se redima, confessando a violação ao Fisco. Apresenta similitude com a desistência voluntária e com o arrependimento eficaz, ambos institutos do direito penal.

O fim inspirador da denúncia espontânea é retirar o contribuinte da indesejada via da impontualidade, afastando a aplicação de multa. Assim, não se vedam os "juros" e a "correção monetária", até porque esta integra o valor do tributo, enquanto aqueles, despidos de fins punitivos, compõem o traço remuneratório do capital.

Ademais, quanto à exigência de um certo tipo de multa – se moratória ou se punitiva –, a doutrina, a par da jurisprudência, ainda não totalmente consolidada (conferir, no STJ, o REsp 0016672/SP-1996 e, no STF, o RE 106.068/SP), preconiza a exclusão de toda e qualquer penalidade sobre a irregularidade autodenunciada. Portanto, excluir-se-iam as multas moratórias ou substanciais (falta ou atraso no recolhimento do tributo) e as multas punitivas ou formais (fiscais ou punitivas). Nesse sentido, o eminente Sacha Calmon Navarro Coelho assevera: "Se quisesse excluir uma ou outra, teria adjetivado a palavra infração ou teria dito que a denúncia espontânea elidiria a responsabilidade pela prática de infração à obrigação principal excluindo a acessória, ou vice-versa" (Teoria e prática das multas tributárias. 2. ed. Rio de Janeiro: Forense, p. 105-106).

Frise-se que o art. 157 do CTN preconiza, textualmente, que "a imposição de penalidade não ilide [sic: leia-se "elide", isto é, "elimina", "suprime"] o pagamento integral do crédito tributário". Tal comando vem corroborar a distinção conceitual e estrutural entre tributo e multa, indicando que a multa não suprime a obrigação de pagar integralmente o crédito tributário. Paga-se o tributo porque se realiza um fato gerador; recolhe-se a multa porque se descumpriu uma obrigação tributária. O primeiro, *id est*, o tributo, funda-se no poder fiscal; a multa, por sua vez, no poder de punir. São, igualmente, prestações pecuniárias, porém independentes, podendo o sujeito passivo suportar as duas consequências patrimoniais. Noutra vertente, dir-se-ia que o pagamento do tributo, se realizado a destempo, não inibe a incidência de multa, exceto no contexto de denúncia espontânea (ver art. 138 do CTN).

Por fim, diga-se que o pagamento tanto do tributo quanto da multa são considerados obrigação principal (art. 113, § 1º, CTN).

PERGUNTA 18

A Fundação Rouxinol, instituição educacional e de assistência social, sem fins lucrativos, deseja aumentar o nível de atendimento sem, no entanto, contratar novos empregados. A fim de aumentar a produtividade, a fundação pretende efetuar o pagamento de participação nos resultados aos seus empregados. O conselho deliberativo da fundação questiona-o sobre se essa estratégia pode comprometer a imunidade tributária de que desfruta. Qual o seu parecer?

Gabarito oficial

O art. 150, VI, *c*, da CF prevê que as entidades de educação e assistência social sem fins lucrativos estão imunes ao pagamento de impostos sobre o patrimônio, renda e serviços, desde que atendidos os requisitos da lei. Segundo pacífico entendimento doutrinário e jurisprudencial, o acesso à imunidade está condicionado à observância dos requisitos do art. 14 do CTN, que, em seu inciso I, veda a distribuição de qualquer parcela do patrimônio ou da renda a título de participação nos lucros ou resultados. Assim, é desaconselhável a estratégia.

Comentário

O art. 150, VI, *c*, *in fine*, CF traz duas expressões que devem ser cuidadosamente interpretadas. Observe-as, no próprio comando: "art. 150. Sem prejuízo de outras garantias asseguradas ao contribuinte, é vedado à União, aos Estados, ao Distrito Federal e aos Municípios: (...) VI – instituir impostos sobre: (...) c) patrimônio, renda ou serviços dos partidos políticos, inclusive suas fundações, das entidades sindicais dos trabalhadores, das instituições de educação e de assistência social, [II] sem fins lucrativos, [I] atendidos os requisitos da lei (...)" (grifos nossos).

Como se pode notar nos grifos em epígrafe, é necessário que analisemos as expressões, na ordem invertidamente sugerida:

I. Atendidos os requisitos da lei: a alínea *c* é dispositivo não autoaplicável, não automático, carecendo de acréscimo normativo. Trata-se, parafraseando Pontes de Miranda, de "norma não bastante em si". Entre as imunidades do inciso VI, dir-se-ia que a alínea *c* é a única que contempla imunidade condicionada, dependendo de lei que lhe trará operatividade. Passemos, então, a certas indagações didaticamente sequenciais, que facilitarão a compreensão:

1º Que lei é esta? É a lei complementar, uma vez que a imunidade, assumindo a feição de limitação constitucional ao poder de tributar, avoca, *ipso facto*, no bojo do art. 146, II, CF, a indigitada lei complementar (art. 146, II, da CF: "Cabe à Lei Complementar: (...) II – regular as limitações constitucionais ao poder de tributar").

2º Que lei complementar é esta? É o próprio Código Tributário Nacional (CTN). Sabe-se que este surgiu como lei ordinária (Lei nº 5.172/1966), todavia, em razão das matérias nele tratadas, logo passou a ter status de lei complementar, avocando modificações ulteriores por instrumento normativo de idêntica estatura.

3º Qual art. do CTN confere operatividade à alínea *c*?

É o art. 14, I, II e III, do CTN. Note-o: "art. 14. O disposto na alínea c do inciso IV do art. 9º é subordinado à observância dos seguintes requisitos pelas entidades nele referidas: I – não distribuírem qualquer parcela de seu patrimônio ou de suas rendas, a qualquer título; II – aplicarem integralmente, no País, os seus recursos na manutenção dos seus objetivos institucionais; III – manterem escrituração de suas receitas e despesas em livros revestidos de formalidades capazes de assegurar sua exatidão".

Nessa medida, a entidade da alínea *c*, cumprindo os requisitos explicitantes, que constam do art. 14 do CTN, terá direito à fruição da imunidade. Como se pode notar, o primeiro inciso proíbe a distribuição de qualquer parcela de seu patrimônio ou renda – contexto necessário e, neste momento, suficiente para a compreensão da outra expressão, constante da parte final da alínea *c*, isto é, "(...) sem fins lucrativos". Vamos a ela:

II. Sem fins lucrativos: a suposta "impossibilidade de lucro", exigida na parte final da alínea c, deve ser traduzida em consonância com o art. 14, I, CTN. A primeira e equivocada impressão é a de que o preceptivo veda o lucro; todavia, não deve ser esta a interpretação. Veda-se, sim, a apropriação particular do lucro, a lucratividade em si, ou, em outras palavras, o *animus distribuendi*. Permitem-se, pois, o resultado positivo, a sobra financeira, o superávit ou, em linguagem técnica, o ingresso financeiro líquido positivo. Aliás, a proibição do lucro (*animus lucrandi*) é algo que se traduz em completo desatino. O que se quer, de verdade, é que todo o resultado reverta em investimento ou custeio para que a entidade cumpra seu objetivo institucional.

Posto isso, esta deve ser a melhor análise da parte final da alínea *c* do inciso VI do art. 150 da CF.

PERGUNTA 19

A empresa Beta diz que cedeu seu controle acionário à empresa Gama, que alterou, então a razão social original. Pergunta se a mudança da razão social permitirá que Gama se sub-rogue nos tributos devidos por Beta até a data do ato.

Gabarito oficial

Sim. Ainda que alterada a razão social original pelo adquirente de empresa comercial, permanecerá este como sucessor tributário da que foi alienada (art. 133, I, do CTN).

Comentário

O art. 133 do CTN, reafirma a regra fundamental, segundo a qual a sucessão empresarial gera sucessão tributária.

Pelo texto legal, percebe-se que o adquirente responderá pelos tributos devidos até a data do ato, relativos ao fundo ou estabelecimento adquirido, ainda que alterada a razão social. O raciocínio do legislador é bem fácil de ser compreendido. Se a empresa que alienou o fundo ou estabelecimento cessou a exploração do comércio, indústria ou atividade, seria muito difícil para o Fisco buscar dela o pagamento dos tributos relativos ao fundo ou estabelecimento alienado (art. 133, I, do CTN). Note que, quando o alienante continua a exploração de atividade econômica, ainda é possível cobrar-lhe os tributos relativos ao fundo ou estabelecimento alienado. Somente se for infrutífera a cobrança é que o Fisco pode redirecionar sua pretensão contra o adquirente, havendo uma responsabilidade subsidiária, visto que só é chamado a responder pelo crédito tributário quando comprovado o insucesso na cobrança realizada ao alienante (art. 133, II, do CTN).

Entretanto, com o advento da Lei de Falências (Lei nº 11.101/2005) e da adaptação do CTN às novas regras sobre a matéria (Lei Complementar nº 118/2005 – acréscimo de três parágrafos no art. 133 do CTN), foram incluídas exceções à regra de que a sucessão empresarial gera sucessão tributária nos processos de falência e recuperação judicial.

Em breve análise das alterações, pode-se afirmar que o adquirente de uma empresa em processo de falência ou em recuperação judicial não será responsável por tributos devidos anteriormente à aquisição. A alteração visa dar estímulo às alienações, incentivando a realização de negócios com a correlata garantia ofertada ao adquirente. É o que se depreende do § 1º do art. 133. É sabido que os débitos de natureza fiscal representam a grande parcela de débitos de uma empresa em dificuldades. Dessa forma, afastada a responsabilidade por sucessão, aumentam as possibilidades de aquisição de bens do devedor falido ou em processo de recuperação judicial, até porque o adquirente (comprador) não mais será responsável por esses débitos fiscais.

É óbvio que o valor pago pela empresa em quebra será aproveitado para saldar as obrigações do devedor (antigo proprietário da empresa) em relação aos seus credores.

Portanto, esta inovação, em nosso modesto pensar, é muito positiva, uma vez que a empresa tende a continuar em atividade (gerando riquezas e mantendo empregos), enquanto o produto da alienação passa a ser fundamental no processo de reabilitação do devedor.

Nesse passo, mencione-se que o § 2º, com o fito de evitar fraudes, traz ressalvas à aplicação do parágrafo anterior, caso o adquirente tenha certo grau de envolvimento com o devedor (parente, sócio etc.). Com efeito, pretende-se evitar que os institutos da recuperação tenham uso indevido, a fim de favorecer, *v.g.*, o próprio alienante. Se isso ocorrer, esse adquirente responderá pelas dívidas, na forma prevista no *caput* e incisos.

O § 3º mostra procedimento afeto à guarda do produto da alienação judicial, referindo-se à conta de depósito, que ficará à disposição do juízo de falência, durante 1 (um) ano, sem possibilidade de saque. A ressalva existe para o pagamento de créditos extraconcursais e para aqueles que preferem ao crédito tributário.

Vale destacar que, em 09.12.2015, foi editada a Súmula 554 pelo Superior Tribunal de Justiça, determinando que a responsabilidade tributária da empresa sucessora abrange não apenas os tributos devidos pela sucedida, mas também as multas moratórias ou punitivas referentes a fatos geradores ocorridos até a data da sucessão.

PERGUNTA 20

Um contribuinte indaga se o instituto da isenção é aplicável a todos os tributos, indistintamente.

Gabarito oficial

Não; segundo estabelece o CTN, em seu art. 177, a isenção não é extensiva: (a) às taxas; (b) às contribuições de melhoria; (c) aos tributos instituídos posteriormente à sua concessão.

Comentário

A isenção, em regra, atingirá os tributos unilaterais: impostos. As taxas e as contribuições de melhoria são tributos contraprestacionais, não adaptáveis, em princípio, ao benefício isencional. É o que disciplina o art. 177, I, do CTN.

O art. 177, II, do CTN preconiza a impossibilidade de conceder isenção aos tributos cuja competência tributária não tenha sido exercida. São as isenções em branco, instituto que o legislador pretende coibir. Assim, é vedada, *v.g.*, a isenção de imposto sobre grandes fortunas (art. 153, VII, da CF), uma vez não tendo sido instituído tal gravame.

PERGUNTA 21

O Secretário Municipal do Meio Ambiente de uma cidade localizada às margens do Rio Paranapanema instituiu, pela Portaria 1, de 30 de dezembro de 1998, a cobrança de taxa visando custear a atividade de fiscalização e controle da emissão de poluentes no rio. De acordo com a Portaria, todas as indústrias localizadas no Município seriam contribuintes da referida taxa. A indústria química QMB S/A, alegando que não despeja qualquer tipo de poluente no rio, questiona-o sobre a obrigatoriedade do pagamento da taxa e sobre qual medida poderia adotar visando se eximir de futuras autuações e garantir a expedição de certidões de regularidade fiscal. Qual seu parecer?

Gabarito oficial

A cobrança é ilegítima porque a taxa é espécie do gênero tributo, razão pela qual deve necessariamente estar prevista em lei em sentido estrito, nos termos do art. 150, I, da Constituição Federal e art. 9º, do Código Tributário Nacional. A empresa poderá ajuizar ação declaratória de inexigibilidade da taxa, com pedido de antecipação de tutela. Caso a tutela antecipada seja indeferida, inclusive em grau de recurso, deverá a empresa efetuar o depósito judicial do montante em discussão, com a finalidade de suspender a exigibilidade, nos termos do art. 151, II, do Código Tributário Nacional.

Comentário

A taxa é espécie de tributo que nasce por meio de lei, imediatamente vinculada à ação estatal, atrelando-se à atividade pública, e não à ação do particular. É gravame com hipótese de incidência plasmada em atividade da Administração Pública – uma ação referida direta e imediatamente ao contribuinte. Nessa medida, a taxa deverá ser exigida pelas entidades impositoras – União, Estados, Municípios e Distrito Federal –, não se admitindo a exigência em face de atuação de empresa privada. Diferindo do imposto, mostra-se como exação bilateral, contraprestacional e sinalagmática. Seu disciplinamento vem expresso no art. 145, II, da CF c/c o art. 77 do CTN. O fato gerador da taxa é (a) o exercício regular do poder de polícia ou (b) a utilização, efetiva ou potencial, de serviço público específico e divisível prestado ao contribuinte ou posto à sua disposição (ver art. 79, I, II e III, CTN). Note, pois, que os dois fatos imponíveis da taxa adstringem-se à ação do Estado, e não à do particular.

Assim, no problema proposto, o fato de haver cobrança indistinta com relação a todas as empresas denota vício na sujeição passiva, que se conecta à possível lesão ao princípio da isonomia tributária (art. 150, II, da CF), uma vez que a exação recai de modo igual sobre contribuintes dessemelhantes.

Por fim, a ação declaratória de inexistência de relação jurídico-tributária, com pedido de antecipação de tutela (inciso V) ou com feitura do depósito judicial (inciso II), é o meio legal hábil para declaração das ilegalidades acima despontadas, permitindo-se que o crédito tributário se mantenha suspenso (art. 151, CTN), a fim de que se logre obter a certidão positiva com efeitos de negativa (art. 206 do CTN).

PERGUNTA 22

Em 1998, Lúcio adquiriu de Caio um imóvel, sobre o qual pendia débito do Imposto Predial e Territorial Urbano – IPTU, relativo ao exercício de 1996. No contrato de compra e venda, Caio comprometeu-se a quitar esse débito, exonerando Lúcio de qualquer responsabilidade perante o Fisco Municipal. Tendo recebido, recentemente, uma notificação de cobrança do tributo, Lúcio pergunta se há possibilidade de transferir a Caio o ônus do seu pagamento e, em caso afirmativo, como proceder.

Gabarito oficial

As convenções entre particulares não são oponíveis ao Fisco, conforme o disposto no art. 123 do CTN. Lúcio, portanto, na qualidade de atual proprietário, responde pelo débito perante o Município, a teor dos arts. 130 e 131, I, do mesmo Código. No entanto, poderá cobrar o valor de Caio por via regressiva, mediante ação própria de caráter condenatório.

Comentário

O art. 123 do CTN preconiza que as convenções particulares não podem ser opostas ao Fisco para modificar o sujeito passivo. Tal postulado é de fácil assimilação, se o associarmos ao princípio da estrita legalidade, segundo o qual o tipo tributário deve ser formatado com componentes taxativos, que tornam estrita a legalidade. Dessa forma, a lei tributária deve dispor, exaustivamente, sobre alíquota, base de cálculo, multa, fato gerador e sobre o sujeito passivo, ora discutido. Portanto, o contrato entre partes não opera efeitos perante a Fazenda Pública, mas tão somente perante aqueles que avençaram cumpri-lo.

Tais convenções podem ser feitas, e são juridicamente válidas, entre as partes contratantes, na órbita do direito privado, mas não produzem nenhum efeito contra a Fazenda Pública. Ressalta-se a possibilidade de ação regressiva do adquirente contra o alienante, na tentativa de reaver o que antecipou ao Fisco.

Note que, independentemente da convenção particular, o adquirente do imóvel é responsável tributário pelos tributos devidos e relativos ao bem imóvel adquirido, conforme se depreende da leitura do art. 130 do CTN.

O comando se refere aos tributos incidentes sobre bem imóvel – impostos (IPTU ou ITR), taxas de serviço (taxas de lixo, d'água, de esgotos) e contribuições de melhoria (obras de asfaltamento, por exemplo) – que passam a ser exigíveis do adquirente. Não se fez menção a multas, a juros ou à correção monetária – é dispositivo adstrito a tributos. O sujeito passivo de tais tributos passa a ser o novo proprietário, posseiro ou foreiro, no lugar do alienante – é nítida sub-rogação pessoal. Note que não é caso de solidariedade, nem nos parece hipótese de responsabilidade subsidiária. Saliente-se que cabe ao Oficial de Registro fiscalizar o recolhimento de tributos, exigindo a apresentação de certidões negativas, o que torna um tanto improvável a hipótese prevista no dispositivo. Entretanto, a certidão tem presunção de legitimidade relativa, pois podem surgir dívidas que não constem dos registros do Fisco no momento de sua expedição.

É importante assinalar que a regra comporta importante exceção: quando constar na escritura de transmissão de propriedade a certidão negativa expedida pela Fazenda (art. 130, CTN): com efeito, a certidão é documento que atesta a inexistência de débitos contra certa pessoa ou em relação a certo bem imóvel. É, destarte, a única forma de o adquirente eximir-se da responsabilidade.

PERGUNTA 23

Determinado Município institui a cobrança de taxa visando remunerar-se dos serviços de limpeza de vias e logradouros públicos, qualificando como contribuintes todos os proprietários de imóvel. O valor dessa taxa de limpeza é obtido mediante a aplicação da alíquota de 0,5% sobre o valor venal do imóvel. A exação assim dimensionada é legítima? Explique.

Gabarito oficial

Não. De acordo com o art. 145, § 2º, da CF, as taxas não poderão ter base de cálculo própria de impostos. O valor venal do imóvel constitui base de cálculo do IPTU, conforme o art. 33 do CTN. Além disso a limpeza pública não é um serviço divisível, razão pela qual a exação em questão extrapola a competência atribuída ao Município pelo art. 145, II, da Constituição Federal.

Comentário

A cobrança pretendida pelo Município é ilegítima. A base de cálculo ou base imponível é uma grandeza do fato gerador, uma perspectiva que o dimensiona, com o intuito de permitir, aritmeticamente, no confronto com a alíquota, a detecção do *quantum debeatur*. Assim sendo, a base de cálculo é ordem de medida dimensional ou dimensória do fato gerador, dando-lhe a exata expressão econômica. Como atributo dimensível do aspecto material da hipótese de incidência, a sua inadequação pode representar uma distorção do fato gerador, desnaturando o tributo, que pode se travestir de imposto Y para ser imposto Z; ou, até mesmo, se mostrar como tributo X e ser, de verdade, um tributo Y. Dessa forma, entende-se que não pode haver imposto com base de cálculo de taxa, ou taxa com base de cálculo de imposto (o "imposto disfarçado"), sob pena de termos um tributo pelo outro. Tal proibição está cristalinamente disciplinada em dois comandos normativos, a seguir expostos:

"As taxas não poderão ter base de cálculo própria de impostos" (art. 145, § 2º, CF).

"A taxa não pode ter base de cálculo ou fato gerador idênticos aos que correspondam a imposto, nem ser calculada em função do capital das empresas" (art. 77, parágrafo único, do CTN).

Nessa esteira, mencione-se a Súmula nº 595 do STF, segundo a qual "é inconstitucional a taxa municipal de conservação de estradas de rodagem cuja base de cálculo seja idêntica à do Imposto Territorial Rural".

Ademais, insta mencionar que a taxa de serviço só poderá ser cobrada em razão da prestação estatal de um serviço público específico e divisível. Assim, no caso apresentado, não há nítida demonstração de divisibilidade do serviço, passível de individualização, isto é, um serviço quantificável, que traz um benefício individualizado para o contribuinte (art. 79, III, CTN).

Com efeito, a receita dos impostos visa custear as despesas públicas gerais ou universais, *v.g.*, educação, segurança pública, limpeza pública etc., não se atrelando a qualquer órgão, fundo ou despesa, consoante proibição derivada do princípio da não afetação dos impostos (ver art. 167, IV, CF).

Vale lembrar que há inconstitucionalidade, para o STJ, na intitulada taxa de limpeza dos logradouros públicos, atrelada a atividades como varrição, lavagem, capinação, desentupimento de bueiros e bocas-de-lobo (ver, no STJ, EDivREsp 102.404/SP-1997. No STF, ver: RE 361.437/MG-2002 e RE 245.539/RJ-2000). O STF endossa o mesmo entendimento (ver, no STF: RE 188.391; RE 199.969; e RE 204.827). Registre-se que esta não se confunde com a costumeira taxa municipal de "coleta domiciliar de lixo", que tem sido considerada válida pelo STJ, uma vez tendente a beneficiar unidades imobiliárias autônomas, de propriedade de diferentes lindeiros das vias públicas servidas (ver, no STJ, REsp 137013/99-RS e REsp 115.262/97-SP). Curiosamente, esta taxa de coleta de lixo adapta-se, com fidelidade, ao caso de taxa de utilização potencial, uma vez que todos os proprietários das unidades imobiliárias – habitando ou não o imóvel – serão considerados sujeitos passivos da exação, independentemente da fruição do serviço de coleta.

PERGUNTA 24

Em 1993, Túlio construiu uma edícula em terreno de sua propriedade e deliberadamente deixou de efetuar a averbação da construção à margem da respectiva matrícula. Tampouco requereu à Prefeitura Municipal licença para construção, nem a informou a respeito depois que a obra estava pronta. Em fevereiro de 2000, o Município, descobrindo a existência da construção, realizou o lançamento suplementar do Imposto Predial e Territorial Urbano – IPTU dos exercícios de 1994 a 1999, equivalente ao diferencial correspondente à construção clandestina. Túlio indaga-lhe se esse lançamento suplementar é lícito e qual seu fundamento. Explique.

Gabarito oficial

O lançamento suplementar é possível em sede de revisão de lançamento, com fundamento no art. 149, VIII, do Código Tributário Nacional. Todavia, deverá se limitar àqueles exercícios em relação aos quais ainda não se operou a decadência, isto é, aos exercícios de 1995 em diante.

Comentário

Segundo o art. 145, *caput*, do CTN, após a notificação dirigida ao contribuinte (ou responsável), o lançamento se presume definitivo. Daí se ter, como regra geral, a vedação da alteração do lançamento anteriormente efetuado. É a adoção da regra da irrevisibilidade do lançamento, que decorre da lei, e não dele próprio. Por sua vez, o art. 145 do CTN discrimina, nos incisos I, II e III, situações que fogem à regra anunciada. Entre as situações legalmente admitidas de revisibilidade, destaca-se a iniciativa de ofício da autoridade administrativa. É importante destacar que o art. 149 do CTN contempla, em seus incisos (I a IX), uma lista taxativa de normas limitadoras de competência tributária.

Assim, os lançamentos podem ser revistos, no poder-dever de autotutela da Administração, desde que a alteração se enquadre nas possibilidades previstas no preceptivo e que o crédito não esteja extinto pela decadência (art. 149, parágrafo único, CTN). Note: "art. 149. O lançamento é efetuado e revisto de ofício pela autoridade administrativa nos seguintes casos: (...) VIII – quando deva ser apreciado fato não conhecido ou não provado por ocasião do lançamento anterior (...)".

O comando dispõe sobre a apreciação de fato não conhecido ou não provado à época do lançamento anterior. Diz-se que este lançamento teria sido perpetrado com erro de fato, ou seja, defeito que não depende de interpretação normativa para sua verificação. Frise-se que não se trata de qualquer "fato", mas aquele que não foi considerado por puro desconhecimento de sua existência. Não é, portanto, aquele fato, já de conhecimento do Fisco, em sua inteireza, que, por reputá-lo despido de relevância, tenha-o deixado de lado, no momento do lançamento. Se o Fisco passa, em momento ulterior, a dar a um fato conhecido uma "relevância jurídica", a qual não lhe havia dado, em momento pretérito, não será caso de apreciação de fato novo, mas de pura modificação do critério jurídico adotado no lançamento anterior, com fulcro no art. 146 do CTN. Neste art. 146 do CTN, prevê-se um "erro" de valoração jurídica do fato (o tal "erro de direito"), que impõe a modificação quanto a fato gerador ocorrido posteriormente à sua ocorrência. Não perca de vista, aliás, que inexiste previsão de erro de direito, entre as hipóteses do art. 149, como causa permissiva de revisão de lançamento anterior.

Contudo, vale lembrar que a revisão de lançamento deverá ser feita dentro do prazo decadencial, conforme dicção do parágrafo único do art. 149, CTN.

Note que, no problema apresentado, o Fisco não poderá lançar a diferença de IPTU para o exercício de 1994. Isso porque, em razão da inércia da atividade de lançar, consumou-se o prazo decadencial de 5 anos, a contar do primeiro dia do exercício seguinte àquele em que o lançamento poderia ter sido efetuado.

PERGUNTA 25

A sociedade Feliz Ano Novo Indústria e Comércio Ltda. obteve, da Secretaria da Fazenda do Estado de São Paulo, autorização para comercializar produtos com regime especial de recolhimento do ICMS, sendo-lhe dadas condições de cálculo e pagamento do tributo mais adequadas a sua atividade comercial. Em dezembro de 1999, a Secretaria da Fazenda cancelou, de ofício, o regime especial concedido à sociedade, que passou assim a se submeter às mesmas regras aplicáveis aos demais contribuintes. Em virtude desse fato, foi lavrado auto de infração contra a empresa, visando à cobrança de diversas multas por inobservância da legislação tributária no período de vigência do regime especial. Na qualidade de advogado da empresa, oriente-a quanto à linha de defesa possível neste caso.

Gabarito oficial

A defesa a ser apresentada deverá se basear no art. 146 do Código Tributário Nacional, que afirma que as alterações dos critérios de lançamento de tributos deverão ser aplicadas, "em relação a um mesmo sujeito passivo, quanto a fato gerador ocorrido posteriormente à sua introdução". Dessa forma, os critérios novos não são aplicados a fatos pretéritos. Além disso, como não é exigido imposto, apenas multa, poderá invocar também o art. 100, parágrafo único, do CTN, já que a orientação anterior da autoridade fazendária é norma complementar de direito tributário.

Comentário

A lavratura de autos de infração, objetivando a cobrança de multas por inobservância da legislação tributária no período de vigência do regime especial, é infundada e ilegal, entendimento esse respaldado no art. 146 do CTN.

O Superior Tribunal de Justiça entende que, com a regra, o legislador tentou evitar a revisão de lançamentos já realizados com base no que se convencionou chamar de "erro de direito". O que se tem em alguns casos é que algumas normas deixam margem para mais de uma interpretação razoável acerca de determinada matéria. Quando o Fisco adota uma delas, torna-se possível dizer que estamos diante de um critério jurídico, que, nos termos do artigo supramencionado, torna-se imutável com relação ao lançamento já realizado.

Note que, entre as hipóteses que justificam a revisão de ofício de lançamento (art. 149, CTN), não aparece qualquer caso que possa ser enquadrado no conceito de "erro de direito".

Com isso, busca-se proteger o postulado da segurança jurídica, o princípio da não surpresa, de forma a garantir que as mudanças nos critérios jurídicos adotados pelo Fisco só terão efeitos *ex nunc*, ou seja, aplicação nos casos futuros.

PERGUNTA 26

Em agosto de 1998, a sociedade Sonho Meu Comércio de Alimentos Ltda. deixou de recolher a COFINS incidente sobre seu faturamento. A falta de recolhimento deveu-se ao fato de a empresa não haver declarado à Receita Federal do Brasil parcela substancial de seu faturamento, correspondente ao chamado "caixa dois". A fiscalização detectou a omissão de declaração em março de 2000, após confrontar a movimentação bancária da sociedade, procedimento este que passou a ser permitido por lei promulgada em 1999. A sociedade pergunta-lhe se é possível que a fiscalização adote, para apurar o imposto devido, procedimento administrativo que não era permitido à época da ocorrência do fato gerador.

Gabarito oficial

É possível, tendo em vista o art. 144, § 1º, do Código Tributário Nacional, que permite a aplicação de lei posterior ao fato gerador que amplie os poderes de fiscalização das autoridades administrativas.

Comentário

O lançamento tende a verificar a ocorrência do fato gerador, regendo-se pela lei então vigente, o que lhe avoca a feição declaratória, operando efeitos *ex tunc* (art. 142, CTN), como se estudará em momento ulterior. Entretanto, a lei nova que regula formalidades ou aspectos formais, isto é, inábil a alterar, criar ou extinguir direitos materiais (definição de sujeito passivo, de hipótese de incidência, do valor da dívida etc.), deverá ser aplicada retroativamente, afastando-se o teor do *caput* do art. 144 do CTN. Assim, os aspectos formais ou procedimentais que cercam o lançamento – a temática ligada à competência ou poderes de investigação da autoridade fiscal, por exemplo – não influem, a ponto de afastarem a lei vigente na época do lançamento. Note o § 1º do art. 144 do CTN: "art. 144. (...) § 1º Aplica-se ao lançamento a legislação que, posteriormente à ocorrência do fato gerador da obrigação, tenha instituído novos critérios de apuração ou processos de fiscalização, ampliado os poderes de investigação das autoridades administrativas, ou outorgado ao crédito maiores garantias ou privilégios, exceto, neste último caso, para o efeito de atribuir responsabilidade tributária a terceiros".

Assim, o § 1º menciona as seguintes hipóteses de retroação da norma, com utilização da lei vigente à época do lançamento:

a) legislação que institua novos critérios de apuração ou processos de fiscalização;

b) legislação que amplie os poderes de investigação das autoridades administrativas;

c) legislação que outorgue ao crédito maiores privilégios ou garantias.

PERGUNTA 27

A sociedade Piso Maciço Revestimentos de Pisos e Paredes Ltda. tem por objeto social a venda de pisos de madeira para residências. No curso dessa atividade, também presta o serviço de colocação dos pisos vendidos, cobrando de seus clientes um preço único pela venda de mercadorias e pelo serviço prestado. Considerando-se que o serviço está compreendido na competência tributária dos Municípios e que a legislação respectiva é silente quanto à matéria, pergunta-se: na operação, incide apenas o ICMS, apenas o ISS ou ambos os impostos? Por quê?

Gabarito oficial

Incidem ambos os impostos, por força do art. 2º, V, da LC nº 87/1996, já que a legislação do ISS, não sujeita à operação à incidência exclusiva do ICMS.

Comentário

Pela Lista, os serviços podem ser puros (por exemplo, serviço de parecer de um advogado) ou mistos (serviços puros, com aplicação de mercadorias – por exemplo, dentista que fornece material na obturação), utilizando-se o legislador complementar da teoria da preponderância do serviço em relação à mercadoria.

Os serviços incluídos na Lista ficam sujeitos apenas ao ISS, ainda que sua prestação envolva o fornecimento de mercadorias (art. 1º, § 2º, da LC nº 116/2003). Por sua vez, o fornecimento de mercadorias com prestação de serviços não especificados na Lista fica sujeito ao ICMS, exclusivamente. A base de cálculo é o valor total da operação, isto é, a soma do serviço e da mercadoria. É o caso dos restaurantes, conforme a Súmula nº 163 do STJ (art. 155, X, *b*, da CF; art. 2º da LC nº 87/1996).

Há, ainda, na Lista anexa à Lei Complementar nº 116/2003, a denominada atividade mista, isto é, sobre os serviços puros haverá a incidência do ISS e, sobre o fornecimento de mercadorias, a incidência do ICMS (subitens 7.02; 7.05; 14.01; 14.03; 17.11). É mister ressaltar que, no caso em tela, a base de cálculo do ICMS será o preço da mercadoria, e a base de cálculo do ISS, o resultado da seguinte operação aritmética [Preço total da operação – Valor da mercadoria = Base de cálculo do ISS].

É evidente que a Lei Complementar nº 116/2003 definiu, por meio da Lista de Serviços, os serviços de competência tributária dos Municípios, e que, por se tratar de serviços, não se confundem com a comercialização. Com efeito, a Constituição, quando quer a tributação pelo ICMS, assevera que este incidirá nas operações relativas à circulação de mercadorias.

Assim, no problema proposto, incidem ambos os impostos, por força do art. 2º, V, da LC nº 87/1996, já que a legislação do ISS não sujeita a operação à incidência exclusiva do ICMS.

PERGUNTA 28

Ao consultá-lo sobre os valores que compõem a base de cálculo do PIS, seu cliente constatou que existe disposição que exclui da base de cálculo dessa contribuição os valores a título de ICMS "retido pelo vendedor dos bens ou prestador dos serviços na condição de substituto tributário" (Lei nº 9.715/1998, art. 3º, parágrafo único). Porém, seu cliente tem dúvida sobre o exato sentido dessa expressão. O que ela significa?

Gabarito oficial

A substituição tributária é instituto previsto no art. 6º da Lei Complementar nº 87/1996, que impõe ao contribuinte o dever de recolher o ICMS incidente sobre operações que não praticou, conforme a previsão específica para cada estado. Se as operações forem posteriores, trata-se da hipótese de substituição tributária "para frente" a que se refere o art. 150, § 7º, da Constituição Federal.

Comentário

A sujeição passiva indireta é a submissão ao direito de crédito do Fisco, em virtude de expressa determinação legal, de pessoa que não é contribuinte, desde que tenha um vínculo indireto com a situação que corresponda ao fato gerador (art. 128 do CTN). Esta responsabilidade poderá ser por substituição, caso em que a lei determina que o responsável (substituto) ocupe o lugar do contribuinte (substituído), desde a ocorrência do fato gerador, de tal sorte que, desde o nascimento da obrigação tributária, aquele – o responsável – já é o sujeito passivo (art. 150, § 7º, da CF); ou por transferência de ônus, caso em que, por previsão legal expressa, a ocorrência de um fato, posterior ao surgimento da obrigação, transfere a um terceiro a condição de sujeito passivo da obrigação tributária, lugar que até então era ocupado pelo contribuinte. Essa transferência poderá excluir a responsabilidade do contribuinte ou atribuí-la em caráter supletivo.

A pessoa que a lei ordena que substitua o contribuinte é chamada de "responsável por substituição" ou, ainda, "contribuinte substituto", ou "substituto tributário". Ela, como terceira pessoa escolhida, vem e ocupa o lugar do contribuinte, antes da ocorrência do fato gerador. Ocorre com maior frequência quanto ao ICMS e ao IR (*vide* o parágrafo único do art. 45 do CTN).

Registre-se que a doutrina distingue, relativamente ao ICMS, duas espécies de substituição tributária: Substituição "para trás" e Substituição "para frente". No problema proposto, faz-se necessário relembrar o conceito de substituição progressiva ou "para frente": o fato gerador ocorre "para frente". É a antecipação do recolhimento do tributo cujo fato gerador ocorrerá (se correr) em um momento posterior ("para frente").

Assim, antecipa-se o pagamento do tributo, sem que se disponha de bases de cálculo aptas a dimensionar o fato imponível, uma vez que ele ainda não ocorreu. Logo, a doutrina contesta tal mecanismo por se tratar de inequívoco fato gerador presumido ou fictício. Todavia, o sistema de substituição progressiva tem respaldo constitucional, uma vez inserido no art. 150, § 7º, *in fine,* da CF por meio da EC nº 3/1993. Exemplo: veículos novos, ao deixarem a indústria em direção às concessionárias; cigarros e refrigerantes etc. (Observação: nos exemplos mencionados, o ICMS já é recolhido antes da ocorrência do fato gerador que, presumivelmente, nascerá em momento ulterior).

PERGUNTA 29

Seu cliente, ao consultá-lo, pergunta se o Espólio responde por todos os débitos tributários, mesmo os desconhecidos à data da abertura da sucessão. Como advogado(a) qual seria sua orientação?

Gabarito oficial

Sim. O espólio responde por todos os débitos tributários do *de cujus*, sejam eles conhecidos, em via de serem lançados, e também, pelos débitos desconhecidos à data de abertura da sucessão (art. 131, III, do CTN).

Comentário

Diante da inexorabilidade da morte, forçoso é concluir que o mortal, vindo a falecer e passando, assim, a ser juridicamente chamado de *de cujus*, pode deixar dívidas tributárias para trás, àqueles que aqui permaneceram. É fato que os adquirentes por sucessão recebem não apenas o ativo, mas também o passivo do *de cujus*.

Com o passamento, abre-se a sucessão, em cujo procedimento será feita a partilha dos bens, mediante a homologação por sentença judicial, a ser prolatada pelo magistrado. No momento do falecimento, concebe-se o chamado espólio – conjunto de bens, direitos, dívidas e responsabilidades da pessoa falecida, ou seja, a própria universalidade de bens e direitos que integravam o patrimônio do *de cujus*. O espólio não é "pessoa", embora o CTN o trate como tal, considerando-o "pessoalmente responsável", ou seja, atribuindo-lhe a feição de sujeito passivo da relação jurídico-tributária (art. 131). Assim, o CTN dispõe que o espólio será responsável pelas dívidas tributárias do *de cujus*, isto é, aquelas realizadas em vida, com fatos gerados ocorridos até o evento sinistro (abertura da sucessão), independente de débitos tributários serem conhecidos ou não à data da abertura da sucessão. Observe que o espólio, neste aspecto, reveste-se da condição de responsável tributário (inciso III), como sujeito passivo indireto.

Até que se proceda à partilha de bens, isto é, durante o procedimento judicial ou extrajudicial do inventário ou arrolamento (vide arts. 610, 611 e 659 do CPC), é possível que novas dívidas despontem (exemplo: novos fatos geradores de IPVA, IPTU, IR).

Em relação a tais fatos geradores – *v.g.*, a propriedade de veículo automotor em 1º de janeiro subsequente ao ano do falecimento –, perguntar-se-á: quem será o contribuinte? Não será nem o *de cujus* (não existe mais), nem os herdeiros (não se definiram ainda), mas o próprio espólio. Note que, neste contexto específico, o espólio é contribuinte e responsável, concomitantemente. É responsável, perante os débitos anteriores, e contribuinte, com relação às dívidas mais recentes. Aliás, nesta última hipótese, *ad argumentandum*, o espólio (contribuinte ou sujeito passivo direto) terá o inventariante como responsável (tema constante do art. 134,

IV, do CTN). Memorize que o inventariante é responsável, enquanto o espólio se coloca como contribuinte. Não existe relação de "solidariedade" entre ambos ou entre o inventariante e o *de cujus*, embora o Código se refira a uma possível responsabilidade solidária no caput do art. 134. Como é sabido, trata-se de nítida responsabilidade subsidiária.

Com a prolação da sentença de partilha, definem-se os sucessores (herdeiros ou legatários) e o cônjuge meeiro, diante da dissolução do espólio. Após tal definição, é possível que ainda remanesçam dívidas – surgidas na época em que o *de cujus* era vivo ou durante o curso do inventário, e que permaneceram até então desconhecidas –, cuja exigência recairá sobre os sucessores, desde que não tenha havido, é claro, decadência. Estes se tornam responsáveis pelas dívidas do *de cujus* e de seu espólio (estes, na condição de contribuintes), isto é, por todas as dívidas surgidas até a data da partilha, no limite dos quinhões, legados ou meações recebidas. É o que, corriqueiramente, intitula-se de "força da herança ou dos legados" (ver, como complemento, o art. 192 do CTN).

PERGUNTA 30

Seu constituinte recebeu citação para uma execução fiscal, que veio acompanhada por cópia da Certidão de Dívida Ativa. Ao analisar esta certidão, você verificou que não existe menção aos dispositivos legais em que se funda o crédito executado, nem consta a data da sua inscrição. Existe fundamento para pleitear a nulidade do título executivo? Qual?

Gabarito oficial

Sim. Conforme o art. 202 do Código Tributário Nacional, a Certidão de Dívida Ativa deverá indicar "a origem e a natureza do crédito, mencionada especificamente a disposição da lei em que seja fundado" (inciso III), além da "data em que foi inscrita" (inciso IV).

Comentário

A inscrição na dívida ativa, formalizada por termo, deve ser detalhada (art. 202 do CTN), e perfaz-se no Livro da Dívida Ativa, no ambiente adstrito à Procuradoria Judicial. Frise-se que, hodiernamente, os cadastros da dívida ativa não mais se corporificam em "livros", mas são armazenados em sistemas eletrônicos de dados. De qualquer sorte, substancialmente, nada muda.

Desse termo, inserto no indigitado Livro ou assimilado em cadastro eletrônico, extrai-se a CDA – Certidão de Dívida Ativa – título executivo extrajudicial, que deverá lastrear a ação judicial de cobrança, isto é, a Ação de Execução Fiscal. O art. 202, III, do CTN c/c o art. 2º, § 5º, III, da Lei nº 6.830/1980 dispõem que a origem, a natureza e o fundamento legal da dívida são requisitos obrigatórios ao termo de inscrição em dívida ativa. Assim, é imperativa a indicação dos dispositivos legais segundo os quais se exigem tributo ou multa. *Ad argumentandum*, esta exigência pode ser suprida pela referência ao processo administrativo, previsto no inciso V do art. 202 do CTN, segundo posicionamento jurisprudencial.

Entretanto, mais importante do que sabermos os itens obrigatórios do termo e da certidão de inscrição na dívida ativa é assimilarmos as consequências do erro ou omissão de um deles, como se depreende do art. 203 do CTN: "A omissão de quaisquer dos requisitos previstos no artigo anterior ou o erro a eles relativo são causas de nulidade da inscrição e do processo de cobrança dela decorrente, mas a nulidade poderá ser sanada até a decisão de primeira instância, mediante substituição da certidão nula, devolvido ao sujeito passivo, acusado ou interessado, o prazo para defesa, que somente poderá versar sobre a parte modificada".

PERGUNTA 31

A empresa Alpha Ltda. deixou de recolher o Imposto sobre Circulação de Mercadorias e Serviços – ICMS vencido no decorrer do exercício de 1999. No final daquele exercício, foi promulgada lei estatal reduzindo a multa por não pagamento do imposto, que era de 40% para 20%. Nesta semana, a empresa contribuinte foi autuada pela fiscalização, em razão da referida pendência de ICMS. O valor do auto de infração considerou o montante do imposto devido, atualizado monetariamente e acrescido ainda da multa de 40% sobre o valor total. Questiona-se sobre a possibilidade de pagamento do débito com a redução da multa. Qual a sua orientação?

Gabarito oficial

O contribuinte tem direito ao pagamento do débito com redução da multa para 20%, tendo em vista o disposto no art. 106, II, *c*, do Código Tributário Nacional, que determina a aplicação retroativa da lei tributária que comine penalidade menos severa que a lei vigente na época da infração.

Comentário

O direito tributário é norteado pelo princípio da irretroatividade, traduzindo-se no postulado de que a lei deve abranger fatos geradores posteriores à sua edição, uma vez que sua vigência é prospectiva. Não deve, assim, voltar-se no intuito de abranger situações pretéritas, sob pena de se verificar uma retroatividade, cujo princípio pretende evitar.

No entanto, a retroação poderá ocorrer em duas situações: lei interpretativa (em qualquer caso – art. 106, I, CTN) e lei mais benéfica, no campo do direito tributário penal (desde que o ato não esteja definitivamente julgado – art. 106, II, CTN). Observe abaixo a hipótese de "lei mais benéfica", pertinente ao problema proposto:

Lei mais benigna, quanto às infrações: a retroação benéfica diz respeito apenas aos atos não definitivamente julgados, isto é, não definitivamente decididos na órbita administrativa e na judicial (STJ, REsp 189.094/SP-1999 e REsp 187.051/SP-1998).

PERGUNTA 32

A Indústria Estrela do Norte Ltda. possui dois estabelecimentos situados no Município de São Paulo – SP: a matriz, em que se desenvolve a atividade produtiva, e a filial, em que se desenvolve o comércio. Para acomodar divergências entre os sócios, decidiu-se pela cisão da sociedade, com a criação de uma nova pessoa jurídica, a Cruzeiro do Sul Indústria e Comércio Ltda., cujo capital social seria integralizado com os ativos constantes do estabelecimento filial. Antes da formalização da cisão, transferiu-se para a filial todo o estoque de produtos, que estava no estabelecimento matriz, sem recolhimento de ICMS. Após a cisão, a fiscalização estadual lavrou auto de infração e imposição de multa contra a Estrela do Norte Ltda., exigindo o recolhimento do imposto sobre a mencionada transferência do estoque. Os sócios da Estrela do Norte Ltda. consultam-no para saber se é devido o imposto e se a operação, da forma como foi organizada, caracteriza fraude fiscal. Qual seu aconselhamento?

Gabarito oficial

Não é devido o imposto. De acordo com a Súmula nº 166 do Superior Tribunal de Justiça, não incide ICMS no simples deslocamento de mercadoria de um para outro estabelecimento da mesma pessoa jurídica, tendo em vista que a circulação de mercadorias, que enseja a cobrança do imposto, pressupõe a transferência da titularidade do bem. No mais, a operação levada a efeito constitui legítimo planejamento tributário, à medida que se evitou a incidência do imposto antes da ocorrência do fato gerador.

Comentário

Na situação apresentada pela questão, temos que não haverá incidência do imposto. O fato gerador do ICMS descrito na Constituição Federal é atinente a operações relativas à circulação de mercadorias. Portanto, não há que se falar em fato gerador do imposto quando não indicar a realização de atos ou negócios que implicam tal movimentação jurídica de bens, isto é, a mudança de titularidade jurídica do bem (não é mera movimentação "física"). O bem sai da titularidade de um sujeito e passa à titularidade definitiva de outro. Exemplo: na saída de bens para mostruário não se paga ICMS, pois não ocorre a circulação jurídica do bem, apenas a movimentação "física", não havendo mudança de titularidade; o mesmo fato ocorre na mera movimentação "física" de bens entre matriz e filial.

A esse respeito, merece citação a Súmula nº 166 do STJ: "Não constitui fato gerador do ICMS o simples deslocamento da mercadoria de um para outro estabelecimento do mesmo contribuinte".

A corroborar, note a jurisprudência no STJ: "Tributário. ICMS. Saída física de mercadoria para filial da empresa. Não incidência do tributo. Súmula nº 166, do STJ. Não constitui fato gerador do ICMS o simples deslocamento de mercadoria de um para outro estabelecimento do mesmo contribuinte" (REsp 113.268/RS-1998).

PERGUNTA 33

A empresa Alpha S.A., que se dedica à manufatura de artefatos de plástico, deseja passar a atender o mercado externo. Na análise do ônus tributário da nova vertente do negócio, os diretores da companhia indagam-no para saber se estão sujeitos ao recolhimento do IPI sobre essas vendas. Qual seu parecer?

Gabarito oficial

De acordo com o art. 153, § 3º, III, da CF/1988, não há incidência de IPI sobre produtos industrializados destinados ao exterior.

Comentário

As exportações são tradicionalmente desoneradas, no sistema tributário mundial. No Brasil, a regra permanece. Na verdade, afastam-se vários tributos das exportações, no intuito de estimular a competitividade do produto nacional no comércio internacional. No Brasil, o texto constitucional prevê regras de imunidade sobre a exportação para o: (a) ISS (art. 156, § 3º, II, CF); (b) para o ICMS (art. 155, § 2º, X, *a*, CF); e (c) para o IPI (art. 153, § 3º, III, CF).

A esse respeito, recomenda-se a leitura da Súmula nº 536 do STF: "São objetivamente imunes ao Imposto sobre Circulação de Mercadorias os 'Produtos Industrializados', em geral, destinados à exportação, além de outros, com a mesma destinação, cuja isenção a lei determinar".

PERGUNTA 34

Caio, sócio da empresa RLBO Comércio de Parafusos Ltda., pretende transferir seu imóvel para a sociedade, mediante a integralização de aumento de capital social no mesmo valor. Preocupado com o custo tributário da operação, Caio o questiona se deverá efetuar o recolhimento do Imposto de Transmissão de Bens Imóveis. Deduza sua orientação.

Gabarito oficial

Não há incidência do imposto, tendo em vista o disposto no art. 36, I, do Código Tributário Nacional e no art. 156, § 2º, I, da Constituição Federal.

Comentário

O ITBI não incide sobre a transmissão de bens imóveis incorporados ao patrimônio da pessoa jurídica, salvo se a atividade preponderante da adquirente for a compra e venda desses bens. A preponderância existe se a atividade representar mais de 50% da receita operacional, nos dois anos anteriores e nos dois anos subsequentes à aquisição do bem (art. 37, § 1º, CTN).

Art. 156 da CF: "Art. 156. (...) § 2º O imposto previsto no inciso II: I – não incide sobre a transmissão de bens ou direitos incorporados ao patrimônio de pessoa jurídica em realização de capital, nem sobre a transmissão de bens ou direitos decorrente de fusão, incorporação, cisão ou extinção de pessoa jurídica, salvo se, nesses casos, a atividade preponderante do adquirente for a compra e venda desses bens ou direitos, locação de bens imóveis ou arrendamento mercantil; (...)".

Exemplificando: Se uma empresa A (atividade: fabricação de azulejos), com sede em Brasília, incorpora uma empresa B (atividade: compra e venda de imóveis, preponderantemente), com sede no Rio de Janeiro, havendo a transmissão de todos os direitos e bens da empresa B para a adquirente A, incluindo um imóvel localizado na cidade do Recife, pergunta-se: pagar-se-á ITBI para quem?

Não se pagará o ITBI, uma vez que é caso de imunidade específica. Se a empresa A fosse aquela que tivesse comprado e vendido os imóveis, teríamos, sim, a incidência do ITBI (para Recife, no caso).

PERGUNTA 35

A empresa ABC Ltda., dedicada ao ramo de fabricação e comercialização de calçados, vendeu um de seus estabelecimentos voltados ao comércio varejista para a sociedade RLBO Ltda. A ABC Ltda. continuou exercendo a atividade de fabricação de calçados, mantendo ainda outros estabelecimentos dirigidos ao comércio. A empresa RLBO Ltda., por sua vez, foi recentemente surpreendida com a citação para os termos de execução fiscal ajuizada pela Fazenda do Estado de São Paulo exclusivamente contra ela, objetivando a cobrança de débitos de ICMS, correspondentes ao estabelecimento por ela adquirido da empresa ABC, relativos a período anterior à aquisição. Um dos diretores da RLBO pergunta se deve desde logo efetuar o pagamento, tendo em vista que é responsável, por sucessão, pelos débitos gerados naquele estabelecimento, ou se há defesa possível na execução. Oferecer e justificar seu aconselhamento.

Gabarito oficial

A responsabilidade por sucessão, neste caso, é apenas subsidiária, tendo em vista que o alienante continuou a exploração do mesmo ramo do estabelecimento negociado. Vale dizer, a Fazenda Estadual, antes de demandar a RLBO, deveria ter executado a ABC Ltda. Dessa forma, a RLBO deverá oferecer bens à penhora, para em seguida, apresentar embargos à execução, em que deverá sustentar a responsabilidade da empresa alienante, nos termos do art. 133, II, do Código Tributário Nacional.

Comentário

Com a aquisição do fundo de comércio ou do estabelecimento, se o adquirente continuar a respectiva exploração do empreendimento (*conditio sine qua non*, sendo irrelevante o rótulo sob o qual dita exploração será continuada), isto é, beneficiando-se da estrutura organizacional anterior com a absorção da unidade econômica e da clientela do alienante, será possível a responsabilização pelos tributos devidos pelo sucedido até a data do ato translativo. Portanto, a responsabilidade dependerá do rumo a ser tomado pelo adquirente: se antes havia uma "loja de eletrodomésticos" e, após, com a aquisição, ter-se-á uma "oficina mecânica", não se há de falar em responsabilidade do adquirente. Sendo assim, a empresa adquirente responde, nos casos de continuidade do empreendimento:

a) integralmente: a responsabilidade integral (pessoal ou exclusiva) indica que o sucessor (adquirente) responde integralmente, se o alienante cessar a exploração, não retomando qualquer atividade no período de 6 (seis) meses, a contar da alienação. O CTN escolhe a pessoa sobre a qual o ônus tenha mais facilidade em recair – o adquirente. Tem-se sua exigibilidade total, pois o alienante terá encerrado suas atividades. O ilustre doutrinador Hugo de Brito Machado ressalta a possibilidade de tal responsabilidade ser "subsidiária", caso o patrimônio do adquirente seja insuficiente para saldar a dívida tributária. Segundo o eminente autor, a responsabilidade integral não quer dizer "exclusiva";

b) subsidiariamente: a responsabilidade subsidiária ou supletiva indica que, em primeiro lugar, cobra-se o tributo do alienante do fundo (devedor principal) e, se este não tiver com que pagar, exige-se a dívida do adquirente (devedor em caráter supletivo), sob a condição de o alienante não ter cessado a exploração comercial ou, interrompendo-a, ter retomado as atividades em 6 (seis) meses a contar da alienação. É nítido, pois, o benefício de ordem, só devendo a Fazenda investir contra o adquirente depois de baldados os esforços empreendidos contra o alienante. Note que "a trilha" seguida pelo alienante, nesse caso, é de interesse da Fazenda, pois se torna factível a sua cobrança, pouco importando a atividade comercial que irá desempenhar. O relevante é que ele denota, com a continuidade do vigor comercial, uma capacidade patrimonial para suportar o ônus tributário.

Somente se for infrutífera a cobrança é que o Fisco pode redirecionar sua pretensão contra o adquirente, havendo uma responsabilidade subsidiária, visto que só é chamado a responder pelo crédito tributário quando comprovado o insucesso na cobrança realizada ao alienante (art. 133, II, do CTN). Com isso, tem-se que a RLBO deverá oferecer bens à penhora, para em seguida, apresentar embargos à execução, em que deverá sustentar a responsabilidade da empresa alienante, nos termos do art. 133, II, do Código Tributário Nacional.

PERGUNTA 36

Uma determinada empresa impetra mandado de segurança e obtém a concessão de medida liminar em conformidade com o pedido formulado. Durante o período de vigência da liminar, a referida empresa é fiscalizada por autoridade competente, que constata não estarem sendo cumpridas as obrigações acessórias atinentes à obrigação principal objeto da citada liminar. Assim, decide a autoridade autuar a empresa por descumprimento das obrigações acessórias. Comentar a situação.

Gabarito oficial

A autuação é procedente em virtude do parágrafo único do art. 151 do CTN. A suspensão da exigibilidade do crédito tributário não dispensa o cumprimento das obrigações acessórias dependentes da obrigação principal cujo crédito esteja suspenso.

Comentário

Enquanto viger uma causa de suspensão da exigibilidade do crédito tributário, não poderá a Administração Pública exercer quaisquer atos executórios (inscrição em Dívida Ativa e proposição de ação executiva), tendentes à efetivação de seu direito subjetivo.

No entanto, o importante é lembrar que, mesmo nos casos em que o contribuinte ou o responsável não estejam obrigados em relação à obrigação principal, a acessória subsiste. Isso acontece, por exemplo, com aqueles que se aposentam por força de alguma moléstia grave, tornando-se isentos de recolher o IR, mas nem por isso estarão dispensados de apresentar sua declaração anual de rendimentos (art. 175, parágrafo único, do CTN). A manutenção dos deveres instrumentais alcança até mesmo algumas entidades imunes, conforme se depreende do inciso III do art. 14 do CTN, referindo-se às entidades beneficentes de assistência social.

É imperioso enaltecer que o descumprimento de uma obrigação acessória faz nascer uma obrigação principal, com relação à multa. Tal entendimento pode ser extraído da dicção do art. 113, § 3º, do CTN.

PERGUNTA 37

Lei do Município de Valetas instituiu, em 31.12.2003, imposto sobre serviços de qualquer natureza, que passa a ser exigido, a partir de 1º.01.2004, dos prestadores de serviços de assessoria em informática. Fundação instituída e mantida pelo Governo Estadual consulta-o sobre a possibilidade de afastar a exigência sobre seus serviços prestados em janeiro e fevereiro, com base na imunidade recíproca. Você concordaria com a existência de tal direito? Justifique. Em caso negativo, poderia a exigência ser afastada por outro fundamento?

Gabarito oficial

Não é possível alegar a imunidade recíproca, de que trata o art. 150, VI, *a*, já que a imunidade não se estende aos serviços "relacionados com exploração de atividades econômicas regidas pelas normas aplicáveis a empreendimentos privados, ou em que haja contraprestação ou pagamento de preços ou tarifas pelo usuário" (art. 150, § 3º, do CF).

Com relação aos faturamentos de janeiro e fevereiro, estão eles livres da tributação, tendo em vista que a Emenda Constitucional nº 42/2003 introduziu a alínea *c* no art. 150, III, da Constituição, vedando a cobrança de tributos "antes de decorridos noventa dias da data em que haja sido publicada a lei que os instituiu ou aumentou".

Comentário

A imunidade é instituto com "sede própria" – a própria Carta Magna –, materializando-se em uma dispensa constitucional de pagamento de tributo. Com isso, os entes tributantes não poderão instituir impostos uns sobre os outros, em razão do princípio federativo (art. 60, § 4º, I, CF). Visa assegurar e confirmar o equilíbrio federativo ou federalismo de equilíbrio (ou de cooperação), chamado de "lealdade mútua federal" pelos alemães. O princípio federativo indica que existe mais de uma esfera de poder dentro do mesmo território, dele decorrendo a indissolubilidade do pacto federativo.

Diz-se que, ainda que não estivesse contemplada tal imunidade em norma expressa, defluiria logicamente do equilíbrio federativo, o que lhe dá o timbre de regra ontologicamente imunizante. Nessa esteira, afirmou o STF que a indigitada regra "é uma decorrência pronta e imediata do postulado da isonomia dos entes constitucionais, sustentado pela estrutura federativa do Estado brasileiro e pela autonomia dos Municípios" (AgRg 174.808, rel. Min. Maurício Corrêa).

Nesse passo, frise-se que a imunidade recíproca, prevista na alínea a do inciso VI do art. 150 da CF deve ser compreendida com a leitura concomitante dos §§ 2º e 3º do mesmo artigo. Note-os: "Art. 150. (...) § 2º A vedação do inciso VI, *a*, é extensiva às autarquias e às fundações instituídas e mantidas pelo Poder Público, no que se refere ao patrimônio, à renda e aos serviços, vinculados a suas finalidades essenciais ou às delas decorrentes".

Verifica-se, portanto, que a regra se estende às autarquias e fundações públicas, em razão da personalidade jurídica de direito público, de que são possuidoras as referidas entidades.

Contudo, o § 3º do art. 150 da CF, abaixo transcrito, exclui, expressamente da imunidade os serviços relacionados com exploração de atividades econômicas regidas pelas normas aplicáveis a empreendimentos privados: "Art. 150. (...) § 3º As vedações do inciso VI, *a*, e do parágrafo anterior não se aplicam ao patrimônio, à renda e aos serviços, relacionados com exploração de atividades econômicas regidas pelas normas aplicáveis a empreendimentos privados, ou em que haja contraprestação ou pagamento de preços ou tarifas pelo usuário, nem exonera o promitente comprador da obrigação de pagar imposto relativamente ao bem imóvel".

Com isso, percebe-se claramente que não existe direito à imunidade no caso apresentado, uma vez que a regra constitucional determina o afastamento da imunidade somente nos casos supramencionados.

Por outro lado, a Fundação Estadual, poderá afastar a exigência do ISSQN com fundamento no princípio da anterioridade nonagesimal ou diferida, introduzido pela Emenda Constitucional nº 42/2003, segundo o qual se vedou a cobrança de tributos antes de decorridos 90 (noventa) dias da data em que houver sido publicada a lei que tenha instituído ou majorado o tributo, em consonância com a alínea *c* do inciso III do art. 150 da Constituição Federal: "(...) é vedado à União, aos Estados, ao Distrito Federal e aos Municípios (...) cobrar tributos (...) antes de decorridos noventa dias da data em que haja sido publicada a lei que os instituiu ou aumentou (...)".

Dessa forma, robusteceu-se o postulado em comento, na medida em que se passou a exigir, a partir de 2004, obediência à anterioridade anual, além da anterioridade nonagesimal, em nítida aplicação cumulativa, garantindo-se ainda mais o contribuinte contra uma tributação inopinada.

Como é cediço, não é raro presenciar a voracidade fiscal da Fazenda Pública, que sempre se valeu de vitando expediente, criando ou majorando tributos nos últimos dias do ano, a fim de que pudesse satisfazer a volúpia arrecadatória com valores a receber, logo no início do exercício.

A novidade trazida pelo teor da Emenda Constitucional nº 42/2003, quanto ao Princípio da Anterioridade, vem obstar tal expediente, ao exigir uma espera nonagesimal entre a exteriorização do instrumento normativo majorador ou criador e a exigência efetiva do gravame compulsório.

Portanto, não é possível alegar a imunidade recíproca, de que trata o art. 150, VI, *a*, já que a imunidade não se estende aos serviços "relacionados com exploração de atividades econômicas regidas pelas normas aplicáveis a empreendimentos privados, ou em que haja contraprestação ou pagamento de preços ou tarifas pelo usuário" (art. 150, § 3º, CF). Ademais, com relação aos faturamentos de janeiro e fevereiro, estão eles livres da tributação, tendo em vista que a Emenda Constitucional nº 42 introduziu a alínea *c* no inciso III do art. 150 da Constituição, vedando a cobrança de tributos "antes de decorridos noventa dias da data em que haja sido publicada a lei que os instituiu ou aumentou".

PERGUNTA 38

Empresa, atuando no comércio de tecidos, relata-lhe que vem sofrendo dificuldades em suas vendas, tendo em vista que seus principais clientes são indústrias de confecção, todas contribuintes do Imposto sobre Produtos Industrializados. Segundo informam, seus clientes sistematicamente preferem comprar tecidos diretamente dos fabricantes, não aceitando adquirir tais produtos de comerciante, senão mediante um abatimento no preço total. Tendo em vista a sistemática do imposto, explique a razão da dificuldade enfrentada pelo contribuinte e proponha uma solução, de acordo com a sistemática do imposto, para o problema que lhe foi exposto.

Gabarito oficial

A oposição apresentada pelos clientes relaciona-se com a sistemática de não cumulatividade do IPI, sendo a empresa mera comerciante, seus produtos não são tributados pelo IPI, quando vendidos às indústrias. Estas, por sua vez, não têm como tomar qualquer crédito de imposto, preferindo, por isso, adquirir tecidos de outras indústrias, visando a creditar-se do imposto pago. A solução a ser proposta à empresa é que ela opte por ser estabelecimento equiparado a industrial, passando, pois, a ter suas saídas tributadas pelo imposto, dando margem a crédito para seus clientes.

Comentário

Segundo a literalidade do texto constitucional, o princípio da não cumulatividade se refere a três impostos: ICMS, IPI e Impostos Residuais da União (*vide* art. 155, § 2º, I; art. 153, § 3º, II; art. 154, I, todos da CF).

A não cumulatividade (técnica denominada de *value-added*, para os norte-americanos) é o postulado segundo o qual se proíbe a técnica cumulativa, permitindo que em cada operação tributada deva ser abatido o valor do mesmo imposto pago na operação imediatamente anterior (art. 49 do CTN).

Com efeito, faz-se o registro contábil como crédito do IPI referente à entrada de uma mercadoria. Por seu turno, faz-se o registro como débito do valor do IPI dos produtos que saírem. No final do período, após a realização dos cálculos, se o débito for maior, o imposto é recolhido; se o crédito for maior, o saldo credor é transferido para uso no período seguinte ou nos períodos seguintes. O IPI, nos documentos fiscais, é destacado separadamente ou, como denomina parte da doutrina, "por fora", somado ao preço e pago pelo adquirente dos insumos.

O cálculo dos impostos não cumulativos pode ocorrer por meio de operações de adição ou subtração. Quando se compensam as incidências anteriores e atuais, utiliza-se o método da subtração. Esse processo pode se dar pelo sistema de base sobre base (*tax on base*), em que se comparam as bases de cálculo, ou pelo sistema de imposto sobre imposto (*tax on tax*), em que se abate do tributo devido na saída o importe cobrado na operação antecedente.

Por fim, ressalte-se que a legislação brasileira, em matéria de impostos indiretos, optou pelo método *tax on tax*, em detrimento do método *tax on base*.

No caso proposto, a oposição apresentada pelos clientes relaciona-se com a sistemática de não cumulatividade do IPI. Sendo a empresa mera comerciante, seus produtos não são tributados pelo IPI, quando vendidos às indústrias. Estas, por sua vez, não têm como tomar qualquer crédito de imposto, preferindo, por isso, adquirir tecidos de outras indústrias, visando a creditar-se do imposto pago. A solução a ser proposta à empresa é que ela opte por ser estabelecimento equiparado a industrial, passando, pois, a ter suas saídas tributadas pelo imposto, dando margem a crédito para seus clientes.

PERGUNTA 39

Você foi procurado por um amigo, que lhe relata sua revolta pela fúria arrecadatória que vem se espalhando pelos mais longínquos rincões do País. Ele lhe diz que sua paciência esgotou-se quando, recentemente, recebeu notificação da Prefeitura do Município de Estrela Grande do Mato, que exigia o pagamento do IPTU sobre seu sítio. Em sua conversa, você descobre que o sítio destina-se exclusivamente a atividades agropastoris. Há duas ou três famílias de colonos que estudam na escola municipal, localizada a menos de 500 metros da porteira da propriedade, que já conta com luz elétrica e asfalto até a porta. Na opinião de seu amigo, já basta o Imposto sobre a Propriedade Territorial Rural – ITR que ele vem recolhendo, não se justificando a pretensão da prefeitura, a seu ver abusiva. Você concorda com seu amigo? Por quê?

Gabarito oficial

Seu amigo está errado. Tendo em vista os melhoramentos públicos descritos, a área em que se encontra o sitio é zona urbana, à luz do art. 32, § 1º, do CTN. Assim, é devido o IPTU. Por outro lado, o ITR vem sendo recolhido indevidamente.

Comentário

O fato gerador do IPTU dar-se-á com a propriedade, o domínio útil ou a posse de bem imóvel, localizado na zona urbana do Município, consubstanciando-se, mediante ficção jurídica, no primeiro dia do ano civil (1º de janeiro).

O conceito de zona urbana pode ser deduzido da própria diretriz encartada no comando inserto nos §§ 1º e 2º do art. 32 do CTN, a seguir delineados: "Art. 32. (...) § 1º Para os efeitos deste imposto, entende-se como zona urbana a definida em lei municipal, observado o requisito mínimo da existência de melhoramentos indicados em pelo menos dois dos incisos seguintes, construídos ou mantidos pelo Poder Público: I – meio-fio ou calçamento, com canalização de águas pluviais; II – abastecimento de água; III – sistema de esgotos sanitários; IV – rede de iluminação pública, com ou sem posteamento para distribuição domiciliar; V – escola primária ou posto de saúde a uma distância máxima de 3 (três) quilômetros do imóvel considerado. § 2º A lei municipal pode considerar urbanas as áreas urbanizáveis, ou de expansão urbana, constantes de loteamentos aprovados pelos órgãos competentes, destinados à habitação, à indústria ou ao comércio, mesmo que localizados fora das zonas definidas nos termos do parágrafo anterior".

O conceito de zona urbana deve ser extraído dos dispositivos constantes na lei ordinária municipal, devendo conter, pelo menos, os melhoramentos previstos em dois incisos acima destacados.

Posto isso, seu amigo está errado. Tendo em vista os melhoramentos públicos descritos, a área em que se encontra o sitio é zona urbana, à luz do art. 32, § 1º, do CTN. Assim, é devido o IPTU. Por outro lado, o ITR vem sendo recolhido indevidamente.

PERGUNTA 40

Retornando de uma viagem ao exterior, você recebe uma remessa de US$ 100,00 dos Estados Unidos, efetuada pelo Dr. Den Tist, que, informado de sua estada naquele país, consultara-o acerca do tratamento tributário a que ele estaria sujeito caso resolvesse mudar para o Brasil. Conversando com seu contador, este lhe informa que você deve recolher imposto de renda sobre aquele rendimento, na modalidade de Recolhimento Mensal Obrigatório (carnê-leão). Você está familiarizado com aquele tipo de recolhimento, em que você informa o valor que recebe por serviços prestados a pessoas físicas no País, mas fica surpreso por ter de ali incluir o valor que, afinal, decorre de um serviço prestado fora dos limites territoriais brasileiros. Com base na Constituição Federal e no CTN, justifique a posição de seu contador.

Gabarito oficial

O contador está certo. A Constituição Federal, no art. 153, § 2º, I, contempla os princípios da generalidade e da universalidade. Esses princípios estão hoje regulados no § 1º do art. 43 do CTN, que submete os rendimentos ao imposto de renda, independentemente da localização, condição jurídica ou nacionalidade da fonte.

Comentário

Consoante a dicção do art. 153, § 2º, I, da CF, o IR terá suas alíquotas estipuladas sob o manto de princípios específicos: generalidade, universalidade e progressividade. A generalidade diz respeito à sujeição passiva, indicando a incidência sobre todos os contribuintes que pratiquem o fato descrito na hipótese de incidência da exação. A universalidade é critério que se fia à base de cálculo do gravame, que deve abranger quaisquer rendas e proventos auferidos pelo contribuinte, independentemente da denominação da receita ou do rendimento (vide art. 43, § 1º, CTN, à luz da LC nº 104/2001). Por fim, a progressividade do IR – mesmo que insuficiente, como é sabido – prevê a variação positiva da alíquota do imposto à medida que há aumento da base de cálculo.

"Art. 43. (...) § 1º A incidência do imposto independe da denominação da receita ou do rendimento, da localização, condição jurídica ou nacionalidade da fonte, da origem e da forma de percepção".

Sendo assim, o contador está certo. A Constituição Federal, no art. 153, § 2º, I, contempla os princípios da generalidade e da universalidade. Esses princípios estão hoje regulados no § 1º do art. 43 do CTN, que submete os rendimentos ao imposto de renda, independentemente da localização, condição jurídica ou nacionalidade da fonte.

PERGUNTA 41

O Lar dos Idosos da Irmã Teodora, entidade civil sem fins lucrativos, voltada ao amparo dos idosos, mantém um conjunto residencial, ocupado por idosos que,

(I) mediante o pagamento de um valor único (*lump sum*), subsidiado, adquirem o direito de uso do apartamento, em caráter vitalício, sem possibilidade de transferência a terceiros; (II) mediante o pagamento de alugueres mensais simbólicos, ocupam suas unidades. Havendo unidades vagas, estas são alugadas a terceiros, a valores de mercado, voltando-se a renda à manutenção do conjunto residencial. Os administradores do lar formulam consulta, indagando-lhe: (a) embora tenham ciência de que não haveria imposto de renda sobre os ganhos obtidos na cessão de uso dos imóveis aos idosos, as receitas obtidas no aluguel de unidades a terceiros, no mercado, também estariam protegidas daquele imposto? (b) incide o IPTU sobre as unidades cedidas a título vitalício? Fundamente.

Gabarito oficial

a) a imunidade se estende às unidades alugadas a terceiros. É o que dispõe a Súmula Vinculante nº 52 do STF: "Ainda quando alugado a terceiros, permanece imune ao IPTU o imóvel pertencente a qualquer das entidades referidas pelo art. 150, VI, 'c', da Constituição Federal, desde que o valor dos aluguéis seja aplicado nas atividades para as quais tais entidades foram constituídas.".

b) sobre as unidades cedidas, não incide o IPTU, já que o Lar dos Idosos da Irmã Teodora mantém a propriedade (não transferida pelo contrato de uso), aplicando-se a imunidade da entidade de assistência social.

Comentário

O art. 150, VI, *c, in fine,* CF traz duas expressões que devem ser cuidadosamente interpretadas. Observe-as, no próprio comando: "Art. 150. Sem prejuízo de outras garantias asseguradas ao contribuinte, é vedado à União, aos Estados, ao Distrito Federal e aos Municípios: (...) VI – instituir impostos sobre: (...) c) patrimônio, renda ou serviços dos partidos políticos, inclusive suas fundações, das entidades sindicais dos trabalhadores, das instituições de educação e de assistência social, [II] sem fins lucrativos, [I] atendidos os requisitos da lei (...)" (grifos nossos).

Como se pode notar nos grifos em epígrafe, é necessário que analisemos as expressões, na ordem invertidamente sugerida:

I. Atendidos os requisitos da lei: a alínea c do inciso VI do art. 150 da CF é dispositivo não autoaplicável, não automático, carecendo de acréscimo normativo. Trata-se, parafraseando Pontes de Miranda, de "norma não bastante em si". Entre as imunidades do inciso VI do citado art. 150, dir-se-ia que a alínea *c* é a única que contempla imunidade condicionada, dependendo de lei que lhe trará operatividade. Passemos, então, a certas indagações didaticamente sequenciais, que facilitarão a compreensão:

1º Que lei é esta? É a lei complementar, uma vez que a imunidade, assumindo a feição de limitação constitucional ao poder de tributar, avoca, ipso facto, no âmbito do art. 146, II, da CF, a indigitada lei complementar (art. 146, II, da CF: "Cabe à Lei Complementar (...) regular as limitações constitucionais ao poder de tributar");

2º Que lei complementar é esta? É o próprio Código Tributário Nacional (CTN). Sabe-se que este surgiu como lei ordinária (Lei nº 5.172/1966), todavia, em razão das matérias nele tratadas, logo passou a ter *status* de lei complementar, avocando modificações ulteriores por instrumento normativo de idêntica estatura;

3º Qual artigo do CTN confere operatividade à alínea *c* do inciso VI do art. 150 da CF? É o art. 14, I, II e III, do CTN. Note-o: "Art. 14. O disposto na alínea *c* do inciso IV do art. 9º é subordinado à observância dos seguintes requisitos pelas entidades nele referidas: I – não distribuírem qualquer parcela de seu patrimônio ou de suas rendas, a qualquer título; II – aplicarem integralmente, no País, os seus recursos na manutenção dos seus objetivos institucionais; III – manterem escrituração de suas receitas e despesas em livros revestidos de formalidades capazes de assegurar sua exatidão".

Nessa medida, a entidade da alínea c do inciso VI do art. 150 da CF, cumprindo os requisitos explicitantes, que constam do art. 14 do CTN, terá direito à fruição da imunidade. Como se pode notar, o primeiro inciso do art. 14 proíbe a distribuição de qualquer parcela de seu patrimônio ou renda – contexto necessário e, neste momento, suficiente para a compreensão da outra expressão, constante da parte final da alínea *c* do inciso VI do art. 150 da CF, isto é, "sem fins lucrativos". Vamos a ela:

II. Sem fins lucrativos: a suposta "impossibilidade de lucro", exigida na parte final da alínea *c* do inciso VI do art. 150 da CF, deve ser traduzida em consonância com o art. 14, I, do CTN. A primeira e equivocada impressão é a de que o preceptivo veda o lucro, todavia não deve ser esta a interpretação. Veda-se, sim, a apropriação particular do lucro, a lucratividade em si, ou, em outras palavras, o *animus distribuendi*. Permitem-se, pois, o resultado positivo, a sobra financeira, o superávit ou, em linguagem técnica, o ingresso financeiro líquido positivo. Aliás, a proibição do lucro (*animus lucrandi*) é algo que se traduz em completo desatino. O que se quer, de verdade, é que todo o resultado reverta em investimento ou custeio para que a entidade cumpra seu objetivo institucional.

Posto isso, esta deve ser a melhor análise da parte final da alínea *c* do inciso VI do art. 150 da CF.

É importante mencionar a Súmula Vinculante nº 52 do STF: "Ainda quando alugado a terceiros, permanece imune ao IPTU o imóvel pertencente a qualquer das entidades referidas pelo art. 150, VI, 'c', da Constituição Federal, desde que o valor dos aluguéis seja aplicado nas atividades para as quais tais entidades foram constituídas".

Por fim, registre-se que, sobre as unidades cedidas, não incide o IPTU, já que o Lar dos Idosos da Irmã Teodora mantém a propriedade (não transferida pelo contrato de uso), aplicando-se a imunidade da entidade de assistência social.

PERGUNTA 42

A Comercial Canta Galo S.A. é uma empresa que se dedica ao comércio atacadista de artigos para decoração. Tendo em vista sua projeção de resultados, a sociedade optou pela tributação, para fins do imposto de renda, segundo a sistemática do lucro real. No mês de setembro de 2004, a Comercial Canta Galo S.A decidiu efetuar uma agressiva política de vendas, efetuando gastos substanciais com a propaganda de seus produtos. Segundo seus cálculos, os gastos assim efetuados teriam seu impacto reduzido, tendo em vista terem os pagamentos sido efetuados a pessoas jurídicas domiciliadas no País, conferindo-lhe, daí, crédito relativo à Contribuição para o Financiamento da Seguridade Social – COFINS. Nos termos da legislação em vigor, está correto o raciocínio da Comercial Canta Galo S.A.? Por quê?

Gabarito oficial

Não está correto: o art. 3º da Lei nº 10.833/2003 arrola as hipóteses em que se conferem créditos. No caso de serviços, vê-se que, de regra, eles somente darão direito a crédito se utilizados como insumo na prestação de serviços e na produção ou fabricação de bens ou produtos destinados a venda. No caso, os serviços não se relacionam com a produção, não dando direito a crédito.

Comentário

Não está correto: o art. 3º da Lei nº 10.833/2003 arrola as hipóteses em que se conferem créditos: "Art. 3º Do valor apurado na forma do art. 2º a pessoa jurídica poderá descontar créditos calculados em relação a: (...) II – bens e serviços, utilizados como insumo na prestação de serviços e na produção ou fabricação de bens ou produtos destinados à venda, inclusive combustíveis e lubrificantes, exceto em relação ao pagamento de que trata o art. 2º da Lei nº 10.485, de 3 de julho de 2002, devido pelo fabricante ou importador, ao concessionário, pela intermediação ou entrega dos veículos classificados nas posições 87.03 e 87.04 da TIPI (...)".

No caso de serviços, vê-se que, de regra, eles somente darão direito a crédito se utilizados como insumo na prestação de serviços e na produção ou fabricação de bens ou produtos destinados a venda. No caso, os serviços não se relacionam com a produção, não dando direito a crédito.

PERGUNTA 43

O Prefeito de determinado município, alertado de que a lei municipal não fixara o prazo para o recolhimento do Imposto sobre Serviços de Qualquer Natureza, decide, por Decreto, fixar o prazo para trinta dias após o fato gerador. Passados alguns meses e ainda no mesmo exercício, o Prefeito decide alterar aquele prazo, passando a dez dias do fato gerador. Comente, do ponto de vista dos princípios da legalidade e anterioridade, a redução do prazo promovida pelo Prefeito.

Gabarito oficial

a) legalidade: não se estende ao prazo para recolhimento do tributo, já que o art. 97 do CTN não estende o princípio à questão do prazo e o art. 160 deixa claro que o prazo é matéria da "legislação tributária", não da lei.

b) anterioridade: a Súmula nº 669 do STF pacificou o entendimento de que norma legal que altera o prazo de recolhimento da obrigação tributária não se sujeita ao princípio da anterioridade.

Comentário

É imperioso destacar que o princípio da legalidade pode ser entendido como sinônimo do princípio da estrita legalidade. Há outras denominações importantes, como: princípio da tipicidade fechada, princípio da tipicidade regrada ou princípio da reserva legal. A relevância de tais expressões ganha força quando se procura estudar o postulado constitucional à luz do CTN. Neste Código, devemos apreciar a matéria sob os efeitos do art. 97, de cujos dizeres depreendemos a existência de matérias que se sujeitam, expressamente, à reserva legal, *v.g.*, instituição e majoração de tributos, fixação de alíquota, definição de fato gerador, entre outras. Ademais, a leitura do preceptivo permite que se note a presença de componentes obrigatórios a que toda lei tributária deve obediência, sob pena de se violar a estrita legalidade. Em outras palavras, a lei que cria um tributo deve conter, na esteira do art. 97 do CTN, itens obrigatórios, compondo uma lista taxativa, exaustiva ou *numerus clausus*.

No entanto, o prazo para pagamento não faz parte da lista, sendo, portanto, componente não adstrito à reserva legal. Poderá, assim, ser estipulado, *v.g.*, por portaria (STF, RE 172.394/SP e RE 195.218/MG). Para o STF, nessa trilha, as matérias não sujeitas à reserva legal podem estar submetidas a atos infralegais (decreto, portaria, instrução normativa ou outro instrumento normativo).

Há outros exemplos de matérias que passam ao largo da estrita legalidade: obrigações acessórias (art. 113, § 2º, CTN) e atualização monetária do tributo (ver, por exemplo, o caso dos decretos municipais que atualizam a base de cálculo do IPTU, utilizando índices oficiais de correção monetária do período, conforme o art. 97, § 2º, CTN).

Note a jurisprudência no STF: "(...) O Tribunal, por maioria, conheceu do recurso e lhe deu provimento, declarando a constitucionalidade do art. 66 da Lei nº 7.450/1985 que atribuiu ao Ministro da Fazenda competência para expedir portaria fixando o referido prazo, ao fundamento de que a fixação de prazo para recolhimento do tributo não é matéria reservada à lei. Vencidos os Ministros Marco Aurélio, Sepúlveda Pertence e Carlos Velloso, por entenderem que a disciplina sobre prazo de recolhimento de tributos sujeita-se à competência legislativa do Congresso Nacional" (RE 140.669/PE-1998).

Além disso, é imperioso destacar que não há violação ao princípio da anterioridade, entendimento respaldado no STF, que diz que o conceito de modificação perpassa a onerosidade efetiva para o contribuinte, o que levou este Tribunal a afirmar que a simples modificação em data de pagamento (antecipação) de contribuição previdenciária não seria suficientemente hábil a avocar a noventena (*vide* Súmula nº 669 do STF; ademais, ver RE 182.971/SP e RE 274.949).

PERGUNTA 44

O Governador do Estado de São Paulo propôs ação direta de inconstitucionalidade contra a Lei nº 9.085/1995, daquele Estado. O diploma em análise dispõe sobre incentivo fiscal para pessoas jurídicas que possuam empregados com mais de 40 anos e está assim redigido: "art. 1º Fica instituído incentivo fiscal para as pessoas jurídicas domiciliadas no Estado que, na qualidade de empregador, possuam pelo menos 30% de seus empregados com idade superior a 40 anos. § 1º O incentivo fiscal de que trata esta lei corresponderá ao recebimento, por parte da pessoa jurídica referida no *caput* deste artigo, de certificados expedidos pelo Poder Público, correspondentes ao valor do incentivo, na forma a ser fixada em decreto do Poder Executivo. § 2º Os portadores dos certificados poderão utilizá-los para pagamento dos seguintes impostos: 1) sobre operações relativas à circulação de mercadorias e sobre prestações de transporte interestadual e intermunicipal e de comunicação, previsto no art. 155, II, da Constituição Federal; e 2) sobre propriedade de veículos automotores até o limite de 15% do valor devido, a cada incidência, que poderá ser ampliado, de forma progressiva, segundo o número e a idade dos empregados. § 3º Anualmente, a Assembleia Legislativa fixará o montante global a ser utilizado como incentivo, respeitados os limites, mínimo e máximo, de 1% e 5%, respectivamente, de receita proveniente daqueles tributos. § 4º Os benefícios de que trata esta lei deverão ser previstos na elaboração do projeto de lei orçamentária (...)".

O autor da ação aduz que esta norma viola o disposto nos art. 5º, *caput*, e 7º, XXX, da CF, na medida em que é inegável que o incentivo financeiro-fiscal desencadeia, ou pode acarretar, a preferência de, pelo menos, significativo segmento do mercado de trabalho pelos trabalhadores com mais de 40 anos de idade e que o encorajamento, excitado pelo benefício tributário, por certo estabelece uma segregação não permitida pela Constituição, sobretudo quando a lei, animado desmesuradamente o efeito financeiro, admite, em relação ao imposto sobre a propriedade de veículos automotores, sua ampliação de forma progressiva, segundo o número e a idade dos empregados. Aduz, ainda, que a lei em comento fere o princípio federativo, já que o tema não foi objeto de deliberação do Conselho Nacional de Política Fazendária - CONFAZ.

É admissível a pretensão do autor quanto às ofensas aos dois princípios constitucionais alegados? Fundamentar.

Gabarito oficial

A presente questão foi examinada pelo Plenário do Supremo Tribunal Federal, em decisão unânime (ADIn 1.276-2, São Paulo, *DJU* 29.11.2002).

Ofensa ao princípio da igualdade: não se configura a ofensa. O princípio da igualdade não se opõe à existência de normas indutoras, ditas extrafiscais. No caso, no dizer da Ministra Ellen Gracie, relatora do caso, a Casa Legislativa Paulista utilizou-se, legitimamente, do caráter extrafiscal que pode ser conferido aos tributos, para estimular uma conduta por parte do contribuinte, abrindo mão de uma parte da receita do Estado, para equilibrar uma situação de desigualdade social, ressaltando, ainda, que o incentivo foi dado de forma abstrata e totalmente impessoal.

Ofensa ao princípio federativo: no que tange ao IPVA, descabe cogitar de ofensa o princípio federativo ou a qualquer outra limitação constitucional; no que se refere ao ICMS, o incentivo fiscal, para ser validamente concedido, depende da autorização do CONFAZ, prevista na LC nº 24/1975, conforme a regra do art. 155, § 2º, XII, *g*, do texto constitucional. A própria Ministra Ellen Gracie citou, no caso ora em análise, o precedente da ADIMC 1.577, rel. Min. Néri da Silveira (*DJU* 31.08.2001), que decidiu: Inviável a concessão, por parte dos Estados ou do Distrito Federal, de benefício fiscal, relativo ao ICMS, unilateralmente, diante da regra do art. 155, § 2º, XII, letra *g*, da Constituição Federal.

Comentário

No âmbito das isenções, deve haver a compatibilização da atividade legiferante, afeta à norma isentiva, com o princípio constitucional da isonomia. Ambos se projetam para conferir a valia da norma exonerativa. A razoabilidade é que vai ditar a atuação do legislador quando das isenções. O nosso ordenamento constitucional tributário, excetuados os casos adstritos às isenções extrafiscais, exige que os contribuintes, em idênticas circunstâncias, se submetam a idêntico regime tributário. As isenções de pessoas e grupos sociais, estabelecidas *intuitu personae*, sem critério predefinido, isto é, sem nenhuma consideração de justiça fiscal ou de ordem social ou econômica, tende a se mostrar como inválida. As isenções não configuram, portanto, transgressões ao princípio da igualdade tributária. De um lado, retiram-se as pessoas isentas da regra da generalidade da tributação; de outro, avoca-se o respeito a outros aspectos do princípio isonômico, ou seja, valores constitucionalmente objetivados, como a igualdade material, o emprego, o desenvolvimento de determinada região, a proteção ambiental, entre outros. Não é por outro motivo que sempre se admitiu – e o inciso I do art. 151 da CF assim dispõe – a concessão de incentivos fiscais destinados a promover o equilíbrio do desenvolvimento socioeconômico entre as diferentes regiões do País.

Quanto ao IPVA, frise-se que a alíquota será estabelecida em lei ordinária estadual. Deverá ser proporcional, não existindo limite máximo a ser fixado. No entanto, a EC nº 42/2003 incumbiu ao Senado Federal a estipulação de suas alíquotas mínimas. Ademais, poderá o IPVA ter alíquotas diferenciadas em função do tipo e utilização do veículo, do que se depreende uma latente progressividade ao imposto em comento (art. 155, § 6º, I e II, da CF).

"Art. 155. Compete aos Estados e ao Distrito Federal instituir impostos sobre: (...) III – propriedade de veículos automotores. (...) § 6º O imposto previsto no inciso III: I – terá alíquotas mínimas fixadas pelo Senado Federal; II – poderá ter alíquotas diferenciadas em função do tipo e utilização".

Frise-se que tal progressividade não é explícita no texto constitucional, como o é para o IPTU, IR e ITR, parecendo-nos mais o IPVA um imposto que se sujeita à extrafiscalidade, assumindo função regulatória, do que, propriamente, um gravame progressivo.

No que se refere ao ICMS, o incentivo fiscal, para ser validamente concedido, depende da autorização do CONFAZ, prevista na LC nº 24/1975, conforme a regra do art. 155, § 2º, XII, *g*, do texto constitucional. Assim, inviável a concessão, por parte dos Estados ou do Distrito Federal, de benefício fiscal, relativo ao ICMS, unilateralmente, diante da regra do art. 155, § 2º, XII, *g*, da Constituição Federal.

Com efeito, quanto à exclusão do crédito tributário afeto ao ICMS, a Constituição Federal estabelece no art. 155, § 2º, XII, *g*, que cabe à lei complementar regulamentar a forma como, mediante deliberação dos Estados e do Distrito Federal, isenções, incentivos e benefícios fiscais em matéria de ICMS serão concedidos e revogados. Essa é a LC nº 24/1975, que ainda vigora, dispondo, em seu art. 4º, que ao Poder Executivo de cada unidade da Federação caberá, por decreto, ratificar ou não o convênio do ICM. Assim, quando ratificados, terão a natureza formal de decretos (fonte formal principal), e não de simples norma complementar. Veja que quem ratifica e celebra os convênios são os Estados e o DF (e não os Municípios e a União), em 15 dias após a publicação, entrando em vigor 30 dias após a ratificação. Nesse passo, os Estados e o Distrito Federal, querendo conceder isenções de ICMS, devem, previamente, firmar entre si convênios, celebrados no Conselho Nacional de Política Fazendária – CONFAZ, órgão com representantes de cada Estado e do Distrito Federal, indicados pelo respectivo Chefe do Executivo.

PERGUNTA 45

Sendo declarada pelo STF, em julgamento de ADIN, a inconstitucionalidade de determinado tributo, qual é o prazo para a propositura de ação de repetição de indébito e a partir de quando se inicia sua contagem?

Gabarito oficial

Segundo o art. 168, II, do CTN, o direito de pleitear a restituição extingue-se com o decurso do prazo de 5 (cinco) anos, contados no caso de reforma, anulação, revogação ou rescisão de decisão condenatória, da data em que se tornar definitiva a decisão administrativa ou passar em julgado a decisão judicial que tenha reformado, anulado, revogado ou rescindido a decisão condenatória.

Comentário

A questão aborda o instituto da repetição do indébito, o qual encontra fundamento no princípio que veda o enriquecimento ilícito também chamado de locupletamento sem causa, à semelhança do que ocorre no direito privado. O art. 166 do CTN define situação em que o contribuinte, por exemplo, efetua pagamento do imposto a um Estado quando em verdade era devido a outro. Nessa hipótese ele terá direito à restituição do que houver recolhido indevidamente, mas, para tanto, deve fazer a prova, para o Estado em que o imposto era devido, do pagamento ou início deste.

Tratando do prazo para tal pleito, conforme o caso em tela, importante destacar que, por se tratar de decisão em ADIN, portanto decisão que declarou a inconstitucionalidade do tributo, os cinco anos a que o contribuinte tem direito para ingressar com a ação de repetição do indébito serão contados a partir da data do trânsito em julgado da mencionada ADIN.

PERGUNTA 46

Uma empresa que tem sede e estabelecimento em Duque de Caxias assinou um contrato de prestação de serviços de consultoria econômica. A empresa de consultoria contratada está estabelecida no Município do Rio de Janeiro. Qual é o Município competente para cobrar o ISS sobre tais serviços?

Gabarito oficial

A LC nº 116/2003, em seu art. 3º, estabelece que o serviço considera-se prestado e o imposto devido no local do estabelecimento prestador, ou, na falta do estabelecimento, no local de domicílio do prestador; essa é a regra, e, não se enquadrando a empresa de consultoria em nenhuma das exceções, o pagamento do ISS é devido ao Município do Rio de Janeiro.

Com efeito, a LC nº 116/2003, em verdade, quando tratou da competência para cobrança do ISS, manteve a redação do art. 12 do Dec.-lei nº 406/1968, que anteriormente regulava a matéria. Importante salientar que, muito embora a regra seja a acima enunciada, os incisos do art. 3º e os §§ 3º e 4º da referida Lei Complementar apresentam serviços cuja competência para cobrança do imposto não seguiu a regra do caput, ou seja, situações em que o imposto não será devido ao local do estabelecimento do prestador de serviços.

PERGUNTA 47

Quais as diferenças entre taxa e tarifa?

Gabarito oficial

A taxa é tributo, prestação pecuniária compulsória, sem autonomia de vontade, decorrente de lei, cuja rescisão é inadmissível, sujeita aos princípios de direito tributário, com regime jurídico de direito público, decorrente de serviço de utilização potencial ou em razão de poder de polícia, exigida por pessoa jurídica de direito público; por fim, sua cobrança não é proporcional ao uso. Em contrapartida, a tarifa não é um tributo, é considerada prestação pecuniária facultativa, possui autonomia de vontade, decorre de contratos administrativos, cuja rescisão é admissível, esta sujeita aos ditames dos princípios administrativos, deve obediência ao regime jurídico de direito privado, só pode ser cobrada em razão da utilização efetiva e, por fim, sua cobrança é proporcional ao uso.

Comentário

O fato gerador da taxa é (a) o exercício regular do poder de polícia ou (b) a utilização, efetiva ou potencial, de serviço público específico e divisível prestado ao contribuinte ou posto à sua disposição (ver art. 79, I, II e III, CTN), considerando o fornecimento de água exemplo desse último.

Faz-se mister esclarecer que, além de conter os atributos de especificidade e divisibilidade, a prestação do serviço público, ensejador da taxa, poderá ser de utilização: (a) efetiva, quando o serviço é prestado concretamente à coletividade, com fruição fática e materialmente detectável. Vale dizer, um serviço fruído, usufruído a qualquer título (art. 79, I, *a,* CTN) e, (b) potencial, serviço que, sendo de utilização obrigatória, é colocado à disposição do usuário-contribuinte, sem a necessária utilização. Diz-se serviço fruível ou potencialmente utilizado (art. 79, I, *b,* CTN).

Como exemplo de taxa pode-se citar o serviço de fornecimento de água, que é considerado serviço público obrigatório; não se trata de serviço inessencial, motivo pelo qual sua cobrança só pode se dar por meio de taxa, como inclusive, já se pronunciou o Superior Tribunal de Justiça, *in verbis:*

"Recurso especial. Alíneas a e c. Serviço de fornecimento de água e esgoto. Cobrança de taxa. Natureza tributária. Obediência regime jurídico tributário. Ausência de prequestionamento dos arts. 1º, 2º e 4º da Lei nº 6.528/1978 e 9º e 13 da Lei nº 8.987/1995. Divergência jurisprudencial não demonstrada. Do acurado exame dos autos verifica-se que a Corte de origem limitou-se a reiterar, no v. acórdão recorrido, a orientação esposada na decisão monocrática do relator da remessa oficial no sentido de que 'se o serviço de rede e esgoto é cobrado compulsoriamente dos administrados, sem possibilitar-lhes rejeitar o seu pagamento mediante a não utilização, torna-se evidente sua natureza tributária. O valor exigido do contribuinte, portanto, só pode ser visto como taxa e não como tarifa'. Entende-se cumprido o requisito do prequestionamento 'quando a causa tenha sido decidida à luz da legislação federal indicada, com emissão de juízo de valor acerca dos respectivos dispositivos legais, interpretando-se sua aplicação ou não ao caso concreto, não bastando a simples menção a tais dispositivos' (cf. AgReg REsp 264.210/PB, *DJU* 10.06.2002). Ausência de demonstração analítica da divergência. Ainda que assim não fosse, melhor sorte não assistiria à irresignação, visto que é firme o entendimento deste Sodalício no sentido de que a prestação de serviços de esgoto sujeita-se à cobrança de taxa, tendo, portanto, natureza tributária. Dessa forma, 'sua instituição está adstrita ao Princípio da Estrita Legalidade, no sentido de que somente por meio de "lei em sentido estrito" pode exsurgir a exação e seus consectários. A natureza jurídica da remuneração percebida pelas concessionárias pelos serviços públicos prestados possui a mesma natureza daquela que o Poder Concedente receberia, se os prestasse diretamente' (REsp 480.692/MS, rel. Min. Luiz Fux, DJU 30.06.2003). Recurso especial não conhecido" (REsp 453855/MS; REsp 2002/0094617-9, 2ª T., rel. Min. Franciulli Netto).

PERGUNTA 48

Determinada contribuinte, em virtude de dificuldades financeiras, deixou de efetuar o recolhimento da Cofins relativa ao ano de 2002. Entretanto, antes de a Secretaria da Receita Federal do Brasil dar início a qualquer ação fiscal, em janeiro de 2004, ela recolheu o montante total do tributo que não fora pago no prazo legal acrescido da devida correção monetária e dos juros de mora.

Por sua vez, o Fisco Federal, após tomar conhecimento daquela regularização espontânea, deu início a uma ação fiscal para exigir o pagamento da multa punitiva em razão de o pagamento ter sido efetuado fora do prazo, o que se deu por meio da lavratura de auto de infração (Processo 98765/04).

Assiste razão ao Fisco Federal? Justifique o seu posicionamento.

Gabarito oficial

Não; a situação descrita trata do instituto da denúncia espontânea, previsto no art. 138 do Código Tributário Nacional, onde há previsão expressa da exclusão da responsabilidade pela infração, se o sujeito passivo a levar ao conhecimento do fisco o erro cometido, acompanhada, se for o caso, do pagamento do tributo devido e dos juros de mora, ou do depósito da importância arbitrada pela autoridade administrativa, quando o montante do tributo dependa de apuração.

No caso em tela, o contribuinte utilizou-se da denúncia espontânea, informando seu erro quanto ao não pagamento do tributo e recolhendo o montante devido acompanhado da mora; não se justifica legalmente a cobrança de multa punitiva através da execução fiscal, dada a aplicação do artigo do Código Tributário Nacional em comento.

Comentário

O instituto da denúncia espontânea ou confissão espontânea permite que o devedor compareça à repartição fiscal, *opportuno tempore*, a fim de noticiar a ocorrência da infração e pagar tributos em atraso, se existirem, em um voluntário saneamento da falta. Não se trata de ato solene, nem a lei exige que ela se faça desta ou daquela forma. Trata-se de possibilidade legal para que o infrator se redima, confessando a violação ao Fisco. Apresenta-se similitude com a desistência voluntária e com o arrependimento eficaz, ambos do Direito Penal.

O fim inspirador da denúncia espontânea é retirar o contribuinte da indesejada via da impontualidade, afastando a aplicação de multa. Assim, não se vedam os "juros" e a "correção monetária", até porque esta integra o valor do tributo, enquanto aqueles, despidos de fins punitivos, compõem o traço remuneratório do capital.

Ademais, quanto à exigência de um certo tipo de multa – se moratória ou se punitiva –, a doutrina, a par da jurisprudência, ainda não totalmente consolidada (conferir, no STJ, o REsp 0016672/SP-1996 e, no STF, o RE 106.068/SP), preconiza a exclusão de toda e qualquer penalidade sobre a irregularidade autodenunciada. Portanto, excluir-se-iam as multas moratórias ou substanciais (falta ou atraso no recolhimento do tributo) e as multas punitivas ou formais (fiscais ou punitivas). Nesse sentido, o eminente Sacha Calmon Navarro Coelho assevera: "Se quisesse excluir uma ou outra, teria adjetivado a palavra infração ou teria dito que a denúncia espontânea elidiria a responsabilidade pela prática de infração à obrigação principal excluindo a acessória, ou vice-versa" (*Teoria e prática das multas tributárias*, 2. ed., Rio de Janeiro: Forense, p. 105-106).

Frise-se que o art. 157 do CTN preconiza, textualmente, que "a imposição de penalidade não ilide [sic; leia-se elide, isto é, elimina, suprime] o pagamento integral do crédito tributário". Tal comando vem corroborar a distinção conceitual e estrutural entre tributo e multa, indicando que a multa não suprime a obrigação de pagar integralmente o crédito tributário. Paga-se o tributo porque se realiza um fato gerador; recolhe-se a multa porque se descumpriu uma obrigação tributária. O primeiro, *id est*, o tributo, funda-se no poder fiscal; a multa, por sua vez, no poder de punir. São, igualmente, prestações pecuniárias, porém independentes, podendo o sujeito passivo suportar as duas consequências patrimoniais. Noutra vertente, dir-se-ia que o pagamento do tributo, se realizado a destempo, não inibe a incidência de multa, exceto no contexto de denúncia espontânea (ver art. 138 do CTN).

PERGUNTA 49

Considere que, durante o desembaraço aduaneiro, no território nacional, de bem móvel objeto de contrato de arrendamento mercantil, a autoridade fazendária competente realize concomitantemente a cobrança do imposto sobre produtos industrializados (IPI) e do imposto sobre importação (II). Nesse caso, há hipótese de bitributação (ou *bis in idem*)? Estabeleça a diferença entre os dois institutos e fundamente sua resposta.

Gabarito oficial

Não se trata de hipótese de bitributação: "*Mandado de segurança. IPI. Mercadorias. Importação. Desembaraço aduaneiro. Art. 46, I, CTN. Imposto de Importação. Bitributação. Inexistência.* 1. O IPI incide sobre produtos industrializados no exterior, hipótese em que o fato gerador se dá com o seu desembaraço aduaneiro no território nacional, de acordo com o estabelecido nas letras do inciso I do art. 46 do CTN. 2. A Impetrante não goza de qualquer isenção do pagamento do IPI sobre mercadorias por ela importadas e que se destinam a arrendamento mercantil a terceiros, como no caso dos autos. 3. O Imposto de Importação tem como fato gerador a entrada de produtos estrangeiros no território nacional (art. 19, CTN), não havendo que se falar em bitributação, dada a sua inexistência, em relação ao Imposto sobre Produtos Industrializados" [sem grifo no original] (TRF 1ª Reg., AMS 95.01.32531-8/BA, 2ª T., rel. Juiz Lindoval Marques de Brito, *DJ* 29.08.2002, p. 109).

Comentário

Bis in idem é o posicionamento de um ente tributante, que cobra mais de um tributo sobre o mesmo fato gerador: "Bitributação": é o posicionamento de mais de um ente tributante, cobrando um ou mais tributos sobre o mesmo fato gerador.

Note que a bitributação representa "mais de um ente tributante que cobra um ou mais tributos sobre o mesmo fato gerador". Ao veicular uma condenável solidariedade ativa, o fenômeno apresenta-se criticável e passível de correção por ação judicial, a ação de consignação em pagamento, exceto quanto ao Imposto Extraordinário de Guerra (art. 154, II, CF), em que se tem uma bitributação constitucionalmente admitida.

O *bis in idem* é o fenômeno em que "um ente tributante cobra mais de um tributo sobre o mesmo fato gerador".

PERGUNTA 50

O Instituto de Educação Global é uma instituição de educação e de assistência social, sem fins lucrativos. Ao ler um artigo em uma revista, um diretor do Instituto tomou conhecimento de que esse tipo de entidade pode deixar de recolher alguns tributos, desde que atenda a certos requisitos legais.

Considerando a situação acima descrita, responda às perguntas a seguir.

a) Que norma jurídica garante às instituições de educação e de assistência social, sem fins lucrativos, a desobrigação de recolher certos tributos?

b) Que tributos essas entidades estão desobrigadas de recolher?

c) Que requisitos legais devem ser cumpridos a fim de lhes ser garantido o referido favor legal?

Gabarito oficial

A norma jurídica que garante às instituições de educação e de assistência social, sem fins lucrativos, a desobrigação de recolherem certos tributos é o art. 150, VI, *c*, da CF, *in verbis*: "art. 150. Sem prejuízo de outras garantias asseguradas ao contribuinte, é vedado à União, aos Estados, ao Distrito Federal e aos Municípios: (...) VI – instituir impostos sobre: (...) *c*) patrimônio, renda ou serviços dos partidos políticos, inclusive suas fundações, das entidades sindicais dos trabalhadores, das instituições de educação e de assistência social, sem fins lucrativos, atendidos os requisitos da lei". A lei confere imunidade quanto ao recolhimento de impostos.

Quanto aos requisitos legais que devem ser cumpridos, eles estão insertos no art. 14 do CTN, *in verbis*: "Art. 14. O disposto na alínea *c* do inciso IV do art. 9º é subordinado à observância dos seguintes requisitos pelas entidades nele referidas: I – não distribuírem qualquer parcela de seu patrimônio ou de suas rendas, a qualquer título; II – aplicarem integralmente, no País, os seus recursos na manutenção dos seus objetivos institucionais; III – manterem escrituração de suas receitas e despesas em livros revestidos de formalidades capazes de assegurar sua exatidão. § 1º Na falta de cumprimento do disposto neste artigo, ou no § 1º do art. 9º, a autoridade competente pode suspender a aplicação do benefício. § 2º Os serviços a que se refere a alínea *c* do inciso IV do art. 9º são exclusivamente os diretamente relacionados com os objetivos institucionais das entidades de que trata este artigo, previstos nos respectivos estatutos ou atos constitutivos".

Comentário

O art. 150, VI, *c, in fine,* da CF traz duas expressões que devem ser cuidadosamente interpretadas. Observe-as no próprio comando: "art. 150. Sem prejuízo de outras garantias asseguradas ao contribuinte, é vedado à União, aos Estados, ao Distrito Federal e aos Municípios: (...) VI – instituir impostos sobre: (...) c) patrimônio, renda ou serviços dos partidos políticos, inclusive suas fundações, das entidades sindicais dos trabalhadores, das instituições de educação e de assistência social, [II] sem fins lucrativos, [I] atendidos os requisitos da lei (...)" (grifos nossos).

Como se pode notar nos grifos em epígrafe, é necessário que analisemos as expressões, na ordem invertidamente sugerida:

I. Atendidos os requisitos da lei: a alínea *c* é dispositivo não autoaplicável, não automático, carecendo de acréscimo normativo. Trata-se, parafraseando Pontes de Miranda, de "norma não bastante em si". Entre as imunidades do inciso VI, dir-se-ia que a alínea *c* é a única que contempla imunidade condicionada, dependendo de lei que lhe trará operatividade. Passemos, então, a certas indagações didaticamente sequenciais, que facilitarão a compreensão:

1º Que lei é esta? É a lei complementar, uma vez que a imunidade, assumindo a feição de limitação constitucional ao poder de tributar, avoca, ipso facto, no bojo do art. 146, II, da CF, a indigitada lei complementar (art. 146, II, da CF: "Cabe à lei complementar regular as limitações constitucionais ao poder de tributar").

2º Que lei complementar é esta? É o próprio Código Tributário Nacional (CTN). Sabe-se que este surgiu como lei ordinária (Lei nº 5.172/1966); todavia, em razão das matérias nele tratadas, logo passou a ter status de lei complementar, avocando modificações ulteriores por instrumento normativo de idêntica estatura.

3º Qual artigo do CTN confere operatividade à alínea *c*?

É o art. 14, I, II e III, do CTN. Note-o: "art. 14. O disposto na alínea *c* do inciso IV do art. 9º é subordinado à observância dos seguintes requisitos pelas entidades nele referidas: I – não distribuírem qualquer parcela de seu patrimônio ou de suas rendas, a qualquer título; II – aplicarem integralmente, no País, os seus recursos na manutenção dos seus objetivos institucionais; III – manterem escrituração de suas receitas e despesas em livros revestidos de formalidades capazes de assegurar sua exatidão."

Nessa medida, a entidade da alínea c, cumprindo os requisitos explicitantes que constam do art. 14 do CTN, terá direito à fruição da imunidade. Como se pode notar, o primeiro inciso proíbe a distribuição de qualquer parcela de seu patrimônio ou renda – contexto necessário e, neste momento, suficiente para a compreensão da outra expressão, constante da parte final da alínea *c*, isto é, "sem fins lucrativos". Vamos a ela:

II. Sem fins lucrativos: a suposta "impossibilidade de lucro", exigida na parte final da alínea *c*, deve ser traduzida em consonância com o art. 14, I, do CTN. A primeira e equivocada impressão é a de que o preceptivo veda o lucro. Todavia não deve ser esta a interpretação. Veda-se, sim, a apropriação particular do lucro, a lucratividade em si, ou, em outras palavras, o *animus distribuendi*. Permitem-se, pois, o resultado positivo, a sobra financeira, o superávit ou, em linguagem técnica, o ingresso financeiro líquido positivo. Aliás, a proibição do lucro (*animus lucrandi*) é algo que se traduz em completo desatino. O que se quer, de verdade, é que todo o resultado reverta em investimento ou custeio para que a entidade cumpra seu objetivo institucional.

Posto isso, esta deve ser a melhor análise da parte final da alínea *c* do inciso VI do art. 150 da CF.

PERGUNTA 51

QUESTÃO 1 – FGV 2010.2

MÁRIO ROBERTO possui terreno limítrofe entre as zonas urbana e rural do município de Pedra Grande. No ano de 2009, ele recebeu o carnê do IPTU, emiti do pela Secretaria de Fazenda de Pedra Grande, e também foi surpreendido com a cobrança do ITR sobre a mesma parcela do imóvel. Como advogado de MÁRIO ROBERTO discorra sobre a ação judicial mais adequada para a defesa de seu interesse. Aponte quem deve figurar no polo passivo da ação e de quem é a competência para o julgamento.

Gabarito oficial

a) Nos termos do art. 164, III do CTN, a ação de consignação em pagamento é a via mais adequada para garantir que este seja efetuado ao ente competente;

b) A União e o Município de Pedra Grande devem figurar no polo passivo da consignatória em litisconsórcio passivo obrigatório;

c) A competência será da Justiça Federal, por força do disposto na CF art. 109, I. O candidato que informar a competência da Justiça Estadual somente deve receber a pontuação se justificar a prorrogação de competência ante a possível ausência de vara federal no município.

PERGUNTA 52

QUESTÃO 2 – FGV 2010.2

A empresa Vídeo Locadora, estabelecida no Município Y, tem como atividade principal a locação de fitas de vídeo, DVDs e congêneres, estando tal atividade prevista em item específico da Lista de Serviços anexa à Lei Complementar do Imposto sobre Serviços de Qualquer Natureza, desta Municipalidade. Todavia a empresa, por meio de seu representante legal, entende que a sua atividade estaria fora do campo de incidência do ISS, razão pela qual pretende suspender o seu pagamento. A empresa ainda não foi notificada pelo Fisco e também nunca pagou o tributo.

O entendimento da empresa está correto? Em caso afirmativo, qual(is) demanda(s) a ser(em) proposta (s)? Justifique.

Gabarito oficial

A empresa está correta. O item 79 da Lei Complementar nº 56/1987, anexa ao Decreto Lei nº 406/1968 foi objeto de julgamento, pelo STF, no Recurso Extraordinário nº 116.121-3/SP. Em sessão plenária foi reconhecida a inconstitucionalidade da expressão "locação de bens móveis".

Em síntese, entendeu o STF que o legislador complementar confundiu o arrendamento de coisa com prestação de serviço, sendo tal diferença consagrada no direito privado, de modo que só poderiam ser tributadas as "obrigações de fazer", e não as "obrigações de dar". Entendimento diverso configura ofensa ao conceito de serviço, bem como à regra prevista no art. 110 do CTN.

Esse julgado foi utilizado no veto presidencial ao item 3.01 da atual lista de serviços anexa à Lei Complementar nº 116/2003, cuja redação se identificava com a do item que fora declarado inconstitucional.

Ademais, o STF entendeu que a Lista de Serviços deverá ser interpretada taxativamente em relação aos seus itens, não podendo a Municipalidade estabelecer em sua Lista de Serviços, outros que não estejam previstos na referida Lista de Serviços anexa à Lei Complementar do imposto em questão.

Na hipótese da locação de fitas, bens móveis, estaria afastada a incidência do ISS, pois esta atividade se constitui em obrigação de dar.

Quanto à propositura de demanda judicial, poderá ser manejada ação declaratória de inexistência da relação jurídica tributária ou mandado de segurança preventivo.

PERGUNTA 53

QUESTÃO 3 – FGV 2010.2

Determinada Lei Estadual, publicada em 10.01.2010, estabeleceu a redução das alíquotas e das multas aplicáveis, respectivamente, aos fatos jurídicos tributáveis e ilícitos fiscais previstos na legislação do ICMS daquele Estado. Considerando que certo contribuinte tenha sido autuado pela fiscalização local em 15.12.2009, em razão de falta de pagamento do ICMS relativo aos meses de fevereiro/2009 a novembro/2009, poderia ser aplicada a nova lei aos fatos geradores e infrações fiscais ocorridas em 2009, uma vez que este contribuinte ofereceu impugnação em tempo hábil, estando ainda pendente de julgamento na esfera administrativa? Responda, com base na legislação aplicável à espécie.

Gabarito oficial

O art. 144 do Código Tributário Nacional – CTN determina que o lançamento se reporta à data do fato gerador do tributo, não se aplicando, desse modo, as alíquotas da lei nova aos fatos geradores ocorridos no ano de 2009, portanto, anteriores à sua entrada em vigor e à sua eficácia.

Todavia, quanto às multas, aplica-se o art. 106, III, letra c, do CTN, isto é, a lei nova poderá retroagir em benefício do contribuinte apenas quanto aos ilícitos ocorridos em 2009, em se tratando de ato ou fato não definitivamente julgado.

Desse modo, mediante aditamento à impugnação fiscal oposta contra o lançamento tributário, ainda pendente de julgamento, poderia o contribuinte apenas ser beneficiado com a redução da multa fiscal, conforme disciplinada pela nova legislação.

PERGUNTA 54

QUESTÃO 4 – FGV 2010.2

Lei Municipal n. XYZ, publicada em 20.09.2010, alterou a cobrança do ISS para os advogados. A lei definiu que, a partir de 2011, a base de cálculo dos serviços prestados por advogados será o preço do serviço, qual seja, o valor dos honorários profissionais recebidos. Com base na situação hipotética, emita parecer acerca da legalidade do diploma legal em questão. Caso entenda pela ilegalidade da cobrança, que medida(s) judicial(ais) um advogado pode propor para suspender a cobrança do tributo?

Gabarito oficial

O Decreto-lei nº 406/1968, em seu art. 9º, parágrafo primeiro, estabelece que o imposto sobre serviço prestado sob a forma de trabalho pessoal não pode ser calculado sobre a importância recebida a título de remuneração do próprio trabalho.

Com a entrada em vigor da LC nº 116/2003, o seu art. 10 não revogou expressamente o art. 9º. Do Decreto-lei nº 406/1968, o que resulta ainda na sua aplicação quanto a essa forma específica de tributação.

Desse modo, os advogados não se submeteriam a tributação imposta pela lei prevista no enunciado, em razão de ilegalidade, com base no art. 10 da LC nº 116/2003 e art. 9º, §§ 1º e 3º do Decreto-lei nº 406/1968 que não foram expressamente revogados, e constituem normas gerais a serem observadas pelos municípios.

O advogado poderá propor ação declaratória de inexistência de relação jurídica tributária ou mandado de segurança preventivo.

PERGUNTA 55

QUESTÃO 5 - FGV 2010.2

Empresa de auditoria externa foi contratada por DELTA S.A. e verificou que houve cálculo equivocado e pagamento a maior de COFINS relativo às competências: de abril/2006; julho/2006; abril/2007 e julho/2007.

À vista disso, emita parecer sobre:

I. o prazo para o contribuinte reaver os valores pagos indevidamente na esfera federal.

II. quais as medidas judicial(is) e administrativa(s) para que o contribuinte possa reaver os valores pagos indevidamente? Justifique.

Gabarito oficial

O contribuinte tem direito à compensação por meio administrativo, na forma prevista no art. 74 da Lei nº 9.430/1996, permitindo-se que possa ser efetuada mediante créditos e débitos de tributos administrados pela Receita Federal, ainda que distintos os destinos da arrecadação, no entanto, exige-se prévio requerimento ao Fisco.

A compensação subordina-se ao mesmo prazo da repetição previsto no art. 168 do CTN, pois não deixa de ser uma forma de restituição.

Assim, o contribuinte, no prazo de 5 (cinco) anos contados do pagamento indevido do tributo, poderá optar pela compensação a ser realizada na via administrativa e/ou repetição do indébito quer na via administrativa ou judicial.

PERGUNTA 56

QUESTÃO 1 - FGV 2010.3

Em março de 2009, João, após ser citado em execução fiscal, vendeu automóvel a Pedro, acarretando a sua insolvência. Posteriormente, a Fazenda requereu a penhora do bem, a qual foi prontamente deferida pelo Juízo da Execução. Inconformado, Pedro ajuizou embargos de terceiro alegando que, quando adquiriu o veículo, não havia restrição judicial sobre o bem, por não constar registro de penhora relativo ao automóvel. O veículo fora adquirido de boa-fé, descaracterizando, portanto, a fraude à execução, conforme sustentou o embargante, com base em entendimento jurisprudencial pacífico.

Com base na aplicação da legislação tributária, os embargos devem ser acolhidos? Empregue os argumentos jurídicos apropriados e a fundamentação legal pertinente ao caso.

Gabarito oficial

Conforme prevê o art. 185 do CTN, "presume-se fraudulenta a alienação ou oneração de bens ou rendas, ou seu começo, por sujeito passivo em débito para com a Fazenda Pública, por crédito tributário regularmente inscrito como dívida ativa.

Parágrafo único. O disposto neste artigo não se aplica na hipótese de terem sido reservados, pelo devedor, bens ou rendas suficientes ao total pagamento da dívida inscrita."

Não se aplica a Súmula nº 375 do STJ ("O reconhecimento da fraude à execução depende do registro da penhora do bem alienado ou da prova de má-fé do terceiro adquirente"), uma vez que os precedentes que levaram à edição do verbete não foram produzidos em processos tributários a serem confrontados com a redação assumida pelo art. 185 do CTN após a edição da LC nº 118/2005. Para caracterizar a fraude à execução fiscal, não é necessário o registro da penhora do bem objeto do negócio jurídico entre particulares, bastando que a alienação leve o contribuinte devedor do tributo à insolvência.

Há diferença de tratamento entre a fraude civil e a fraude fiscal, já que, naquela, ocorre a violação de um interesse privado, ao passo que, na segunda, o interesse é público, tendo em vista que o recolhimento dos tributos serve à satisfação das necessidades coletivas. Nesse sentido, a fraude de execução, diversamente da fraude contra credores, opera-se *in re ipsa*, sendo dotada de caráter absoluto, objetivo, dispensando o *concilium fraudis*.

Assim, com a atual redação do art. 185 do CTN, a fraude à execução tem sua caracterização antecipada, passando a ser presumida desde quando da realização da inscrição em dívida ativa.

PERGUNTA 57

QUESTÃO 2 – FGV 2010.3

Município situado na região XYZ do Brasil realizou serviços e obras de rede de água potável e esgoto de certo bairro, durante o primeiro semestre de 2010, o que resultou na valorização de 100 (cem) imóveis da região. O custo total da obra correspondeu a R$ 3.500.000,00 (três milhões e quinhentos mil reais). Com isso, o Município editou Decreto, em 02.09.2010, a fim de disciplinar a instituição e cobrança de contribuição de melhoria incidente sobre os imóveis alcançados pela valorização imobiliária em questão. A municipalidade, para efetuar a respectiva cobrança, considerou somente a diferença entre o valor venal dos referidos imóveis antes da realização das obras e seu valor venal ao término das obras públicas, com base no cadastro do IPTU local. Em 10/10/2010, os contribuintes foram notificados, mediante recebimento de cobrança, para, no prazo máximo de 30 (trinta) dias, efetuarem o pagamento da referida exação fiscal.

Com base nesse cenário, responda aos itens a seguir, empregando os argumentos jurídicos apropriados e a fundamentação legal pertinente ao caso.

a) Discuta a correção da cobrança da exação, como realizada pela municipalidade, justificando com base na legislação e sua interpretação. (Valor: 0,5)
b) Analise o cálculo feito pela municipalidade para encontrar o valor devido pelos contribuintes, esclarecendo se é compatível com a legislação em vigor. (Valor: 0,5)

Gabarito oficial

a) A questão envolve a aplicação do princípio da legalidade previsto no art. 150, I, da CRFB/1988, bem como o princípio da anterioridade tributária, constante no art. 150, III, "b" e "c", da CRFB/1988. Nessa linha, o candidato deverá identificar que a lei seria o veículo adequado para instituição e cobrança da contribuição de melhoria (art. 97, I, do CTN), o que restou não observado pelo Poder Executivo ao instituí-la mediante simples edição de decreto, violando, frontalmente, os princípios da legalidade e da anterioridade tributária.

   Ademais, o candidato deverá mencionar os arts. 81 e 82 do CTN, visto que tais dispositivos legais impõem determinados requisitos prévios para a instituição e cobrança da referida exação fiscal que não foram observados pelo Poder Executivo local.

b) Não. O candidato deverá identificar que o fato gerador da contribuição de melhoria é a valorização imobiliária decorrente da obra pública, o que ocorreu, no caso descrito, em relação aos 100 (cem) imóveis em questão, porém o art. 81 do CTN estabelece dois limites para a cobrança: um individual e outro local. O limite individual deverá se ater à valorização individual de cada imóvel, e o limite total refere-se ao custo total das obras, isto é, a somatória das contribuições cobradas de cada proprietário não poderá exceder o limite total do custo da obra correspondente a R$ 3.500.000,00.

Desse modo, o candidato deverá identificar que o custo total da obra sequer foi levado em consideração pelo Poder Executivo local, infringindo, portanto, o disposto previsto no art. 81 do CTN.

PERGUNTA 58

QUESTÃO 3 - FGV 2010.3

Determinada pessoa física adquiriu de outra uma papelaria, estipulando-se, no contrato de compra e venda do estabelecimento, que o vendedor assumia plena responsabilidade por eventuais débitos fiscais anteriores à operação, ainda que apurados posteriormente. Três anos depois da operação, a Fiscalização Tributária Estadual lavrou auto de infração contra o adquirente do estabelecimento, por débitos do ICMS relativos à venda de mercadorias efetuadas em anos anteriores à aquisição da papelaria. Defendeu-se o autuado, dizendo não ser responsável pelo imposto reclamado, visto que o vendedor, antigo dono, assumira tal responsabilidade.

Sabendo-se que o antigo proprietário, à época, aposentou-se cessando sua atividade empresarial, analise se há responsabilidade tributária do adquirente da papelaria, bem como os efeitos do contrato firmado entre o vendedor e o comprador do negócio. Justifique de forma cabal, com base na legislação.

Gabarito oficial

O examinando deverá citar o art. 133, I, do CTN. O novo proprietário responderá integralmente pelos tributos devidos relativos ao comércio adquirido, por força da responsabilidade por sucessão prevista no CTN.

O examinando deverá mencionar que o art. 123 do CTN determina que quaisquer contratos ou convenções particulares não podem ser opostos perante a Fazenda Pública, para modificar a sujeição passiva tributária prevista no CTN.

Pelo exposto, está correto o entendimento da Receita Federal, não possuindo a Empresa LM S.A. legitimidade ativa perante a autoridade administrativa competente para pleitear a repetição do indébito do aludido imposto.

PERGUNTA 59

QUESTÃO 4 - FGV 2010.3

O Estado de São Paulo, em razão da necessidade emergencial de conseguir novos recursos para pagar o 13º salário do funcionalismo público, decide extinguir benefícios fiscais outrora concedidos e que acarretam diminuição da arrecadação. Dessa forma, é aprovada a Lei nº 2.000, publicada em 30 de março de 2007, que determina a imediata revogação de isenção do ICMS concedida aos comerciantes de leite e seus derivados, passando a ser aplicada a alíquota de 18% sobre a venda dos produtos em geral, conforme já previsto no ordenamento jurídico estadual. A empresa *Longa Vida Laticínios Ltda.* não recolhe o tributo e é autuada pelo Fisco Estadual em janeiro de 2008, que exigiu o ICMS de abril até dezembro do ano anterior.

Com base nesse cenário, empregando os argumentos jurídicos apropriados e a fundamentação legal pertinente ao caso, discorra sobre a legalidade da exigência do ICMS para a empresa *Longa Vida Laticínios Ltda.*

Gabarito oficial

Primeira Possibilidade de resposta:

A revogação de uma isenção equivale à instituição de um novo tributo, de forma que se deve respeitar o princípio da anterioridade.

Segunda Possibilidade de resposta:

Funda-se na posição do Supremo Tribunal Federal segundo o qual, com base no art. 178, a isenção, salvo a concedida por prazo certo e em função de determinadas condições, pode ser revogada ou modificada por lei a qualquer tempo, observando o disposto no inciso III do art. 104 do CTN.

PERGUNTA 60

QUESTÃO 5 – FGV 2010.3

A transportadora aérea brasileira *Voe Bem S.A.* firmou contrato de *leasing* por 20 anos e sem opção de compra de três aeronaves 747-800 novíssimas com a empresa Bongo, com sede em Minneapolis, Estados Unidos da América, para o transporte doméstico de passageiros. As aeronaves foram entregues no prazo avençado. Ocorre que, na chegada das aeronaves ao Brasil, a *Voe Bem S.A.* recebeu notificação do Estado X, por meio da Secretaria de Fazenda Estadual, determinando o pagamento do ICMS relativo às três aeronaves. O departamento jurídico da *Voe Bem S.A.* entra em contato com você, renomado(a) tributarista, para consultá-lo(a) sobre a questão.

Com base no cenário acima, responda aos itens a seguir, empregando os argumentos jurídicos apropriados e a fundamentação legal pertinente ao caso.

a) A cobrança é constitucional ou inconstitucional? (Valor: 0,2)
b) Quais são os pressupostos de incidência do imposto? (Valor: 0,4)
c) Qual é a principal característica desse contrato que determina a constitucionalidade ou inconstitucionalidade da cobrança? (Valor: 0,4)

Gabarito oficial

A questão foi sedimentada na posição do Supremo Tribunal Federal que sublinha a inconstitucionalidade da cobrança de ICMS em operações de arrendamento mercantil, uma vez que não há transferência de domínio do bem nos casos de leasing sem opção de compra, ou seja, não há um dos pressupostos fundamentais do ICMS, que é a circulação do bem ou mercadoria. Nos contratos de arrendamento mercantil, não há a circulação do bem, que é exigência constitucional (CRFB, art. 155, II) para a exação do tributo, já que a titularidade do bem permanece com a arrendadora, sendo a transferência para a arrendatária meramente temporária. Aliás, cumpre ressaltar que essa é a principal característica deste contrato que influi diretamente na impossibilidade de cobrança do tributo supracitado. O imposto não é sobre a entrada de bem ou mercadoria importada, senão sobre essas entradas desde que elas sejam atinentes a operações relativas à circulação desses mesmos bens ou mercadorias. Além disso, a LC nº 87/1996, art. 3º, VIII, impossibilita a cobrança explicitamente em relação ao arrendamento mercantil. Demais precedentes: RE 460814 AgR, RE 194255 AgR, RE 553663 AgR.

PERGUNTA 61

QUESTÃO 1 – FGV 2011.1

A empresa Nova Casa atua no ramo de venda de eletrodomésticos e como tal encontra-se sujeita ao recolhimento do ICMS e ao dever de entregar arquivos magnéticos com as informações das vendas efetuadas em cada período de recolhimento. Em fiscalização realizada em 1º.02.2009, o Fisco Estadual constatou a insuficiência do recolhimento do ICMS no período entre 1º.01.2008 a 1º.02.2009 e lavrou auto de infração exigindo o tributo não recolhido acrescido de multa no montante correspondente a 80% do tributo devido, na forma da legislação estadual. Ainda como consequência da fiscalização, foi lavrado outro auto de infração para aplicar a penalidade de R$ 1.000,00 por cada arquivo magnético não entregue no mesmo período. Ocorre que, no prazo para apresentação da impugnação administrativa, os sócios da empresa *Nova Casa* finalizaram as negociações anteriormente iniciadas com a sua concorrente *Incasa* e decidiram vender a empresa, a qual foi incorporada pela *Incasa*. Ao se deparar com as autuações em questão, a *Incasa* aciona o seu corpo jurídico.

Com base nesse cenário, responda aos itens a seguir, empregando os argumentos jurídicos apropriados e a fundamentação legal pertinente ao caso.

a) Existe a possibilidade de cancelar, total ou parcialmente, o auto de infração lavrado para cobrança do tributo devido e da sua respectiva penalidade? (Valor: 0,8)

b) Existe a possibilidade de cancelar, total ou parcialmente, o auto de infração lavrado para exigir a penalidade por falta de entrega dos arquivos magnéticos? (Valor: 0,45)

Gabarito oficial

O art. 132 do CTN prevê que a "pessoa jurídica de direito privado que resultar de fusão, transformação ou incorporação de outra ou em outra é responsável pelos tributos devidos até a data do ato pelas pessoas jurídicas de direito privado fusionadas, transformadas ou incorporadas." Ao utilizar a expressão "tributos", segundo a interpretação consolidada pelo STJ em sede de Recurso Repetitivo nº 923.012/MG, o legislador não quis restringir a sucessão dos créditos tributários somente aos débitos decorrentes de inadimplemento no pagamento do tributo, mas também as multas de caráter moratório ou punitivo, eis que no art. 129 do CTN, o legislador expressamente utilizou a expressão "créditos tributários", sem qualquer restrição. Portanto, as multas constituídas ou em fase de constituição até a data do ato de incorporação permanecem como devidas pela empresa incorporadora.

Na mesma linha, as obrigações chamadas de acessórias também são consideradas como devidas pela empresa incorporadora, pois conforme prevê o art. 113, § 3º, do CTN, as obrigações acessórias, pelo simples fato de sua inobservância, convertem-se em obrigação principal. Portanto, não há fundamento jurídico para excluí-las da sucessão por incorporação.

PERGUNTA 62

QUESTÃO 2 - FGV 2011.1

O Laboratório de Análises Clínicas *Almeida Silva Ltda.*, cuja sociedade é constituída por 3 (três) sócios, um médico, um farmacêutico e uma empresária, explora, no ramo da medicina, serviços de análises clínicas, em caráter empresarial, mantendo, para tanto, várias filiais em funcionamento em diversas municipalidades de determinada região do país. Ocorre que, a partir de março/2011, a referida empresa, na qualidade de contribuinte do Imposto sobre Serviços de Qualquer Natureza - ISSQN, deixou de recolher o respectivo tributo, dando origem a diversas autuações fiscais, que geraram defesas administrativas no sentido de que o ISS deveria ser calculado e recolhido como tributo fixo, ou seja, com base em um valor fixo previsto na legislação municipal pertinente a ser calculado em relação a cada sócio, não devendo ser considerado, para fins de apuração do imposto, o valor do serviço praticado pela empresa com incidência da alíquota correspondente à sua atividade.

Esclareça se o laboratório tem ou não direito a realizar o recolhimento na forma pretendida. Justifique, com base na legislação tributária pertinente. (Valor: 1,25)

Gabarito oficial

Dispõe o art. 7º da LC nº 116/2003 que a base de cálculo do imposto corresponde ao preço do serviço.

Caso excepcional, contudo, é a regra do art. 9º do Decreto-Lei nº 406/1968, de vigência mantida pela LC nº 116/2003, que trata dos serviços prestados autonomamente pelo contribuinte ou sob a forma de agrupamento profissional, consoante §§ 1º e 3º do dispositivo citado, sendo exemplo as sociedades uniprofissionais formadas por médicos, contadores, advogados, dentistas, etc. Nesses casos excepcionais, o tributo é fixo, exigido e calculado em relação a cada profissional habilitado, sócio, empregado ou não, que preste serviços em nome da sociedade.

Ademais, a plena vigência dos §§ 1º e 3º do art. 9º do Decreto-lei nº 406/1968 foi declarada pelo STF na súmula nº 663.

Todavia, é pacífico o entendimento do Superior Tribunal de Justiça no sentido de que para que o ISS seja calculado e recolhido como tributo fixo deverá a sociedade caracterizar-se como sociedade uniprofissional, sem caráter empresarial, o que por certo não se compatibiliza com a sociedade limitada. Ademais, se a sociedade dispõe de caráter empresarial não haveria incidência do art. 9º, §§ 1º e 3º do Decreto-lei nº 406/1968.

Dessa forma, não há direito da empresa em recolher o ISS na forma pretendida. O imposto deverá ter como base de cálculo o preço do serviço cobrado, de acordo com o art. 7º da LC nº 116/2003, com incidência da alíquota prevista na legislação municipal local relativa ao serviço em questão.

PERGUNTA 63

QUESTÃO 3 – FGV 2011.1

Caio e Tício pretendem celebrar contrato de compra e venda de bem imóvel. Contudo, para consumarem o negócio, constituem previamente a pessoa jurídica Provisória Ltda. formada por eles apenas, tendo por fito única e exclusivamente não fazer incidir o ITBI sobre a operação, com amparo no art.156, § 2º, I, da CRFB, que prevê hipótese de imunidade da referida exação sobre o imóvel utilizado na integralização do capital social. Nesse sentido, Caio, originalmente proprietário alienante do bem, integraliza suas quotas na forma do imóvel, e Tício completa o capital social da empresa depositando o montante correspondente ao valor do bem objeto da alienação. Após pouco mais de duas semanas, Caio e Tício dissolvem a sociedade e, como consequência, Caio recebe sua parcela do capital em dinheiro, ao passo que Tício recebe o seu quinhão na forma do imóvel.

Analise a conduta adotada pelos particulares e responda se, e como, poderia a Fazenda Municipal satisfazer seu crédito com relação à situação apresentada, uma vez descoberta a real intenção dos dois agentes. (Valor: 1,25)

Gabarito oficial

A conduta é abusiva e não terá eficácia em face do Fisco. Representa hipótese de elisão fiscal (ou elisão ineficaz), em que o comportamento do contribuinte não é, a rigor, ilícito, mas adota um formato artificioso, atípico para o ato que está sendo praticado, para obter redução de carga tributária. Caio e Tício constituíram a sociedade com a finalidade de dissimular a ocorrência do fato gerador do ITBI, com o escopo de escapar artificiosamente da tributação.

Caso o Fisco venha a perceber a manobra artificiosa adotada, poderia lançar o tributo devido, com a aplicação do artigo 116, parágrafo único, do CTN, que dispõe: "A autoridade administrativa poderá desconsiderar atos ou negócios jurídicos praticados com a finalidade de dissimular a ocorrência do fato gerador do tributo ou a natureza dos elementos constitutivos da obrigação tributária, observados os procedimentos a serem estabelecidos em lei ordinária." O Fisco poderá, nesta hipótese, requalificar juridicamente os fatos, para fazer incidir o tributo devido.

PERGUNTA 64

QUESTÃO 4 – FGV 2011.1

Um Estado da Federação promulga lei ordinária que prevê como modalidade de extinção, total ou parcial, dos créditos tributários de sua competência inscritos em dívida ativa a dação em pagamento de bens móveis (títulos públicos). Analise a regularidade dessa lei e sua compatibilidade com o sistema jurídico tributário nacional. (Valor: 1,25)

Gabarito oficial

Não é possível a lei ordinária criar uma nova forma de extinção do crédito tributário, conforme art. 141 do CTN ("Art. 141. O crédito tributário regularmente constituído somente se modifica ou extingue, ou tem sua exigibilidade suspensa ou excluída, nos casos previstos nesta Lei, fora dos quais não podem ser dispensadas, sob pena de responsabilidade funcional na forma da lei, a sua efetivação ou as respectivas garantias"). Logo, somente mediante Lei Complementar seria modificável a hipótese de extinção do crédito tributário. Além disso, o art. 156, XI do CTN prevê que a prestação substitutiva do pagamento em dinheiro somente poderá ser a dação em pagamento de bem imóvel, sendo o referido dispositivo dotado de caráter taxativo.

PERGUNTA 65

QUESTÃO 1 – V EXAME UNIFICADO FGV

A concessionária de veículos *Carros Ltda.* impetra mandado de segurança em face da Fazenda Pública do Estado de Goiás objetivando que fosse considerado na base de cálculo adotada para fins de substituição tributária o valor dos descontos promocionais concedidos pela empresa Ford quando da venda dos veículos à *Carros Ltda.* O juiz concedeu a liminar pleiteada e determinou que a Ford promovesse o recolhimento do ICMS-ST com base no valor de venda diminuído dos descontos promocionais. Quando da prolação da sentença, a liminar foi revogada e restabelecida a base de cálculo anterior, tendo sido intimada a Ford para que voltasse a proceder ao recolhimento com base no valor integral de venda. O processo atualmente encontra-se em trâmite perante o Superior Tribunal de Justiça, tendo sido mantida a sentença monocrática.

Em fiscalização realizada junto à Ford, o Fisco Estadual decidiu por exigir desta o recolhimento do montante que deixou de ser recolhido durante o período de vigência da medida liminar, acrescido das penalidades previstas. Na condição de advogado da Ford, quando consultado, avalie:

a) a legitimidade passiva da Ford para suportar a autuação realizada; (Valor: 0,60)
b) a possibilidade de tal exigência sobre o período abrangido pela medida liminar. (Valor: 0,65)

Gabarito oficial

A substituição tributária encontra-se prevista no art. 150, § 7º, da CF/1988. Nessa hipótese, o contribuinte substituído deixa de integrar diretamente a relação jurídico-tributária com o Fisco, passando a suportar apenas o ônus econômico do tributo, cabendo ao contribuinte substituto o dever de realizar a apuração e o recolhimento do tributo em nome do contribuinte substituído.

Na situação em análise, foi o contribuinte substituído que recorreu ao Poder Judiciário, através da impetração do *writ,* tendo convencido o julgador a lhe conceder medida liminar que acabou por reduzir o montante do ICMS a ser retido por substituição tributária pela *FORD.* Assim, a *FORD* não era parte na ação judicial, tendo se limitado a cumprir a decisão judicial. Não pode, em consequência, suportar os ônus da medida judicial, pois apenas agiu em cumprimento a uma ordem do juiz.

Desta forma, a liminar concedida pelo juiz, por via reflexa, transmudou a natureza da substituição tributária originalmente existente, deslocando a responsabilidade pelo eventual e futuro recolhimento do imposto para a parte impetrante, isto é, para o contribuinte substituído. Portanto, não é a FORD parte legítima para suportar os ônus advindos da autuação.

Já no que concerne a possibilidade da exigência de tributo durante o período em que esteve vigente a medida liminar posteriormente revogada, o STF, por meio da edição da Súmula nº 405, estabeleceu que a revogação de medida liminar acarreta a recomposição do *status quo* anterior, cabendo a parte que a requereu e dela se beneficiou, arcar com os ônus de tal recomposição. Portanto, como a medida liminar não se encontra mais em vigor, pode o Fisco Estadual constituir e exigir o tributo em face do contribuinte substituído.

PERGUNTA 66

QUESTÃO 2 - V EXAME UNIFICADO FGV

Determinado jogador integrante de importante time de futebol de estado da federação brasileira, na qualidade de pessoa física, ao promover, em dezembro de 2010, a importação, por conta própria, de um automóvel de luxo, da marca Jaguar, zero quilômetro, fabricado no exterior, foi surpreendido com a cobrança de tributos, inclusive o Imposto sobre Circulação de Mercadorias e Serviços - ICMS. Todavia, o jogador de futebol, inconformado com a cobrança do referido imposto estadual, ajuizou, por meio de seu advogado, competente mandado de segurança, com base na Súmula nº 660 editada pelo STF, a fim de viabilizar a defesa dos seus direitos perante a Justiça Estadual.

Com base no caso acima, responda aos itens a seguir, empregando os argumentos jurídicos apropriados e a fundamentação legal pertinente ao caso.

a) O jogador de futebol em questão estaria enquadrado na qualidade de contribuinte do ICMS? (Valor: 0,65)

b) Considerando que existe pedido liminar, analise sua viabilidade, bem como a do direito em discussão. (Valor: 0,60)

Gabarito oficial

a) Sim. Até a entrada em vigor da Emenda Constitucional nº 33, de 11.12.2001, o art. 155, inciso IX, letra a, da CF/1988, não disciplinava, em sua redação originária, a possibilidade de incidência do ICMS de bem ou mercadoria importados do exterior por pessoa física, daí porque inúmeros contribuintes, à época, questionaram judicialmente a cobrança do ICMS pelos Estados o que resultou em julgamentos favoráveis aos contribuintes, culminando com a edição da Súmula nº 660 do STF.

Contudo, com o advento da Emenda Constitucional nº 33, de 11.12.2001, que alterou a redação do art. 155, inciso IX, letra a, da CF/1988, a pessoa física passou, expressamente, a constar como contribuinte de bem ou mercadoria importado do exterior.

Ademais, a LC nº 87/1996, teve a redação alterada pela LC nº 114/2002, a qual passou a determinar, em seu art. 4º, parágrafo único, inciso I, que a pessoa física, mesmo sem habitualidade ou intuito comercial, enquadra-se como contribuinte do ICMS quando "importe mercadorias ou bens do exterior, qualquer que seja sua finalidade".

Dessa forma, o candidato deverá interpretar as mudanças trazidas pela EC nº 33/2001 em relação ao caso posto em debate, bem como mencionar a inaplicabilidade da Súmula nº 660 STF frente à redação atual prevista no art. 155, inc. IX, letra a, da CRFB/1988.

Não. O presente *writ* é inviável, pois não engloba direito líquido e certo, portanto, não há que se falar em deferimento ou não da liminar (art. 5º., inciso, LXIX, da CF/1988 e Lei nº 12016/2009). Dessa forma, o examinando deverá identificar a aplicação ou não da existência de direito líquido e certo à luz das informações previstas no problema.

PERGUNTA 67

QUESTÃO 3 – V EXAME UNIFICADO FGV

A *Corta Pinheiro Ltda.*, empresa madeireira regularmente estabelecida e em dia com suas obrigações fiscais, recebeu, há pouco, boleto para pagamento de duas taxas: a Taxa de Controle e Fiscalização Ambiental (TCFA), instituída por lei federal, que confere ao Ibama poderes para controlar e fiscalizar atividades potencialmente poluidoras e utilizadoras de recursos naturais, que deve ser paga trimestralmente, e a Taxa de Conservação das Vias e Logradouros Públicos (TCVLP) do município onde a Corta Pinheiro Ltda. está sediada, esta com exação anual. Após uma breve pesquisa, o departamento jurídico da empresa atesta que, no último ano, o Ibama, apesar de manter o órgão de controle em funcionamento, não procedeu a qualquer fiscalização da empresa e que o município efetivamente mantém órgão específico responsável pela conservação das vias e logradouros públicos. Com base no caso acima, responda aos itens a seguir, empregando os argumentos jurídicos apropriados e a fundamentação legal pertinente ao caso.

a) Qual é a principal diferenciação entre a natureza jurídica da TCFA e a TCVLP e como ela influencia o caso em tela? (Valor: 0,85)

b) As taxas são devidas? (Valor: 0,40)

Gabarito oficial

A questão versa sobre duas espécies de taxas – aquela relativa ao exercício do poder de polícia e a taxa de serviço público.

O STF tema entendimento pacificado da desnecessidade da vistoria ou fiscalização "porta a porta" para a cobrança da taxa relativa ao exercício do poder de polícia.

Para o Pretório Excelso basta a existência do órgão competente na estrutura do ente federativo que exercite o poder de polícia, que não se restringe a atos fiscalizadores, mas compreende qualquer ato necessário para atestar a conformidade da atuação do contribuinte às normas ambientais, no caso em tela. Deste modo, a TCFA é devida.

Já em relação à TCVLP, o CTN exige que a possibilidade da exação encontre fundamento somente quando o serviço público prestado for específico e divisível o que não confere com a essência da TCVLP que, portanto, é indevida.

PERGUNTA 68

QUESTÃO 4 – V EXAME UNIFICADO FGV

Em janeiro de 2007, o agricultor Manoel Santos teve sua extensa propriedade invadida por cinquenta famílias de camponeses. Inconformado, ele moveu, tempestivamente, ação de reintegração de posse com pedido de medida liminar no intuito de ser reintegrado na posse do imóvel, a qual foi prontamente deferida, embora siga pendente de cumprimento, por inércia do poder público. Com base na situação apresentada, responda, fundamentadamente, como repercute a incidência do Imposto Territorial Rural. (Valor: 1,25)

Gabarito oficial

O Fato Gerador do tributo é a situação ou circunstância com previsão legal suscetível de originar obrigação de natureza tributária.

O Imposto Territorial Rural (ITR) tem como hipótese de incidência tributária, segundo o já citado art. 29 do CTN, "a propriedade, o domínio útil, ou o seu possuidor a qualquer título".

Desde 2007, o proprietário não detém o direito de usar, gozar e dispor do imóvel, em decorrência da invasão pelos integrantes das famílias camponesas e o direito de reavê-lo não é assegurado pelo Estado.

Houve, portanto, o completo esvaziamento do conteúdo do direito de propriedade, que se mantém apenas formalmente, não configurando o fato gerador do ITR.

O ITR é inexigível ante o desaparecimento da base material do fato gerador.

O mesmo Estado que se omite na salvaguarda de direitos fundamentais, mesmo após decisão judicial exigindo a sua intervenção, não pode utilizar a aparência do direito, para cobrar o tributo que pressupõe a incolumidade da titularidade do domínio não apenas formalmente, mas também materialmente.

PERGUNTA 69

QUESTÃO 1 – VI EXAME UNIFICADO FGV

Instituição financeira *Bling Bling S.A* insurge-se por meio de ação anulatória de débito fiscal em face de auto de infração lavrado por agente do Fisco municipal, que fora expedido em decorrência da ausência do recolhimento do Imposto Sobre Serviço sobre as tarifas cobradas pelo banco pela atividade de análise, cadastro, controle e processamento, prestada na elaboração de contrato de adiantamento de crédito para clientes que se encontram sem fundos em suas contas bancárias. A empresa alega, em síntese, que não procede a cobrança, tendo em vista que o aludido serviço não configura hipótese de incidência de nenhuma forma de tributo, em especial o ISS, por não constar expressamente previsto na lista de serviços anexa à Lei Complementar nº 116/2003. Responda se o pleito da demandante deve ser acolhido, empregando os fundamentos legais cabíveis.

(Valor: 1,25)

Gabarito oficial

Não. *Vide* Súmula 424 do STJ: "É legítima a incidência de ISS sobre os serviços bancários congêneres da lista anexa ao DL 406/1968 e à LC 56/87."

A lista da LC nº 116/2003 é taxativa, mas admite interpretação extensiva, de acordo com o sentido do termo "congênere" contido na LC nº 116/2003, devendo prevalecer não a literalidade da denominação utilizada pelo banco, mas a efetiva natureza do serviço prestado por ele.

PERGUNTA 70

QUESTÃO 2 - VI EXAME UNIFICADO FGV

A empresa de construção civil Britadeira Ltda. é intimada por autoridade da Fazenda Estadual para que proceda ao recolhimento do ICMS complementar referente à diferença das alíquotas interestaduais e internas proveniente de aquisição de materiais adquiridos pela limitada em outro Estado para utilizar em obra realizada no território da unidade federativa que realizou a intimação. Diante desse fato, o administrador da empresa consulta os seus conhecimentos tributários, com o intuito de saber se, de fato, deve incidir a cobrança do ICMS - ou de qualquer outra espécie de imposto estadual ou municipal - sobre a operação realizada pela companhia. Responda fundamentadamente. (Valor: 1,25)

Gabarito oficial

Súmula nº 432 STJ: "As empresas de construção civil não estão obrigadas a pagar ICMS sobre mercadorias adquiridas como insumos em operações interestaduais".

A construtora ao adquirir material de construção em Estado de origem, que exigiu o ICMS, ao utilizar as mercadorias como insumo em suas obras, não estará compelida à satisfação do diferencial de alíquota de ICMS do Estado destinatário.

Logo, a empresa de construção civil que comprar material a ser utilizado em sua atividade comercial em outro Estado, tendo em vista não ser contribuinte do ICMS, deve se sujeitar tão somente à alíquota interna.

"É assente na Corte que as empresas de construção civil não são contribuintes do ICMS, salvo nas situações que produzam bens e com eles pratiquem atos de mercancia diferentes da sua real atividade, como a pura venda desses bens a terceiros; nunca quando adquirem mercadorias e as utilizam como insumos em suas obras. (...). Consequentemente, é inadmissível a retenção, pelos Estados, do diferencial de alíquotas relativo a operações interestaduais efetuadas por empresa de construção civil para aquisição de mercadorias sem objetivo de comercialização. 4. Agravo Regimental desprovido" (AgRg no Ag 687.218/MA, Rel. Ministro Luiz Fux, Primeira Turma, julgado em 04.05.2006, *DJ* 18.05.2006).

PERGUNTA 71

QUESTÃO 3 - VI EXAME UNIFICADO FGV

Determinado contribuinte do ICMS, com sede no Estado Beta, detentor de saldos credores do respectivo imposto acumulados desde a edição da Lei Complementar nº 87/1996, em razão de operações de exportação, foi autuado pela Fiscalização Estadual sob o entendimento de ser inválida a operação de transferência dos saldos credores do ICMS acumulados a outro estabelecimento seu, situado no mesmo Estado, tendo em vista a ausência de lei estadual disciplinando a hipótese objeto do auto de infração em questão. Procedeu o Fisco corretamente? Justifique com base na legislação tributária pertinente. (Valor: 1,25)

Gabarito oficial

O art. 25, § 1º, da LC nº 87/1996 é expresso ao conferir ao contribuinte detentor de saldos credores de ICMS acumulados desde a edição da lei, em razão de operações de exportação, a faculdade de aproveitá-los mediante a transferência a qualquer estabelecimento seu no mesmo Estado (inciso I) e, havendo saldo remanescente, mediante transferência a outro contribuinte do mesmo Estado (inciso II), utilizando-se, nessa segunda hipótese, de documento expedido pela Fazenda reconhecendo a existência de crédito. Trata-se, segundo entendimento do Superior Tribunal de Justiça (RMS 13.969/PA), de norma de eficácia plena que dispensa regulamentação por lei estadual. A lei estadual somente seria obrigatória para a hipótese prevista no § 2º do art. 25 da LC nº 87/1996.

Assim, não é dado ao legislador estadual qualquer vedação ao aproveitamento dos créditos do ICMS, sob pena de se violar a não cumulatividade, quando este aproveitamento se fizer em benefício do contribuinte, no mesmo Estado.

Ademais, o art. 155, § 2º, inciso X, letra a, da CFRB/1988 dispõe que nas operações de exportação será, ao contribuinte: "...assegurada a manutenção e aproveitamento do imposto cobrado nas operações e prestações anteriores", o que resulta em plena eficácia do direito ao aproveitamento do crédito por força da aplicação do princípio da não cumulatividade, previsto no art. 155, § 2º, inciso I, da CFRB/1988.

PERGUNTA 72

QUESTÃO 4 – VI EXAME UNIFICADO FGV

A Fábrica de Refrigerantes *Super Refri Ltda.* recolheu a maior o IPI incidente sobre a saída dos respectivos produtos vendidos à *Distribuidora de Bebidas Delta Ltda.* Verificado o equívoco, a Distribuidora de Bebidas postulou em juízo o creditamento relativo ao IPI indevidamente pago pela fabricante, mas embutido no preço do produto. Nesse caso, tem a distribuidora legitimidade para requerer a repetição do indébito? Justifique, com base na legislação tributária pertinente. (Valor: 1,25)

Gabarito oficial

De acordo com o art. 166 do CTN, a restituição da quantia paga a título de tributo indireto deve ser feita ao potencial sujeito passivo da obrigação correspondente, quando o mesmo demonstre, de forma inequívoca, que não repassou o encargo respectivo, ou, tendo havido a transferência do ônus a terceiro, contribuinte de fato, deverá ser por este autorizado a receber a quantia a maior que tiver sido paga.

No caso do IPI, tributo indireto, legitimada a requerer a repetição do indébito tributário será a pessoa que estaria no polo passivo da relação obrigacional correspondente, caso a tributação tivesse ocorrido de forma regular (contribuinte de direito), na hipótese da questão, a Fábrica de Refrigerantes *Super Refri Ltda.*

Em resumo, a fábrica que industrializa o refrigerante se enquadra como contribuinte do IPI, visto praticar o fato gerador deste imposto resultante do processo de industrialização com posterior venda, sendo certo que o IPI compõe o preço final do produto a ser vendido, ocorrendo, portanto, o repasse da carga econômica do imposto a terceiro (contribuinte de fato).

Pelo exposto, conclui-se que a Distribuidora de Bebidas não tem legitimidade para propor ação de repetição do indébito tributário, visto não se enquadrar como contribuinte de direito, na forma da legislação tributária (art. 46, parágrafo único, c/c o art. 51, ambos do CTN).

Arts. 46, II, e 51, II, do CTN.

O contribuinte de fato é aquele que arca com o pagamento do tributo, que está embutido no preço do produto. A Distribuidora efetivamente não pode assim ser qualificada, visto que não está no fim do ciclo de produção, mas sim o consumidor final.

A distribuidora não tem com o Fisco qualquer relação jurídica, não participa da relação jurídica tributária.

PERGUNTA 73

QUESTÃO 1 – VII EXAME UNIFICADO FGV

Em 20.05.1995, a Receita Federal, em decorrência de fiscalização realizada na sede da empresa *ABC*, constatou que a empresa não havia declarado, e consequentemente recolhido, a COFINS referente a todos os meses do exercício de 1990. Notificada a empresa, esta impugnou, sem sucesso, o auto de infração e, depois, recorreu administrativamente ao Conselho de Contribuintes. Em 20.07.2004, adveio a decisão definitiva, confirmando o ato da autoridade tributária, sendo a empresa notificada da referida decisão na própria data. A União Federal ajuizou execução fiscal relativa ao crédito em 20.06.2009, sendo que o despacho de citação foi exarado em 20.08.2010, entretanto, não encontrada de pronto a executada, a exequente não mais movimentou o processo.

Examine as questões envolvidas e responda aos itens a seguir, utilizando os argumentos jurídicos apropriados e a fundamentação legal pertinente ao caso.

a) Analise a constituição do crédito tributário pelo Fisco, referindo se ocorreu de forma regular ou não, bem como se adveio dentro do prazo legal. (valor: 0,30)

b) Houve, na hipótese, interrupção ou suspensão do prazo de cobrança do crédito fiscal? (valor: 0,50)

c) A propositura da execução em 20.06.2009 e o despacho de citação em 20.08.2010 resguardarão o direito da Fazenda Pública? (valor: 0,45)

Gabarito oficial

a) A constituição do crédito tributário ocorreu de forma regular pelo Fisco, pois como a empresa não havia declarado qualquer valor a recolher a título de COFINS, deve ser aplicada a regra prevista no art. 173, I, do CTN, que estipula que o prazo decadencial somente se inicia no primeiro dia útil do exercício seguinte ao da ocorrência do fato gerador. Assim, não se verificou a decadência do direito de lançar o tributo.

b) Houve, inicialmente, suspensão do prazo de cobrança com a apresentação de impugnação administrativa que, conforme previsto no artigo 151, III, do CTN, suspende a exigibilidade do crédito tributário, o qual somente retoma a sua plena exigibilidade após a sua constituição definitiva, ocorrido após o término do processo administrativo. Portanto, conforme previsto no art. 174 do CTN, a execução fiscal deve ser ajuizada no prazo de 5 (cinco) anos a contar do encerramento do processo administrativo, sob pena de restar caracterizada a ocorrência de prescrição. No presente caso, o primeiro ato que interrompeu a fluência do prazo prescricional ocorreu com a determinação de citação do devedor. Como a executada não foi encontrada, o processo deve ser suspenso na forma do art. 40 da LEF Lei nº 6.830/1980.

c) Como a execução fiscal foi ajuizada antes do prazo prescricional, o crédito tributário exigido através da presente execução não se encontra prescrito, já que a demora na citação decorreu de motivos inerentes ao mecanismo da Justiça, na forma da Súmula 106 do STJ.

PERGUNTA 74

QUESTÃO 2 – VII EXAME UNIFICADO FGV

Até o ano de 2007, o Sr. José da Silva exerceu a função de sócio com poderes de gestão da "Acampados Turismo S.A.", tendo, posteriormente, se desligado da sociedade. Em fevereiro de 2011, é surpreendido ao ser citado em execução fiscal para responder por débitos fiscais pendentes relativos ao IRPJ, e pela falta de recolhimento de contribuições previdenciárias dos funcionários as quais foram devidamente descontadas, ambos referentes a período de apuração em que José administrava a empresa.

Considerando a situação anterior, responda aos itens a seguir:

a) É possível a cobrança integral do ex-sócio dos montantes tributários e previdenciários devidos e não recolhidos pela companhia, quando ele já não exercia mais atos de administração da S.A.? (valor: 0,65)

b) Houve infração legal imputável a José da Silva? (valor: 0,60)

Gabarito oficial

Sim, para a contribuição previdenciária, conforme art. 135, III, do CTN, os diretores, gerentes ou representantes de pessoas jurídicas de direito privado são pessoalmente responsáveis pelos créditos correspondentes a obrigações tributárias resultantes de atos praticados com excesso de poderes ou infração de lei, contrato social ou estatutos.

Não, em relação ao IRPJ, visto que neste caso se trata de inadimplemento da obrigação tributária, razão pela qual deve ser aplicada a Súmula 430 do STJ.

Nas Sociedades Anônimas os diretores não respondem pessoalmente pelas obrigações contraídas em nome da sociedade, mas respondem para com esta e para com terceiros solidária e ilimitadamente pelo excesso de mandato e pelos atos praticados com violação do estatuto ou lei (art. 158, I e II, da Lei nº 6.404/1976).

Os sócios (diretores, gerentes ou representantes da pessoa jurídica) são responsáveis, por substituição, pelos créditos correspondentes a obrigações tributárias resultantes da prática de ato ou fato eivado de excesso de poderes ou com infração de lei, contrato social ou estatutos, nos termos do art. 135, III, do CTN.

O referido dispositivo trata da responsabilidade por substituição. Aqueles que representam a sociedade e agem de má-fé merecem, por inteiro, o peso da responsabilidade tributária decorrente de atos praticados sob essas circunstâncias.

Sempre que a empresa deixa de recolher o tributo na data do respectivo vencimento, a impontualidade ou a inadimplência é da pessoa jurídica, não do sócio-gerente (ou diretor). Ademais, o simples inadimplemento não caracteriza infração legal. Súmula 430 STJ.

Contudo, a falta de recolhimento das contribuições previdenciárias descontadas dos empregados se afigura em infração à lei, apropriação indébita.

PERGUNTA 75

QUESTÃO 3 – VII EXAME UNIFICADO FGV

Determinado contribuinte adquiriu um lote de terreno, em zona de expansão urbana, situado em Condomínio ainda não dotado de qualquer dos melhoramentos elencados no art. 32, parágrafo 1º, do CTN.

Considerando o caso acima, responda aos itens a seguir:

a) Sobre o bem imóvel acima especificado há incidência de imposto? (valor: 0,50)

b) Havendo incidência, qual Ente o titulariza? (valor: 0,75)

Justifique, com a indicação dos dispositivos legais pertinentes.

Gabarito oficial

Sim, incide o IPTU. Apesar do art. 32, parágrafo 2º, do CTN estabelecer a observância de pelo menos dois melhoramentos para que o imóvel venha a se enquadrar na zona urbana, certo é que há incidência do IPTU sobre sítio de recreio situado em zona de expansão urbana, conforme previsto no art. 32, parágrafo 2º, do CTN, ainda que o imóvel ainda não disponha de tais benefícios.

Nessa linha, também é o entendimento do STJ, conforme RESP 18.1105, Ministro José Delgado.

PERGUNTA 76

QUESTÃO 4 – VII EXAME UNIFICADO FGV

Um jovem de 14 (quatorze) anos, especializado em rastreamento de sistemas e informática em geral, aufere, mensalmente, a quantia total de R$ 10.000,00 (dez mil reais), por força de contrato verbal de prestação de serviços, mantido com certa empresa contratante.

Nesse caso, entende o jovem, em razão da sua absoluta incapacidade civil, não estar adstrito a quaisquer obrigações tributárias, razão pela qual não procede ao recolhimento do tributo decorrente das operações acima mencionadas.

À vista disso, o procedimento adotado pelo referido jovem está em consonância com o sistema legal tributário? Justifique, apontando os dispositivos legais pertinentes. (valor: 1,25)

Gabarito oficial

A capacidade tributária passiva independe da capacidade civil das pessoas naturais, *ex vi* do art. 126, I, do CTN.

Nessa esteira, o jovem é contribuinte do ISS (art. 156, III, CRFB/1988 e LC nº 116/2003) e do IRPF (art.153, III, da CRFB/1988 e art. 43 do CTN), em razão das operações acima descritas, visto que pratica o fato gerador relativo a esses impostos.

PERGUNTA 77

QUESTÃO 1 – VIII EXAME UNIFICADO FGV

A *Empresa LM S/A*, produtora de cosméticos, recolheu a maior o IPI incidente sobre a saída dos respectivos produtos vendidos a terceiros, tendo sido incluído, no preço da venda, o montante do tributo.

Verificado o equívoco, a empresa ingressou com pedido, junto à Receita Federal competente, ao efeito de ser declarado o pagamento indevido e restituído o seu montante. A Receita Federal reconheceu o pagamento indevido, tendo, contudo, negado o pedido de restituição.

Esclareça se é possível a repetição do indébito no caso vertente, quem deveria requerer e com qual fundamento. Justifique com base no ordenamento jurídico em vigor. (Valor: 1,25)

Gabarito oficial

Inicialmente o candidato deveria citar o art. 165 do CTN ou esclarecer o cabimento da repetição do indébito, em função do pagamento a maior realizado pela empresa. Em segundo lugar, seria fundamental que o candidato identificasse que o IPI é tributo indireto, ou seja, o ônus financeiro é, por via de regra, suportado por terceiro, chamado de contribuinte de fato. A norma do Código Tributário Nacional sobre a questão é o art. 166 do CTN, onde fica consignado que cabe a restituição do tributo pago a maior, desde que provado pelo requerente que suportou o encargo financeiro, ou está autorizado a receber o valor pago de forma equivocada por quem ficou com este ônus. Nestes termos destacou-se no gabarito a Súmula nº 546 do STF. Por fim, o critério de correção adotado prestigiou o entendimento do Superior Tribunal de Justiça, emitido na forma de recurso repetitivo, de que, em se tratando de IPI, a legitimidade é do contribuinte de direito.

PERGUNTA 78

QUESTÃO 2 – VIII EXAME UNIFICADO FGV

Determinado Município da Federação ingressa com execução fiscal referente ao IPTU devido, anos 2010/2011, em relação a um imóvel de propriedade da Companhia de Saneamento do Estado em que está localizado o exequente. A Companhia é sociedade de economia mista, dedicada à área de saneamento, com ações negociadas em bolsa de valores.

Com base no caso apresentado, responda, com a indicação dos dispositivos legais pertinentes, aos seguintes itens.

a) Quais os fundamentos possíveis para a cobrança efetivada pelo Município? (Valor: 0,65)

b) O que poderia alegar a Companhia na defesa de seu interesse em não pagar o imposto? (Valor: 0,60)

Gabarito oficial

A questão proposta está sendo apreciada pelo STF, na sistemática de repercussão geral. Desta forma, a banca considerou relevante, que os candidatos conhecessem e pudessem expor as duas posições evidenciadas e pontuadas: a favorável à imunidade no caso de sociedade de economia mista, dedicada à prestação de serviço público e aquela desfavorável, na hipótese desta mesma empresa ter ações negociadas em bolsa de valores. Assim sendo, pontua-se quem responder pela impossibilidade do reconhecimento da imunidade recíproca/art. 150, VI, a, da CRFB/ art. 173, § 2º, da CRFB: natureza privada da companhia, que não goza de privilégio não extensível às empresas privadas e também merece pontuação a resposta que, no segundo item avaliado, registra que a atividade é serviço público não sujeito à exploração privada: direito à imunidade, na forma do art. 175 da CRFB, sendo inaplicável o art. 173, § 2º, da CRFB para quem presta serviços públicos.

PERGUNTA 79

QUESTÃO 3 – VIII EXAME UNIFICADO FGV

Lei Estadual publicada em 12.05.2011 estabeleceu, entre outras providências, novo critério para apuração da base de cálculo do ICMS, no sentido de que o valor correspondente aos descontos incondicionais nas operações mercantis deve ser integrado à respectiva base de cálculo do ICMS.

À vista disso, alguns jornais especializados em economia noticiaram que a aludida lei seria inconstitucional, visto que lei ordinária não poderia tratar de base de cálculo do ICMS, sendo matéria reservada à lei complementar.

Nesse caso, a notícia divulgada está correta? Justifique, com o apontamento de todos os dispositivos legais pertinentes. (Valor: 1,25)

Gabarito oficial

Inicialmente o gabarito destaca o artigo 146, III, a, da CRFB, eis que neste dispositivo há expressa referência à lei complementar como a ferramenta legislativa própria para fixar base de cálculo dos impostos. Nesse caso, a Lei Complementar que disciplina matéria relativa ao ICMS é a Lei Complementar nº 87/1996, dispondo em seu art. 13, parágrafo 1º, inciso II, letra a, que o valor correspondente à base de cálculo do ICMS inclui "seguros, juros e demais importâncias pagas, recebidas ou debitadas, bem como descontos concedidos sob condição". Em outras palavras, os descontos incondicionais não deverão ser incluídos na base de cálculo do referido imposto, já dispondo o STJ da Súmula nº 457 que veda a inclusão dos descontos incondicionais na base de cálculo do referido imposto. Conclui-se, portanto, que a referida lei é inconstitucional.

PERGUNTA 80

QUESTÃO 4 – VIII EXAME UNIFICADO FGV

Determinado Município instituiu, mediante lei, uma Taxa de Instalação de Rede Elétrica, tendo como contribuintes moradores de certo bairro que se encontravam desprovidos do serviço de iluminação pública.

Nesse caso, tal exação fiscal se compatibiliza com o ordenamento jurídico tributário em vigor? Justifique sua resposta, apontando todos os dispositivos legais pertinentes, ciente de que o fato gerador da taxa é a instalação de rede elétrica. (Valor: 1,25)

Gabarito oficial

O gabarito proposto assinala como fundamental a referência ao art. 4º. Inciso I, do CTN, o qual dispõe que a natureza jurídica específica do tributo é determinada pelo seu fato gerador. Como segundo quesito de avaliação, requer-

-se que o candidato saiba observar que a exação não é taxa, por não se tratar de serviço público específico e divisível, nos ternos dos artigos art. 145, II, da CRFB/1988 ou art. 77 do CTN. Por fim, como sempre é ressaltado, registra-se que a mera pontuação de artigo não pontua.

PERGUNTA 81

QUESTÃO 1 – IX EXAME UNIFICADO FGV

Determinado Prefeito Municipal editou o Decreto nº X, publicado em 20.09.2011, a fim de modificar os critérios relativos à apuração da base de cálculo do IPTU, tornando-o mais oneroso para os contribuintes da respectiva municipalidade. Sabe-se que as mudanças inseridas no aludido Decreto só entrariam em vigor a partir do dia 01.01.2012.

Nesse caso, o referido ato normativo compatibiliza-se com o ordenamento jurídico tributário em vigor? Justifique, com o apontamento dos dispositivos legais pertinentes. (Valor: 1,25)

Gabarito oficial

O Decreto nº X é inconstitucional, visto que contraria o art. 150, I, da CRFB/1988 e o art. 97, § 1º, do CTN.

Nessa linha, o referido Decreto fere o princípio da legalidade tributária, pois somente a lei poderá criar novos critérios relativos à base de cálculo do IPTU, uma vez que a alteração da base de cálculo de modo a torná-lo mais oneroso, como ocorreu na hipótese aqui cuidada, equipara-se à majoração de tributo.

PERGUNTA 82

QUESTÃO 2 – IX EXAME UNIFICADO FGV

Suponha que a União Federal tenha editado Lei Ordinária nº "X" em 14.05.2012, a fim de disciplinar o imposto sobre grandes fortunas – IGF, dispondo, em seu art. 1º, exclusivamente, as seguintes hipóteses de incidência:

I – a aquisição de disponibilidade econômica ou jurídica de renda, assim entendido o produto do capital, do trabalho ou da combinação de ambos com valor acima de 1 milhão de reais.

II – quaisquer outros acréscimos patrimoniais não entendidos no inciso anterior.

De acordo com o exposto, é possível a instituição e a cobrança do referido imposto sobre grandes fortunas (IGF)?

Justifique, apontando os dispositivos legais pertinentes. (Valor: 1,25)

Gabarito oficial

O IGF encontra-se previsto no art. 153, inciso VII, da CRFB/1988, possibilitando à União Federal instituí-lo de acordo com as regras constitucionais previstas, sendo certo que deverá o IGF ser instituído mediante lei complementar, o que não foi observado.

Ademais, tem-se o mesmo fato gerador do imposto de renda, o que caracteriza dupla incidência sobre o mesmo fato gerador já previsto no art. 43, incisos I e II, do CTN.

Desse modo, a lei em questão é inconstitucional.

PERGUNTA 83

QUESTÃO 3 – IX EXAME UNIFICADO FGV

Jogador de Futebol, colecionador de carros de luxo, importa o último modelo de veículo utilitário para integrar sua coleção pessoal e é surpreendido ao ser impedido de retirar o produto no desembaraço aduaneiro, em razão de ter apenas apresentado a documentação pertinente à quitação do Imposto de Importação, único tributo que o atleta acreditava devido, restando pendente a comprovação do pagamento do IPI, exigido pela autoridade alfandegária.

Utilizando todos os argumentos jurídicos apropriados e a fundamentação legal pertinente, responda aos itens a seguir.

a) Na importação de produtos, a cobrança simultânea do Imposto de Importação e do Imposto sobre Produtos Industrializados revela hipótese de bitributação? (Valor: 0,55)

b) Sobre a importação do veículo incide o Imposto sobre Produtos Industrializados? (Valor: 0,70)

Gabarito oficial

a) Não há bitributação, pois os tributos apresentam fatos geradores distintos. Além disso, bitributação é figura que ocorre quando entes tributantes diversos exigem do mesmo sujeito passivo tributos decorrentes do mesmo fato gerador.

O fato gerador do Imposto de Importação é a entrada do produto no território nacional, vide art. 19 do CTN. Já a hipótese de incidência do Imposto sobre Produtos Industrializados na importação, na forma do art. 46, I, do CTN, é o desembaraço aduaneiro.

b) Não. Como a importação não se destina a comércio, o importador não é considerado contribuinte do Imposto sobre Produtos Industrializados. O fato gerador do IPI na importação envolve uma relação mercantil. Caso contrário haveria um descumprimento do Princípio da Não Cumulatividade, previsto no art. 153, § 3º, II, da CRFB.

PERGUNTA 84

QUESTÃO 4 - IX EXAME UNIFICADO FGV

Uma associação de indústrias de informática, sediada no município Alfa e que não goza de imunidade tributária, decide realizar um congresso de especialistas no município Beta, para que seus associados possam se atualizar sobre as novas tendências do mercado. Para organizar e administrar o evento, a associação contrata a empresa Pérola S.A., sediada no município Gama e sem estabelecimentos em outros locais. O valor desse contrato será pago, 30 dias após o evento, pela associação. Por outro lado, os interessados em assistir ao congresso têm de comprar ingressos. A receita de ingressos pertence à associação, cabendo à Pérola S. A. apenas arrecadá-la nos guichês no dia do evento e repassá-la imediatamente à associação, sem qualquer desconto ou comissão.

Em face desses dados, responda, com base no ordenamento jurídico vigente, aos itens a seguir.

a) Para qual(is) município(s) deve haver recolhimento do Imposto sobre Serviços de Qualquer Natureza (ISS) por conta dos negócios jurídicos mencionados? (Valor: 0,80)

b) Que receita(s) específica(s) compõe(m) a base de cálculo do ISS a ser recolhido pela empresa Pérola S.A.? (Valor: 0,45)

Gabarito oficial

a) O ISS incidente sobre serviços de administração de congressos é devido no local do congresso, conforme art. 3º, XXI, da Lei Complementar Federal nº 116/2003. Logo, é devido pelo contribuinte Pérola, prestadora desses serviços, ao município Beta. O ISS incidente sobre os ingressos vendidos para o congresso (isto é, sobre a receita de serviços de congresso, previstos no subitem 12.08 na lista da referida Lei Complementar), é devido no local onde se realiza o evento, conforme inciso XVIII, do art. 3º, da citada Lei Complementar. Logo, também é devido no município Beta, embora por outro contribuinte (o prestador desses serviços é a associação).

b) O único serviço prestado pela Pérola S.A. é o de organização e administração do congresso. Logo, apenas o valor desse serviço compõe a base de cálculo do ISS a ser por ela recolhido, prevista no art. 7º da Lei Complementar nº 116/2003. A receita de ingressos não remunera a atividade da Pérola e por isso não integra o preço de seu serviço.

PERGUNTA 85

QUESTÃO 1 – X EXAME UNIFICADO FGV

O Município "Z" ingressa com execução fiscal por conta de débito do ISS em face da empresa Bom Negócio Arrendamento Mercantil, da qual o Banco Bom Negócio S/A é sócio, pertencendo ambas ao mesmo grupo econômico.

Com base no caso apresentado, responda justificadamente, utilizando todos os fundamentos jurídicos aplicáveis à espécie.

a) Poderia o Banco Bom Negócio S.A. ser parte legítima na execução fiscal? Resposta fundamentada. (Valor: 0,65)

b) Quais são os requisitos que devem estar presentes para o reconhecimento de eventual solidariedade entre as duas empresas? (Valor: 0,60)

A simples menção ou transcrição do dispositivo legal não pontua.

Gabarito oficial

a) Não há legitimidade do banco, já que sócio e sociedade não se confundem. Além disso, o fato de serem empresas do mesmo grupo econômico não torna o banco responsável. Não incide o art. 124, I, do CTN ou o art. 128 do CTN. Não há interesse comum.

b) Os elementos que deveriam estar presentes, para ser reconhecida a solidariedade são: expressa previsão da legislação, relação pessoal com o fato gerador do tributo e interesse comum.

PERGUNTA 86

QUESTÃO 2 – X EXAME UNIFICADO FGV

A empresa "X", atuante na locação de veículos, questiona judicialmente a incidência da COFINS referente às operações de locação que realiza, que não constituiriam prestação de serviço.

Com base na hipótese apresentada, responda aos itens a seguir, utilizando os argumentos jurídicos apropriados e a fundamentação legal pertinente.

a) A locação de automóveis caracteriza prestação de serviço? (Valor: 0,55)

b) Há incidência de COFINS sobre as operações de locação de veículos? (Valor: 0,70)

A simples menção ou transcrição do dispositivo legal não pontua.

Gabarito oficial

a) Não caracteriza. A locação de bens móveis não constitui uma prestação de serviços, mas disponibilização de um bem móvel para utilização do locatário.

A locação de bens móveis não consta do rol de serviços da lista anexa à LC nº 116/2003. Súmula Vinculante nº 31 do STF.

b) Sim. Súmula nº 423 do STJ: "A Contribuição para Financiamento da Seguridade Social - Cofins incide sobre as receitas provenientes das operações de locação de bens móveis". A noção de receita ou faturamento, fato gerador da COFINS, vide art. 195, I, b, da CRFB, engloba as receitas advindas das operações de locação de bens móveis, posto tratar-se de receitas decorrentes da execução da atividade empresarial.

PERGUNTA 87

QUESTÃO 3 - X EXAME UNIFICADO FGV

O Sindicato dos Trabalhadores Rurais de determinada cidade entrou com ação na Vara de Fazenda Pública, impugnando a cobrança de IPTU sobre lojas de sua propriedade, situadas na área urbana do mesmo município, alegando e comprovando, que os valores recebidos a título de alugueis, estavam sendo utilizados nas suas atividades essenciais. O Município, em sua defesa, alega que os Sindicatos devem sustentar suas atividades com a contribuição sindical recebida e também que a própria cobrança de aluguel já evidencia a hipótese de restrição da imunidade prevista no art. 150, § 4º, da Constituição Federal, por não ser finalidade essencial da entidade.

Com base no caso apresentado, assiste razão ao Sindicato? Justifique sua resposta com base na Jurisprudência dos Tribunais Superiores.

A simples menção ou transcrição do dispositivo legal não pontua.

Gabarito oficial

a) Aplica-se no caso concreto a imunidade prevista no art. 150, VI, "c", da CF, uma vez que este dispositivo não faz ressalva quanto à natureza do patrimônio (rural ou urbano) das entidades indicadas, dentre elas, os sindicatos. O fato de haver receitas oriundas de aluguéis em imóveis urbanos, não inviabiliza que tais valores possam ser usados nas atividades essenciais de tais entidades.

b) Súmula nº 724 do Supremo Tribunal Federal – Ainda quando alugado a terceiros, permanece imune ao IPTU o imóvel pertencente a qualquer das entidades referidas pelo art. 150, VI, "c", da Constituição, desde que o valor dos aluguéis seja aplicado nas atividades essenciais de tais entidades.

PERGUNTA 88

QUESTÃO 4 - X EXAME UNIFICADO FGV

A Empresa JLMS Ltda. possui crédito no valor de R$ 500.000,00 (quinhentos mil reais), em face da unidade federativa XYZ onde mantém a sede de seu estabelecimento comercial, sendo tal crédito oriundo de um precatório judicial resultante de ação por desapropriação.

Todavia, a empresa aqui cuidada encontra-se em débito com o Estado XYZ, em razão do não pagamento de ICMS no montante de 450.000,00.

Até o presente momento, a legislação estadual aplicável ao contribuinte em pauta somente prevê como forma de extinção do crédito de ICMS o pagamento em dinheiro conforme prazo e condições nela estabelecidas.

À vista disso, responda, justificadamente, utilizando todos os fundamentos jurídicos aplicáveis à espécie.

a) Qual a forma de extinção do crédito tributário que se amolda a liquidação do aludido débito do ICMS com a utilização do crédito oriundo do referido precatório judicial? (Valor: 0,70)

b) Com base na resposta contida na letra A, a referida empresa poderia liquidar o seu débito do ICMS fundado no crédito contido no aludido precatório judicial. (Valor: 0,55) A simples menção ou transcrição do dispositivo legal não pontua.

Gabarito oficial

a) A modalidade de extinção do crédito tributário referida na questão é a compensação tributária prevista no art. 156, II, e art. 170 todos do CTN, em outras palavras, os valores decorrentes do precatório judicial a que faz jus o contribuinte poderiam ser compensados com o valor resultante do débito do ICMS que mantém perante o Estado ao mesmo tempo devedor e credor da empresa em relação às respectivas obrigações;

b) Não poderia ser efetuada a compensação tributária nesse caso, pois não se amolda à previsão do art. 170 do CTN. Somente seria possível se houvesse previsão expressa, o que não ocorre à luz do caso em tela.

PERGUNTA 89

QUESTÃO 1 – XI EXAME UNIFICADO FGV

A Procuradoria de Estado membro da Federação insurge-se, por meio de ação judicial, contra disposição constante de tratado internacional assinado entre os governos do Brasil e de outro país aderente ao Acordo Geral Sobre Tarifas e Comércio (GATT), o qual prevê a isenção de ICMS em relação a determinadas mercadorias importadas, listadas no acordo, quando também são isentados do imposto os produtos nacionais do mesmo gênero.

A Unidade da Federação, anteriormente referenciada, sentindo-se lesada e alegando ter ocorrido a transgressão pela União de preceito relativo à competência tributária, busca a anulação da cláusula do pacto internacional.

Deve ser acolhido o pedido do ente federativo? Responda fundamentadamente, apresentando a posição predominante no Supremo Tribunal Federal. (Valor: 1,25)

A simples menção ou transcrição do dispositivo legal não pontua.

Gabarito oficial

O candidato deverá, na essência, observar quanto à pergunta, o seguinte:

Não. O Presidente da República age como Chefe de Estado ao firmar tratados internacionais em nome da soberana República Federativa do Brasil (Estado Brasileiro), ou seja, atua em nome do país, visto como unidade dos Entes que compõem a Federação, e não em nome exclusivo e único da União. Deverá observar, por fim, que o STF entende que a concessão de isenção na via do tratado não se sujeita à vedação à concessão de isenção heterônoma, pois o âmbito de aplicação do art.151, III, da CRFB é o das relações das entidades federadas entre si, não alcançando a União quando esta se apresenta na ordem externa.

PERGUNTA 90

QUESTÃO 2 – XI EXAME UNIFICADO FGV

A União, com o objetivo de financiar projetos de eletrificação rural, edita lei instituindo Contribuição de Intervenção no Domínio Econômico que tem como fato gerador a propriedade de imóvel rural ao longo do exercício financeiro. A base de cálculo é o valor venal do imóvel, e a alíquota é de 0,1%.

Diante da hipótese, analise a competência tributária para instituição da contribuição e os aspectos de seu fato gerador, notadamente a base de cálculo e o aspecto material. (Valor: 1,25)

A simples menção ou transcrição do dispositivo legal não pontua.

Gabarito oficial

O candidato deverá observar que a União Federal, de acordo com o estabelecido no art. 149 da CF/1988, tem competência para instituir Contribuições de Intervenção no Domínio Econômico. O fomento é uma forma de intervenção do Estado na economia, havendo referibilidade entre os contribuintes e o fato gerador da CIDE.

Não há como falar em violação ao art. 154, I, da Constituição Federal, por conta do fato gerador igual ao do ITR, uma vez que os requisitos apontados no dispositivo alcançam somente os impostos.

No entanto, a lei é inconstitucional no tocante à base de cálculo (valor da propriedade) que não está inserida na alínea "a" do inciso III do § 2º, do art. 149, "d", da Constituição Federal.

PERGUNTA 91

QUESTÃO 3 – XI EXAME UNIFICADO FGV

Baseado em uma efetiva hipótese de calamidade pública, o Presidente da República edita, em março de determinado ano, Medida Provisória instituindo empréstimo compulsório que passará a incidir a partir do mês subsequente. Indaga-se:

a) Pode o empréstimo compulsório pode ser instituído por Medida Provisória? (Valor: 0,65)

b) Qualquer que seja a resposta à questão anterior, deve o empréstimo compulsório observar o princípio da anterioridade? (Valor: 0,60)

A simples menção ou transcrição do dispositivo legal não pontua.

Gabarito oficial

O candidato deverá, na essência, observar quanto às perguntas, o seguinte:

a) É negativa a resposta relativa à questão A. A Constituição da República veda, expressamente, a edição de Medida Provisória para dispor sobre matéria reservada à lei complementar (art. 62, § 1º, inciso III). E os empréstimos compulsórios só podem ser instituídos por meio de lei complementar (CRFB, Art. 148).

b) Também é negativa a resposta à questão B. A observância ao princípio da anterioridade é expressamente excepcionada com relação aos empréstimos compulsórios instituídos por força de calamidade pública (CRFB, art. 150, § 1º, conjugado com art. 148, inciso I).

PERGUNTA 92

QUESTÃO 4 – XI EXAME UNIFICADO FGV

No ano de 2012, Caio doou um bem móvel no valor de R$ 100.000,00 para Tício, sem que tenha sido recolhido qualquer tributo. No ano seguinte, Tício, aconselhado por um amigo, antes de qualquer fiscalização por parte da Fazenda do Estado "X", declarou e recolheu o Imposto sobre Transmissão *causa mortis* e doação, de quaisquer bens ou direitos (ITCD) devido, acompanhado de juros de mora e correção monetária.

Ao tomar ciência do fato gerador do ITCD e verificar que não houve recolhimento da multa moratória, a Fazenda autuou Caio, visando à cobrança da multa.

Considerando o caso descrito e que a lei estadual previa que o doador é o contribuinte do ITD, responda aos itens a seguir, fundamentadamente.

a) Está correta a exclusão da multa moratória? (Valor: 0,65)

b) Pode a lei estadual definir o contribuinte do ITCD? (Valor: 0,60)

A simples menção ou transcrição do dispositivo legal não pontua.

Gabarito oficial

A questão aborda dois pontos: a denúncia espontânea prevista no art. 138 do Código Tributário Nacional e o aspecto subjetivo do Imposto sobre Transmissão *causa mortis* e doação, de quaisquer bens ou direitos (ITCD).

a) Para se caracterizar o instituto da denúncia espontânea, o pagamento do tributo deve vir acompanhado da correção monetária e dos juros moratórios, conforme previsão legal. A denúncia espontânea, no entanto, exclui as multas de caráter punitivo, decorrentes do atraso no pagamento.

Sendo assim, o candidato deve responder que está correta a exclusão da multa moratória no caso descrito, tendo em vista a ocorrência da denúncia espontânea, prevista no art. 138, do CTN.

b) A resposta também é positiva. Segundo o art. 42 do CTN, a lei poderá dispor sobre quem é o contribuinte: o donatário, no caso Tício, ou o doador, no caso Caio.

PERGUNTA 93

QUESTÃO 1 – XII EXAME UNIFICADO FGV

João, de apenas 3 anos de idade, recebeu por herança apartamento que foi devidamente registrado em seu nome. Ao receber a primeira notificação para o pagamento de imposto predial e territorial urbano (IPTU) do referido imóvel no início de 2013, os pais de João deixam de efetuar o recolhimento do tributo por entender que a cobrança seria improcedente, em razão da incapacidade civil do proprietário do imóvel.

Diante deste caso, responda de forma fundamentada:

a) O entendimento dos pais de João está correto? (Valor 0,60)

b) O Fisco poderia cobrar o tributo diretamente dos pais de João? (Valor 0,65)

Gabarito oficial

A questão aborda o tema contribuinte e responsabilidade tributária.

a) Inicialmente o candidato deverá indicar que o entendimento dos pais de João não está correto, tendo em vista que a condição de contribuinte independe da capacidade civil, na forma do art. 126, I, do Código Tributário Nacional.

b) Além disso, cabe ao candidato afirmar que o Fisco poderia cobrar o tributo dos pais de João, tendo em vista a responsabilidade dos pais em relação aos tributos devidos por seus filhos menores, determinada pelo art. 134, I, do Código Tributário Nacional.

PERGUNTA 94

QUESTÃO 2 – XII EXAME UNIFICADO FGV

A empresa XYZ deixou de declarar e pagar imposto sobre a renda, devido no ano calendário 2006. No início de 2013, a empresa decidiu incluir todos os valores não declarados e não pagos em um parcelamento previsto em lei federal assinando, para tanto, termo de confissão de dívida.

Após quitação integral do parcelamento, a empresa XYZ percebeu que, antes mesmo da inclusão dos valores no referido programa, os débitos já tinham sido atingidos pela decadência, tendo em vista que em nenhum momento houve a constituição do crédito mediante lançamento.

Diante disso, responda, fundamentadamente, aos itens a seguir.

a) Considerando o instrumento de confissão de dívida assinado pelo contribuinte, bem como a quitação integral do tributo, é possível que o contribuinte pleiteie a restituição dos valores que foram atingidos pela decadência? (Valor 0,80)

b) Tratando-se de tributo sujeito a lançamento por homologação não pago e não declarado, que dispositivo do Código Tributário Nacional é aplicável para regular a contagem do prazo para o Fisco realizar o lançamento? (Valor 0,45)

Gabarito oficial

A questão envolve conhecimentos do examinando sobre lançamento, decadência e direito de repetição do indébito.

a) O examinando deve afirmar que a decadência é forma de extinção do crédito tributário, incidindo, neste caso, o disposto no art. 173, I, do Código Tributário Nacional. Nesse contexto, o instrumento de confissão de dívida assinado pelo contribuinte não tem o condão de restabelecer o crédito tributário, havendo inclusive entendimento consolidado do Superior Tribunal de Justiça em sede de recurso repetitivo Sendo assim, é possível que a pessoa jurídica "XYZ" pleiteie a restituição dos valores que foram atingidos pela decadência.

b) O prazo é regido pelo art. 173, I, do Código Tributário Nacional. Conforme assentado pela jurisprudência do Superior Tribunal de Justiça, em sede de recurso repetitivo: "O prazo decadencial quinquenal para o Fisco constituir o crédito tributário (lançamento de ofício) conta-se do primeiro dia do exercício seguinte àquele em que o lançamento poderia ter sido efetuado, nos casos em que a lei não prevê o pagamento antecipado da exação ou quando, a despeito da previsão legal, o mesmo não ocorre, sem a constatação de dolo, fraude ou simulação do contribuinte, inexistindo declaração prévia do débito".

PERGUNTA 95

QUESTÃO 3 - XII EXAME UNIFICADO FGV

Determinada instituição de educação sem fins lucrativos foi autuada pelo Estado "X", em razão do descumprimento de obrigação acessória prevista na legislação estadual. No caso, a obrigação acessória consistia em manter o livro de registro do imposto sobre serviços de qualquer natureza (ISSQN). Em sua defesa administrativa, a entidade sustentou que, por gozar de imunidade tributária, nos termos do art. 150, inciso VI, alínea "c", da Constituição da República, e por não ser contribuinte do ISSQN, não estava obrigada a manter o livro de registro do referido imposto.

A tese sustentada na defesa apresentada pela entidade imune é procedente? Responda de forma fundamentada. (Valor: 1,25)

Gabarito oficial

A obrigação tributária acessória, nos termos do art. 113, § 2º, do CTN, tem por objeto as prestações, positivas ou negativas, previstas no interesse da arrecadação ou da fiscalização dos tributos. Ou seja, o objetivo das obrigações tributárias acessórias é conferir meios para que a Administração Tributária possa fiscalizar o devido cumprimento de uma obrigação principal (de pagar o tributo). Diferentemente do que ocorre no Direito Privado, a obrigação tributária acessória não depende da existência de uma obrigação tributária principal nem a ela se subordina. A referida "acessoriedade" decorre desse caráter instrumental dessa espécie de obrigação, para fins de controle do cumprimento da obrigação principal. São deveres instrumentais autônomos em relação à obrigação principal, estabelecidos com a finalidade de viabilizar a fiscalização do cumprimento das obrigações principais. Assim, obrigação tributária acessória é autônoma em relação à obrigação principal, como se pode verificar no art. 175, parágrafo único, e no art. 194, parágrafo único, todos do CTN. Em razão dessa autonomia, os efeitos da imunidade podem restringir-se às obrigações tributárias principais, não dispensando a entidade imune de cumprir obrigações acessórias eventualmente previstas na legislação, conforme estabelece o art. 9º, inciso IV, alínea "c", c/c o art. 14, inciso III, todos do CTN. Assim, no caso em tela, em razão de previsão legal, a imunidade tributária da instituição de educação não dispensava a obrigação de manter livro de registro do imposto sobre serviços de qualquer natureza (ISSQN). Portanto, a tese apresentada na defesa da instituição imune é improcedente.

PERGUNTA 96

QUESTÃO 4 – XII EXAME UNIFICADO FGV

O Presidente da República editou Medida Provisória estabelecendo normas gerais sobre o imposto sobre propriedade de veículos automotores (IPVA), relativamente ao seu fato gerador, base de cálculo e contribuintes. Partindo da premissa de que estão preenchidos os requisitos de relevância e urgência, responda aos itens a seguir, de forma fundamentada, indicando os dispositivos legais pertinentes.

a) Pode uma Medida Provisória do Presidente da República estabelecer normas gerais sobre o imposto sobre propriedade de veículos automotores (IPVA), tal como a acima referida? (Valor: 0,70)

b) Inexistindo normas gerais relativas ao imposto sobre propriedade de veículos automotores (IPVA), podem os legisladores estaduais definir, no âmbito de suas competências, e observados os limites impostos pela Constituição Federal, o fato gerador, a base de cálculo e os contribuintes desse imposto?

(Valor: 0,55)

Gabarito oficial

a) Não. De acordo com o art. 146, inciso III, alínea "a", da Constituição da República, cabe à Lei Complementar estabelecer normas gerais em matéria de legislação tributária, definindo, inclusive em relação ao IPVA, os respectivos fatos geradores, bases de cálculo e contribuintes. Como o art. 62, § 1º, inciso III, da Constituição da República, veda a edição de Medidas Provisórias em relação a matéria reservada à Lei Complementar, conclui-se que uma Medida Provisória não pode veicular normas gerais sobre o IPVA.

b) Sim. Inexistindo normas gerais relativas ao imposto sobre propriedade de veículos automotores (IPVA), o legislador estadual, no contexto da competência concorrente, exerce competência plena sobre a matéria, nos termos do art. 24, § 3º, da Constituição da República e art. 34, § 3º, do ADCT.

PERGUNTA 97

QUESTÃO 1 – XIII EXAME UNIFICADO FGV

O setor contábil da pessoa jurídica LP Ltda. entrega ao Fisco a Declaração de Débitos e Créditos Tributários Federais (DCTF), devidamente preenchida, com relação ao recolhimento da contribuição para o PIS e da COFINS. A Fazenda Nacional atestou que os respectivos tributos declarados no documento foram recolhidos a menor e enviou simples aviso de cobrança, quanto à diferença não recolhida.

Para participar em procedimento licitatório de seu interesse, a LP Ltda. não pode apresentar pendências fiscais e, por isso, interessa saber, com base na situação descrita:

a) Houve a constituição do crédito tributário relativo à diferença do valor já declarado mas não recolhido pela LP Ltda.? Qual a posição dominante no STJ sobre o momento da constituição do crédito tributário? (Valor: 0,65)

b) A pessoa jurídica tem direito subjetivo à expedição de certidão negativa ou positiva com efeito de negativa? (Valor: 0,60)

O examinando deve fundamentar corretamente sua resposta. A simples menção ou transcrição do dispositivo legal não pontua.

Gabarito oficial

a) Sim, houve. Ela ocorreu no momento da entrega da DCTF. A Súmula 436 do STJ estabelece que: "A entrega de declaração pelo contribuinte reconhecendo débito fiscal constitui o crédito tributário, dispensada qualquer outra providência por parte do fisco".

b) Não, pois a pessoa jurídica mantém pendências fiscais. Neste sentido, dispõe a Súmula 446 do STJ: "Declarado e não pago o débito tributário pelo contribuinte, é legítima a recusa de expedição de certidão negativa ou positiva com efeito de negativa".

PERGUNTA 98

QUESTÃO 2 – XIII EXAME UNIFICADO FGV

No município X, a lei determina que, no caso de aquisição de imóvel em hasta pública, o fato gerador do Imposto sobre Transmissão *inter vivos*, a qualquer título, por ato oneroso, de bens imóveis (ITBI) ocorre quando do registro do título aquisitivo no Registro de Imóveis. Em março de 2012, um imóvel localizado no município X é arrematado em hasta pública, e o arrematante paga o ITBI antecipadamente. A emissão da carta de arrematação e o registro da mesma no competente cartório do Registro de Imóveis ocorrem em maio do mesmo ano.

Em novembro do referido exercício, o município X publica lei (vigente a partir da publicação) aumentando a alíquota de ITBI e, ato contínuo, emite lançamento para cobrar, do citado arrematante, a correspondente diferença de ITBI em relação ao já pago.

Responda fundamentadamente:

a) O ITBI incidente sobre a operação narrada deveria ter sido recolhido ao município X? (Valor: 0,25)

b) Procede a cobrança, pelo município X, da diferença referida no enunciado? (Valor: 1,00)

A simples menção ou transcrição do dispositivo legal não pontua.

Gabarito oficial

a) Sim, pois ocorreu fato gerador e o imóvel se situa em X, conferindo a competência para exigir o respectivo ITBI, nos termos do art. 156, § 2º, II, da CRFB.

b) Não, pois a cobrança se volta para fato ocorrido anteriormente à vigência da lei que majorou o tributo, o que viola o princípio constitucional da irretroatividade tributária (art. 150, III, "a", da CRFB). Além disso, trata-se de fato ocorrido no mesmo exercício daquele de publicação da lei majorante e antes de decorridos noventa dias da referida publicação, o que viola os princípios constitucionais da anterioridade de exercício e anterioridade nonagesimal (art. 150, III, "b" e "c", da CRFB) cuja aplicabilidade não é excepcionada pela Carta Política no caso do ITBI.

PERGUNTA 99

QUESTÃO 3 - XIII EXAME UNIFICADO FGV

Julgada procedente a ação de repetição de indébito de imposto recolhido em 2009, proposta em face da Fazenda Estadual, José da Silva recorreu da decisão que lhe foi favorável, pretendendo alterar o marco temporal de aplicação dos juros moratórios constante da decisão judicial. O julgado determinou como devida a incidência dos juros moratórios na ordem de 1% ao mês, a contar do trânsito em julgado da sentença, contrariando a pretensão autoral, que pleiteava o início do cômputo a partir da realização do pagamento indevido. Considerando que a legislação do Estado em questão não possui nenhuma norma própria a regular os índices de juros do imposto a ser restituído, responda aos itens a seguir.

a) O contribuinte tem razão? Resposta fundamentada. (Valor: 0,80)

b) Acaso a ação repetitória tratasse de um tributo federal, a contagem acerca da incidência dos juros seria diferente? Resposta fundamentada. (Valor: 0,45)

Justifique utilizando todos os fundamentos jurídicos aplicáveis à espécie. A simples menção ou transcrição do dispositivo legal não pontua.

Gabarito oficial

a) Não, o contribuinte não tem razão. Conforme esposado na Súmula 188 do STJ, "os juros moratórios, na repetição do indébito tributário, são devidos a partir do trânsito em julgado da sentença". Além disso, determina o art. 167, parágrafo único, do CTN: "A restituição vence juros não capitalizáveis, a partir do trânsito em julgado da decisão definitiva que a determinar."

b) Na hipótese de o tributo ser federal, será aplicado o disposto pela Lei nº 9250/1995, que altera a legislação do Imposto sobre a Renda, a qual, no seu art. 39, § 4º, determina: "A partir de 1º de janeiro de 1996, a compensação ou restituição será acrescida de juros equivalentes à taxa referencial do Sistema Especial de Liquidação e de Custódia - SELIC para títulos federais, acumulada mensalmente, calculados a partir da data do pagamento indevido ou a maior até o mês anterior ao da compensação ou restituição e de 1% relativamente ao mês em que estiver sendo efetuada."

PERGUNTA 100

QUESTÃO 4 – XIII EXAME UNIFICADO FGV

Uma pessoa jurídica, contribuinte do ICMS do Estado X, foi autuada por não recolhimento do ICMS devidamente escriturado, mas não informado em GIA-ICMS, dos meses de janeiro a julho de 2011. Foi exigida multa de 80% do valor não recolhido. No mês de maio de 2012, foi ajuizada a execução fiscal para cobrança do crédito tributário. Devidamente citada, a sociedade ofereceu um caminhão em garantia, que foi aceito pelo exequente e penhorado. A pessoa jurídica apresentou embargos à execução, sendo os mesmos desprovidos. Recorreu para o Tribunal de Justiça, que, por sua vez, não proveu a apelação.

Protocolou recurso especial, estando este sujeito ao exame de admissibilidade. A Fazenda Estadual requereu o leilão do veículo, o que foi deferido em agosto de 2013. O leilão foi marcado para 16 de dezembro de 2013. No dia 6 de dezembro foi publicada lei estabelecendo o percentual da multa para a mesma infração em 50%.

Diante da hipótese, qual é o percentual de multa que deve prevalecer? (Valor: 1,25)

O examinando deve fundamentar corretamente sua resposta. A simples menção ou transcrição do dispositivo legal não pontua.

Gabarito oficial

Deve ser considerado o percentual estabelecido na nova lei (50%), sendo aplicável a lei mais benéfica de forma retroativa por força do disposto no artigo 106, II, "c", do CTN. Isso por tratar-se de ato ainda não definitivamente julgado, assim entendida a execução fiscal não definitivamente encerrada, ou seja, aquela em que não foram ultimados os atos executivos destinados à satisfação da prestação.

PERGUNTA 101

QUESTÃO 1 – XIV EXAME UNIFICADO FGV

Ocorre o fato gerador do imposto sobre transmissão causa mortis e doação (ITCMD) em 15.01.2001. Como não houve o recolhimento do imposto devido nem declaração por parte do contribuinte, em 17.07.2006 a Fazenda Estadual realiza o lançamento de ofício do imposto, dando ciência ao contribuinte. Após a interposição tempestiva de impugnação administrativa pelo contribuinte contra o lançamento e trâmite regular do processo administrativo tributário, o crédito foi constituído definitivamente em 10.06.2007, sendo o sujeito passivo notificado, pessoalmente, na mesma data.

Em razão de o valor do crédito tributário estar abaixo do limite de ajuizamento previsto na legislação estadual para a sua cobrança judicial, a Fazenda Estadual não ajuizou a respectiva Execução Fiscal. Em 24.07.2012, a fim de regularizar sua situação junto ao Fisco, o contribuinte realiza o pagamento da dívida.

Diante desse cenário, responda aos itens a seguir.

a) Na data em que foi realizado o pagamento, o crédito tributário estava decaído? (Valor: 0,40)

b) Na data em que foi realizado o pagamento, o crédito tributário estava prescrito? (Valor: 0,40)

c) Caso efetue o pagamento de um crédito prescrito, pode o contribuinte pleitear a restituição da quantia que foi paga? (Valor: 0,45)

Obs.: responda às questões de forma fundamentada, indicando os dispositivos legais pertinentes.

Gabarito oficial

a) No caso em tela, não se pode falar em decadência. Com efeito, nos termos do Art. 173, inciso I, do CTN, o direito de a Fazenda Pública constituir o crédito tributário extingue-se após 05 anos contados do primeiro dia do exercício seguinte àquele em que o lançamento poderia ter sido realizado. Como o lançamento poderia ser realizado no exercício de 2001, já que o fato gerador foi praticado 15.01.2001, o prazo de 5 anos iniciou-se no primeiro dia útil do exercício seguinte, ou seja, 01.01.2002. Dessa forma, como o lançamento foi realizado em 17.07.2006, não transcorreram os 5 anos previstos no CTN para a extinção do direito de a Fazenda Pública constituir o crédito.

b) No que concerne à prescrição, o art. 174 do CTN estabelece que a ação para a cobrança do crédito tributário prescreve em 5 anos contados da data da sua constituição definitiva. O crédito em questão foi definitivamente constituído em 10.06.2007. Portanto, em 24.07.2012, quando foi efetuado o pagamento, a dívida já estava prescrita.

c) Nos termos do art. 156, inciso V, do CTN, a prescrição extingue o crédito tributário. Assim, se na data do pagamento o crédito tributário já estava extinto, pode-se afirmar que o pagamento é indevido. Em sendo indevido, o contribuinte pode pleitear a restituição da quantia paga nos termos do Art. 165 do CTN.

PERGUNTA 102

QUESTÃO 2 – XIV EXAME UNIFICADO FGV

A pessoa jurídica "X" é fabricante de telefones celulares e, nas vendas realizadas para seus adquirentes, comerciantes de tais aparelhos, efetua remessas de telefones entre diferentes Estados da federação. Em março de 2014, o Estado "Y", ao fiscalizar uma dessas remessas, verificou que a pessoa jurídica "X" não recolheu o Imposto sobre Circulação de Mercadorias e Prestação de Serviços ("ICMS") incidente sobre tal operação e, imediatamente, apreendeu todos os telefones celulares.

Tendo em vista o caso apresentado, responda, fundamentadamente, aos itens a seguir.

a) O Estado "Y" agiu corretamente ao apreender as mercadorias? (Valor: 0,60)

b) Será aplicável a alíquota interna ou a interestadual à operação, realizada pela pessoa jurídica "X", de remessa de aparelhos celulares a consumidor final localizado em outro Estado, quando o destinatário não for contribuinte do ICMS? (Valor: 0,65)

Obs.: a mera citação ou transcrição do artigo ou súmula não pontua.

Gabarito oficial

a) Não, uma vez que o Estado dispõe de meios legalmente previstos para a cobrança de tributos e, consequentemente, para a satisfação dos seus créditos. Nesse sentido, dispõe a Súmula 323, do Supremo Tribunal Federal, que "é inadmissível a apreensão de mercadorias como meio coercitivo para pagamento de tributos".

b) Conforme dispõe o art. 155, § 2º, VII, "b", da Constituição, em relação às operações e prestações que destinem bens e serviços a consumidor final localizado em outro Estado, quando o destinatário não for contribuinte do imposto, adotar-se-á a alíquota interna.

PERGUNTA 103

QUESTÃO 3 – XIV EXAME UNIFICADO FGV

A pessoa jurídica Bom Porto S.A., domiciliada no Município A, prestou serviços portuários no Município B, onde se localiza o Porto de Ferro. A pessoa jurídica não realizou o pagamento do Imposto sobre Serviços de Qualquer Natureza – ISS, e os dois Municípios lavraram auto de infração visando à cobrança do ISS.

a) Qual o Município competente para a cobrança do ISS? Justifique. (Valor: 0,60)

b) Qual a medida judicial mais adequada para dirimir, na hipótese, o conflito de competência tributária relativo ao ISS? (Valor: 0,65)

Obs.: a mera citação ou transcrição do artigo não pontua. Comentado

Gabarito oficial

a) Segundo o art. 3º, inciso XXII, da Lei Complementar nº 116/2003, o serviço considera-se prestado no local do porto, no caso dos serviços descritos pelo item 20 da lista anexa (Serviços portuários, aeroportuários, ferroportuários, de terminais rodoviários, ferroviários e metroviários). Sendo assim, o Município B, onde se localiza o Porto de Ferro, é o competente para cobrança do ISS na hipótese.

b) A medida judicial mais adequada é a ação de consignação em pagamento, nos termos do art. 164, inciso III, do CTN.

PERGUNTA 104

QUESTÃO 4 – XIV EXAME UNIFICADO FGV

No início do ano de 2014, João da Silva realizou a importação de um carro de procedência alemã para uso próprio. Na entrada da mercadoria importada do exterior, João da Silva foi surpreendido pela notificação de lançamento do Imposto sobre Operações relativas à Circulação de Mercadorias e Serviços – ICMS, cobrado pelo Estado da Federação em que João reside, que, por sua vez, desde 2006 conta com lei estadual prevendo a incidência do imposto nesta hipótese. O desembaraço ocorrerá nesse mesmo Estado, que determinou a retenção do carro até que o ICMS viesse a ser pago. João da Silva apresenta, então, impugnação ao lançamento, alegando que não é contribuinte do imposto e que, portanto, a cobrança é inconstitucional.

Sobre o assunto, responda aos itens a seguir.

a) A alegação de João da Silva está correta? Fundamente. (Valor: 0,70)

b) O Estado pode reter a mercadoria? Fundamente. (Valor: 0,55)

Gabarito oficial

a) Trata-se de questão envolvendo a incidência do ICMS sobre importações. Após a edição da Emenda Constitucional nº 33, de 2001, que modificou a redação original do art. 155, § 2º, inciso IX, alínea "a", da Constituição Federal, o ICMS incide sobre a entrada de bem ou mercadoria importados do exterior por pessoa física. Sendo assim, a alegação do João da Silva não está correta.

b) Sim, a autoridade aduaneira, responsável pelo desembaraço da mercadoria somente, liberará o carro importado mediante a exibição do comprovante de pagamento do imposto incidente no ato do despacho aduaneiro, conforme previsto no art. 12, § 2º, da Lei Complementar nº 87/96.

PERGUNTA 105

QUESTÃO 1 - XV EXAME UNIFICADO FGV

Determinado Estado da Federação brasileira publicou, em 19.12.2013, a Lei Estadual 5.678, a qual introduziu algumas alterações na Lei Estadual 1.234, que dispõe sobre a cobrança do imposto sobre transmissão *causa mortis* e doação - ITCMD no âmbito daquele Estado. A nova Lei Estadual 5.678 passou a vigorar na data da sua publicação, conforme expressamente previsto em um dos seus artigos. Dentre as alterações introduzidas pelo novo diploma legal, houve (i) o aumento da alíquota do imposto; e (ii) a redução da penalidade incidente para o caso de atraso no pagamento. João, dono de vários veículos, doou um veículo a Pedro em 02.12.2013, mas, na qualidade de contribuinte, deixou de efetuar o pagamento do imposto no prazo legal, que venceu em 17.12.2013, antes do advento da Lei Estadual 5.678. Posteriormente, em 03.01.2014, João doou outro veículo a Tiago.

Tendo em vista o exposto, responda aos itens a seguir.

a) João faz jus à penalidade reduzida, introduzida pela Lei Estadual 5.678, para o pagamento do crédito tributário inadimplido incidente sobre a doação efetuada a Pedro? (Valor: 0,60)

b) Na doação efetuada a Tiago, incide a alíquota do imposto majorada pela Lei Estadual 5.678? (Valor: 0,65)

O examinando deve fundamentar suas respostas. A mera citação do dispositivo legal não confere pontuação.

Gabarito oficial

a) João faz jus à penalidade reduzida introduzida pela Lei Estadual 5.678, mesmo considerando que o prazo de pagamento do imposto devido pela doação a Pedro venceu antes da publicação da referida Lei. Isso porque, de acordo com o art. 106, inc. II, alínea "c", do Código Tributário Nacional, que trata da retroatividade benigna, a lei tributária aplica-se a ato ou fato pretérito quando lhe comine penalidade menos severa que a prevista na lei vigente ao tempo da sua prática.

b) Na doação efetuada a Tiago, não incide a alíquota do imposto majorada pela Lei Estadual 5.678. De acordo com o art. 150, inc. III, da Constituição da República, é vedada a cobrança do tributo com a alíquota majorada: (i) no mesmo exercício financeiro em que haja sido publicada a lei que o aumentou (alínea b); (ii) antes de decorridos 90 (noventa) dias da data em que haja sido publicada a lei que o aumentou.

No caso, embora a Lei 5.678 tenha sido publicada no exercício anterior àquele em que ocorreu o fato gerador ("doação"), em observância à anterioridade prevista no art. 150, inc. III, alínea "b", da Constituição da República, entre a data da publicação e a realização do fato gerador não transcorreram os 90 (noventa) dias previstos no art. 150, inc. III, alínea "c", da Constituição da República. Dessa forma, em razão da necessidade de observância do referido dispositivo, a alíquota do imposto, majorada pela Lei Estadual 5.678, somente incidirá sobre fatos geradores ocorridos após 90 (noventa) dias da data de sua publicação.

PERGUNTA 106

QUESTÃO 2 – XV EXAME UNIFICADO FGV

Em 2001, Caio Silva comprou um imóvel de Tício Santos. Em 2002, a Fazenda Nacional inscreveu em dívida ativa créditos decorrentes do Imposto sobre a Renda da Pessoa Física – IRPF, que em 2000 haviam sido objeto de constituição definitiva contra Tício. Em 2007, a Fazenda Nacional ajuizou execução fiscal visando à cobrança dos créditos de IRPF.

Após Tício ser citado sem garantir o Juízo, a Fazenda Nacional requereu a penhora do imóvel vendido a Caio, visto que a alienação foi realizada quando o fato gerador do IRPF já tinha ocorrido, o que a tornaria, segundo a Fazenda Nacional, fraudulenta.

a) Está correto o entendimento da Fazenda Nacional de que a alienação foi fraudulenta? (Valor: 0,65)

b) Qual o argumento que Tício, contribuinte do IRPF, poderia alegar em sua defesa, em eventual oposição de embargos à execução? (Valor: 0,60)

O examinando deve fundamentar suas respostas. A mera citação do dispositivo legal não confere pontuação.

Gabarito oficial

A questão aborda dois temas importantes do direito tributário: as garantias e os privilégios do crédito tributário e a prescrição deste.

a) Na hipótese analisada, a alienação do imóvel ocorreu antes da inscrição em dívida ativa. Sendo assim, tendo em vista o disposto no art. 185, do CTN

("Presume-se fraudulenta a alienação ou oneração de bens ou rendas, ou seu começo, por sujeito passivo em débito para com a Fazenda Pública, por crédito tributário regularmente inscrito como dívida ativa"), não há de se falar em presunção de fraude. Portanto, o entendimento da Fazenda Nacional não está correto: a alienação não foi fraudulenta.

b) Tício poderá alegar que os créditos cobrados na execução fiscal foram alcançados pela prescrição. Isso porque, conforme destacado no enunciado, os créditos foram constituídos em 2000. Sendo assim, a Fazenda teria até o ano de 2005, conforme previsto no art. 174, do CTN, para cobrar os créditos tributários. No entanto, a execução fiscal somente foi ajuizada em 2007, quando os créditos já estavam prescritos.

PERGUNTA 107

QUESTÃO 3 - XV EXAME UNIFICADO FGV

O Município *Z* ajuizou execução fiscal em face da pessoa jurídica *X* para cobrança de valores de Imposto sobre Prestação de Serviços (ISS), referentes ao ano-calendário 2013, recolhidos a menor. Verificando a improcedência de referida cobrança, o contribuinte apresenta embargos à execução, nos quais se insurge contra a pretensão da Fazenda e requer que lhe seja garantida a obtenção de certidão negativa de débitos. Em garantia da execução, o contribuinte realiza o depósito do montante integral do tributo cobrado. Os embargos à execução são julgados procedentes em primeira instância e, em face da sentença, a Fazenda interpõe apelação, que aguarda julgamento pelo Tribunal.

Diante do caso apresentado, responda, fundamentadamente, aos itens a seguir.

a) O contribuinte tem direito à certidão negativa de débitos (ou à certidão positiva com efeitos de negativa) antes da sentença de primeira instância que lhe foi favorável? (Valor: 0,80)

b) O contribuinte, durante o curso da apelação interposta pela Fazenda, tem direito à mesma certidão? (Valor: 0,45)

O examinando deve fundamentar suas respostas. A mera citação do dispositivo legal não confere pontuação.

Gabarito oficial

a) A certidão positiva com efeitos de negativa é cabível por força do depósito integral do montante exigido pela Fazenda na Execução Fiscal. Já a certidão negativa não é cabível, uma vez que o crédito tributário já está constituído. Isso é fruto da conjugação dos arts. 205 e 206, do Código Tributário Nacional (CTN), combinados com o art. 151, inciso II, do mesmo Código.

b) Como o fundamento do direito do contribuinte à certidão positiva com efeitos de negativa é o depósito do montante integral do débito discutido (que não é alterado pela superveniente interposição da apelação por parte da Fazenda), o contribuinte continua tendo direito à certidão em questão.

O item B somente será pontuado se a certidão correta for identificada no item A.

PERGUNTA 108

QUESTÃO 4 – XV EXAME UNIFICADO FGV

Joana é proprietária de um apartamento localizado no Município *X*. Em 5 de janeiro de 2014, o Município *X* enviou a Joana o carnê do IPTU referente ao ano de 2014. A data limite para pagamento ocorreu em 31 de janeiro. Como Joana não realizou o pagamento e não apresentou impugnação, em 10 de março de 2014 o Município *X* inscreveu o crédito em dívida ativa. Em 30 de abril de 2014, o Município *X* ajuizou execução fiscal cobrando o IPTU. Joana ofereceu, para garantir o juízo, o próprio imóvel, sendo a garantia aceita pelo Município *X*.

Sobre a hipótese descrita, responda aos itens a seguir.

a) Quando ocorreu a constituição do crédito tributário, considerando-se a jurisprudência do STJ? Justifique. (Valor: 0,75)

b) Joana pode substituir a penhora feita por depósito em dinheiro? Justifique. (Valor: 0,50)

O examinando deve fundamentar suas respostas. A mera citação do dispositivo legal não confere pontuação.

Gabarito oficial

a) A constituição do crédito ocorreu com a remessa do carnê do IPTU, em 5 de janeiro de 2014. Nesse sentido, é o entendimento do Superior Tribunal de Justiça, conforme Súmula 397.

b) Sim. Em qualquer fase do processo, será deferida pelo juiz a substituição, pelo executado, da penhora por depósito em dinheiro, conforme previsão do art. 15, inciso I, da Lei 6.830, de 1980.

PERGUNTA 109

QUESTÃO 1 – XVI EXAME UNIFICADO FGV

O Município XYZ resolveu instituir, por meio de lei específica, um tributo que tem como fato gerador a valorização imobiliária decorrente de obra realizada pelo Estado Alfa em seu território, sendo o contribuinte o proprietário do imóvel valorizado e a base de cálculo, independentemente da valorização experimentada por cada imóvel, o custo da obra estatal.

Sobre a hipótese descrita, responda aos itens a seguir.

a) Qual seria a espécie tributária que o Município XYZ pretendeu instituir? Aponte o dispositivo constitucional aplicável. (Valor: 0,45)

b) Na hipótese descrita, o Município XYZ é competente para instituir tal tributo? (Valor: 0,40)

c) A base de cálculo do tributo está correta? (Valor: 0,40)

Obs.: responda justificadamente, empregando os argumentos jurídicos apropriados e a fundamentação legal pertinente ao caso.

Gabarito oficial

a) A espécie tributária que o Município *XYZ* pretendeu instituir foi a contribuição de melhoria, tributo que tem como fato gerador a valorização de imóvel decorrente de obra pública, conforme previsto no art. 145, III, da CF/1988.

b) Não. Apesar de a Constituição Federal outorgar a todos os entes federativos a competência para a instituição da contribuição de melhoria, tal tributo só pode ser instituído pelo ente que realizou a obra pública, no caso, o Estado Alfa.

c) Não. A base de cálculo da contribuição de melhoria deve considerar a valorização do imóvel beneficiado pela obra pública e não os custos da obra, conforme previsto no art. 81 do CTN e/ou art. 3º do Decreto-lei 195/1967. O valor da obra serve apenas como o limite a ser arrecadado pelo ente tributante com a contribuição de melhoria.

PERGUNTA 110

QUESTÃO 2 – XVI EXAME UNIFICADO FGV

Em 2008, constou na Declaração de Débitos e Créditos Tributários Federais (DCTF) da pessoa jurídica *AB&C Participações Ltda.* que era devido, a título de Contribuição para o Financiamento da Seguridade Social – COFINS, o valor de R$ 25.000,00 (vinte e cinco mil reais). No entanto, a *AB&C Participações Ltda.* não efetuou o recolhimento antes do vencimento do tributo.

Em 2009, antes do início de qualquer fiscalização por parte da Fazenda Nacional, a *AB&C Participações Ltda.* efetuou o recolhimento daquele montante da COFINS informado no ano anterior na DCTF, sem, no entanto, o acréscimo da multa de mora, em razão da ocorrência da denúncia espontânea. Por não concordar com a *AB&C Participações Ltda.*, a Fazenda Nacional lavrou auto de infração cobrando o valor integral do tributo (deduzido do montante já recolhido), sendo a *AB&C Participações Ltda.* intimada para pagar ou apresentar defesa.

Sobre o caso, responda aos itens a seguir.

a) Está correto o entendimento da pessoa jurídica *AB&C Participações Ltda.* sobre a ocorrência da denúncia espontânea? (Valor: 0,65)

b) Caso a pessoa jurídica proponha ação anulatória buscando desconstituir o auto de infração, poderá apresentar, simultaneamente, defesa no processo administrativo? (Valor: 0,60)

Responda justificadamente, empregando os argumentos jurídicos apropriados e a fundamentação legal pertinente ao caso.

Gabarito oficial

a) Não. O benefício da denúncia espontânea, com a exclusão da multa de mora, não se aplica nos casos de tributos sujeitos ao lançamento por homologação, como no caso da COFINS, quando, regularmente declarados, foram pagos a destempo, conforme enunciado da Súmula 360, do STJ.

b) Não. A Lei 6.830/1980 (a chamada Lei de Execuções Fiscais) prevê, em seu art. 38, parágrafo único, que "A propositura, pelo contribuinte, da ação prevista neste artigo (que é a ação anulatória) importa em renúncia ao poder de recorrer na esfera administrativa e desistência do recurso acaso interposto".

PERGUNTA 111

QUESTÃO 3 – XVI EXAME UNIFICADO FGV

O deputado federal *Y* apresentou dois projetos de lei ordinária federal. O primeiro pretende alterar o Código Tributário Nacional no que se refere aos artigos que tratam de responsabilidade tributária (obrigação tributária) e o segundo pretende instituir uma taxa de licenciamento de importação, cuja base de cálculo é o valor aduaneiro do produto importado.

a) Analise a constitucionalidade do primeiro projeto de lei apresentado pelo deputado. (Valor: 0,60)

b) A taxa a ser instituída é constitucional? (Valor: 0,65)

Obs.: responda justificadamente, empregando os argumentos jurídicos apropriados e a fundamentação legal pertinente ao caso.

Gabarito oficial

a) O Código Tributário Nacional (Lei Ordinária 5.172/1966) foi recepcionado pela Constituição Federal de 1988 como lei complementar, uma vez que estabelece normas gerais em matéria de legislação tributária. Sendo assim, a alteração do CTN, especialmente no que se refere à responsabilidade tributária, deve ser feita por lei complementar, conforme o art. 146, III, "b", da Constituição Federal.

b) A referida taxa possui a mesma base de cálculo do imposto de importação. O art. 145, § 2º, da Constituição Federal, veda a instituição de taxa com base de cálculo própria de imposto. Sendo assim, a taxa será inconstitucional, caso o projeto de lei seja aprovado.

PERGUNTA 112

QUESTÃO 4 - XVI EXAME UNIFICADO FGV

O Município "M" notificou a pessoa jurídica "Z", fabricante de peças automotivas, para que efetuasse o pagamento do Imposto sobre a Transmissão *inter vivos* de Bens Imóveis (ITBI), incidente sobre a transmissão de bens decorrentes de processo de incorporação de outra pessoa jurídica. Inconformada com a cobrança, a pessoa jurídica "Z" decide apresentar impugnação. Verificando a inexistência de outros débitos, após a regular apresentação da impugnação, a pessoa jurídica "Z" requer a emissão da certidão de regularidade fiscal (no caso, Certidão Positiva de Débito com efeito de Negativa), que lhe é negada, sob o argumento de que, para a sua emissão, seria necessário o depósito do montante integral do crédito cobrado.

Diante desta situação, responda aos itens a seguir.

a) Está correto o lançamento do imposto pelo Município "M"? (Valor: 0,60)

b) A pessoa jurídica "Z" tem direito à certidão de regularidade fiscal? (Valor: 0,65)

ATENÇÃO!

Tal requisito pode opcionalmente ser informado no preâmbulo da peça ou ao final, mas é importante deixar claro que o mesmo foi atendido.

As respostas devem ser juridicamente justificadas.

Gabarito oficial

a) Não está correto o lançamento do imposto, uma vez que o ITBI não incide sobre a transmissão de bens ou direitos incorporados ao patrimônio de pessoa jurídica em realização de capital, nem sobre a transmissão de bens ou direitos decorrentes de fusão, incorporação, cisão ou extinção de pessoa jurídica, nos termos do art. 156, § 2º, I, da Constituição.

b) A resposta é afirmativa, uma vez que as reclamações e os recursos, nos termos das leis reguladoras do processo tributário administrativo, suspendem a exigibilidade do crédito tributário, conforme art. 151, III, do CTN, assegurando ao contribuinte a emissão da certidão de regularidade fiscal.

PERGUNTA 113

QUESTÃO 1 – XVII EXAME UNIFICADO FGV

No dia 23 de dezembro de 2013, a União, atendendo aos limites da disciplina legal do Imposto sobre Produtos Industrializados (IPI), publicou decreto aumentando a alíquota para automóveis, a partir da data de sua publicação.

Em vista desse aumento, a pessoa jurídica X decide impugná-lo, tendo como base a violação do princípio da anterioridade nonagesimal/noventena. Com fundamento no princípio da legalidade tributária, a pessoa jurídica entende, ainda, que o aumento da alíquota não poderia ter sido veiculado por meio de decreto, considerando o disposto no art. 150, I, da Constituição, que veda a exigência ou o aumento de tributo sem lei que o estabeleça.

Diante de tal quadro, responda aos itens a seguir.

a) Prospera o argumento da pessoa jurídica relativo ao princípio da anterioridade nonagesimal/noventena? (Valor: 0,65)

b) Prospera o argumento da pessoa jurídica relativo ao princípio da legalidade tributária? (Valor: 0,60)

Obs.: o examinando deve fundamentar suas respostas. A mera citação do dispositivo legal não confere pontuação.

Gabarito oficial

A questão busca verificar o conhecimento do examinando sobre as limitações constitucionais ao poder de tributar.

a) Quanto à alegada violação ao princípio da anterioridade nonagesimal/noventena, o argumento está correto, por força do art. 150, III, c, da Constituição, não excepcionado, para o IPI, pelo art. 150, § 1º, da CRFB.

b) Não há violação ao princípio da legalidade tributária, pois o art. 153, § 1º, da Constituição, faculta ao Poder Executivo, atendidas as condições e os limites estabelecidos em lei, alterar as alíquotas do IPI.

PERGUNTA 114

QUESTÃO 2 – XVII EXAME UNIFICADO FGV

A União ajuizou execução fiscal em face da pessoa jurídica *ABC Águas Ltda.* e de João, diretor da pessoa jurídica, cujo nome estava indicado na certidão de dívida ativa (CDA), para a cobrança de valores relativos ao Imposto sobre a Renda (IR), supostamente devidos. De acordo com a União, a atribuição de responsabilidade ao Diretor estaria correta, tendo em vista o inadimplemento do tributo pela pessoa jurídica.

Diante desse caso, responda aos itens a seguir.

a) A inclusão de João na CDA como responsável tributário, em razão do mero inadimplemento do tributo pela pessoa jurídica *ABC Águas Ltda.*, está correta? (Valor: 0,60)

b) Caso a execução fiscal tivesse sido ajuizada somente em face da pessoa jurídica, a União teria que demonstrar algum requisito para a inclusão do Diretor no polo passivo da execução fiscal? (Valor: 0,65)

ATENÇAO!

O examinando deve fundamentar suas respostas. A mera citação do dispositivo legal não confere pontuação.

Gabarito oficial

A questão aborda o tema contribuinte e a responsabilidade tributária.

a) O examinando deverá indicar que o argumento apresentado pela União não está correto, tendo em vista que a falta de pagamento do tributo não gera, por si só, a responsabilidade do diretor, prevista no art. 135 do CTN. Nesse sentido, a Súmula 430 do Superior Tribunal de Justiça.

b) O examinando deve destacar que, se a execução tivesse sido proposta somente em face da pessoa jurídica, havendo indicação do nome do Diretor na CDA, a União não teria de provar a presença dos requisitos do art. 135 do CTN, tendo em vista a presunção relativa de liquidez e certeza da CDA, conforme o art. 3º da Lei 6.830/1980 e/ou o art. 204 do CTN.

PERGUNTA 115

QUESTÃO 3 – XVII EXAME UNIFICADO FGV

O Estado *X* instituiu, em 2010, por meio de lei, taxa pelo serviço de prevenção e extinção de incêndio prestado ou colocado à disposição do contribuinte. A referida lei definiu o contribuinte como o proprietário de unidade imobiliária, residencial ou não residencial, à qual o serviço estaria dirigido, bem como determinou que o valor da taxa seria calculado com base no tamanho da unidade imobiliária. Nada se dispôs na lei sobre eventuais responsáveis tributários pelo pagamento da taxa.

João, na qualidade de proprietário, aluga, desde 2011, seu imóvel, situado no referido Estado X, para Pedro. No contrato de locação celebrado entre as partes, o qual foi devidamente registrado no Registro de Imóveis, estabeleceu--se, em uma das cláusulas, que a responsabilidade pelo pagamento da taxa de prevenção e extinção de incêndio seria exclusivamente de Pedro, isentando João de qualquer obrigação sobre ela.

Tendo em vista o exposto, responda aos itens a seguir.

a) É constitucional o cálculo do valor da taxa de prevenção e extinção de incêndio tendo como parâmetro um dos elementos que compõem a base de cálculo do Imposto sobre a Propriedade Predial e Territorial Urbana – IPTU? (Valor: 0,65)

b) Considerando que nem João nem Pedro recolheram a taxa de prevenção e extinção de incêndio relativas aos exercícios de 2012 e 2013, bem como o que consta no contrato de locação celebrado entre eles e registrado no Registro de Imóveis, em face de quem o Estado X deve efetuar a cobrança dos exercícios não pagos? (Valor: 0,60)

ATENÇÃO!

O examinando deve fundamentar suas respostas. A mera citação do dispositivo legal não confere pontuação.

Gabarito oficial

a) Sim, é constitucional o cálculo do valor da taxa de prevenção e extinção de incêndio tendo como parâmetro um dos elementos que compõem a base de cálculo do imposto sobre a propriedade predial e territorial urbana – IPTU. Embora o art. 145, § 2º, da Constituição da República e o art. 77, parágrafo único, do CTN, estabeleçam que as taxas não poderão ter base de cálculo própria de impostos, o Supremo Tribunal Federal, por meio da Súmula Vinculante 29, já consolidou o entendimento de que não viola os referidos dispositivos a adoção, no cálculo do valor da taxa, de um ou mais elementos da base de cálculo própria de determinado imposto, desde que não haja integral identidade entre uma base e outra.

b) O Estado X deve efetuar a cobrança da taxa de prevenção e extinção de incêndio, relativa aos exercícios de 2012 e de 2013, diretamente de João, proprietário do imóvel, por ser ele o contribuinte do tributo, conforme disposto na lei estadual. No caso, é irrelevante para a Fazenda Estadual a cláusula constante no contrato de locação celebrado entre as partes, que atribui a responsabilidade pelo pagamento da taxa de prevenção e extinção de incêndio exclusivamente a Pedro, locatário do imóvel, ainda que o referido contrato tenha sido registrado no Registro de Imóveis, tendo em vista que, nos termos do art. 123 do CTN, salvo disposição de lei em contrário, as convenções particulares, relativas à responsabilidade pelo pagamento de tributos, não podem ser opostas à Fazenda Pública para modificar a definição legal do sujeito passivo das obrigações tributárias correspondentes.

PERGUNTA 116

QUESTÃO 4 – XVII EXAME UNIFICADO FGV

O Município "X" notificou a instituição de educação "Y" para que realizasse o pagamento do valor correspondente ao Imposto sobre a Propriedade Predial e Territorial Urbana (IPTU) referente ao imóvel de sua propriedade, alugado a terceiros, por meio do envio de carnê para pagamento do tributo pelos correios. Apesar de constatar que o valor dos aluguéis é aplicado no desenvolvimento das atividades essenciais da instituição, o Município entendeu que a imunidade conferida pelo texto constitucional somente se aplica quando o imóvel é usado como sede da instituição.

Com base no caso descrito, responda, fundamentadamente, aos itens a seguir.

a) A cobrança do IPTU, realizada pelo Município "X", está correta? (Valor: 0,75)

b) De acordo com o entendimento firmado nos Tribunais Superiores, é válida a notificação da instituição por meio dos Correios? (Valor: 0,50)

Gabarito oficial

a) A cobrança feita pelo Município "X" não está correta, tendo em vista que, de acordo com a Súmula 724, do STF, *in verbis*, "Ainda quando alugado a terceiros, permanece imune ao IPTU o imóvel pertencente a qualquer das entidades referidas pelo art. 150, VI, *c*, da Constituição, desde que o valor dos aluguéis seja aplicado nas atividades essenciais de tais entidades".

b) A notificação é válida, tendo em vista que "a remessa, ao endereço do contribuinte, do carnê de pagamento do IPTU é ato suficiente para a notificação do lançamento tributário". Nesse sentido é o entendimento assentado pelo Superior Tribunal de Justiça (STJ).

PERGUNTA 117

QUESTÃO 1 – XVIII EXAME UNIFICADO FGV

O Estado Alfa instituiu duas contribuições mensais compulsórias devidas por todos os seus servidores. A primeira, com alíquota de 10% sobre a remuneração mensal de cada servidor, destina-se ao custeio do regime previdenciário próprio, mantido pelo Estado Alfa. A segunda, no valor equivalente a 1/60 (um sessenta avos) da remuneração mensal de cada servidor, destina-se ao custeio da assistência à saúde do funcionalismo público daquele Estado. Sobre a situação apresentada, responda, fundamentadamente, aos itens a seguir. A) É válida a contribuição compulsória instituída pelo Estado Alfa para o custeio do regime previdenciário próprio de seus servidores? B) É válida a contribuição compulsória instituída pelo Estado Alfa para a assistência à saúde de seus servidores?

Gabarito oficial

A) Sim, é válida a contribuição. Os Estados podem instituir contribuição para o custeio do regime previdenciário de seus servidores, conforme o art. 149, § 1º, da CRFB/1988. B) É inconstitucional qualquer outra contribuição compulsória instituída pelos Estados, além daquela exclusivamente voltada ao custeio do regime previdenciário de seus servidores. Portanto, não é válida a contribuição que, no caso proposto, foi instituída pelo Estado Alfa.

PERGUNTA 118

QUESTÃO 2 – XVIII EXAME UNIFICADO FGV

Caio tem 10 anos e seu pai o presenteou com uma casa de praia no litoral do Município Y. No entanto, Caio não realizou o pagamento do carnê do Imposto sobre a Propriedade Predial e Territorial Urbana (IPTU) incidente sobre o imóvel de sua propriedade. Caio, representado por seu pai, apresentou uma impugnação ao lançamento do crédito, alegando que Caio não tem capacidade civil e que, portanto, não pode ser contribuinte do IPTU. O Município Y negou provimento à impugnação e Caio apresentou recurso voluntário ao Conselho Municipal de Contribuintes, que foi inadmitido por inexistência de depósito recursal prévio, conforme exigência da legislação municipal. A partir da questão proposta, responda aos itens a seguir. A) Caio pode ser considerado contribuinte do imposto? Fundamente. B) É constitucional a exigência do depósito como condição para o recurso administrativo, conforme decisão do Conselho Municipal? Justifique.

Gabarito oficial

A) Sim. A capacidade tributária independe da capacidade civil das pessoas naturais. Sendo assim, Caio é contribuinte do IPTU, independentemente de não ter capacidade civil. Nesse sentido, o art. 126, inciso I, do CTN. B) Conforme a Súmula Vinculante nº 21 do Supremo Tribunal Federal, a exigência de um depósito prévio como requisito de admissibilidade de recurso administrativo é inconstitucional, pois fere o art. 5º, incisos XXXIV (direito de petição independente do pagamento) e LV (assegurados o contraditório e a ampla defesa).

PERGUNTA 119

QUESTÃO 3 – XVIII EXAME UNIFICADO FGV

A União ajuizou execução fiscal em face de pessoa jurídica ABC, prestadora de serviços de telecomunicações, para cobrança de taxa devida em razão da fiscalização de instalação e manutenção de orelhões, tendo como base de cálculo o valor correspondente a 0,01% da renda da pessoa jurídica. Inconformado com a cobrança, a contribuinte, certa de que seu pleito será bem-sucedido, pretende apresentar embargos à execução, sem o oferecimento de garantia, com base no art. 739-A do CPC. Tendo em vista o caso em questão, responda aos itens a seguir. A) É possível a instituição da base de cálculo no valor correspondente a 0,01% da renda da pessoa jurídica para a taxa em questão? B) É possível, segundo a legislação específica, a apresentação de embargos à execução fiscal sem o oferecimento de garantia, conforme pretendido pelo contribuinte?

Gabarito oficial

A) Não é possível a instituição da base de cálculo no valor correspondente a 0,01% da renda da pessoa jurídica para a taxa em questão, uma vez que a taxa não pode ter base de cálculo ou fato gerador idênticos aos que correspondam a imposto, conforme determinam o art. 145, § 2º, da CRFB/1988 e o art. 77, parágrafo único, do CTN. B) Não é possível a apresentação de embargos em execução fiscal sem o oferecimento de garantia, conforme pretendido pelo contribuinte, pois em sede de execução fiscal aplica-se o art. 16, § 1º, da Lei nº 6.830/1980, de acordo com o qual não são admissíveis embargos do executado antes de garantida a execução.

PERGUNTA 120

QUESTÃO 4 – XVIII EXAME UNIFICADO FGV

Em dezembro de 2014, a pessoa jurídica W teve a falência decretada durante o seu processo de recuperação judicial, iniciado no mesmo ano, em virtude da não apresentação do plano de recuperação judicial no prazo previsto em lei. Considerando a ordem a ser observada na classificação dos créditos na falência, a União alegou que os créditos de Imposto sobre a Renda da Pessoa Jurídica (IRPJ) devidos pela contribuinte, relativos aos exercícios de 2011 e 2012, deveriam ser pagos antes dos créditos extraconcursais. Diante disso, responda aos itens a seguir. A) Está correto o argumento da União? B) Após decretação da falência, a cobrança judicial do crédito tributário pode prosseguir por meio de execução fiscal?

Gabarito oficial

A) Não está correto o argumento da União, tendo em vista que, na falência, o crédito tributário não prefere aos créditos extraconcursais ou às importâncias passíveis de restituição, nos termos da lei falimentar, nem aos créditos com garantia real, no limite do valor do bem gravado, conforme o art. 186, parágrafo único, I, do CTN ou art. 84, da Lei de Falências (Lei nº 11.101/2005). B) Sim, a cobrança judicial do crédito tributário pode prosseguir por meio de execução fiscal, já que esta não é sujeita a concurso de credores ou habilitação em falência, recuperação judicial, concordata, inventário ou arrolamento, nos termos do art. 187 do CTN. Ademais, de acordo com o art. 5º da Lei nº 6.830/1980 e/ou art. 76 da Lei de Falências (Lei nº 11.101/2005), a competência para processar e julgar a execução da Dívida Ativa da Fazenda Pública exclui a de qualquer outro juízo, inclusive o da falência.

PERGUNTA 121

QUESTÃO 1 – XIX EXAME UNIFICADO FGV

A pessoa jurídica Theta S.A. declarou e não pagou o débito referente à Contribuição para o Financiamento da Seguridade Social (Cofins). Meses depois, como iria participar de uma licitação e precisava apresentar certidão de regularidade fiscal, antes do início de qualquer procedimento administrativo ou medida de fiscalização por parte da União, a pessoa jurídica Theta S.A. realizou o pagamento do tributo, excluindo, no entanto, a multa moratória. Sobre a hipótese descrita, responda aos itens a seguir. A) Está correta a exclusão da multa moratória? Fundamente. B) O contribuinte tem direito à certidão negativa de débitos? Justifique.

Gabarito oficial

A) Trata-se de questão que versa sobre denúncia espontânea. O examinando deverá indicar que, na hipótese, não é cabível a denúncia espontânea, prevista no art. 138 do Código Tributário Nacional, pois a Cofins, tributo sujeito a lançamento por homologação, foi regularmente declarada, porém paga a destempo. Nesse sentido é o entendimento do Superior Tribunal de Justiça, conforme Súmula 360. B) O examinando deverá responder que o contribuinte não tem direito à certidão de regularidade fiscal, isso porque declarou o débito, porém não pagou integralmente, sendo legítima a recusa da emissão da certidão negativa, conforme Súmula 446 do Superior Tribunal de Justiça.

PERGUNTA 122

QUESTÃO 2 – XIX EXAME UNIFICADO FGV

Por vários anos, Alberto trabalhou na pessoa jurídica Alfa Ltda. Quando da rescisão de seu contrato de trabalho, a pessoa jurídica pagou a Alberto a remuneração proporcional aos dias trabalhados no curso do mês em que se deu a rescisão; e o valor equivalente a 3 (três) meses de salário, como gratificação voluntária (mera liberalidade) pelos anos de bons serviços prestados pelo ex-empregado. Com base no caso apresentado, responda aos itens a seguir. A) Incide o Imposto sobre a Renda (IR) sobre a remuneração proporcional aos dias trabalhados por Alberto? B) Incide o Imposto sobre a Renda (IR) sobre a gratificação voluntária paga a Alberto?

Gabarito oficial

A) Sim, pois a remuneração está sujeita ao IR, uma vez que é produto do trabalho, tal como previsto no art. 43, inciso I, do Código Tributário Nacional (CTN). B) Sim, pois a denominação que venha a lhe dar o empregador (ou ex-empregador) não altera sua vinculação com os serviços prestados pelo empregado (ou ex-empregado), conforme previsto pelo art. 43, § 1º, do CTN.

PERGUNTA 123

QUESTÃO 3 – XIX EXAME UNIFICADO FGV

Em janeiro de 2014, a pessoa jurídica Beta adquiriu o estabelecimento comercial da pessoa jurídica Delta e continuou a explorar a atividade sob outra razão social. Ao adquirir o estabelecimento, a pessoa jurídica Beta não elegeu domicílio tributário. Três meses após a alienação, a pessoa jurídica Delta iniciou nova atividade no mesmo ramo de comércio. Em janeiro de 2015, a pessoa jurídica Beta foi notificada pelo Estado de Minas Gerais para pagamento de créditos de ICMS relativos ao estabelecimento adquirido e referentes ao ano de 2013, uma vez que, de acordo com o Estado de Minas Gerais, a responsabilidade da pessoa jurídica Beta quanto a tais créditos seria integral. Diante disso, responda aos itens a seguir. A) É correto o entendimento do Estado de Minas Gerais no sentido de que a responsabilidade da pessoa jurídica Beta é integral? B) Diante da falta de eleição de domicílio tributário pela pessoa jurídica Beta, qual(is) local(is) deve(m) ser indicado(s) pela administração tributária para a notificação?

Gabarito oficial

A) O entendimento do Estado de Minas Gerais não está correto, uma vez que, de acordo com o art. 133, II, do Código Tributário Nacional, a pessoa jurídica de direito privado que adquirir de outra, por qualquer título, estabelecimento comercial e continuar a respectiva exploração sob outra razão social responde pelos tributos relativos ao estabelecimento adquirido devidos até a data do ato, subsidiariamente com o alienante, se este iniciar, dentro de seis meses, a contar da data da alienação, nova atividade no mesmo ramo de comércio B) Na falta de eleição, pelo contribuinte ou responsável, de domicílio tributário, na forma da legislação aplicável, considera-se como tal, quanto às pessoas jurídicas de direito privado ou às firmas individuais, o lugar da sua sede ou, em relação aos atos ou fatos que derem origem à obrigação, o de cada estabelecimento, conforme o art. 127, II, do Código Tributário Nacional.

PERGUNTA 124

QUESTÃO 4 – XIX EXAME UNIFICADO FGV

Em dezembro de 2014, o Município de Macaé-RJ editou a Lei nº 1.234, estendendo o prazo para a cobrança judicial dos créditos de Imposto Predial e Territorial Urbano (IPTU) de cinco para seis anos. O mesmo Município ajuizou, em 2015, execução fiscal em face da pessoa jurídica Ômega, para a cobrança de créditos IPTU não pagos. Os valores desses créditos sofreram correção monetária por ato do Poder Executivo em percentual superior ao índice oficial. Diante disso, responda aos itens a seguir. A) O Município de Macaé-RJ agiu corretamente ao editar a Lei nº 1.234? B) É correta a atualização monetária do IPTU em percentual superior aos índices oficiais por ato do Poder Executivo?

Gabarito oficial

A) O Município de Macaé-RJ não agiu corretamente ao editar a Lei nº 1.234, já que cabe à União, por meio de lei complementar, estabelecer normas gerais em matéria de legislação tributária, especialmente sobre prescrição, conforme art. 146, III, *b*, da Constituição Federal. B) Não é correta a atualização monetária do IPTU em percentual superior aos índices oficiais por ato do Poder Executivo, uma vez que é defeso ao Município atualizar o IPTU, mediante decreto, em percentual superior ao índice oficial de correção monetária, nos termos da Súmula 160 do Superior Tribunal de Justiça.

PERGUNTA 125

QUESTÃO 1 – XX EXAME UNIFICADO FGV

Em 2015, a pessoa jurídica "X" verificou a existência de débito de Imposto sobre a Renda (IRPJ) não declarado, referente ao ano calendário de 2012. Antes do início de procedimento administrativo ou medida de fiscalização, realizou o pagamento do tributo devido, acrescido dos juros de mora. Ao constatar o pagamento, a União notificou a contribuinte para que pagasse multa sancionatória incidente sobre o tributo pago extemporaneamente. Adicionalmente, efetuou o lançamento do IRPJ referente ao ano-calendário 2008, que também não havia sido declarado nem pago pela contribuinte. Diante disso, responda aos itens a seguir. A) Está correta a cobrança da multa? B) É correta a cobrança do IRPJ referente ao ano calendário 2008?

Gabarito oficial

A) Não está correta a cobrança da multa, uma vez que, de acordo com o art. 138 do Código Tributário Nacional, a responsabilidade é excluída pela denúncia espontânea da infração, acompanhada, se for o caso, do pagamento do tributo devido e dos juros de mora. Nesse sentido, o julgamento, pelo STJ, sob o rito dos Repetitivos, do REsp nº 1.149.022-SP. B) Não está correta a cobrança do IRPJ referente ao ano-calendário de 2008, uma vez que se trata de crédito tributário atingido pela decadência, na forma do art. 173, inciso I, do CTN.

PERGUNTA 126

QUESTÃO 2 – XX EXAME UNIFICADO FGV

Em janeiro de 2014, a pessoa jurídica XYZ Ltda., com sede no Município "A", prestou serviço de decoração e jardinagem no Município "C" e não recolheu o Imposto sobre Serviços de Qualquer Natureza (ISS). No entanto, em julho do mesmo ano, a empresa foi surpreendida com a cobrança administrativa do imposto pelos dois entes tributantes – pelo município "A" e pelo município "C". Sobre a hipótese, responda aos itens a seguir. A) A qual município o ISS é devido? B) Caso o contribuinte ajuíze ação consignatória com o depósito do montante integral, visando solucionar o conflito de competência entre os municípios "A" e "C", os municípios poderão ajuizar execução fiscal visando à cobrança de ISS?

Gabarito oficial

A) O art. 3º da Lei Complementar nº 116/2003 prevê que, em regra, o "serviço considera-se prestado e o imposto devido no local do estabelecimento prestador ou, na falta do estabelecimento, no local do domicílio do prestador". No entanto, o referido artigo também prevê algumas exceções, quando o imposto será devido no local da execução do serviço. Esse é o caso da prestação dos serviços de decoração e jardinagem, do corte e poda de árvores (subitem 7.11 da lista anexa – inciso VIII). Sendo assim, na hipótese descrita o imposto será devido no município "C", local da execução do serviço. B) A ação consignatória é a ação cabível para solucionar o conflito de competência e titularidade, uma vez que os municípios "C" e "A" estão exigindo ISS sobre o mesmo fato gerador, conforme art. 164, inciso III, do Código Tributário Nacional. Sendo assim, considerando que o contribuinte XYZ Ltda. realizou o depósito do montante integral, o crédito tributário está suspenso, na forma do art. 151, inciso II, do CTN. Dessa forma, considerando que o crédito está com a exigibilidade suspensa, os municípios não podem ajuizar a execução fiscal.

PERGUNTA 127

QUESTÃO 3 – XX EXAME UNIFICADO FGV

Em dezembro de 2014, o Município "M" publicou lei ordinária por meio da qual instituiu contribuição para o custeio do serviço de iluminação pública. A referida lei, que entrou em vigor na data de sua publicação, fixou os respectivos contribuintes e a base de cálculo aplicável. Ao receber a cobrança da nova contribuição, João decide impugná-la sob o argumento de que a cobrança é inconstitucional, já que (i) compete exclusivamente à União instituir contribuições e (ii) cabe à lei complementar estabelecer as bases de cálculo e os contribuintes dos tributos. Diante disso, responda: A) Está correto o argumento de João quanto à competência para a instituição da contribuição para o custeio do serviço de iluminação pública? B) Está correto o argumento de João quanto à necessidade de lei complementar para o estabelecimento da base de cálculo e dos contribuintes desta espécie de contribuição?

Gabarito oficial

A) Não está correto o argumento de João, já que a Constituição Federal prevê, em seu art. 149-A, que os Municípios e o Distrito Federal poderão instituir contribuição, na forma das respectivas leis, para o custeio do serviço de iluminação pública. B) Não está correto o argumento, pois a reserva de lei complementar para a definição da base de cálculo e dos contribuintes não se estende às contribuições. De acordo com o art. 146, inciso III, alínea *a*, da CRFB/1988, cabe à lei complementar estabelecer normas gerais em matéria de legislação tributária, especialmente sobre definição de tributos e de suas espécies, bem como, em relação aos impostos discriminados na Constituição da República, a dos respectivos fatos geradores, bases de cálculo e contribuintes. Tratando-se de contribuição, como é o caso, é possível que a base de cálculo e o contribuinte sejam estabelecidos por lei ordinária.

PERGUNTA 128

QUESTÃO 4 – XX EXAME UNIFICADO FGV

Certa empresa de produtos químicos recebeu notificação do Município "X" para que pagasse um imposto por ele instituído no ano de 2013. O fato gerador do imposto era o ato de poluir o meio ambiente e a sua base de cálculo era a quantidade de lixo produzida. Com base em tais fatos, responda aos itens a seguir. A) Pode o fato gerador de um imposto ser o ato de poluir o meio ambiente? B) O Município "X" teria competência constitucional para criar um novo imposto?

Gabarito oficial

A) A resposta é negativa. De acordo com o art. 3º do CTN é da essência de um tributo não ter natureza sancionatória. B) É negativa a resposta. Só a União tem competência para instituir impostos residuais (isto é, impostos não indicados na própria Constituição da República), conforme o art. 154, inciso I, da CRFB/1988.

PERGUNTA 129

QUESTÃO 1 - XXI EXAME UNIFICADO FGV

Em 1º de novembro de 2016, a União, por meio de lei ordinária, instituiu empréstimo compulsório para custear despesas advindas de uma forte tempestade que assolou a Região Sul do Brasil. Naquele diploma legal, ficou previsto que o empréstimo compulsório passaria a ser exigido já no mês de dezembro de 2016. Diante de tal quadro, responda aos itens a seguir. A) No caso em exame, o empréstimo compulsório poderia ter sido instituído por lei ordinária? B) Empréstimo compulsório, instituído para o custeio de despesas extraordinárias decorrentes de calamidade pública, pode ser exigido já no mês seguinte à sua instituição?

Gabarito oficial

A) Não. O empréstimo compulsório só pode ser instituído por meio de lei complementar, conforme o art. 148, *caput*, da CRFB/1988. B) Sim. Ao empréstimo compulsório instituído por força de calamidade pública não se aplica a vedação inerente ao princípio da anterioridade do exercício financeiro nonagesimal, conforme art. 150, § 1º, da CRFB/1988.

PERGUNTA 130

QUESTÃO 2 - XXI EXAME UNIFICADO FGV

Em abril de 2016, o Estado X publicou lei disciplinando as custas judiciais, concedendo isenção a todos os servidores do Poder Judiciário. Sobre a hipótese, responda aos itens a seguir. A) As custas judiciais estão sujeitas às limitações ao poder de tributar? B) É legítima a isenção de custas judiciais concedida aos servidores da justiça?

Gabarito oficial

A) Sim, as custas judiciais são taxas remuneratórias de serviço público específico e divisível e, como tais, estão sujeitas às limitações constitucionais ao poder de tributar (art. 150 da CRFB/1988: legalidade, isonomia, irretroatividade, anterioridade etc.). B) Não. O art. 150, inciso II, da CRFB/1988, reconhece a isonomia como uma limitação ao poder de tributar. O referido artigo é expresso ao proibir "qualquer distinção em razão da ocupação profissional ou função por eles [contribuintes] exercida, independentemente da denominação jurídica dos rendimentos, títulos ou direitos". Portanto, a concessão de benefício fiscal para um determinado grupo, em razão da função por ele exercida, viola o princípio de isonomia.

PERGUNTA 131

QUESTÃO 3 – XXI EXAME UNIFICADO FGV

O Estado Alfa editou duas leis relativas ao Imposto sobre Circulação de Mercadorias e Serviços – ICMS. A primeira, com o objetivo de fomentar a indústria de uma determinada área e atrair contribuintes de outros Estados da Federação, concedeu redução da base de cálculo do ICMS para pessoas jurídicas que instalassem indústrias dentro daquela região, sem a deliberação dos outros Estados. A segunda, de abril de 2016, reduziu o prazo para recolhimento do ICMS. Sobre a hipótese, responda aos itens a seguir. A) É legítima a redução de base de cálculo concedida pela primeira lei? B) A segunda lei está sujeita ao princípio da anterioridade?

Gabarito oficial

A) Não. O art. 155, § 2º, inciso XII, alínea *g*, da CRFB/1988, prevê que cabe à lei complementar regular como, mediante deliberação dos Estados e do Distrito Federal, isenções, incentivos e benefícios fiscais serão concedidos. Trata-se do artigo constitucional mais importante no combate à chamada "guerra fiscal", que exige que os benefícios fiscais de ICMS sejam concedidos mediante deliberação dos Estados. Conforme o art. 1º, parágrafo único, inciso I, da Lei Complementar nº 24/1975, os benefícios fiscais relativos ao ICMS serão concedidos ou revogados nos termos de convênios celebrados e ratificados pelos Estados e pelo Distrito Federal. Portanto, a redução de base de cálculo concedida pela primeira lei não é legítima, uma vez que tal benefício somente poderia ter sido aprovado mediante prévia deliberação dos Estados e do Distrito Federal. B) Não. A alteração do prazo de recolhimento, uma vez que não implica instituição ou majoração de tributos, não está sujeita ao princípio da anterioridade. Nesse sentido, é o teor da Súmula Vinculante nº 50, do Supremo Tribunal Federal: "Norma legal que altera o prazo de recolhimento de obrigação tributária não se sujeita ao princípio da anterioridade".

PERGUNTA 132

QUESTÃO 4 – XXI EXAME UNIFICADO FGV

O governo federal, com o objetivo de proteger a indústria nacional fabricante de aço, publicou, no ano de 2015, um decreto que aumentava de 15 para 20% a alíquota do imposto sobre a importação de produtos siderúrgicos, atendidas as condições e os limites estabelecidos em lei formal. O decreto previu que o aumento já valeria para aquele mesmo exercício financeiro. Considerando a hipótese acima, responda aos itens a seguir. A) A majoração da alíquota do imposto de importação poderia se dar por meio de um ato do Poder Executivo? B) O governo federal agiu legalmente ao exigir a alíquota majorada do imposto de importação no mesmo exercício financeiro?

Gabarito oficial

A) Sim. O Imposto de Importação é exceção ao princípio da legalidade, ou seja, sua alíquota pode ser majorada por meio de ato do Poder Executivo, desde que atendidas às condições e aos limites estabelecidos em lei, conforme dispõe o art. 153, § 1º, da CRFB/1988. B) Sim. Por ser um imposto que tem como função regular o mercado, o Imposto de Importação é exceção ao princípio da anterioridade, podendo ser alterado e cobrado ao tempo conveniente, conforme o art. 150, § 1º, da CRFB/1988.

PERGUNTA 133

QUESTÃO 1 – XXII EXAME UNIFICADO FGV

Em março de 2016, a União ajuizou execução fiscal em face da pessoa jurídica Alfa para a cobrança de créditos de Imposto sobre a Renda (IRPJ), referentes aos anos-calendários de 2013 e 2014. De acordo com o exequente, em que pese a declaração dos créditos relativos aos anos-calendários em questão, a contribuinte apenas efetuou o pagamento parcial dos tributos, sendo, dessa forma, devido o pagamento da diferença inadimplida. Devidamente cientificada da demanda, a contribuinte, após o oferecimento de garantia, apresentou embargos à execução, objetivando sua extinção, uma vez que a União não instruiu a petição inicial com o demonstrativo de cálculo do débito, inviabilizando a ampla defesa. Alegou a contribuinte, ainda, que o crédito não poderia ser objeto de execução, eis que não foi realizado, por parte da Administração Fazendária, o prévio lançamento por meio de processo administrativo regularmente instaurado. Em vista das alegações da pessoa jurídica Alfa, responda aos itens a seguir. A) A execução fiscal deve ser extinta em virtude da falta do demonstrativo de cálculo do débito? B) A ausência de prévio lançamento por meio de processo administrativo regularmente instaurado inviabiliza a execução do crédito?

Gabarito oficial

A) O examinando deverá responder que a execução fiscal não deve ser extinta em virtude da falta do demonstrativo de cálculo do débito, eis que, a teor da Súmula 559 do Superior Tribunal de Justiça, em ações de execução fiscal é desnecessária a instrução da petição inicial com o demonstrativo de cálculo do débito, por tratar-se de requisito não previsto no art. 6º da Lei nº 6.830/80.

B) O examinando deverá responder que não, uma vez que a entrega de declaração pelo contribuinte, reconhecendo o débito fiscal, constitui o crédito tributário, dispensada qualquer outra providência por parte do Fisco, conforme Súmula 436 do Superior Tribunal de Justiça.

PERGUNTA 134

QUESTÃO 2 – XXII EXAME UNIFICADO FGV

Em 2015, devido a uma grande enchente que assolou o município X, foi aprovada uma lei que reabria, por um ano, o prazo de pagamento do IPTU já vencido dos contribuintes proprietários de imóveis localizados nas áreas atingidas pela enchente. Com base nessa situação, responda aos itens a seguir. A) Qual o nome do instituto tributário utilizado para ajudar os contribuintes das áreas mais atingidas pela enchente? Aponte o seu dispositivo legal. B) A lei poderia ter delimitado a aplicação desse instituto a apenas um conjunto de sujeitos passivos, como fez neste caso, aplicando-o somente aos contribuintes das áreas mais atingidas?

Gabarito oficial

A) O instituto é o da moratória, que é uma das modalidades de suspensão de exigibilidade do crédito tributário. Caracteriza-se por ser uma prorrogação do prazo de pagamento de tributo pelo ente competente para instituí-lo. Está previsto no art. 151, inciso I, e nos arts 152 a 155, todos do CTN.

B) Sim, a lei que institui a moratória pode delimitar os sujeitos passivos que dela se beneficiarão, na forma do art. 152, parágrafo único, do CTN.

PERGUNTA 135

QUESTÃO 3 – XXII EXAME UNIFICADO FGV

A pessoa jurídica A realizou a importação de peças para utilização no processo de fabricação de equipamentos eletrônicos. Diante da constatação de que a contribuinte não havia recolhido o Imposto sobre Circulação de Mercadorias e Serviços (ICMS), a liberação das mercadorias importadas foi condicionada ao pagamento do referido tributo, tendo, ainda, sido determinada a interdição do estabelecimento da pessoa jurídica A. Diante desse panorama, responda aos itens a seguir. A) A cobrança do ICMS pelo Fisco está correta? B) A interdição do estabelecimento realizada pelo Fisco está correta?

Gabarito oficial

A) O examinando deverá responder que a cobrança está correta, pois é legítima a exigência do ICMS como condição para a liberação das mercadorias importadas, conforme a Súmula Vinculante 48 OU Súmula 661/STF OU Lei Complementar nº 87/96, art. 12, IX OU parágrafo 2º.

B) O examinando deverá responder que a interdição do estabelecimento comercial não está correta, eis que, na forma da Súmula nº 70 do STF, é inadmissível a interdição de estabelecimento como meio coercitivo para cobrança de tributo.

PERGUNTA 136

QUESTÃO 4 – XXII EXAME UNIFICADO FGV

A União publicou lei ordinária estabelecendo regime jurídico único de arrecadação dos tributos da União, dos Estados, do Distrito Federal e dos Municípios para microempresas e empresas de pequeno porte, e determinando a adesão obrigatória dos contribuintes que se enquadrassem nos requisitos legalmente previstos. Ao tomar conhecimento dessa nova lei, a pessoa jurídica B, microempresa, decidiu questionar a obrigatoriedade de sua adesão ao novo regime de recolhimento de tributos, bem como a imposição de tal adesão por lei ordinária. Considerando os fatos narrados acima, responda aos itens a seguir. A) A obrigatoriedade de adesão da pessoa jurídica B ao novo regime jurídico instituído pela lei ordinária é constitucional? B) É possível o estabelecimento das novas regras por meio de lei ordinária?

Gabarito oficial

A) A obrigatoriedade de adesão ao novo regime é inconstitucional, pois, de acordo com o art. 146, parágrafo único, inciso I, da CRFB/88, o regime jurídico único de arrecadação dos impostos e contribuições da União, Estados, Distrito Federal e Municípios é opcional para o contribuinte.

B) Não é possível o estabelecimento das novas regras por meio de lei ordinária, uma vez que cabe à lei complementar definir tratamento diferenciado e favorecido para as microempresas e empresas de pequeno porte, conforme o art. 146, inciso III, alínea *d*, da CRFB/88 OU art. 146, parágrafo único, da CRFB/88.

PERGUNTA 137

QUESTÃO 1 – XXIII EXAME UNIFICADO FGV

A União ajuizou, em 2016, execução fiscal em face da pessoa jurídica "X". Estavam em cobrança dois débitos distintos: um deles era relativo ao Imposto sobre Produtos Industrializados (IPI) vencido no final do mês de março de 2009, regularmente declarado pelo contribuinte no mesmo mês, mas que não foi recolhido; o outro era relativo à multa pelo descumprimento, em 2014, de obrigação acessória do IPI. Regularmente citada, a pessoa jurídica "X" alegou a ocorrência de prescrição do débito relativo ao ano de 2009. Para tanto, sustentou que foi ultrapassado o prazo de cinco anos para a exigência do imposto – pois tal prazo tivera início com o vencimento do tributo, já que o montante devido foi oportunamente declarado. No que se refere à multa, sustentou a inexigibilidade da obrigação, porquanto referente a uma operação específica que, no momento de sua realização, estava coberta por isenção concedida pela própria União (isenção esta que efetivamente existia em 2014). Com base no caso relatado, responda aos itens a seguir. A) Conforme sustentado pela contribuinte, operou-se a prescrição no presente caso? B) Está correto o argumento da pessoa jurídica "X" quanto à improcedência da multa?

Gabarito oficial

A) Sim, já que de acordo com a Súmula 436 do STJ, "A entrega de declaração pelo contribuinte reconhecendo débito fiscal constitui crédito tributário, dispensada qualquer outra providência por parte do fisco," razão pela qual o prazo prescricional teve início com o vencimento do tributo, em março de 2009, estando a prescrição consumada desde março de 2014.

B) Não, pois de acordo com o art. 175, parágrafo único, do CTN, a exclusão do crédito tributário não dispensa o cumprimento das obrigações acessórias dependentes da obrigação principal cujo crédito seja excluído ou dela consequente.

PERGUNTA 138

QUESTÃO 2 – XXIII EXAME UNIFICADO FGV

O Município Beta instituiu, por meio de lei municipal, uma taxa de limpeza cujo fato gerador é, exclusivamente, o serviço público de coleta, remoção e tratamento de lixo domiciliar de imóveis no município. A lei também determinou a utilização da área do imóvel como base de cálculo da taxa. Diante desse quadro fático, responda aos itens a seguir. A) O fato gerador da taxa determinado pela lei municipal violou a Constituição da República? B) A base de cálculo adotada pelo Município Beta violou a regra constitucional de que taxas não podem ter base de cálculo própria de impostos?

Gabarito oficial

A) Não. A taxa cobrada exclusivamente em razão dos serviços públicos de coleta, remoção e tratamento ou destinação de lixo proveniente de imóveis não viola o art. 145, inciso II, da CRFB/88, por possuírem tais serviços caráter específico e divisível, conforme a Súmula Vinculante 19 do STF.

B) Não. É constitucional a adoção, no cálculo do valor de taxa, de um ou mais elementos da base de cálculo própria de determinado imposto, desde que não haja integral identidade entre uma base e outra, conforme a Súmula Vinculante 29 do STF.

PERGUNTA 139

QUESTÃO 3 – XXIII EXAME UNIFICADO FGV

Em 12 de novembro de 2016, o Estado "X" publicou lei para modificar, para além da inflação, a tabela que estabelece os valores venais de veículos – base de cálculo do Imposto Sobre a Propriedade de Veículos Automotores (IPVA). O fato gerador do tributo, naquela unidade da Federação, ocorre em 1º de janeiro de cada ano. Em janeiro de 2017, a autoridade administrativa efetuou o lançamento do tributo, já com base nos valores modificados. Diante de tal quadro, responda aos itens a seguir. A) O Estado "X" pode realizar o lançamento do IPVA, em janeiro de 2017, já com a nova base de cálculo instituída em novembro de 2016? B) Se a nova lei, publicada em 12 de novembro de 2016, aumentasse a alíquota incidente sobre a base de cálculo, a majoração passaria a ser exigível para os fatos geradores ocorridos a partir de qual exercício (inclusive)?

Gabarito oficial

A) Sim. A fixação da base de cálculo do IPVA é uma exceção ao princípio da anterioridade nonagesimal, conforme o art. 150, inciso III, alínea *c*, e o art. 150, § 1º, ambos da CRFB/88. Desse modo, a autoridade administrativa pode realizar a cobrança do IPVA de 2017 já com base na nova tabela de valores. Ressalta-se, ainda, que a fixação da base de cálculo do IPVA não é exceção ao princípio da anterioridade do exercício. Desse modo, como a nova lei foi editada em 2016, não há problema em realizar a cobrança pelos novos valores no ano seguinte.

B) A majoração passaria a ser exigível para os fatos geradores ocorridos a partir de janeiro de 2018 (ou do exercício de 2018 e seguintes), pois a alteração da alíquota do IPVA deve observar o princípio da anterioridade nonagesimal, conforme o art. 150, inciso III, alínea *c*, da CRFB/88. Desse modo, a majoração da alíquota promovida em novembro de 2016 somente passaria a ser aplicável a partir de fevereiro de 2017, após a ocorrência do fato gerador do IPVA de 2017.

PERGUNTA 140

QUESTÃO 4 – XXIII EXAME UNIFICADO FGV

A sociedade empresária "X" foi autuada pelo Estado "Z" em 35% do valor do Imposto sobre Circulação de Mercadorias e de Serviços (ICMS) devido, em razão do preenchimento incorreto de determinado documento fiscal. Observadas diversas inconsistências no auto de infração, os advogados da sociedade impugnaram administrativamente a autuação. No curso do processo, nova lei foi publicada, estabelecendo nova penalidade para os casos de preenchimento incorreto de documentos fiscais, agora no percentual de 15% do valor do imposto. Ocorre que, embora pendente a decisão da impugnação, o fisco inscreveu a sociedade em dívida ativa, assinalando, no termo de inscrição, a penalidade anterior, de 35%. Com base nessas informações e de acordo com o disposto no CTN, responda aos itens a seguir. A) O fisco poderia ter inscrito o contribuinte em dívida ativa naquele momento? Justifique. B) O percentual da multa assinalado no ato de inscrição está correto? Fundamente.

Gabarito oficial

A) Não. A impugnação administrativa é hipótese de suspensão da exigibilidade do crédito tributário, impedindo que o fisco inscreva o crédito tributário em dívida ativa, na forma do art. 151, inciso III, c/c o art. 201, ambos do CTN.

B) Não. Deve ser aplicada ao contribuinte a penalidade da lei mais benéfica, no percentual de 15%, na forma do art. 106, inciso II, alínea "c", do CTN.

PERGUNTA 141

QUESTÃO 1 – XXIV EXAME UNIFICADO FGV

O Estado "X" instituiu um adicional de Imposto sobre a Propriedade de Veículos Automotores (IPVA) que tem como fato gerador a propriedade de veículos em mau estado de conservação e/ou que possuam duas ou mais multas não pagas. Caio, proprietário de veículo automotor em mau estado de conservação e com cinco multas não pagas, é notificado da cobrança do adicional do tributo por meio de auto de infração. Como não apresentou defesa e não pagou o tributo, o Estado "X" ajuíza execução fiscal. Caio, no entanto, não possui meios para garantir a execução fiscal e opor embargos à execução, mas possui todos os documentos que comprovam sua defesa. Com base na hipótese formulada, responda aos itens a seguir. A) O adicional de IPVA instituído pelo Estado "X" é devido? B) Qual seria o meio adequado para a defesa de Caio, nos próprios autos da execução fiscal, conforme o entendimento consolidado dos Tribunais Superiores?

Gabarito oficial

A) O tributo não é devido por duas razões: primeiro porque sua previsão tem natureza sancionatória e, com isso, viola o conceito de tributo do art. 3º do CTN ("Tributo é toda prestação pecuniária compulsória, em moeda ou cujo valor nela se possa exprimir, que não constitua sanção de ato ilícito, instituída em lei e cobrada mediante atividade administrativa plenamente vinculada"); segundo, sob a roupagem de "adicional", criou-se verdadeiro tributo novo, para o qual só a União tem competência, e, ainda assim, com observância dos requisitos do art. 154, inciso I, da CRFB/88.

B) O Superior Tribunal de Justiça, por meio da Súmula 393, consolidou o cabimento da exceção de pré-executividade: "A exceção de pré-executividade é admissível na execução fiscal relativamente às matérias conhecíveis de ofício que não demandem dilação probatória". Na hipótese, a matéria a ser alegada por Caio em sua defesa (impossibilidade de cobrança do adicional do IPVA por se tratar de sanção por ato ilícito) é conhecível de ofício. Caio possui todos os documentos que comprovam sua defesa, o que não demandaria dilação probatória. Sendo assim, o meio de defesa possível para Caio é a Exceção de Pré-executividade.

PERGUNTA 142

QUESTÃO 2 – XXIV EXAME UNIFICADO FGV

A União publicou, no Diário Oficial de 30 de junho de 2017, decreto que majorou a alíquota do Imposto sobre Produtos Industrializados (IPI). No decreto, foi estipulado que a alíquota majorada já seria válida para fatos geradores ocorridos a partir do mês seguinte. Tendo em vista a anterioridade nonagesimal e a anterioridade do exercício financeiro, responda aos itens a seguir. A) É válida a exigência da alíquota majorada no mês seguinte à publicação do decreto? B) Se, em vez de majorar a alíquota, o decreto alterasse apenas o prazo de recolhimento da obrigação tributária, seria válida a sua exigência a partir do mês seguinte ao da publicação?

Gabarito oficial

A) Não, pois embora o IPI não se submeta à anterioridade do exercício financeiro, está sujeito à anterioridade nonagesimal, na forma do disposto no art. 150, § 1º, da CRFB/88.

B) Sim, pois a alteração do prazo de recolhimento de tributo não se sujeita ao princípio da anterioridade, conforme Súmula Vinculante 50 do STF.

PERGUNTA 143

QUESTÃO 3 – XXIV EXAME UNIFICADO FGV

Em 2017, Carlos, após viagem ao exterior, decidiu importar do Japão, para uso próprio, um veículo automotor de última geração, lançamento do mercado japonês. Considerando que Carlos é o consumidor final do veículo, responda aos itens a seguir. Na importação do referido veículo por Carlos, é devido o Imposto sobre Produtos Industrializados (IPI)?) B) Considerando que, em 2003, o estado onde Carlos é domiciliado editou uma lei instituindo o Imposto sobre Circulação de Mercadorias e Serviços (ICMS) sobre a importação realizada por consumidor final, é devido o ICMS na importação do veículo?

Gabarito oficial

A) Sim. A incidência do IPI na importação de veículo para uso próprio, por pessoa física, é legítima, uma vez que a destinação final do bem não é relevante para a definição da incidência do tributo. Dessa forma, conforme o art. 51, inciso I, do CTN, o importador do produto industrializado é o contribuinte do IPI na importação. Nesse sentido há precedente do STF com Repercussão Geral (RE 723.651), decidindo pela incidência do IPI na importação de produtos destinados a um consumidor final.

B) Sim. Conforme o art. 155, § 2º, inciso IX, alínea *a*, da CRFB/88, com redação dada pela Emenda Constitucional nº 33/2001, incide ICMS sobre a entrada de bem ou mercadoria importada do exterior por pessoa física, ainda que não seja contribuinte habitual do imposto. Nesse sentido há precedente do STF com Repercussão Geral (RE 439.796), decidindo pela incidência do ICMS inclusive sobre as operações de importação realizadas por quem não seja comerciante, tema que também é objeto da Súmula Vinculante 48.

PERGUNTA 144

QUESTÃO 4 – XXIV EXAME UNIFICADO FGV

A Pessoa Jurídica XYZ, notificada pela União para que proceda ao recolhimento de crédito fiscal, tenta colocar seus bens em nome de terceiros. Ciente do fato, a União requereu medida cautelar fiscal. Dias depois do deferimento da referida medida, veio a ser definitivamente constituído o crédito tributário da União contra a Pessoa Jurídica XYZ, e, noventa (90) dias após a constituição definitiva do crédito, a União propôs a execução fiscal. Diante de tal quadro fático, responda aos itens a seguir. Foi correto o procedimento da União ao ajuizar a medida cautelar fiscal antes de definitivamente constituído o crédito tributário? B) Foi adequado o prazo dentro do qual a União ajuizou a execução fiscal?

Gabarito oficial

A) Sim, pois a tentativa de colocar bens em nome de terceiros é uma das hipóteses que autoriza a medida cautelar fiscal antes da constituição definitiva do crédito tributário, conforme o art. 1º, parágrafo único, E/OU o art. 2º, inciso V, alínea *b*, ambos da Lei nº 8.397/92.

B) Não, pois se tratando de medida cautelar preparatória, a União deveria ter respeitado o prazo de 60 dias a partir do exaurimento da esfera administrativa, conforme art. 11 da Lei nº 8.397/92.

PERGUNTA 145

QUESTÃO 1 – XXV EXAME UNIFICADO FGV

Antônio doou seu carro para José, que, diante disso, realizou o pagamento do Imposto sobre Transmissão Causa Mortis e Doação de quaisquer bens ou direitos (ITCMD). Três anos após a quitação do imposto, José constatou equívoco no cálculo do tributo, cujo pagamento foi realizado em valor superior ao efetivamente devido. Sendo assim, ajuizou ação de repetição de indébito em face do Estado X, requerendo a restituição do valor principal acrescido de juros moratórios e atualização pela SELIC. Devidamente citado, o Estado X apresentou contestação alegando prescrição da pretensão autoral, visto que inobservado o prazo legal de dois anos para o ajuizamento da ação. Adicionalmente, defendeu que, na eventualidade de não ser acolhido seu primeiro argumento, seria incabível a cumulação de juros moratórios e taxa SELIC, tendo em vista que, no Estado X, não há previsão, na legislação local, de incidência da taxa SELIC na cobrança de tributos pagos em atraso. Considerando o caso em questão, responda aos itens a seguir.

A) O prazo prescricional de dois anos indicado pelo Estado X está correto?

B) A restituição do valor principal deve ser acrescida de juros moratórios e SELIC, conforme pretende o contribuinte?

Gabarito Oficial

A) Não. O Art. 168 do CTN determina que o direito de pleitear a restituição se extingue com o decurso do prazo de cinco anos, contados da data da extinção do crédito tributário, que, no caso em questão, se operou com o pagamento do imposto pelo contribuinte.

B) Não. A incidência da taxa SELIC na repetição de indébito de tributos estaduais só seria possível se estivesse prevista na legislação local como índice de atualização de tributos inadimplidos e, de todo modo, seria inviável sua cumulação com juros de mora, na forma da Súmula 523 do STJ.

PERGUNTA 146

QUESTÃO 2 – XXIV EXAME UNIFICADO FGV

Antes de realizado qualquer procedimento para a constituição do crédito tributário, determinado partido político optou, em 2016, pelo parcelamento da Contribuição para o Financiamento da Seguridade Social (COFINS), com vencimentos entre 2005 e 2009, não pagas no prazo determinado. Para tanto, nos termos da lei que instituiu o parcelamento, o partido político apresentou "confissão irrevogável e irretratável dos débitos". No entanto, o advogado do partido político opina que este deve rescindir o parcelamento, uma vez que, independentemente da assinatura do termo de confissão de débitos, a renda dos partidos políticos é imune, e os débitos estão alcançados pela decadência. Sobre a hipótese, responda aos itens a seguir.

A) No que se refere à imunidade dos partidos políticos, o advogado está correto?

B) A alegação sobre a ineficácia da confissão de débitos, no que se refere aos débitos alcançados pela decadência, está correta?

Gabarito Oficial

A) Não. A imunidade da renda dos partidos políticos, prevista no Art. 150, inciso VI, alínea c, da CRFB/88, não alcança as contribuições sociais, mas tão somente os impostos.

B) Sim. O parcelamento postulado depois de transcorrido o prazo decadencial não restabelece o crédito tributário, uma vez que já estava extinto por força da decadência. Essa é a orientação pacificada pelo STJ, em julgamento pela sistemática dos Recursos Repetitivos, no qual foi consolidada a orientação de que "A decadência, consoante a letra do Art. 156, inciso V, do CTN, é forma de extinção do crédito tributário. Sendo assim, uma vez extinto o direito, não pode ser reavivado por qualquer sistemática de lançamento ou autolançamento, seja ela via documento de confissão de dívida, declaração de débitos, parcelamento ou de outra espécie qualquer".

PERGUNTA 147

QUESTÃO 3 – XXV EXAME UNIFICADO FGV

A Pessoa Jurídica X é devedora de crédito tributário regularmente inscrito em dívida ativa da União no valor de R$ 1 milhão. Antes de iniciada a execução, decidiu alienar seu único imóvel, avaliado em R$ 2 milhões, por valor muito inferior ao da avaliação. Tomando ciência do fato, a Procuradoria da Fazenda Nacional (PFN) moveu ação anulatória do negócio jurídico, alegando fraude à execução. Considerando os fatos narrados, responda aos itens a seguir.

A) É correto afirmar que, não tendo sido iniciada a execução fiscal, descabe a arguição de fraude pretendida pela PFN? Justifique.

B) Mesmo que o devedor reserve bens suficientes para a garantia da dívida inscrita, a fraude à execução remanesce? Justifique.

Gabarito Oficial

A) Não. A partir da LC 118/05, que alterou a redação do art. 185 do CTN, a caracterização da fraude à execução prescinde do ajuizamento da execução fiscal, com a ciência válida do executado. O momento da inscrição válida em Dívida Ativa da União passa a ser o momento a partir do qual se pode arguir a fraude à execução.

B) Não. Nos termos do art. 185, parágrafo único, do CTN, ocorrendo a reserva, pelo devedor, de bens ou rendas suficientes ao integral pagamento da dívida tributária inscrita, não se aplica o disposto no art. 185, caput, do CTN, que disciplina a hipótese de fraude à execução tributária.

PERGUNTA 148

QUESTÃO 4 – XXV EXAME UNIFICADO FGV

A sociedade empresária Beta, no mês de março de 2017, adquiriu diversas mercadorias da Distribuidora Gama. Beta registrou como crédito, em sua escrita fiscal do ICMS, o valor do ICMS pago por Gama na mencionada operação de compra e venda. Em abril de 2017, ao revender as mercadorias a terceiros, Beta deduziu, do ICMS a pagar nessa nova operação, o valor do crédito de ICMS relativo à operação anterior (ou seja, a venda que lhe foi feita por Gama). Ocorre que, em agosto de 2017, foi declarada inidônea a nota fiscal emitida por Gama, quando da venda das mercadorias a Beta. Como consequência, Beta foi autuada pelo Fisco Estadual, visando à cobrança do valor por ela utilizado como crédito de ICMS decorrente da aquisição das mercadorias. Ressalta-se que foram cumpridos todos os requisitos legais para o aproveitamento desses créditos. Diante de tal quadro, responda aos itens a seguir.

A) Com base em que princípio Beta realizou o aproveitamento dos créditos de ICMS?

B) Beta poderia ter sido autuada pelo Fisco Estadual?

Gabarito Oficial

A) O aproveitamento do crédito do ICMS é autorizado pelo princípio da não cumulatividade, nos termos do art. 155, § 2º, inciso I, da CRFB/88.

B) Não. O comerciante que adquire mercadoria cuja nota fiscal (emitida pela empresa vendedora) tenha sido posteriormente declarada inidônea, é considerado terceiro de boa-fé, o que autoriza o aproveitamento do crédito do ICMS, nos termos da Súmula 509 do STJ.

Referências Bibliográficas

AMARO, Luciano. *Direito tributário brasileiro*. São Paulo: Saraiva, 1997.

______. ______. 10. ed. São Paulo: Saraiva, 2004.

ARRUDA ALVIM NETO, José Manoel de. Anotações sobre medida liminar em mandado de segurança. *RePro* 39/16-26.

ATALIBA, Geraldo. *Hipótese de incidência tributária*. 6. ed. São Paulo: Malheiros, 2002.

ÁVILA, Alexandre Rossato da Silva. *Curso de direito tributário*. 3. ed. Porto Alegre: Verbo Jurídico, 2007.

BALEEIRO, Aliomar. *Direito tributário brasileiro*. 10. ed. Rio de Janeiro: Forense, 1985.

______. *Limitações constitucionais ao poder de tributar*. 7. ed. Rio de Janeiro: Forense, 1997.

______. *Uma introdução à ciência das finanças*. 15. ed. Rio de Janeiro: Forense, 2001.

BANDEIRA DE MELLO, Celso Antônio. *Curso de direito administrativo*. 12. ed. São Paulo: Malheiros, 2000.

BARRETO, Aires F.; Barreto, Paulo Ayres. *Imunidades tributárias: limitações constitucionais ao poder de tributar*. 2. ed. São Paulo: Dialética, 2001.

BECKER, Alfredo Augusto. *Teoria geral do direito tributário*. 2. ed. São Paulo: Saraiva, 1972.

BOTTALO, Eduardo Domingos. *Dívidas fiscais: processo judicial*. São Paulo: Saraiva, 1978.

CAIS, Cleide Previttali. *O processo tributário*. 5. ed. São Paulo: RT, 2007.

CARRAZZA, Roque Antonio. *Curso de direito constitucional tributário*. 14. ed. São Paulo: Malheiros, 2000.

______. ______. 17. ed. São Paulo: Malheiros, 2002.

______. ______. 19. ed. São Paulo: Malheiros, 2004.

CARVALHO, Paulo de Barros. *Curso de direito tributário: nos termos da Constituição Federal de 1988*. 4. ed. São Paulo: Saraiva, 1991.

CHIMENTI, Ricardo Cunha. *Direito tributário, sinopses jurídicas*. São Paulo: Saraiva, 2002.

COÊLHO, Sacha Calmon Navarro. *Comentários à Constituição de 1988: sistema tributário*. 5. ed. Rio de Janeiro: Forense, 1990.

______. *Curso de direito tributário brasileiro*. 6. ed. Rio de Janeiro: Forense, 2001.

COSTA, Regina Helena. *Imunidades tributárias*. 2. ed. São Paulo: Malheiros, 2006.

_____. *Princípio da capacidade contributiva*. 3. ed. São Paulo: Malheiros, 2003.

DALLARI, Dalmo de Abreu. *Elementos de teoria geral do Estado*. 19. ed. São Paulo: Saraiva, 1995.

DAMIÃO, Regina Toledo; HENRIQUES, Antonio. *Curso de português jurídico*. 8. ed. São Paulo: Atlas, 2000.

DECOMAIN, Pedro Roberto. *Anotações ao Código Tributário Nacional*. São Paulo: Saraiva, 2000.

DENARI, Zelmo. *Curso de direito tributário*. Rio de Janeiro: Forense, 1996.

DI PIETRO, Maria Sylvia Zanella. *Direito administrativo*. 11. ed. São Paulo: Atlas, 1999.

DINAMARCO, Cândido Rangel. Execução civil. 5. ed. São Paulo: Malheiros, 1997.

FELIPE, Jorge Franklin Alves. *Direito tributário na prática forense*. 3. ed. Rio de Janeiro: Forense, 1999.

FLAKS, Milton. *Comentários à Lei de Execução Fiscal*. Rio de Janeiro: Forense, 1981 (§ 127, n. 349).

FREITAS, Vladimir Passos *et al. Código Tributário Nacional comentado: doutrina e jurisprudência, artigo por artigo.* 4. ed. São Paulo: RT, 2007.

GAGLIANO, Pablo Stolze. *Novo curso de direito civil: abrangendo o Código de 1916 e o novo Código Civil.* São Paulo: Saraiva, 2002.

GONÇALVES, Marcus Vinícius Rios. *Procedimentos especiais.* 3. ed. São Paulo: Saraiva, 2003.

HARADA, Kiyoshi. *Direito financeiro e tributário.* São Paulo: Atlas, 1995.

MACHADO, Hugo de Brito. *Curso de direito tributário.* 4. ed. Rio de Janeiro: Forense, 1987.

______. ______. 11. ed. São Paulo: Malheiros, 1996.

______. ______. 18. ed. São Paulo: Malheiros, 2000.

______. ______. 22. ed. São Paulo: Malheiros, 2003.

______. *Juízo de admissibilidade na execução fiscal. Revista Dialética de Direito Tributário* 22/18-23.

MACHADO SEGUNDO, Hugo de Brito. *Código Tributário Nacional (anotado).* São Paulo: Atlas, 2007.

MEIRELLES, Hely Lopes. *Mandado de segurança e ação popular.* 10. ed. São Paulo: RT, 1985.

MELO, José Eduardo Soares de. *Curso de direito tributário.* 6. ed. São Paulo: Dialética, 2005.

______. *ICMS: teoria e prática.* 8. ed. São Paulo: Dialética, 2005.

______. ______. 11. ed. São Paulo: Dialética, 2008.

MINATEL, José Antonio. *Conteúdo do conceito de receita e regime jurídico para sua tributação.* São Paulo: MP, 2005.

NASCIMENTO, Carlos Valder do. *Comentários ao Código Tributário Nacional.* Rio de Janeiro: Forense, 1997.

NASCIMENTO, Edmundo Dantes. *Linguagem forense.* São Paulo: Saraiva, 1992.

NEGRÃO, Theotonio. *Código de Processo Civil e legislação processual em vigor.* 9. ed. São Paulo: RT, 1980.

NERY JUNIOR, Nelson. *Princípios do Processo Civil na Constituição Federal.* 4. ed. São Paulo: RT, 1997.

______; NERY, Rosa. *Código de Processo Civil comentado.* 9. ed. São Paulo: RT, 2006.

NOGUEIRA, Ruy Barbosa. *Curso de direito tributário.* 14. ed. São Paulo: Saraiva, 1995.

OLIVEIRA, José Jayme de Macedo. *Código Tributário Nacional: comentários, doutrina e jurisprudência.* São Paulo: Saraiva, 1998.

OLIVEIRA, Ronaldo Alves de (ed.). *Escreva bem agora! Manual prático de estilística da Língua Portuguesa.* São Paulo: Edicta, 2001.

PAULSEN, Leandro. *Constituição e Código Tributário à luz da doutrina e da jurisprudência.* 9. ed. Porto Alegre: Livraria do Advogado, 2007.

RODRÍGUEZ, Victor Gabriel de Oliveira. *Manual de redação forense.* Campinas: Jurídica Mizuna, 2000.

SABBAG, Eduardo de Moraes. *Direito tributário.* 13. ed. Niterói: Impetus, 2012.

______. Direito tributário. In: AGUIRRE, João; TÁVORA, Nestor (Coord.). *Doutrina OAB 1.ª Fase – Volume único.* São Paulo: Método, 2014.

______. Direito tributário. In: AGUIRRE, João; TÁVORA, Nestor (Coord.). *Questões comentadas OAB 1.ª Fase – Volume único.* São Paulo: Método, 2014.

______. *Manual de Português Jurídico.* 7. ed. São Paulo: Saraiva, 2013.

______. *Manual de Direito Tributário.* 6. ed. São Paulo: Saraiva, 2014.

______. *Repertório de jurisprudência de direito tributário.* 4. ed. São Paulo: Premier Máxima, 2008.

TORRES, Ricardo Lobo. *Sistemas constitucionais tributários. Curso de direito financeiro e tributário.* 12. ed. Rio de Janeiro: Renovar, 2005.

Pré-impressão, impressão e acabamento

GRÁFICA SANTUÁRIO

grafica@editorasantuario.com.br
www.graficasantuario.com.br
Aparecida-SP

10 1 2 3 4 5 6 7 8 9 2018